U0960191

丛书主编 王其亨

中国古典园林研究论丛

中国古典园林的儒学基因

刘彤彤 王其亨 著

天津大学出版社

图书在版编目（CIP）数据

中国古典园林的儒学基因/刘彤彤著.—天津：
天津大学出版社, 2015.9(2022.1重印)
（中国古典园林研究论丛／王其亨主编）
ISBN 978-7-5618-5432-7

Ⅰ.①中… Ⅱ.①刘… Ⅲ.①儒学—关系—古典园林—园林艺术—研究—中国 Ⅳ.①B222.05 ②TU986.62

中国版本图书馆CIP数据核字(2015)第227496号

策划编辑 金 磊 韩振平
张 龙 郭 颖
责任编辑 李金花
装帧设计 魏 彬 魏 彤

出版发行 天津大学出版社
地 址 天津市卫津路92号天津大学内（邮编：300072）
电 话 发行部：022-27403647
网 址 publish.tju.edu.cn
印 刷 廊坊市海涛印刷有限公司
经 销 全国各地新华书店
开 本 185 mm ×260 mm
印 张 19.75
字 数 493千
版 次 2015年9月第1版
印 次 2022年1月第2次
定 价 78.00元

出版说明

自然科学与社会科学如车之两轮、鸟之两翼。哲学社会科学的发展水平，体现着一个国家和民族的思维能力、精神状况和文明素质。中国特色社会主义事业的兴旺发达，不仅需要自然科学的创新，而且需要以马克思主义为指导的哲学社会科学的繁荣和发展。“天津大学社会科学文库”的出版是为繁荣发展我国哲学社会科学事业尽一份绵薄之力。

天津大学前身是北洋大学，有悠久的历史。1895 年 9 月 30 日，盛宣怀请北洋大臣王文韶禀奏清廷，称“自强之道，以作育人才为本；求才之道，尤以设立学堂为先”。隔日，即 1895 年 10 月 2 日，光绪皇帝御批，中国现代第一所大学诞生了。创设之初，学校分设律例（法律）、工程（土木建筑水利）、矿务（采矿冶金）和机器（机械制造和动力）4 个学门，培养高级专门人才。1920 年教育部训令，北洋大学进入专办工科时期。

新中国成立后，1951 年，学校定名为天津大学；1959 年，成为中共中央首批指定的 16 所全国重点大学之一；1996 年进入“211 工程”首批重点建设高校行列；2000 年，教育部与天津市签署共建协议，天津大学成为国家在新世纪重点建设的若干所国内外知名高水平大学之一。

学校明确了“办特色、出精品、上水平”的办学思路，逐步形成了以工为主，理工结合，经、管、文、法等多学科协调发展的学科布局。学校以培养高素质拔尖创新人才为目标，坚持“实事求是”的校训和“严谨治学、严格教学要求”的治学方针，对学生实施综合培养，为民族的振兴、社会的进步培养了一批批优秀的人才。本世纪初，学校制订了面向新世纪的总体发展目标和“三步走”的发展战略，努力把天津大学建设成为国内外知名高水平大学，并在本世纪中叶建设成为综合性、研究型、开放式、国际化的世界一流大学。

“天津大学社会科学文库”的出版目的是向外界展示天津大学社会科学方面的科研成果。丛书是由若干本学术专著组成，主题未必一致，主要反映的是天津大学社会科学研究的水平。借助天津大学的平台，对外扩大天津大学社会科学研究的知名度，对内营造一种崇尚社会科学研究的学术氛围，每年数量不多，铢积寸累，逐渐成为天津大学社会科学的品牌，同时也推出一批新人。使广大学者积年研究所得的学术心得能够嘉惠学林，传诸后世。

“天津大学社会科学文库”出版的取舍标准首先是真正的学术著作，其次是与天津大学地位相匹配的优秀研究成果。我们联系优秀的出版社进行发行出版，以保证品质。

出版高质量的学术著作是我们不懈的追求，凡能采用新材料、运用新方法、提出新观点，新颖、扎实的学术著作我们均竭诚推出。希冀我们的“天津大学社会科学文库”能经受得起时间的检验。

天津大学人文社科处

2009年1月20日

序

自1952年以来，在建筑历史与理论学科创始人和带头人卢绳先生以及冯建逵先生的主持下，天津大学建筑学院对中国古典园林的研究，已坚持不懈六十多年，取得了十分丰硕的成果，更形成了独具特色而且非常优秀的学术研究传统。

这个传统的核心，就是务实求真，不懈探索。

在中国古典园林的研究还处于拓荒奠基期的时候，天津大学建筑学院的先贤们，就别具慧眼，高屋建瓴地开创了明确的研究方向，即以集历史大成而规模恢宏的清代皇家园林作为研究主体，将根基性的园林建筑实物的测绘以及对应档案文献的发掘作为研究的起点。经过两代学人扎扎实实的投入，迄今已完成了绝大部分园林建筑的实测和相关档案文献的梳理工作。其规模之大，持续时间之长，投入师生人数之多，在相关建筑历史研究和文化遗产保护领域，都可以说是空前的。

在此基础上，天津大学建筑学院先贤们带领众多学子，多维度地开展了深入研究，发表了大量的学术论文，更陆续出版了《承德古建筑》《清代内廷宫苑》《清代御苑撷英》《中国古典园林建筑图录·北方园林》等学术专著，已列入《中国古建筑测绘大系》的《北海》《承德避暑山庄及外八庙》《颐和园》等也即将付梓。

显而易见，如果没有务实求真、精诚敬业、持之以恒、严谨治学的态度，要取得这样的业绩，是根本不可能的。

务实求真、不懈探索的传统，也反映在相关工作与社会需求的密切结合上，包括建筑学科专业人才培养、文化遗产保护、现代建筑创作实践、借鉴和创新，等等。

事实上，数十年来，故宫博物院、北海公园、承德避暑山庄、颐和园、香山公园等涉及清代皇家园林的单位，均已成为天津大学建筑学院最重要的教学和科研基地。这些管理部门和学校密切合作，互助互利，取得了显著效益。学校方面，师生们通过相关园林建筑的测绘、复原及修缮设计、保护规划等工作，直接服务于文化遗产保护事业，专业修养得以升华，学科建设也随之得以发展。天津大学建筑学院的中国古建筑测绘课程之所以能够获得高等教育领域的国家级特等奖，国家文物局的古建筑测绘研究重点科研基地之所以能够获准在天津大学建筑学院创立，就是对于这一工作模式及其突出成就的高度认同。

基于这一学术研究传统，也产生了针对当代设计借鉴与创新的学术成果，典型如彭一刚先生的《中国古典园林分析》、胡德君先生的《学造园》等，就是建筑教学、研究和设计实践密切结合的杰作，自问世以来一直饮誉建筑界和相关学术领域。

这一务实求真的学术研究传统，还使天津大学建筑学院形成了研究中国古典园林的浓郁氛围，团队合作的精神也一直在教学、科研和设计实践中传承与发展。从某种意义上讲，摆在读者面前的这套“中国古典园林研究论丛”，就是这种传统、这种精神的直接产物。

具体说来，自 1985 年以后，天津大学建筑学院的研究团队进一步拓展了清代皇家园林的测绘和文献研究，包括样式雷图档的整理研究，强化了组群布局、题名用典等方面的剖析，还系统汲取了现象学、类型学、解释学等当代哲学和美学方法，把研究引向清代皇家园林以至中国古代园林本质内涵（包括其设计思想、理论以及相关价值观等）的探析。相关课题的硕士、博士学位论文已有 60 多篇，在更深层次、更广领域取得了可喜成果，赢得了学术界的高度评价。1990 年至今，相关研究课题持续获得国家自然科学基金、重点项目以及教育部博士点基金资助。

在天津大学（北洋大学）建校一百二十周年之际，天津大学建筑学院的研究团队谨从近二十多年来的园林研究成果中精选了一部分，辑为“中国古典园林研究论丛”，借以缅怀开拓了这一研究领域的众多先贤，也奉献给在相关专业教育、学术研究、设计创作以及文化遗产保护事业中努力拼搏的更多同人，以期能够裨益于中国古代优秀文化遗产的继承和光大。

王其亨

2015 年 9 月

目录

第一章

绪论

彭一刚先生曾在《中国古典园林分析》中谈到，中西园林是“两种哲理、两条路子”。至于产生这种差异的原因，他指出：

这当然和各自的文化传统有着不可分割的联系。和其它艺术一样，造园艺术也毫无例外地要受到美学思想的影响。而美学又是在一定哲学体系的支配下滋生成长的。①

在《唯理与重情》中他更明确指出，“中西园林之所以呈现出如此截然不同的风貌”，“要归因于不同的造园观念和美学思想”②。尤其是中国古典园林这种重情感、崇自然、注重意境美追求的特殊艺术形式，很大程度上都是古代文人直接参与经营的结果。园林“要反映这些人的气质和情操”，“无疑会受到当时社会的哲学和伦理道德观念的影响”③。

这一论断不仅指出了中西造园的根本差异，而且将中国古典园林的研究从单纯的形式美层面，引向了更深的造园观念和美学思想的层次。

事实上，对造园技巧、形式和规律以外的创作思想进行更深层的探讨、分析，将不可避免地涉及古代的哲学、美学。英国建筑理论家查尔斯·詹克斯在《中国园林之意义》中，认为中国园林“是主人生活和性格的某种象征，因此园林必定表现和反映主人的日常活动及其抽象的思想”④。园林本质上是精神的居所；园林作为一种文化载体，实际上也是审美主体的思想和心性的必然反映，体现了主体的哲学、美学追求。

一、学术界的普遍观点

对于中国园林在哲学、美学思想方面的根源，以往学术界普遍存在这样一种观点，即认为中国古典园林更多地受道家尤其是庄子思想的影响。

李允鉌先生在《华夏意匠：中国古典建筑设计原理分析》中引述乐嘉藻《中国建筑史》第二编“苑囿园林”文提到：

……故春秋战国之际，老庄之学说，已有菲薄人为返求自然之势，人之居处，由宫室而变化至于园林，亦即人为之极转而求安慰于自然也。

黄宝瑜先生所编的《中国建筑史》也提到：

……庭园建筑……受黄老思想，清静无为之影响，竟于礼教生活之外、寻求山林庭园之乐。⑤

刘致平先生的《中国建筑类型及结

---

① 彭一刚：《中国古典园林分析》，6页，北京，中国建筑工业出版社，1986。

② 彭一刚：《唯理与重情——中西园林美学思想比较》，载《建筑师》，1995(63)，87页。

③ 彭一刚：《唯理与重情——中西园林美学思想比较》，载《建筑师》，1995(63)，93页。

④查尔斯·詹克斯：《中国园林之意义》，载《建筑师》，1987(27)，203页。其英文原文为：“……the Chinese garden is a symbol of the owner' s life and character, it must express and articulate his day-to-day activity as well as his abstract thoughts.” 参见 Charles Jencks：“Meanings of the Chinese Garden” ,in Maggie Keswick. *The Chinese Garden History, Art and Architecture*, pp.212,Cambridge,Mass.,Harward University Press.

⑤ 黄宝瑜：《中国建筑史》，16~17页，台北，台湾编译馆，1973.

构》在谈到园林的成因时说：

……一般统治阶级以及士庶人等终日住着左右对称、千篇一律的呆板严肃的三合或四合院式的房屋，整天埋头在人事纠纷或工作烦闷的环境里，他们非常需要摆脱一切人世苦恼而投到大自然的怀抱里，又加上老庄的哲学鼓励人们清高、脱俗、无为，返回自然，所以人们在居住的第宅以外，常喜建置一片极其自然的富于曲折变化的园林……①

英国的建筑学家安德鲁·博伊德（Andrew Boyd）在《图解世界建筑史》（World Architecture：An Illustrated History）中，对中国园林建筑做了这样的描述分析：

在一座中国房屋中，花园以及人工景色是基于与所有建筑根本不相同的原则。我们曾经指出过中国的思想受到儒家和道家的双重影响。这种相反的二重性清楚地表现在中国房屋和中国花园，以及它们的扩大，城市和园林之间互相对立、互为补充的关系上。

房屋和城市由儒家的意念所形成：规则、对称、直线条、等级森严、条理分明，重视传统的一种人为的形制。花园和风景由典型的道家观念所构成：不规则的、非对称的、曲线的、起伏和曲折的形状，对自然本来的一种神秘的、本源的、深远和持续的感受。②

美国景观建筑师杰弗里·杰里科和苏珊·杰里科（Geoffrey & Susan Jellicoe）所著的《图解人类景观：环境塑造史论》（The Landscape of Man：Shaping the Environment from Prehistory to the Present Day）中曾对中国园林的哲学原因进行分析：

与儒家平行发展的道家，对绘画和园林的影响更为彻底。……（道家）强调个体而不是社会，强调内在本性的和谐，而不是外界的限制。它对隐居的推崇为园林带来了特殊的感受。③

英国学者帕瑞克·纽金斯在所著的《世界建筑艺术史》中写道：

评论家们将房屋与花园的风格对比同中国的两大家哲学（儒家和道学）相联系。……相比之下，花园则反映着道家对生活的感受、直觉神秘主义，它叛离了理性主义、等级和对称而向自由、实验和沉思转变。④

以上列举的中外名家，几乎都异口同声地称中国古典园林为道家影响下的产物，连李泽厚先生这样对儒家美学评价至高的美学大家，在谈到园林时也未能摆脱道家美学的影响：

……它是以玩赏的自由园林（道）来补足居住的整齐屋宇（儒）罢了。⑤

然而，历史事实究竟是怎样的呢？

---

① 刘致平：《中国建筑类型及结构》，12页，北京，中国建筑工业出版社，1987。

② Trewin Copplestone:*World Architecture:An Illustrated History*,pp.107–108,London,Paul Hamlyn,1968. 转引自李允鉌：《华夏意匠：中国古典建筑设计原理分析》，2版，306~307页，天津，天津大学出版社，2015。

③此处为笔者对原文的翻译。原文为："Confucianism was paralleled with the more mystical Taoism, whose influence on painting and landscape was complete. ……It emphasized the individual rather than outward rulekeeping. Its cult of solitude led to a special sensitivity to landscape." 参见 Geoffrey and Susan Jellicoe:*The Landscape of Man:Shaping the Environment from Prehistory to the Present Day*,3rd ed.,pp.68–69,London,Thames and Hudson Ltd.,1995.

④ 帕瑞克·纽金斯：《世界建筑艺术史》，顾孟潮，张百平，译，75页，合肥，安徽科学技术出版社，1990。

⑤ 李泽厚：《美的历程》，见《美学三书》，71页，合肥，安徽文艺出版社，1999。

二、园林现象与庄老思想相左之处

只要对现存的园林实例和历史上有关园林的文献史籍稍加梳理，就可以发现许多园林现象无法用庄老思想加以合理阐释，二者之间存在着无法回避的矛盾。

首先，是“山水”与“自然”概念的差异。中国园林是以“山水”为审美对象的自然风景式园林，不过在中国古人心目中，“山水”与“自然”却是完全不同的两个概念。张岱年先生曾在《中国哲学大纲》中指出，中国人的“自然”“系自己如尔之意”。在中国古人的思维意识中，“自然”并无现代的“自然界”之义[①]。现代的“自然”在古语中，实际就是“天地”“山水”“林泉”……反映自然美的艺术如山水诗、山水画，以及园林和具有景观建筑学、生态建筑学意义的风水，则概称“山水之术”[②]。事实上，道家所谓“道法自然”中的“自然”就是非人为的“天然”，是自然而然，而并非如今人理解的引向自然界之自然，自然美更非其归宿，像道家宗师老子就明确排斥美[③]。

中国古典园林的追求是“外师造化，中得心源”，“虽由人作，宛自天开”，实际是以极精致的人为手段，达到模仿并艺术地再现自然的目的。中国古代的山水艺术，目的是创造主体人心目中的“自然”，艺术地再现一个融合了主体的心性和情感的人化了的“自然”。这一“自然”虽以自然界的山水为审美对象，二者在形象上也具有相似性，但艺术中的“自然”已经具备了主体的观念含义，绝非自然界山水对象的简单翻版。现存的古代园林作品和造园论著，都十分强调人工因素，从叠石理水到植物配置，从园林家具到园林建筑，从楹联匾额到题名用典，随时随地都流露出浓郁的人文色彩，显然与道家的绝圣弃智、返璞归真、崇尚“自然”、否定人为，甚至否定艺术有天壤之别。（图 1–1~ 图 1–3）

其次，说园林受道家影响的另一原因是道家的避世思想。庄子虽曾为漆园

---

①“自然”有三义。(1) 天然，非人为的。《老子》:“人法地，地法天，天法道，道法自然。”（宋）王安石《临川集·老子》:“本者，出之自然，故不假乎人之力而万物以生也。”(2) 不造作，非勉强的。《后汉书·郎顗传》:“耽道乐术，清亮自然。”(3) 犹当然。《史记·孝文纪》:“死者天地之理，物之自然者，奚可甚哀。”宋·沈括《梦溪笔谈·技艺》:“火盛则鼓之反为害，此自然之理也。”参见《辞源》，修订本，1404 页，北京，商务印书馆，1988。

又据《联緜字典》三·未·第 328 页列“自然”七解。(1)本名，其端兆不可得而见。《庄子·逍遥游》郭象注:“不为而自能。”(2) 不资于外。(3) 无为。(4) 无称之言，穷极之辞。阮籍《通易论》:“道者自然。易谓之太极，春秋谓之元，老子谓之道也。”(5) 应合之辞，当然。(6) 自若。(7) 自如。

② 史箴《山水画论与风水过从管窥——兼析山水画缘起》，见王其亨:《风水理论研究》，198~213 页，天津，天津大学出版社，1992。

③ 详见本书第二章。

苏州拙政园二十四鸳鸯馆内家具陈设

苏州狮子林立雪堂内陈设

北京故宫御花园铺地图案

北京颐和园玉澜堂彩画

苏州网师园砖雕门楼

苏州留园铺地图案

苏州留园“冠云峰”假山

图 1-1　中国古典园林中的人文美之一

颐和园谐趣园

上海嘉定秋霞圃

苏州双塔

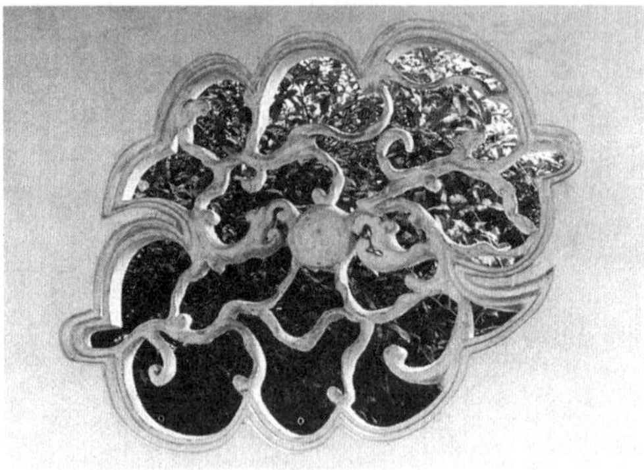

苏州沧浪亭

图 1-2　中国古典园林中的人文美之二

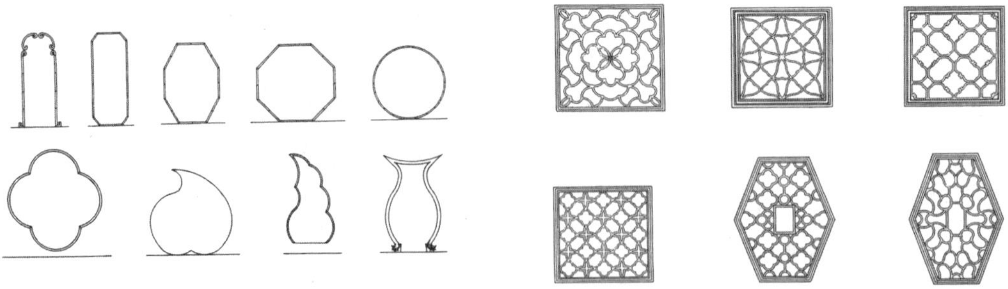

图 1-3 园林框窗、漏窗纹样（引自《书斋的宇宙》）

吏，但却终生贫穷，这在《庄子》一书中多次提到，如《列御寇》篇说他“处穷闾阨巷，困窘织屦，槁项黄馘”，常处于饥寒交迫之中；《外物》篇又写道“庄周家贫，故往贷粟于监河侯”；《山木》篇则说“庄子衣大布而补之，正縻系履而过魏王”。《晋书·隐逸传》也为人们展示了汉末魏晋六朝时期的隐士生活环境：

（郭文）少爱山水，尚嘉遁。年三十，每游山林，弥旬忘反。父母终，服毕，不娶，辞家游名山，历华阴之崖，以观石室之石函。洛阳陷，乃步担入吴兴余杭大辟山中穷谷无人之地，倚木于树，苫覆其上而居焉，亦无壁障。时猛兽为暴，入屋害人，而文独宿十余年，卒无患害。恒著鹿裘葛巾，不饮酒食肉，区种菽麦，采竹叶木实，贸盐以自供。人或酬下价者，亦即与之。后人识文，不复贱酬。食有余谷，辄恤穷匮。人有臻遗，取其粗者，示不逆而已。

…………

（张忠）永嘉之乱，隐于泰山。恬静寡欲，清虚服气，餐芝饵石，修导养之法。冬则缊袍，夏则带索，端拱若尸。无琴书之适，不修经典，劝教但以至道虚无为宗。其居依崇岩幽谷，凿地为窟室。弟子亦以窟居……食用瓦器，凿石为釜。左右居人馈之衣食，一无所受。

这种原始、简陋而近乎自戕自虐的生活，与文学作品中文人那种理想的城市山林即园林中的隐逸生活①，反差是何等之大！（图 1–4）

事实上，在中国隐逸文化发展史中，系统的隐逸观恰恰是孔子最早提出来的②，并且孔子对隐逸之行义、达道和待时所持的肯定态度，赋予了隐逸以及相应的隐居环境以积极的文化含义。以庄子为代表的道家隐逸观则是以“远害全身”为目的，以“形同槁木、心如死灰”的冷漠态度，消极地逃避现实社会。汉初以来，以“招隐”“归田”“遂初”为主题的诗文层出不穷，可见隐逸文化与园林的关系日益密切。随着魏晋园林及山水审美的发展，出现了田园诗人陶渊明的《归去来兮辞》、山水诗人谢朓最早提出了“中隐”的思想萌芽③，以及六朝时期朝廷建造园林招隐士下山等，都反映了文人已经将园林和园林化环境作为心目中理想的隐居环境，而对早期原始、简陋的隐居环境不屑一顾。纵观园林发展史，无论是皇家园林，还是官宦文人的私家园林，有多少是如庄子那样真正与世隔绝、避世闲处的？道家推崇的隐逸，在整个隐逸文化发展进程中，充其量只是所谓

① 东汉仲长统《乐志论》：“……使居有良田广宅，背山临流，沟池环匝，竹木周布，场圃筑前，果园树后。……踌躇畦苑，游戏平林，濯清水，追凉风，钓游鲤，弋高鸿，讽于舞雩之下，咏归高堂之上”。

② 详见本书第三章内容及张立伟《归去来兮：隐逸的文化透视》。

③《史记·滑稽列传》载西汉东方朔“避世金马门”的典故，东方朔《戒子诗》又云“首阳为拙，柳惠为工。饱食安步，以仕代农”，反映了他避世于朝廷而不愿避世于深山的思想。晋人王康琚《反招隐诗》有“小隐隐陵薮，大隐隐朝市”之句，最早标明了小隐、大隐的定义，并以大隐为高。南朝诗人谢朓《之宣城郡出新林浦向板桥》诗曰：“既欢怀禄情，复协沧州趣。嚣尘自兹隔，赏心于此遇。虽无玄豹姿，终隐南山雾。”表达了诗人的隐逸之思，而“既欢怀禄情，复协沧州趣”一说，可以说是继承东方朔和王康琚大隐传统的中隐理论之滥觞。

（五代）卫贤《高士图》　　（明）马轼《归去来兮图》（局部）

图 1–4　理想中的隐逸及隐居环境（引自《中国名画鉴赏辞典》）

（唐）孙位《高逸图卷》（局部）

（唐）孙位《高逸图卷》（局部）

“小隐”——野隐，距中国文人所崇尚的“大隐”和奉行的“中隐”相去甚远，甚至为历代士人所不齿。中国文人的隐逸，恰恰是以孔子对隐逸文化积极意义的理解、肯定和倡言为原则的；私家文人园林发展到后来也正是“中隐”原则的社会实现。（图 1–4、图 1–5）

另外，中国古典园林最为推崇“诗

（明）周臣《春晨小隐图卷》（局部）

图 1–5　园林中的隐逸（引自《中国绘画史图录》）

情画意”的意境美，园林中随处发现的文人情趣，都是儒家重“文”意识的体现，而绝非主张返璞归真的道家所尚。正如李允鉌先生在《华夏意匠：中国古典建筑设计原理分析》中所言，园林与绘画、文学有着“共同的美学意念，共同的艺术思想基础”；“典型的、成功的园林的意态是完全和当代的绘画思想、艺术风格相一致的，当中也注入了不少士大夫阶层的思想情趣。我们很难从一般建筑当中看得到兴建时代的艺术家们的感情，相反地在园林建筑中所追求的正是当代诗画所追求的意境”①。在中国古代文学艺术的思想领域及其创造性实践活动中，恰恰是儒学最崇尚精神、情感和超越，追求文质彬彬、尽善尽美的人生理想，包括自然美及人文美和自然美的结合。这些对士大夫思想的影响是极其深刻的。

更为关键的是，在士人普遍认为庄老思想影响最大的魏晋六朝时代，集此前文学艺术理论之大成的刘勰却旗帜鲜明地提出“庄老告退，而山水方滋”，指出正是在庄老思想式微、儒学占据了社会文化的主导地位之后，以山水诗画、山水园林为代表的山水美学才极度兴起而获得了蓬勃发展。

三、以往学术研究的反思

以上这些园林现象与庄老思想的相左之处令人深思，以往对园林的认识与历史事实之间竟然存在着如此巨大的反差：在普遍认定园林以道家影响为主的同时，孔子儒家学说对园林有无影响、有多大影响，学界或者予以否定，或者语焉不详；涉及孔子儒家思想对园林贡献的论述也近乎只言片语。这些结论的产生，应从思想认识上究其根源。

在许多人的观念深处存在着这样一种根深蒂固的认识：儒学是用世之学，与隐逸、出世无关；孔子注重伦理、政治，与超越精神无关；道、自然、虚静、无为等都是道家的命题，孔子则罕言之；孔子强调社会的群，忽视个体的人；辩证法主要归功于老子和《周易》的贡献，与孔子无缘；儒、道、释诸学派是截然对立、互不相容的，只是由于后来道、释的冲击形成儒学的危机，三教才走上了互补融合的道路；等等。此种种思维定式造成了对后来许多文化现象如魏晋玄学、宋明理学以及上述园林发展成因的认识误区。

这种认识上的误区影响是如此巨大而深刻，以致像李约瑟这样的科学史巨匠也不能幸免。在其1945年出版的《中国的科学》一书中，李约瑟已经认为从《论语》可以认识到儒家的学说是最富于社会意识和人道主义精神的；这是世

① 李允鉌：《华夏意匠：中国古典建筑设计原理分析》，2版，308页，天津，天津大学出版社，2015。

界上任何地域的哲学思想所不能比拟的。然而在谈到对中国文化的影响时，他却过高估计了道家传统的影响：

中国人的特性中很多最吸引人的地方，都来自道家的传统，中国如果没有道家，就像大树没有根一样，道家在中国文化中，至今还是生气蓬勃的。道家的精神影响了中国两千多年，对知识分子的影响尤为深刻，它渗透在中国文人的骨子里，构成了中国知识分子人格中孤高、傲放、羞与权贵为伍的一面。①

根据古代哲学原典和园林实例的创作思想、理论和方法，以及与之关联的人生理想、生活方式和审美观念，对以上的既有看法进行冷静、客观的分析，其偏误是显而易见的。

事实上，一些颇有见地的学者已经对“道家主要影响论”产生了质疑。李允鉌先生的《华夏意匠：中国古典建筑设计原理分析》在谈到园林的“诗情画意”之后接着指出：

总的来说，将中国的园林建筑简单地归结为一种道家意识的反映是并不足以完全说明问题的。②

另外潘谷西先生在《江南理景艺术》中也曾明确指出：

中国园林受道家思想影响，同时也受儒家思想影响，因为在中国古代社会，儒道是互补的……道家崇尚回归自然，儒家也强调亲和自然，孔子的名言“知者乐水，仁者乐山”，被历代士人奉为至理，常以之作为论析风景的理论依据。二者在对待自然的态度上并无根本冲突，因此都能对发展山水园林起到推动作用。③

天津大学学术研究体系中的一系列论文④，曾具体分析并阐明了儒学对皇家园林的影响。本书正是受此启发并围绕这一观点展开的系统研究成果，也是这一研究体系的组成部分。

本书的目的是在反思以往园林研究的基础上，填补儒家美学思想在园林方面的空缺，并无意于否定道家思想对园林的影响。正如彭一刚先生所说的，儒家思想“重人伦而轻功利”，“是以情和义为基础的”，“以老庄为代表的道家思想，虽然立论不同，但与儒家学说并无尖锐冲突”，它“带有更浓厚的浪漫色彩”⑤。道家思想尤其是庄子美学思想，在园林发展中的确产生了不可低估的积极而深刻的影响，并且与儒学是殊途同归的。中国园林所追求的“宛自天开”的最高境界，也包含着道家主张的“道法自然”中的“天然”的含义。

应当看到，儒、道在起源上存在共性⑥；正是由于儒、道本身的这种相通，

① 转引自孙以楷，甄长松：《庄子通论》，3页，北京，东方出版社，1995。

② 李允鉌：《华夏意匠：中国古典建筑设计原理分析》，2版，309页，天津，天津大学出版社，2015。

③ 潘谷西：《江南理景艺术》，4页，南京，东南大学出版社，2001.

④ 如王其亨、王蔚的《“Communicating with Heaven”: Ancient Chinese Gardens》（发表于1995年意大利那不勒斯国际学术会议论文集《Nature Architecture Diversity》）、官嵬的硕士论文《松桧阴森绿映筵，可知凤阙有壶天：清代皇家内廷园林研究》、王蔚的博士论文《不同自然观下的建筑场所艺术：中西传统建筑文化比较》等。

⑤ 彭一刚：《中国古典园林分析》，8页，北京，中国建筑工业出版社，1986。

⑥ 参见本书第五章内容。

道家思想在儒学的发展历程中也的确起到了一定的启发作用。如老庄对《荀子》《礼记》等的启发、影响；汉代儒学独尊，但以扬雄和刘向、刘歆父子为代表已经开始主动吸收老庄道家思想；魏晋时期儒学虽仍在社会主流文化中占统治地位，但玄学毕竟是在吸收先秦诸子，尤其是老庄思想的基础上发展起来的；宋明理学更是对道家采取实际上的宽容态度，并吸收了道家的许多积极、合理的成分。如理学大师朱熹就曾多次为老庄说话：

“将欲取之，必固与之”，此老子之体用也。……今观老子书，自有许多说话，人如何不爱！其学也要出来治天下……①

庄子当时也无人宗之，他只在僻处自说，然亦止是杨朱之学。但杨氏说得大了，故孟子力排之。②

老子犹要做事在。庄子都不要做了……庄周是个大秀才，他都理会得，只是不把做事。观其第四篇《人间世》及《渔父篇》以后，多是说孔子与诸人语，只是不肯学孔子……如说“《易》以道阴阳，《春秋》以道名分”等语，后来人如何下得！它直是似快刀利斧劈截将去，字字有着落……庄子跌荡。老子收敛，齐脚敛手；庄子却将许多道理掀翻说，不拘绳墨。③

孟子庄子文章皆好。④

（老子之言）做许多言语，如何无可取？……程子所取老氏之说也。……庄子说得较开阔，较高远，然却较虚，走了老子意思。若在老子当时看来，也不甚喜他如此说。……多藏必厚亡，老子也是说得好。⑤

庄子这数语甚好，是他见得，方说到此。其才高。如《庄子·天下》篇言“《诗》以道志，《书》以道事，《礼》以道行，《乐》以道和，《易》以道阴阳，《春秋》以道名分”，若见不分晓，焉敢如此道！⑥

此处列出的仅是朱子一家的只言片语，虽不足以显示儒、道之密切的关系，亦足以说明儒家对道家的关注与认同。

但是儒、道对园林发展的影响还是有轻重主次之分的，若要探寻中国造园思想中系统而完整的哲学、美学体系，只停留在以往的“道家影响论”上是远远不够的；中国造园思想的哲学、美学根源，应该也必须到中国最早的显学，同时也是主宰中国几千年封建社会的主流文化——儒家学说中去探索、挖掘。这正是本书已明确认识到并为之付出艰苦努力的目标。

四、本书的立论根据

本书的研究对象是“园林”，那么“园林”的概念究竟如何界定呢？从狭义来说，就是指园林遗存。然而现存的园林实例最早不过宋代。园林是一种随时间发展而不断变化的艺术，从现存大量的史籍文献及古代图像资料可以窥见，自

①《老子》，见《朱子语类》，第125卷，2986~2987页，北京，中华书局，1986。
②《庄子》，见《朱子语类》，第125卷，2988页，北京，中华书局，1986。
③《老庄》，见《朱子语类》，第125卷，2989页，北京，中华书局，1986。
④《庄列》，见《朱子语类》，第125卷，2991页，北京，中华书局，1986。
⑤《老子书》，见《朱子语类》，第125卷，2994~2995页，2998页，北京，中华书局，1986。
⑥《庄子书》，见《朱子语类》，第125卷，3001页，北京，中华书局，1986。

先秦时期至两汉，再到魏晋、隋唐、两宋以降，历代的园林面貌差异很大。因此，广义的“园林”概念既包括现存的明清园林实例，也包括早期的园林化环境，还应包括与园林创作、造园相关的人类活动。

对园林创作进行深入的理论研究和有理有据的哲学、美学探讨，就不能不对中国传统学术思想进行原典性发掘整理工作。本书的着眼点、出发点正在于此。本书大量引证原始文献资料，主要探讨孔子儒学在艺术、审美、境界等方面的超越性思想，包括对古代士人人生追求、生活方式、价值观念的影响作用，及其对中国古典园林的贡献。

刘蔚华认为儒学的产生，“实出于中华文化需要保存、延续和发展的历史必然”：

> 文化的根源，说到底，不外是它得以产生的社会现实。但文化发展的历史表明，初始文明一经诞生，就成为这种文化继续发展的起点，具有发生学意义。事物怎样发生，也将怎样发展。文化的原生性质规约着自身内因的特异性和继承发展的路向，各个历史时期社会存在的现实基础总是依据已有的文化积累来推进文化事业，使它不断丰富、发展或变易。[①]

儒起源于古代原始巫祝[②]，实际上是古代社会的礼官，担当人与天对话的中介。由于这一特殊的职业原因，原始的儒对天、人关系具有特殊的认识与理解，并由此形成了中国人特有的原始诗性思维方式。在先秦理性精神高扬的时期，孔子进一步促使其向理性化发展，形成了影响中国整个封建社会的哲学、美学思想基石。

同时，中国的儒学又不是完全封闭、绝对排他的思想文化体系。儒学在保持其学术传承的同时，总能以“和而不同”的态度对待异质文化的传入，以我为主地吸收、融会外来文化的优秀成果。

西方的接受美学认为，“文学史是一个审美接受和审美生产的过程”[③]，一部文学作品并不是自身独立、向每一时代都提供同样审美信息的客体。这一理论具有合理性，同样适用于艺术作品和艺术史。任何一种艺术形式的产生都有其学术思想背景，这一接受和生产的过程，都是依据当时的社会历史环境，吸收别的学术思想进行自我修正与认同的过程。在中国历史上，没有彼此互不相关、截然对立的学派，任何流派的思想都或多或少地存在某种联系，不同的学派之间总是能找到相通之处。这是区别于西方思想史，而又经常被研究者忽略的重要问题。本书的所有分析论述，可以说都是建立在这一基础之上的。

早在汉代刘歆的《七略·诸子略》

---

① 刘蔚华《儒学，传统文化与现代文明》，参见刘振东：《中国儒学史：魏晋南北朝卷》，序言6页，广州，广东教育出版社，1998。

② 详见本书第二章内容，参阅叶舒宪《诗经的文化阐释——中国诗歌的发生研究》。

③（德）H.R. 姚斯《走向接受美学》，见 H.R. 姚斯，R.C. 霍拉勃：《接受美学与接受理论》，26页，沈阳，辽宁人民出版社，1987。

大序中，就特地引述《易》“天下同归而殊涂（途），一致而百虑”之语，指出诸子之论“其言虽殊，辟犹水火，相灭亦相生也。……相反而皆相成也”，然而“合其要归，亦六经之支与流裔”，“九家虽殊途，而同归于六经，虽百虑而一致于六经”[①]。中国传统文化是儒、释、道互相融合的结果，更是由诸子各引一端，以儒学为核心的多元共生的统一的学术系统。作为中国最早的显学[②]，儒家的影响深入社会文化生活的各个层面，不会仅仅忽略一个园林；儒学遵循、推崇中庸原则，执中、时中等原则要求把握各对立面的有机统一，避免绝对化，因此儒学具有极大的包容性；儒家思想中的许多观念、命题直接影响后代，三教融合时也会受其影响，因而许多问题的根源可能要到儒学中去寻找。

事实上，从庄子到司马迁再到魏晋诸名士，孔子在士人心目中都是人格理想的典范，虽然不可企及，但仍然作为世世代代的圣人目标去努力追求。尽管孔子自称“述而不作”，但在他的“述”里，却无可置疑地包含着对传统的创造性继承和发展。正如美国学者郝大维、安乐哲强调指出的：

> 如果我们对儒家的创造性的意义麻木不仁，只把孔子看作为是一个传统的继承人，那就会把他只当作一个传人，而不是一个实际的思想家。[③]

先秦时期，儒学对自然、社会和人的全面认识，尤其是对人格、心性自由的追求，对后代的影响十分深远。而道家却否定社会，否定音乐、绘画等人为的美和艺术，只不过在庄子那里强化了对“自然”——天然和人的心性、精神自由的追求，在先秦时期影响并不大，只是到了魏晋以后才逐渐受到重视。通过本书对庄子美学思想的梳理，可以了解庄子与儒学有着极为密切的关系；儒、庄的这种相关之处，恰恰是中国古典园林的核心精神。

受儒学的影响，园林的本质是具有深刻社会意义和美学价值的精神居所，而园林的布局、造景等艺术手法和技巧，都是园林本质的外在形式与表现。正是在此前提下，园林可以调动文学、绘画、书法、音乐等一切艺术手段，为这一精神居所的本质服务，最终达到人的精神自由的境界。

早在前人的研究中，已有过这种大的思路，例如李泽厚先生就多次强调孔子儒学在“乐感文化”、塑造汉民族文化心理结构以及古代文化方面的巨大作用。但在不少领域，他的研究并未深入，像园林美学就恰恰是他美学研究体系中的空白。在目前国内外的园林美学领域中，十分缺乏系统的造园思想研究；即便偶有此方面的研究又大多流于空泛，

---

① 转引自周积明：《文化视野下的〈四库全书总目〉》，11页，南宁，广西人民出版社，1991。

②《韩非子·显学》说：“世之显学，儒、墨也。儒之所至，孔丘也。”

③ 郝大维，安乐哲：《孔子哲学思微》，蒋弋为，李志林，译，16页，南京，江苏人民出版社，1996。

而且往往还停留在前述的“道家主要影响论”上。王毅《园林与中国文化》一书，以及天津大学王其亨教授主持的国家自然科学基金项目“清代皇家园林的综合研究”的大量研究成果，已经涉及儒学思想与园林的关系。儒学对清代皇家园林的影响，通过许多研究生论文，如王戈《移植中的创造：清代皇家园林创作中的类型学与现象学》、黄波《平地起蓬瀛，城市而林壑：清代皇家园林与都市规划》、李倩枚《何分西土东天，倩他装点明园：清代皇家园林中宗教建筑的类型与意义》、何捷《随山依水揉辐齐，石秀松苍别一区：清代御苑园中园设计分析》、官嵬《松桧阴森绿映筵，可知凤阙有壶天：清代皇家内廷园林研究》、盛梅《画意诗情景无尽，春风秋月趣常殊：清代皇家园林景的构成与审美》、赵春兰《周裨瀛海诚旷哉，昆仑方壶缩地来：乾隆造园思想研究》、潘灏源《愿为君子儒，不作逍遥游：清代皇家园林中的士人思想与士人园》[①]等专题研究的大量工作中已清晰显现出来，其中涉及清代皇家园林的造园思想、人生理想寄托等重要命题，均受到儒学的显著影响。

本书作为笔者对园林美学方面的学习心得，是在此基础上的一些深入思考和系统整理，希望借古代思想史、美学史、造园史方面的文献史料为园林正本清源。借用朱熹的诗句：“问渠那得清如许，为有源头活水来”[②]。事实上，源远流长、包罗万象的孔子儒家思想正是中国古典园林美学的“源头活水”！

五、本书的资料来源与结构

本书的参考资料主要有三类：其一，中国古代典籍及历代注疏、文艺理论及相关文学作品；其二，现存园林作品资料；其三，现代学者的相关研究成果。

本书力求以辩证的态度对待传统文化。对孔子儒学、老庄道家及所有学术思想的态度如此，对史料真实性的看法亦当如是，即从社会史的角度，去看待史料之典型性与普遍性的关系。任何史籍都可以看成是一定时期社会普遍心理的产物，它们所显示的时代通性，代表了一种普遍真实，因此追究个别史料的真实与否就没有多少意义。本书的研究方法就是要透过尽可能系统的一连串史料现象，去发现其背后的社会心理与普遍规律。

本书拟分以下几个部分。

（1）孔子之前的古代山水美学思想和礼乐文化传统；从“儒的起源”这一独特角度，探究儒学与园林美学的不解之缘；强调孔子在文化发展中的继承和创造。

（2）以孔子、孟子、荀子为代表，从审美客体及其审美方式和审美主体及

① 均为国家自然科学基金项目“清代皇家园林的综合研究”的成果。

② 朱熹《观书有感二首》之一。

其人生理想追求两方面，系统梳理先秦儒学对园林的突出贡献，兼论《周易》《礼记》《中庸》等儒家经典。其中涉及许多园林审美的重要命题，如隐逸，无为，对自然山水比德、比道的认识，等等。

（3）对中国历史上儒、道融合的再认识。历史上共有三次较大的儒、道（佛）思想融合，对儒学进行了创造性发挥。第一次是战国时期《庄子》的出现及其对《荀子》《易传》《中庸》等的影响；第二次是魏晋时期玄学的出现和山水审美的发展；第三次则集中体现在宋明理学的成就。因学术界对这些领域的诸多看法亦存在不少偏颇之处，十分有必要加以详细分析、论证，确立融合的基础为儒学，并以此深化理解儒学与园林核心精神的关系。

（4）以清代皇家园林为例，略论儒学影响下的中国古典园林艺术成就。由于国家自然科学基金项目“清代皇家园林的综合研究”的许多成果，已经对清代皇家园林的艺术成就进行了系统而全面的总结，本书没有必要也不可能在有限的篇幅内展现其整体风貌，因此只侧重于与本书主题相关的儒学影响及其表现。

因本书的内容涉及面实在过于庞杂，许多内容与本书主题联系密切又大多鲜为人知，不得不以适当笔墨介绍思想学术背景，故这方面内容占去相当长的篇幅。另外由于本书初成于1999年，至今的时间里新的研究成果层出不穷，虽在书海中苦苦跋涉终不能尽览；更兼之自己能力、水平和精力的限制，大概也只能权作一“述而不作”的阶段性成果，其中的疏漏之处在所难免。本书只不过将散见于古籍及今人著作中的精彩论点收集整理，若要使之成为更加完整之体系，且有更深入细致的发掘，还须像孔子和历代大儒那样倾尽毕生精力，皓首穷经。

第二章

从山水审美的原始思维到儒学的理性改造

孔子在塑造中国民族性格和文化—心理结构上的历史地位，已是一种难以否认的事实。孔学在世界上成为中国文化的代名词，并非偶然。

——李泽厚《美的历程》

中国人崇拜孔子,他是中国的苏格拉底。

——康德

长期以来之所以形成儒、道两家学术思想与园林关系的认识误区，往往基于这样一个基本观点，即儒、道两家对宇宙、人生的观照视角存在差异。一般认为，儒家思想是“高度人文性的，他们所关注的主要是社会人文领域，主要是人伦日用”[1]；而道家思想是“高度哲学性的”，是以超越心态，“从大宇宙的视野上来观照社会人生、观照宇宙万类的，以此而凸显了宇宙自然的伟大”[1]。

这种观点在强调儒、道思想截然对立的同时，却忽视了这样一个历史事实：作为中国传统文化思想体系，尽管其内部各流派之间存在这样那样的差异，然而在对待人与自然的关系上，却具有明显区别于西方文化体系的整体特点，无论儒、道乃至后来的释禅都是如此。这一点早已被中西方学者所认可。英国著名汉学家李约瑟博士曾经总结说：

> 古代中国人在整个自然界寻求秩序与和谐，并将此视为一切人类关系的理想。……对中国人来说，自然界并不是某种应该永远被意志和暴力所征服的具有敌意和邪恶的东西，而更像是一切生命体中最伟大的物体，应该了解它的统治原理，从而使生物能与它和谐相处。如果你愿意的话，可把它称为有机的自然主义。不论人们如何描述它，这是很长时期以来中国文化的基本态度。人是主要的，但他并不是为之创造的宇宙的中心。不过他在宇宙中有一定的作用，有一项任务要去完成，即协助大自然，与自然界自发的和相关的过程协同地而不是无视于它地起作用。[2]

用一句话来概括就是“参天地赞化育”，这一出自《礼记·中庸》的观点，是儒家关于“天人关系”的基本态度，也正是中国传统文化对人与自然关系的基本主张！

本章正是通过对早期原始思维的考察，探讨在中国文化由原始而理性化的发展过程中，儒学所起的决定性作用及其深远影响。

一、与天对话：早期原始思维影响下的山水审美

1. 与天对话的场所：早期园林

（1）原始社会园林的起源

近来园林史研究已经注意到，园林的起源与其他艺术形式一样，出自远古的法术思维[3]影响下的自然山川和图腾崇拜。

在人类早期的生产和生活中，人们还不能完全认识和驾驭自然，人类的一切活动、兴衰都要依赖并接受“天”的

① 王新春：《自然视野下的人生观照——道家的社会哲学》，3页，济南，泰山出版社，1998。

② 李约瑟：《李约瑟文集：李约瑟博士有关中国科学技术史的论文和演讲集（一九四四—一九八四）》，338页，沈阳，辽宁科学技术出版社，1986。

③ 在古代的原始文化思维中，人们认为万物有灵，山川、草木等各种事物都具有神性，这种原始人类最早的思维方式即法术思维（Magical Thinking），参见吴莉萍：《中国古典园林的滥觞：先秦园林探析》，1页，天津，天津大学，2003。

旨意，受到这种神性之天的支配。对天的依赖、敬畏和崇拜，使得人类把“天”当作具有生命力的神灵加以顶礼膜拜，以最隆重的礼仪伴随着最盛大的乐舞来祭祀上天，取悦上天，祈求上天的保佑和恩赐，通过各种各样的宗教仪式和巫术祭礼，来实现与神的对话、与天的对话。古代山川崇拜的原因，是古人常常把他们心目中某些最神圣的事物，例如祖先神的降生，视为与山岳同体；又因山是地面上与天最接近的地方，就理所当然地成了天神在人间的居所。同样，水也是具有神性的。正如《礼记·祭法》所云：“山林川谷丘陵，能出云，为风雨，见怪物，皆曰神。”在对自然现象产生敬畏的同时，由于农耕渔猎生活方式的需要，先民往往认定某种动物或植物是自己部落的祖先，或具有特殊意义，于是产生了原始的图腾崇拜。

随着近年考古工作的进展，祭坛、神庙等祭祀建筑在各地原始社会文化遗存中被相继发现[1]。浙江余杭县瑶山与汇观山祭坛、内蒙古大青山和辽宁喀左县东山嘴的几座祭坛，都位于远离居住区的山丘上，分别是由土、石构成的长方坛、方坛和圆坛；而辽宁建平县境内的牛河梁女神庙也是位于一个山丘的顶部，堪称中国最古老的神庙遗址[2]。（图2–1）原始人正是通过这些超常的建筑形式、沿轴线展开的多重空间建筑组合和建筑

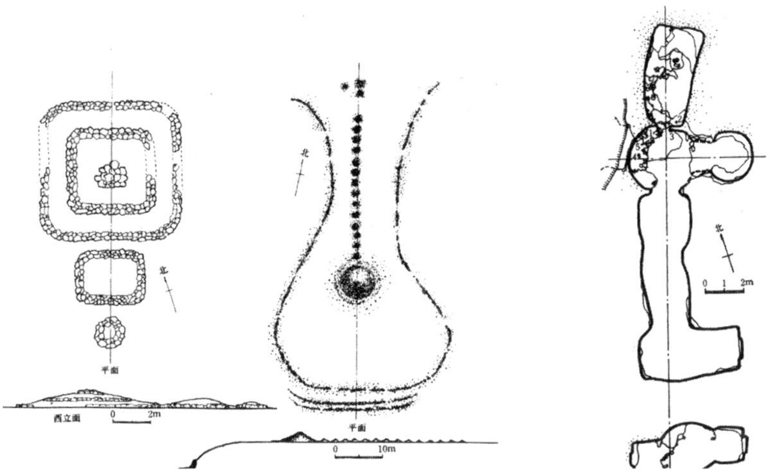

内蒙古莎木佳祭坛遗址　　阿善祭坛遗址　　辽宁牛河梁祭坛女神庙遗址

图2–1 中国原始社会文化遗存中的祭坛、神庙（引自《中国建筑史》）

① 红山文化：牛河梁红山文化遗址位于辽宁省朝阳市的凌源、建平两县交界处，于1981年文物普查时发现。现今已在5处地点发掘出许多重要的历史文化遗迹，发现了距今大约5500年前的大型祭坛、女神庙、积石冢和“金字塔”式建筑。良渚文化：1986年，良渚反山遗址先被发现，发掘出11座大型墓葬，有陶器、石器、象牙及嵌玉漆器1200多件。近几年，良渚文化遗址已从40多处增加到135处，包括村落、墓地、祭坛等各种遗存。

② 潘谷西：《中国建筑史》，5版，18页，北京，中国建筑工业出版社，2004。

装饰艺术，来表达对神的祇敬之心。这说明早期与天对话的场所，正是包括园林萌芽的台、坛之类在内的建筑环境与场所。虽然今天人们已经无法得知当时这些活动的具体细节，但是这种原始思维的烙印，早已以集体无意识的形式保留在人类记忆的深处。

按照瑞士心理学家荣格的分析[①]，人类祖先许多反复出现的精神事件所凝结成的心理体验，以原始意象（即原型）的形式，世代相传，以大脑解剖学上的结构遗传保留在我们的头脑中。原型“为我们祖先的无数类型的经验提供形式”，对后人而言，“它们是同一类型的无数经验的心理残迹”：

每一个原型意象中都有着人类命运的一块碎片，都有着在我们祖先的历史中重复了无数次的欢乐和悲哀的一点残余，并且总的说来始终遵循同样的路线。它就像心理中的一道深深开凿过的河床，生命之流在这条河床中突然奔涌成一条大江，而不是像先前那样在宽阔然而清浅的溪流中漫淌。[②]

由于早期的图腾和山川崇拜，自然对象开始被赋予了人类特有的观念含义。随之而来，自然对象就具有了感官愉悦和观念意义的储存这两方面的意义，进而促进了审美的发展。至今仍保留的龙蛇、凤鸟的形象与神话传说就是很好的证明，而更多的动植物形象，则随着我国先民的艺术作品和生活用具保存了下来。早在新石器时代的遗址中，就出土了大量绘有各种纹样的彩陶，包括人形纹、人面纹、鱼纹、蛙纹、鸟纹和植物花卉纹等，如图 2–2、图 2–3 所示。在河姆渡遗址还出土了刻有盆栽植物花纹的陶块[③]。许多学者已经指出，这些陶器上的艺术化图案和纹样，无论人形、动植物还是抽象几何形状，都具有强烈的原始巫术礼仪的图腾含义，是从宗教观念出发而非出自审美的目的；然而这些缤纷的形象却传达出遥远的艺术风貌和审美意识。这正是荣格所说的集体无意识过程中人类情感的变化而导致的审美体验。

按照荣格的心理分析理论，原型情境发生时的情感体验，就是审美体验：

一旦原型的情境发生，我们会突然获得一种不寻常的轻松感，仿佛被一种强大的力量运载或超度。在这一瞬间，我们不再是个人，而是整个族类，全人类的声音一齐在我们心中回响。[④]

作品中个人的东西越多，也就越不成其为艺术。艺术作品的本质在于它超越了个人生活领域而以艺术家的心灵向全人类的心灵说话。[⑤]

产生于这种集体无意识的审美体验，

---

① 瑞士心理学家荣格创立分析心理学派，主张把人格结构分为三个层次，即意识、个人无意识、集体无意识。

② 荣格《论分析心理学与诗歌的关系》，转引自童庆炳：《中国古代心理诗学与美学》，170 页，北京，中华书局，1992。

③ 河姆渡遗址考古队：《浙江河姆渡遗址第二期发掘的主要收获》，载《文物》，1980（5），1~15 页。

④ 荣格《心理学与文学》，转引自童庆炳：《中国古代心理诗学与美学》，172 页，北京，中华书局，1992。

⑤ 荣格《心理学与文学》，转引自童庆炳：《中国古代心理诗学与美学》，174 页，北京，中华书局，1992。

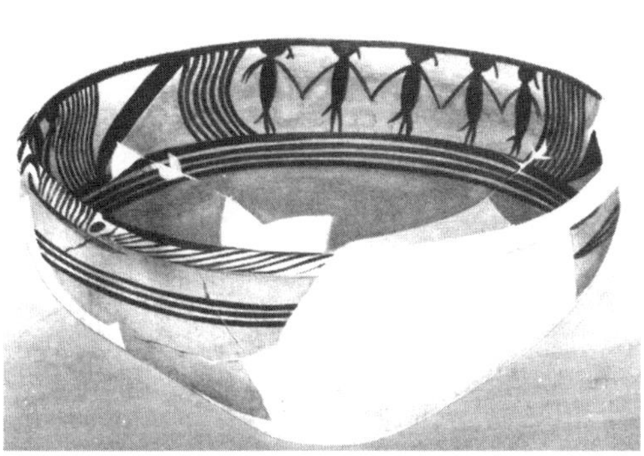

人形纹 甘肃马家窑出土

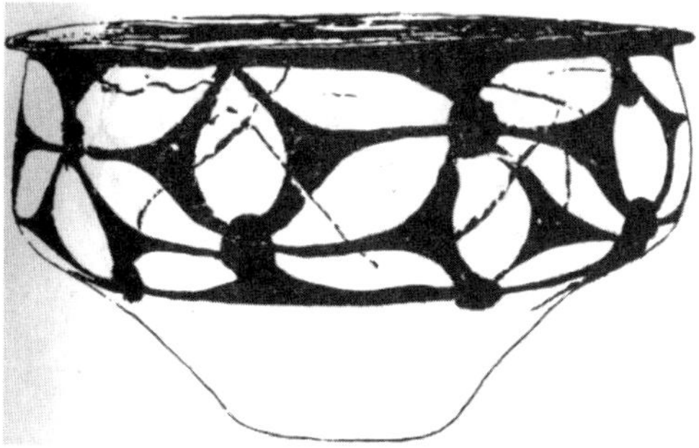

植物纹 河南陕县庙底沟出土

鱼纹 陕西西安半坡出土

图2-2 新石器时期艺术化的彩陶纹样（1）（引自《中国历代装饰纹样》）

使人类对祖先留下的古代文化怀有本能的向往与亲和的感情[①]。这种集体无意识作用的结果，反映出在原始法术思维影响下，具有宗教寓意的山水自然和动植物形象，已经与早期艺术活动和园林审美的起源彼此直接关联而达到水乳交融的状态，这是先秦园林发展必不可少的前提条件。中国园林之所以能够融自然山水、动植物和人文景观为一体，园林之所以能够与其他艺术形式互为表里，应该归功于影响园林起源的这种原始思维。

（2）商周时期的园林

殷墟出土的甲骨卜辞，为后人留下了最早的有关园林活动的文字记录，罗振玉的《殷墟书契》中有“贞黍在龙囿”；《殷墟书契后编》又有“在圃渔”之记载，见图2-4。而现存金文中的大量记载，则生动地描绘出商周帝王在“辟雍”“辟池”“大池”“学宫”等处，乘舟泛游，举行大礼、渔、射的景象：

周初武王时的《天亡簋》：王又大豊，王凡三方，王祀于天室，降。[②]

昭王时的《麦方尊》：雩若二月，侯见于宗周，亡尤。会王饔莽京，酌祀，雩若翌日。在辟雍，王乘于舟，为大礼。王射大龏禽，侯乘于赤旗舟从。[③]

穆王时的《伯唐父鼎》：乙卯，王饔莽京。王禄，辟舟临舟龙。咸禄，伯唐父告备。王格，乘辟舟，临禄白旗。用射絼、厘虎、貉、白鹿、白狼于辟池。[③]

穆王时的《静簋》：王命静司射学

① 事实上，孔子的“述而不作”正是巧妙地利用这种人类的本能，采取解释古代经典而演绎新意的方式，使其学说易于被更多世人所接受。

② 高明：《中国古文字学通论》，372~373页，北京，北京大学出版社，1996。

③ 刘雨：《金文中的饔祭》，载《故宫博物院院刊》，1998（4），79页。

蛙纹 甘肃马家窑出土

猪形纹 浙江余姚河姆渡出土

鱼纹 陕西宝鸡北首岭出土

鹿纹 陕西西安半坡出土

图 2-3 新石器时期艺术化的彩陶纹样（2）（引自《中国历代装饰纹样》）

宫……邦君射于大池……①

穆王时的《遹簋》：穆王在莽京，乎（呼）渔于大池。①

商周时期的园林是建立在农业生产基础上的。帝王在营建都城的同时，也开辟了大规模的物质生产基地，用以满足种植、狩猎、饲养和提供宗教仪式之祭品的需要。因此早期狭义的园林，是以皇家苑囿的面目出现②，作为物质生产基地以至生态保护区而存在的③。

商周时期皇家园林的特点是：面积广袤，取自天然，畜养禽兽，兼有生产、

① 高明：《中国古文字学通论》，383~384 页，北京，北京大学出版社，1996。

② 汪菊渊《中国古代园林史》（上卷）第 12 页："中国的园林是从商殷开始有的，而且是以囿的形式出现的，虽然那时的囿还未曾像周朝那样加以固定的范围。"这代表了很多学者的观点。

③ 先秦时期园林体系的形成和发展变化，多体现在物质利益方面。帝王在营建都城及园林的同时开辟大规模的物质生产基地，在农业生产基础上建立了苑、囿、园、圃等生产实体，用以满足种植、狩猎、饲养及提供祭祀礼仪祭品等需要，由此形成园林雏形。当其中的生产活动满足人们日常生活所需之后，皇家苑囿的功能意义也随即扩展为自然资源的保护区、物质仓储与田猎的场所，以及防灾除患的水利枢纽。详见吴莉萍：《中国古典园林的滥觞：先秦园林探析》，43~44 页，天津，天津大学，2003。

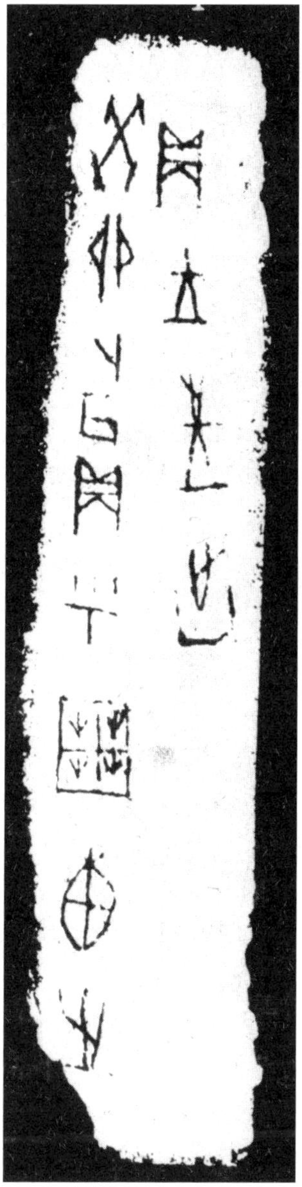

图 2-4 商代第一期甲骨文中的园林记载（引自《中国古文字学通论》）

祭祀和游乐等多重功能。这在我国第一部诗歌总集《诗经》中得到了集中体现。广为人们熟悉的《诗经·大雅·灵台》，描写的就是周文王建灵台、灵沼及在其中游赏的盛况：

王在灵囿，麀鹿攸伏，麀鹿濯濯，白鸟翯翯。王在灵沼，於牣鱼跃。……於论鼓钟，於乐辟雍①。

灵台、灵沼遂以中国最早的皇家园林而流芳百世，这也是我国目前已知最早的园林命名。《孟子·梁惠王下》载“文王之囿方七十里”，可见当时的皇家园林规模之巨大。

此外，《诗经》中的不少篇章，都涉及了先秦时代的居住环境和宫城建设。《大雅·公刘》叙说周人建京城：

逝彼百泉，瞻彼溥原。乃陟南冈，乃觏于京。……既溥既长，既景乃冈，相其阴阳，观其流泉。……于豳斯馆。……夹其皇涧，溯其过涧。②

《大雅·崧高》写周人建寝庙宫室：

崧高维岳，骏极于天。维岳降神，生甫及申。……有俶其城，寝庙既成，既成藐藐。……我图尔居，莫如南土。③

《国风·定之方中》叙述卫文公迁于楚丘重建卫国时，测方向植树占卜的情景；又如直接描写宫室、建筑及其周围自然环境景色的有：

秩秩斯干，幽幽南山。如竹苞矣，如松茂矣。……筑室百堵，西南其户。……约之阁阁……殖殖其庭，有觉其楹。

① 辟雍，文王离宫名，有圆形池沼如壁，实际为皇家园林中的园中园，与汉儒所说的皇家学校的辟雍不同。详见史箴：《囿游，苑中苑和园中园的滥觞》，载《建筑学报》，1995（3），54~55 页。

② 程俊英：《诗经译注》，541~542 页，上海，上海古籍出版社，1985。

③ 程俊英：《诗经译注》，588 页，上海，上海古籍出版社，1985。

《诗经·小雅·斯干》

考槃在涧……考槃在阿……考槃在陆。[①]

《诗经·国风·考槃》

商周园林常被人们忽视的重要特点是它的宗教祭祀功能。先民花费如此巨大的人力、物力，修建规模宏大的宫室、苑囿，决不仅仅为了单纯的居住游猎之目的；在他们的意识深处，诸如灵台、灵沼之类的苑囿，必然有着一种更为崇高的神圣意义。如前所述，这就是为了保证农业生产的顺利进行和国泰民安，在原始法术思维影响下与天对话的宗教通神功能。著名甲骨文学家陈梦家曾指出，殷代卜辞中的“上帝”“其主要的实质是农业生产的神”[②]。

到周代以至春秋时期，正如《礼记·礼器》所说：

故鲁人将有事于上帝，必先有事于頖宫；晋人将有事于河，必先有事于恶池；齐人将有事于泰山，必先有事于配林。[③]

所谓頖宫、恶池、配林，即从祀的建筑、园林或园林化自然环境。皇家园林的雏形灵台、灵沼，就是在这种原始思维的作用下，通过对具有神性的山、水的模仿，使其具有同样的神性而加以神化和崇拜的产物。人类通过对这种具有神性的山水自然的模仿而实现了人与天的对话。

与天对话的目的，是为了祈求风调雨顺、降福于民，保证人类社会的太平安宁。而“民之大事在农”（《国语·周语上》），原始社会的君王由“重农”而“籍田千亩”、“土发而社”。中国早期文化也是围绕农业这一关乎国计民生的大事展开。历代皇帝的所谓祈年、雩祭、躬耕、亲蚕之类的活动，正是这一传统文化的遗迹，如前述的灵台、灵沼和《诗经》中的“桑林”[④]及后文详述的雩台之祈雨功能等就是典型，

灵台作为人与上天神明对话的场所，出现在早期皇家园林中并居于主体地位。在《孟子》《韩非子》《吕氏春秋》《淮南子》等著作中有很多记载，大量考古资料亦可以证明，虽然经历了两千多年的漫长岁月，但它们仍然称得上“广基似于山岳”。

《吕氏春秋》高诱注曰“积土四方而高曰台”，可见先秦时“灵台”建筑是一些山岳般高大的筑土建筑，其用处是登高以观天象、通神明、颁布历法。《白虎通·释台》总结为：

考天人之际，查阴阳之会，揆星度之

① 这段文字可看作是对中国早期的隐士园林环境的描写。

② 陈梦家《殷墟卜辞综述》，转引自余健：《勘舆考源》，12页，南京，东南大学，2014。

③ 郑玄注云：“頖宫，郊之学也。恶池当为呼池，与呕夷为并州川。配林，林名。”《尔雅·释地》曰：“野外谓之林。”

④《诗经·国风·桑中》：“期我乎桑中，要我乎上宫，送我乎淇之上矣。”郭沫若《甲骨文研究》云：“桑中即桑林所在之地，上宫即祀桑之祠，士女于此合欢。”鲍昌《风诗名篇新解》站在文化人类学的角度进一步发挥郭沫若的观点，认为上古蛮荒时期人们都奉祀农神、生殖神，“以为人间的男女交合可以促进万物的繁殖，因此在许多祀奉农神的祭典中，都伴随有群婚性的男女欢会”，“郑、卫之地仍存上古遗俗，凡仲春、夏祭、秋祭之际男女合欢，正是原始民族生殖崇拜之仪式”，“《桑中》诗所描写的，正是古代此类风俗的孑遗”。

验。

古代帝王君临天下要有登台的仪式以受天命、承膺祖先的神灵（图 2-5）。在文王上承天命以灭商的过程中，灵台、灵沼都起到必不可少的作用。其“灵”字的使用，可以理解为即出于这种神性的原因，是源于古代山岳崇拜，以昆仑神话作为创作原型，对“有大山，名曰昆仑之丘。……其下有弱水之渊环之”（《山海经·大荒西经》）的模仿。

除了灵台、灵沼之外，史籍中还有大量文献记载了先秦园林中的台与池。《左传·昭公四年》说“夏启有钧台之享”，《水经注·颍水》载夏启“享神于大陵之上，即钧台也”。《诗经·国风·新台》直接描写卫宣公建新台[①]：“新台有泚，河水浖浖。……新台有洒，河水浼浼。”《晏子春秋》载齐景公多次起大台之役，又筑路寝之台。《王孙子新书》载：“卫灵公坐重华之台，侍御数百，随珠照日，罗衣从风。”《说苑》载“楚庄王筑层台，延石千重，延壤百里”，又载“晋灵公造九层台，费用千亿”。《吕氏春秋传》曰：“卫灵公天寒凿池”。春秋战国时期著名的台有齐景公的路寝之台，晋灵公的九重之台，吴王夫差的姑苏台，越王勾践的燕台，楚灵王的章华台和乾溪台，燕昭王的黄金台，韩王的望台和颂台，赵武灵王的丛台等。

至汉代，园林的这种宗教巫术性质仍有大量体现[②]。

图 2-5 台与园林——与天对话的场所（引自《钦定书经图说》）

需强调指出的是，这些带有巫术性质的宗教祭祀，往往伴之以大规模的艺术化仪式活动，音乐、歌舞与巫术礼仪的结伴而行，最终导致了礼乐文化和艺术的滥觞。同时，祭祀活动需要大量神职人员参加，他们兼通神界、人事，是天人对话的中介；他们熟谙天文、地理和诗文、礼乐，是奴隶社会最早的脑力劳动者，即知识分子群体。“儒”正是产生于这一群体，先秦诸子学术流派也是由他们逐渐演化发展而来。早期原始思维更为重要的影响，是在与天对话的

① 新台，故址在今山东甄城县黄河北岸，卫宣公为纳宣姜所筑。
② 王其亨，何捷：《西汉上林苑的苑中苑》，载《建筑师》，1996（72），17~37 页。

过程中，逐渐形成了中国人特有的对自然和生态的看法，这就为生态伦理和生态审美奠定了基础。

另一方面，随着先秦理性化社会趋势的发展，园林已不单纯是为了满足居住、生产等物质要求。通过典籍中涉及园林的记载，还可以清楚地发现园林所具有的教育、养老的功能。园林的拥有者——天子、诸侯等上层贵族，既然执掌政治、宗教、文化教育等特权，那么兼具居住、游赏和宗教礼仪等功能的园林或园林化环境，就自然而然地与文化教育结下不解之缘。《庄子》中描写孔子教学环境的杏坛、《诗经》中的泮宫以及被汉儒误解的辟雍自不必说，已然成为后代学宫和书院园林的原型（图 2–6）。如《礼记·王制》载：

天子命之教，然后为学。小学在公宫南之左，大学在郊。天子曰辟雍，诸侯曰頖宫。

凡养老……五十养于乡；六十养于国；七十养于学，达于诸侯。

有虞氏养国老于上庠，养庶老于下庠；夏后氏养国老于东序，养庶老于西序；殷人养国老于右学，养庶老于左学；周人养国老于东胶，养庶老于虞庠。虞庠在国之西郊。

《汉书·儒林传》释“殷曰庠，周曰序”，即乡之学校。

通过《礼记集解》的解释，可知上述令人眼花缭乱的名称实际上就是指园林：

周立四代之学，谓一处并建四学：辟雍居中，其北为有虞氏之学，其东为夏后氏之学，其西为殷人之学。……其辟雍，惟天子出师、成谋、受俘、大射就焉。当天子至辟雍，则三学之人环水而观矣。……周立四代之学：辟雍、上庠、东序、瞽宗，皆大学也。……辟雍、成均并为周代之大

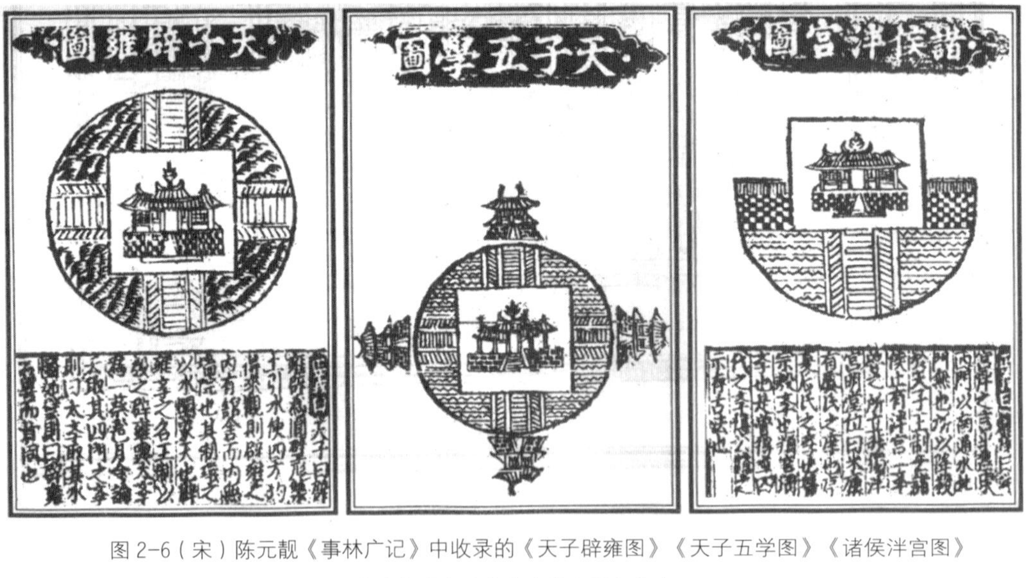

图 2–6（宋）陈元靓《事林广记》中收录的《天子辟雍图》《天子五学图》《诸侯泮宫图》

（引自《中国古代建筑大图典》）

学，异名而同实也。……东序、东胶一也。……鲁四学，而頖宫当天子之辟雍，则天子之受成献俘在辟雍矣。《穀梁传》言“习射于泽宫”。《诗》言“振鹭于飞，于彼西雍”，毛传云：“雍，泽也。”是泽宫即辟雍，则天子大射在辟雍矣。①

除了上述物质、精神功能以外，园林还逐渐为人们带来精神上的审美愉悦。由于皇家园林是皇权的象征，又兼有生产基地的性质，负责为祭祀活动提供供品、食物，因此选址时往往选择良好的自然条件，占据肥美的土地，这就为后来景物的审美提供了条件。周文王的优游于灵台、灵囿，已经明显带有审美特征；《诗经》中许多描写贵族居住生活的诗篇，将观鱼、饮宴、游猎、游览等活动融于一体，反映了在优美园林环境中的综合审美体验：

有卷者阿，飘风自南。岂弟君子，来游来歌，以矢其音。伴奂尔游矣，优游尔休矣。②

《诗经·大雅·卷阿》

鱼在在藻，有颁其首。王在在镐，岂乐饮酒。

《诗经·小雅·鱼藻》

呦呦鹿鸣，食野之苹。……呦呦鹿鸣，食野之蒿。……呦呦鹿鸣，食野之芩。

《诗经·小雅·鹿鸣》

在这些描写中，早期建筑与周围自然山水及树木、动物的关系已初见端倪（图2–7）。

因此，先秦皇家园林具有生态维护的功能，是物质生产基地及自然资源保护区。同时，园林最初就是祭祀天地、祭祀祖先、祭祀万物神灵的活动场所，又兼具教育和养老的功能。

图2–7 《诗经》中描写的先秦园林化环境（引自《中国绘画史图录》）

①《礼记·文王世子第八》，见《礼记集解》，第20卷，557~558页，北京，中华书局，1989。

② 程俊英《诗经译注》第549页注《汲冢纪年》：“成王三十三年，游于卷阿，召康公从。”周成王召群臣出游卷阿，赋诗，盖与祓禊风俗有关。

2. 与天对话的载体：礼乐艺术活动的起源

美和艺术活动的起源与原始巫术图腾崇拜有直接关系。中国古代象形文字中“美”的象形意义，就是头戴羊形装饰的“大人”，即在图腾乐舞和图腾巫术中头戴羊形装饰的祭司或酋长[①]。这恰恰说明了美自产生之日起，就与原始宗教仪式、原始思维以及原始的“儒”，有着不可分割的联系。

艺术与祭祀活动的关系，可以通过文献中对“舞雩求雨”的描写略见一斑。先秦时期，这种活动仍传承不辍。在殷墟卜辞中就有“惠丏午盂田，又雨”，“皆舞二田丧、盂，又大雨”的记载[②]。祭祀时奏乐并伴有歌舞，《礼记·月令》载：“……命有司为民祈祀山川百源，大雩帝，用盛乐。乃命百县雩祀百辟卿士有益于民者，以祈谷食。”[③]东汉经学大师郑玄注曰：“雩，吁嗟求雨之祭也。”[④]《周礼·大司乐》这样描写祭仪中乐舞的隆重场面：

乃奏黄钟，歌大吕，舞《云门》以祀天神。乃奏大蔟，歌应钟，舞《咸池》以祭地祇。乃奏姑洗，歌南吕，舞《大韶》以祀四望（日、月、星、海）。乃奏蕤宾，歌函钟，舞《大夏》以祭山川。乃奏夷则，歌小吕，舞《大濩》以享先妣。乃奏无射，歌夹钟，舞《大武》以享先祖。

大司乐的职责是通过奏、歌、舞以祀天神、祭地祇、祀四望、祭山川、享先妣先祖；司巫的职责是“若国大旱，则帅巫而舞雩”[⑤]。

这些极其古老而又反复进行的活动，在先民的原始思维中形成了根深蒂固的观念，艺术活动本身具有某种神圣的象征意义，并形成礼乐不分的文化传统。《吕氏春秋·古乐》云：“帝尧立，乃命质为乐。质乃效山林溪谷之音以歌……以像上帝玉磬之音，以致舞百兽。”《礼记·乐记》也说：“鼓似天，钟似地”。钟、鼓、乐、舞都成为天地神灵的象征，这种与天对话的法术思维最终走向了艺术。

叶舒宪在《诗经的文化阐释——中国诗歌的发生研究》一书中分析得出，《诗经》中产生年代较早的《雅》《颂》中的大部分，都直接来自宗教性的礼仪活动，实际是宗教性的祷词。在祭祀中，几种艺术形式不分彼此，共同为礼仪活动服务，因此出现了诗、歌、乐、舞并称的现象：

敢有恒舞于宫，酣歌于室，时谓巫风。

伪《古文尚书·伊训》

诵《诗》三百，弦《诗》三百，歌《诗》三百，舞《诗》三百。

《墨子·公孟》

《诗》者，中声之所止也……

《荀子·劝学》

---

① 李泽厚，刘纲纪：《中国美学史》，第1卷，79~81页，北京，中国社会科学出版社，1984。

② 连邵名：《卬其三卣铭文新证》，载《故宫博物院院刊》，1998（4），9~12页。

③ 孙希旦：《礼记集解》，450页，北京，中华书局，1989。

④ 孙希旦：《礼记集解》，451页，北京，中华书局，1989。

⑤ 佚名：《周礼·仪礼·礼记》，70页，长沙，岳麓书社，1989。

翱飞兮翠曾，展诗兮会舞。应律兮合节，灵之来兮蔽日。

《九歌·东君》

诗言其志也，歌咏其声也，舞动其容也，三者本于心，然后乐器从之。

《礼记·乐记》

古者教以诗乐，诵之歌之弦之舞之。

《诗经·国风·子衿》毛诗序

三百篇孔子皆弦歌之，以求韶武雅颂之音。

《史记·孔子世家》

诗与乐成为中国古代艺术的活化石，并融进了许多儒家经典。

巫术祭祀、礼乐活动的场所，即法术思维中与天对话的场所，更为早期园林化环境赋予了具有强烈审美意义的场所精神，除了灵台、灵沼以外，与原始儒的祈雨功能紧密相关的“舞雩”也是被后人不断效法的典型。《论语·先进》中曾皙言志时，曾有“风乎舞雩，咏而归”之语，《论语集释》对此有详细的注解：

舞雩坛在曲阜城东南二里，引龟山水为池，至坛西曰雩水。

（雩门）门南隔水有雩坛，坛高三丈，曾点所欲风舞处也。

浴，盥濯也，今上巳祓除是也。……舞雩，祭天祷雨之处，有坛墠树木也。

“桓公五年，大雩。”注：“使童男女各八人，舞而呼雩。”

浴沂，言祓濯于沂水而后行雩祭。[①]

皇侃的《论语疏》曾引王弼语：“沂水近孔子宅，舞雩坛在其上，坛有树木，游者托焉也。”其《疏》云：

舞雩，请雨之坛处也。请雨祭谓之雩。雩，吁也，民不得雨故吁嗟也。祭而巫舞，故谓为舞雩也。沂水之上有请雨之坛，坛上有树木，故入沂浴，出登坛，庇于树下逐风凉也。[①]

由“曾皙言志”引发的“曾点气象”，蕴含着强烈的场所精神，是原始祭祀祓禊传统与活动的遗风，经过孔门儒学的理性改造，对后世的园林产生了极大影响；由此发觞，禊赏还成为后来园林中的一大主题。[②]

孔子将商周时代作为官学的礼乐文化和礼仪乐舞所代表的艺术精神，理性化地赋予园林化的场所。《庄子·渔父》所描写的“孔子游于缁帷之林，休坐乎杏坛之上。弟子读书，孔子弦歌鼓琴”，就是儒家崇尚的自然场所精神的典型例证，见图2-8、图2-9，这一点还成为清代皇家园林中大量出现的书院园林的原型，演变为儒家重文意识对园林的重要影响。

3. 与天对话的中介：儒的起源

人神对话的过程，不仅催生出包括园林活动在内的人类艺术行为，而且造就了中国早期的“儒”这一特殊职业。正是由于起源上的这一特殊原因，在人与自然的关联中，“儒”担当着十分重要的媒介和载体作用。儒的起源是探讨

① 程树德：《论语集释》，806~808页，北京，中华书局，1990。

② 对园林中禊赏主题的历史沿革、文化内涵与审美意象，王其亨先生的《宁寿宫花园的点睛之笔：禊赏亭索隐》一文中有详细而精彩的论述。

（南宋）《杏坛图》木刻

图 2-8 儒家崇尚的自然场所精神（1）（引自《中国古代绘画图录·宋辽金元部分》）

中国园林艺术起源的切入点，它既关系到儒家的人格理想，更决定了儒学对园林和自然美的关注。

叶舒宪、陈来等学者从“儒”字的古训考察“儒”的起源，认为“儒”与“濡”“柔”有着某种必然的联系：

《说文》：儒，柔也，术士之称。从人需声。《礼记·儒行》疏引《郑目录》：儒之言优也，柔也，能安人，能服人。又儒者濡也，以先王之道能濡其身。《韩诗外传》：儒者，濡也。[①]

1934 年北京民社印《孔子圣迹图》中的杏坛

（明）正统九年刊本《圣迹图》中孔子的教学环境

图 2-9 儒家崇尚的自然场所精神（2）

① 叶舒宪：《诗经的文化阐释——中国诗歌的发生研究》，215~216 页，武汉，湖北人民出版社，1994。相似内容参阅陈来：《古代宗教与伦理：儒家思想的根源》，329~330 页，北京，生活·读书·新知三联书店，1996。

其实，儒的名称在商代就有了，是对一种宗教神职人员的称呼。从刘歆认为“儒家者流，盖出于司徒之官”，到冯友兰的“儒家者流，盖出于文士”[①]，都是从古代社会职业的划分，来探讨儒的起源。《周礼·天官》曾叙大宰之职云：

以九两系邦国之民：一曰牧，以地得民。二曰长，以贵得民。三曰师，以贤得民。四曰儒，以道得民……

郑玄注曰“师，诸侯师氏，有德行以教民者。儒，诸侯保氏，有六艺以教民者”；《说文》解儒为“术士之称”。这些一方面说明儒的职业特征是以“道术”得民，是诵说诗书、通该术艺者的泛称；另一方面则暗示了儒与“道”“六艺”和“道术”等的必然联系[②]。

古之道术出自巫术，故巫又称巫师。陈来根据《国语·楚语》对“绝地天通”的详细记载，断言在中国原始宗教的第一阶段上，已有具有聪明圣智的专职事神的人员，在女曰巫，在男曰觋，而且中国历史上的巫觋曾经历过专业分化的过程[③]。

章太炎在《章氏丛书·国故论衡》的《原儒》篇中提出术士之儒实即祝史、史巫：

儒之名盖出于“需”，需者，云上于天，而儒亦知天文，识旱潦。……吁嗟以求雨者谓之儒。……古之儒知天文占候，谓其多技……

胡适提出殷商宗教礼仪的职业主持者是最早的儒。依陈来之说，冯友兰似乎也同意儒来自沦落的祝宗卜史[④]。刘师培认为“文学出于巫祝之官”，同祭祀分不开：

盖古代文词，恒施祈祀，故巫祝之职，文词特工。今即《周礼》祝官职掌考之，若六祝六词之属，文章各体，多出于斯。又颂以成功告神明，铭以功烈扬先祖，亦与祠祀相联。是则韵语之文，虽匪一体，综其大要，恒由祀礼而生。[⑤]

徐中舒则从甲骨文之“需”字的象形意义“沐浴濡身之形”找出与儒的联系，突出儒的神职特征[⑥]。张岂之在《中国思想史》中也以殷代甲骨文、金文中的“儒”“需”“丘需”等，来判断儒的起源与宗教职责的关系[⑦]。《礼记·儒行》

① 冯友兰：《中国哲学简史》，2版，28~33页，北京，北京大学出版社，1996。

②（清）孙诒让撰《周礼正义》对儒“有六艺以教民”做了详尽而深入的阐发，将“道”与“六艺”“术”紧密联系起来，揭示了儒对道艺及伎术的重视。这些早期思维的痕迹成为孔子“游于艺”思想的滥觞：“……彼识云‘掌养国子以道，乃教之六艺’，故云有六艺以教民也。知道即六艺者，《官正》云‘教之道艺’，《乡大夫》云‘察其道艺’，艺即道也。《大司乐》‘凡有道有德者使教焉’，注亦云‘道，多才艺者’，是道艺义同。郑（玄）以德行释贤，六艺释道，深合经。……儒者，其人有伎术者也。《说文·人部》：‘儒，柔也，术士之称。’是古谓术士为儒。凡有一术可称，皆名之曰儒，故有君子儒、小人儒之别。此经所谓儒者，止是术士耳。以道得民者，道亦术也。……儒则泛指诵说诗书，通该术艺者而言。”

③ 陈来：《古代宗教与伦理：儒家思想的根源》，21页，北京，生活·读书·新知三联书店，1996。

④ 陈来：《古代宗教与伦理：儒家思想的根源》，328~342页，北京，生活·读书·新知三联书店，1996。

⑤ 郭绍虞，罗根泽：《中国近代文论选》，583页，北京，人民文学出版社，1959。

⑥ 徐中舒《甲骨文中所见的儒》，参见叶舒宪：《诗经的文化阐释——中国诗歌的发生研究》，223~225页，武汉，湖北人民出版社，1994。

⑦ 张岂之：《中国思想史》，42页，西安，西北大学出版社，2012。

中有“儒有澡身而浴德”，《孟子·离娄下》中也谈到斋戒沐浴的宗教净化功能：“虽有恶人，斋戒沐浴，则可以祀上帝。”这些都可看作是早期儒的神职特征留下的记忆。

日本学者白川静进一步提出，儒的宗教背景出自用巫祝为牺牲而求雨的活动：

> 牺牲系用巫祝，被当作断发而请雨的牺牲者，需也。需，系含有为需求降雨而断发髡形之巫的意思。如此的巫祝，乃儒之源流也。
>
> 儒家最早出自巫祝之学，以周之礼乐为主要教授科目，以其礼教文化的创始者周公为理想；周公，为周初在所谓“明保”圣职地位之人。①

美国汉学家莫特则通过考察商周社会的礼仪活动，提出以恢复先王之礼为号召的后起儒家，与前代的祭礼阶层有关联。从殷商时代起，“礼仪活动的动机已经是半宗教的（semi-religious）。神灵界与人类之间的和谐开始具有了伦理的意义，礼仪行为的权威从非理性层面转向了纯理性层面。圣王取代神灵成为统治术和社会知识的本源。仪式活动被理性化地理解为某种有助于宇宙和谐的必要手段。儒由于独具阅读和书写的能力，成为辅助圣王从事仪式活动和占卜活动的准宗教祭司。周朝的权力是完全礼仪化的——权力的神秘性反过来加强了实际的权力。儒的传统对此做出了极大贡献”②。

巫尹、巫祝作为古代部落社会唯一的知识阶层，必然兼通天地鬼神，能记诵神话圣典与本族的古史传说。他们与文明社会中传授诗书礼乐、教民道艺的师与儒自然具有渊源关系。于是从事艺术化的礼仪活动的教育、师生传承等等，成为儒学一以贯之的基本取向。原始儒承担的社会功能是祈求风调雨顺，保证农作物的丰收，由此引出了“乐”的范畴。《礼记·乐记》提出“乐之道归焉”，不单单将“乐”视为人格的追求，而且将整个宇宙和生态的和谐归功于“乐”：

> 是故大人举礼乐，则天地将为昭焉。天地䜣合，阴阳相得，煦妪覆育万物，然后草木茂，区萌达，羽翼奋，角觡生，蛰虫昭苏，羽者妪伏，毛者孕鬻，胎生者不殰，而卵生者不殈，则乐之道归焉耳。③

儒学这种对“乐”之作用的深刻认识，直接得益于原始儒的社会职能；儒家将“乐之道”放到天地运行当中，与整个自然生态环境的和谐息息相关。“乐之道”正是中国特有的园林之道，是园林等古代艺术中体现的艺术生命精神！

上述分析都表明了原始儒与宗教巫术礼仪活动的密切关系。礼仪活动的进

---

①（日）白川静《中国古代文化》，转引自叶舒宪：《诗经的文化阐释——中国诗歌的发生研究》，226~227页，武汉，湖北人民出版社，1994。

②（美）弗雷德立克·莫特（Frederick W.Mote）《中国知识分子之根》（Intellectual Foundations of China），转引自叶舒宪：《诗经的文化阐释——中国诗歌的发生研究》，224页，武汉，湖北人民出版社，1994。

③ 孙希旦：《礼记集解》，1010~1011页，北京，中华书局，1989。

一步伦理化和世俗化，则直接催生出作为思想学派的儒家。难怪孔子也承认自己是巫史文化的传承人和理性化者：“吾与巫史同归而殊途者也”[①]。由此可见，早期的儒实际上担任着人与天对话过程的中介。

按照荣格的心理原型学说来看儒的起源，儒的原始神职特征和与天对话时的审美体验，在原始儒的意识深处留下了无法抹去的记忆。求雨等祭祀活动中载歌载舞的场景，对雩台周围自然环境的认识，促使他对自然世界怀有特殊的感情与亲和力；在与天地相通的过程中，使他认识到参与天地运行的主体意识；祭祀中的牺牲造就了他特殊的人格……所有这些，导致了儒学的自然美学思想与园林直接相关，如舞雩台、桑林之舞等；以乐感文化为基础，使人生与自然审美建立了特殊的关系；还奠定了其“参天地赞化育”的内在宇宙观，对中国古代哲学、美学体系的形成，都具有决定性的意义。后来的许多思想都可以在此找到集体无意识的心理原型。

4. 与天对话的底蕴：中国人早期的自然观

古人类学和儿童认识发生学的研究成果表明，人的认识是从人我不分、物我不分的混沌状态开始的。黑格尔在《精神现象学》中认为只有在自我意识与其对象达到了分化，并且在分化之后又重新达到了统一时，“精神”这一概念才开始出现。在《哲学史讲演录》中，黑格尔同样以自我意识的分化与统一作为哲学产生的条件：

> 哲学是在这样一个时候出发：即当一个民族的精神已经从原始自然生活的蒙昧混沌境界中挣扎出来了，并同样当它超出了欲望私利的观点，离开了追求个人目的的时候。[②]

换句话说，当人开始意识到“自我”这一主体概念的时候，他必定已经对“自我”之外的客观世界有了认识与理解，人类对自身和与之对应的客观物质世界的认识必定是同步的。

在原始宗教神学的认识阶段，人从自身外化出一个人格的“上帝”“天神”，成为统辖整个世界的最高权威。随着原始思维的逐渐理性化，原始儒的特殊身份和职能，使其逐渐“明于天人之分”，认识到天地运行的规律才是最高本体。早在《尚书》中已经有了“五行”与“敬德保民”的哲学思想萌芽。《国语·周语》载周之史官伯阳父论地震，认为自然界阴阳二气的运动有一正常的秩序，若失去正常，自然界便会有灾变发生，进而影响人类的社会生活。《国语·郑语》则提出了“先王以土与金、木、水、火杂，以成百物”的朴素唯物主义思想，进而逐渐形成了以“阴阳消息”为宇宙

---

① 马王堆帛书《要》，转引自李泽厚：《论语今读》，171页，合肥，安徽文艺出版社，1998。
②（德）黑格尔：《哲学史讲演录》，第1卷，54页，北京，商务印书馆，1959。

运动的总规律，以农业社会（土）为宇宙的中心，将以阴阳五行为代表的物质、以四时为代表的时间、以四方为代表的空间诸元素有机地联系在一起的整体宇宙图式。

根植于农业社会基础的自然观对早期思维的影响，一是形成系统的生态伦理，二是形成生态美学的雏形。二者都直接或间接地作用于中国古典园林体系的形成与发展。

在原始思维逐渐理性化的过程中，春秋时期鲁太史里革有关人对天地运行的顺应和参与意识，已经初现生态伦理的萌芽。《国语·鲁语》载鲁宣公夏天捕鱼，太史里革“断其罟而弃之”，说：

古者大寒降，土蛰发，水虞于是乎讲罛罶，取名鱼，登川禽，而尝之寝庙，行诸国，助宣气也鸟兽孕，水虫成，兽虞于是乎禁罝罗，矠鱼鳖以为夏犒，助生阜也。鸟兽成，水虫孕，水虞于是禁罝罜䍡，设阱鄂，以实庙庖，畜功用也。……今鱼方别孕，不教鱼长，又行网罟，贪无艺也。[①]

里革的生态伦理观在先秦已经成为许多人的共识。《左传·昭公十六年》载郑国大旱，子产因屠击、祝款、竖柎斩桑山之木而夺其官邑，原因就是他认为“有事于山，蓺山林也；而斩其木，其罪大矣”[②]。又《国语·楚语》中王孙圉对赵简子谈“国之宝”有六，其中“山林薮泽足以备财用，则宝之”[③]。可见古人早已清楚地知道森林足以防旱，应加以悉心养护令其繁殖，而斩伐林木、破坏生态，必然带来国家的灾难，因此和谐、良好的生态被视作国家的珍宝而受到相当重视。

中国人很早就认为农业耕作须顺四时之令而动，正如《国语·周语》中太子晋向周灵王谏言：“度于天地而顺于时动，和于民神而仪于物则。”[④]农耕与蚕桑关乎国计民生，是中国古代社会赖以生存与发展的最主要的生产活动，因此自古就有重视农耕的传统意识，更受到历代帝王的关注。自周朝始，在国家祀典中，就已确立了“天子亲耕南郊，皇后亲蚕北郊”[⑤]的祭祀格局。南宋楼俦所作的《耕织图》，受到历代帝王的推崇和嘉许。皇帝亲耕、皇后亲蚕，也以一种特殊的景观方式，呈现在历代皇家园林中。

---

① 邬国义，胡果文，李晓路：《国语译注》，136 页，上海，上海古籍出版社，1994。

② 杨伯峻：《春秋左传注》，2 版，1382 页，北京，中华书局，1990。

③ 邬国义，胡果文，李晓路：《国语译注》，548 页，上海，上海古籍出版社，1994。

④ 邬国义，胡果文，李晓路：《国语译注》，80 页，上海，上海古籍出版社，1994。

⑤ 亲耕，又称“籍田”“藉田”，即孟春正月，春耕之前，天子率诸侯亲自耕田的典礼，是“祈年”（祈求丰收）的礼俗之一，寓有重视农耕之意。历代关于籍田的记载不胜枚举。例如，《诗经·周颂·载芟》毛诗序曰：“《载芟》，春籍田而祈社稷也。”郑玄笺云：“籍田，甸师氏所掌，王载耒耜所耕之田，天子千亩，诸侯百亩。籍之言借也，借民力治之，故谓之籍田。”《通典·礼六》：“天子孟春之月，乃择元辰，亲载耒耜，置之车右，帅公卿诸侯大夫，躬耕籍田千亩于南郊。籍，借也。谓借人力以理之……冕而朱纮，躬秉耒，天子三推……以事天地、山川、社稷、先古……”《汉书·文帝纪》：“夫农，天下之本也，其开藉田，朕亲率耕，以给宗庙粢盛。”三国魏曹植曾作《藉田说》。宋代苏轼在《元祐三年春帖子词·皇帝阁》之四也提到：“苍龙挂阙农祥正，老稚相呼看藉田。”及至清代，籍田祀先农之礼更是发展到顶峰。

同时，人们更意识到可以通过“守时”把握天地运行节奏，进而参与自然宇宙的运作，并通过天、地、人三者的和谐而掌握人事的成败。《国语·越语》载范蠡与越王谋吴时最早提出：“夫人事必将与天地相参，然后乃可以成功。”[①]又《管子·形势》曰“有无弃之言者，必参于天地也”。此外，《吕氏春秋》和《淮南子》等也都反复地论述“上揆之天，下验之地，中审之人”（《吕氏春秋·序意》），“人与天地参”的思想成为我国先秦时期重要的思维方法。

这种生态伦理是中国人对自然生态的基本认识。早期的园林，如《诗经》中描写的果园树圃河洲平林之类，实际就是人类所处的生活居住环境处于理想生态状态的现实反映；后来历代“禁山”制度以及皇家园林中实行的“禁猎”制度，也要归究于这种对自然生态的整体看法和态度；被今人津津乐道的“天人合一”观念产生的基础也正是生态伦理。

中国人早期的自然观中已经蕴含着生态美学的萌芽。早期万物有灵的山川自然崇拜，与后来孔子的“山水比德”已有内在的相通，只不过在原始思维中，山水只是与“神”简单比附，更多是“比”而不带有“兴”的审美性质。事实上，孔子的“乐山乐水”正是在这一基础上加以创造性发挥，将道德的“天”与人自身的审美相关联，赋予“山水”以超越道德层面的美学含义，并最终发展成为寄情于山水自然的审美理想和艺术哲学。但是其中淡化的有关自然崇拜的原始思维，仍然有显著的踪迹可以寻绎。如《孔丛子》载：

子张问：“《书》云：‘奠高山’，何谓也？”孔子曰：“高山‘五岳’，定其差秩，祀所视焉。”子张问：“其礼如何？”孔子曰：“牲币之物，‘五岳’视三公，小名山视子男。”子张曰：“仁者何乐于山？”孔子曰：“夫山者，岿然高。”子张曰：“高则何乐尔？”孔子曰：“夫山，草木植焉，鸟兽蕃焉，财用出焉，直而无私焉，四方皆伐焉。直而无私，兴吐风云以通乎天地之间；阴阳和合，雨露之泽，万物以成，百姓咸飨。此仁者所以乐乎山也。”

《钦定四库全书》

自然山川因其神意而成为崇拜的对象，人们在崇尚自然、赞美自然、欣赏自然的同时，以人的精神、人伦道德及社会秩序观照并拟态于自然，将人类最高尚的德行、品格赋予这种神圣的对象，人们崇拜、赞美和欣赏的不仅是自然本身，更是与自然相协调吻合的人的精神，以及寄托于自然的生活理想。

中国人的生态美学倾向也影响到自然界中的动植物形象。人类远古时代原始部落的图腾崇拜，赋予动植物以宗教和道德伦理的含义，并导致了后来园林及其他艺术中的动植物审美。继新石器陶器和商周甲骨文、青铜器上大量的图案纹样之后，在中国奴隶至封建社会的几千年中，祥花瑞草、鱼鸟灵兽等艺术

① 邬国义，胡果文，李晓路：《国语译注》，606页，上海，上海古籍出版社，1994。

化的吉祥图案，一直是陶瓷、玉器、青铜器、纺织印染等工艺美术纹样图案的主体（图 2–10、图 2–11）。

中国早期这种对自然的认识，为日后孔子儒学的继承发展和理性改造奠定了坚实的基础。正是基于这一对宇宙自然的整体思维，孔子注意到了良好生态的社会功能，在高扬人之主体意识的前提下，创造性地把人类社会的伦理道德秩序与宇宙自然秩序融为一体，从而形成了“天人合一”的宇宙观和人生理想，并最终引向审美。

战国玉器 龙纹

战国彩绘漆盘 凤纹

图 2–10 中国艺术化的吉祥图案（1）（引自《中国历代装饰纹样》）

二、孔子之前的山水美学和礼乐文化

1. 由娱神而娱人的礼乐文化

中国的礼乐传统早已有之，以祭祀礼仪及相关乐舞为代表的礼乐文化，一开始就是作为娱神的手段而产生的。从起源来看乐比礼出现更早，商代甲骨文中已有“乐”字，如图 2–12 所示。从象形来看，乐是与农作物的成熟收获和喜庆有关的歌舞音乐，也是与祭祀联系在一起的，后来引申为喜悦感奋的心理情感[①]。礼最早是古代的一种宗教仪式，后

汉代错金银车饰展开图 飞禽走兽纹

汉代错金银车饰展开图 孔雀纹

图 2–11 中国艺术化的吉祥图案（2）（引自《中国历代装饰纹样》）

① 李泽厚：《华夏美学》，见《李泽厚十年集》，226 页，合肥，安徽文艺出版社，1994。

来逐渐演变成以宗法等级制度来确定的社会制度、行为规范和社会秩序的总和①。

原始社会的礼乐文化以娱神为主，日月天地，山川草木，万物有灵，原始人崇拜的对象广泛而模糊；甲骨卜辞和商代中后期的典籍记载显示，“祖宗与天帝合一的观念”是殷商时代最主要的宗教观念；周代则转变为“先祖与天帝既分立又配合的观念”，逐渐形成了“对天命的理性解释和祖宗的敬事继承思想”。②

周代以后，礼乐文化逐渐由娱神、娱祖转为娱人，走上了世俗化的道路。由于美起源于宗教礼仪活动，因此最早的审美活动不是针对自然美，而是早期城市和园林中的建筑审美，以及伴随着诗歌的音乐审美。上至天子下至诸侯，都追求一种感官上的刺激和享受，如追求台的巨大体量与规模。如本章第一节所述，台榭成为这时期贵族们后宫苑囿中必不可少的部分，与之伴随的还有歌舞宴饮活动。这时的“台榭”往往与“陂池”并举，《韩非子·亡征》有“好宫室台榭陂池”，《左传·哀公元年》写夫差“次有台榭陂池焉”。

图 2-12 象形文字中的“乐”

宫苑中除饮酒享受舞乐之外，还有狩猎、竞射和采桑等活动。《管子·小匡》记述齐桓公谈论其父齐襄公时说：“昔先君襄公，高台广池，湛乐饮酒，田猎毕弋，不听国政；卑圣侮士，唯女是崇，九妃六嫔，陈妾数千；食必粱肉，衣必文绣，而戎士冻饥。”在建筑上，齐宣王建大宫室，“大益百亩，堂上三百户。以齐之大，具之三年而未能成”（《吕氏春秋·恃君览》）。

杨华曾整理列有《宗周贵族乐配制表》③，可直观地认识宗周贵族的礼乐等级差别。在祭祀的过程中，主祭者、助祭者、享祭者都以钟鼓为乐事，在祭歌祭舞中得到无限享受。这是后来歌舞由娱神转向娱人的主要动因。

2. 以“和”为美：向理性化发展的艺术

早在孔子之前的商周时期，源于祭仪的礼乐教化就已经成为培养人才、陶冶性情的主要手段，即王官之学——贵族教育：

帝曰：“夔！命汝典乐，教胄子，直

① 礼乐制度实质上是一种社会政治制度，它的核心是体现周代宗法制及分封制所形成的社会等级规范。其要义有四：其一，贵族分成许多等级（王、诸侯、卿和大夫、士等）；其二，举行各种贵族典礼时必施礼乐；其三，等级地位、典礼与所施礼乐的规模、场面、用乐均有严格的一一对应关系，不得违反和逾越；其四，庶人无权享受礼乐，所谓“礼不下庶人”。

② 孙克强，耿纪平：《〈诗经〉与商周宗教思想、审美观念的变化》，载《河南师范大学学报（哲学社会科学版）》，1998（2），11~16 页

③ 杨华：《先秦礼乐文化》，112 页，武汉，湖北教育出版社，1997。

而温，宽而栗，刚而无虐，简而无傲。诗言志，歌永言，声依永，律和声。八声克谐，无相夺伦，神人以和。”夔曰：“於！予击石拊石，百兽率舞。”

《尚书·尧典》

乐正崇四术，立四教，顺先王《诗》《书》《礼》《乐》以造士，春秋教以《礼》《乐》，冬夏教以《诗》《书》。

《礼记·王制》

是故古之君子不必亲相与言也，以礼乐相示而已。

《礼记·仲尼燕居》

值得重视的是，与此同时的“城市和宫室苑囿的规划设计中，对建筑外部空间已有了明确的审美诉求”①。殷墟甲骨文中，就有反映殷人“四阿重屋”（《周礼·考工记》）和“当时建筑物追求高大壮观的很多相关象形文字，对商王都城还直称为‘大邑商’或‘天邑商’。而殷商后裔祭祖时的颂歌在《诗经》的《商颂·殷武》，更赞美‘商邑翼翼，四方之极’”①。

《诗经·大雅·绵》可称为周人的史诗，讴歌周文王祖父古公亶父率族迁居岐山后，经营都城宫室的辉煌业绩：

……曰止曰时，筑室于兹。乃慰乃止，乃左乃右。乃疆乃理，乃宣乃亩。自西徂东，周爰执事。乃召司空，乃召司徒，俾立室家。其绳则直，缩版以载，作庙翼翼。捄之陾陾，度之薨薨。筑之登登，削屡冯冯。百堵皆兴，鼛鼓弗胜。乃立皋门，皋门有伉。乃立应门，应门将将。乃立冢土，戎丑攸行。

“作庙翼翼”是说宗庙的巍峨端庄；“皋门有伉”是说城门的高大雄伟；“应门将将”是说王宫大门的堂皇严整。这些修筑宫室宗庙的场面历历如绘地描述了“乃疆乃理”的规划建设，也直接抒发了人们对建筑艺术的审美意向。

此后，如颂扬周宣王新宫的著名诗篇《诗经·小雅·斯干》，更加完整系统地反映了当时的建筑观念：

秩秩斯干，幽幽南山。如竹苞矣，如松茂矣。兄及弟矣，式相好矣，无相犹矣。似续妣祖，筑室百堵，西南其户。爰居爰处，爰笑爰语。约之阁阁，椓之橐橐。风雨攸除，鸟鼠攸去，君子攸芋。如跂斯翼，如矢斯棘，如鸟斯革，如翚斯飞，君子攸跻。殖殖其庭，有觉其楹，哙哙其正，哕哕其冥，君子攸宁。

建筑的选址应注重良好的生态环境和优美的自然景观，规划设计则讲究人与自然两情融洽，力图以具有和谐伦理秩序的建筑组群布局同自然环境有机协同；在关注建筑结构坚固安全、使其防卫功能臻于完善的同时，非常重视建筑艺术形象的亲切优美，还把建筑审美同人的情感和心性道德修养直接联系起来，强调了建筑艺术的精神功能，有了更丰富生动的比喻和联想。这些著名章句，一直为后世传诵，实际已成为中国古代建筑审美心态的典型表征。

到春秋战国时期，生产力迅速发展，社会发生深刻变化，学术思想空前活跃和繁荣。伴随着这时期理性自觉精神的

---

① 王其亨：《中国传统建筑外部空间设计理论探析》，见《王其亨中国建筑史论选集》，120页，沈阳，辽宁美术出版社，2014。

高扬，艺术由娱神转向娱人，得到了理论思维的升华，具有显著的美学性质和意义。而建筑技术的进步与审美的发展，自然也反映在建筑组群及外部空间上。针对统治者纵欲于感官之乐的享受，许多有识之士竭力劝阻，力求审美向理性化发展。

《左传·昭公二十年》记载，晏婴在遄台上向齐景公阐发以“和”为美的思想时曾明确说道：“清浊、大小、短长、疾徐、哀乐、刚柔、迟速、高下、出入、周疏，以相济也。”包括建筑艺术形式美规律在内的“和”美的本质，就在于多样性的对立统一。与晏婴同时代的伍举，在与楚灵王讨论有关建筑的审美取向时，留下了中国古代文献记载中最早的关于美的明确定义：

> 灵王为章华之台，与伍举升焉，曰：“台美夫！”对曰：“臣……不闻其以土木之崇高、雕镂为美……不闻其以观大、视侈、淫色以为明……夫美也者，上下、内外、小大、远近皆无害焉，故曰美。……故先王之为台榭也，榭不过讲军实，台不过望氛祥。故榭度于大卒之居，台度于临观之高。”
>
> 《国语·楚语上》

这不仅是就建筑而对美下定义，还明确主张以适合人的生理、心理以及社会伦理的需要为目的，以合乎人及人际情感交流的亲切尺度而不是夸张的超人尺度来创造合乎人情的建筑空间环境，并求取艺术上的成功。

这些史料都反映了当时建筑艺术的审美标准。

同样，对于声色之美的感受，也必须符合听觉、视觉的生理要求，否则不但会给感官以有害的刺激，使之产生疾病，而且会影响人的心理和精神状态。《国语·周语下》记载单穆公曾反对周景王铸造大钟①，《左传·昭公二十一年》也记述了州鸠反对周景王铸大钟的事，理由也是钟的声音要大小适度，“和声入于耳而藏于心，心亿则乐”，达到“和”才能给人以美的感受。这些当时对于以“和”为美的认识，与孔子儒学有关“善居室”“宫室得其度”以及“礼之用，和为贵”等的审美思想一脉相承。

这种同生理、心理及精神相联系的“和”，具有重大的社会功能，它能使自然和社会得到和谐的发展，使国家安宁，天下太平。由各种声音之“和”扩大到整个宇宙之“和”，正是后来《乐记》所说的“大乐与天地同和”，“乐者，天地之和也”，是中国古代美学所追求的最高意义的“和”，也是最高的美的境界。这种美学观念，一方面很早就看到了人与自然的统一，强调生态环境的协调运行；另一方面也肯定了个人与社会的统一，要求个体的社会性的伦理道

① 周景王的卿士单穆公从人的知觉生理和心理的角度，指出了过度的感官刺激的危害，强调了审美活动应以人的身心健康发展的生理规律为基础：“夫目之察度也，不过步武尺寸之间；其察色也，不过墨丈寻常之间。……夫乐不过以听耳，而美不过以观目。若听乐而震，观美而眩，患莫甚焉。夫耳目，心之枢机也，故必听和而视正。听和则聪，视正则明。”（《国语·周语下》）

德感情，同客观自然运动变化的规律、形式两者达到完全的和谐一致，成为中国古代美学的根本出发点。

孔子之前的文献中还一再提出了“乐”与“德”的关系。《左传·文公七年》晋郤缺引用《夏书》之语，提出“九功之德皆可歌也”，“乐”以歌“九功之德”的说法；《左传·襄公二十九年》载吴国公子札在鲁观“周乐”，通篇都用了“美哉”这样的感叹语，尤其是《韶箾》尤被季札叹为“观止”：

见舞《韶箾》者，曰：“德至矣哉，大矣！如天之无不帱也，如地之无不载也。虽甚盛德，其蔑以加于此矣，观止矣。若有他乐，吾不敢请已。”①

除此之外还有《国语·晋语八》中师旷所谓“夫乐以开山川之风也，以耀德于广远也”；《尚书·尧典》中所谓“八音克谐，无相夺伦，神人以和”，以致击石而百兽率舞，也都是“德至矣哉”的表现。

这些对后来孔子的尽善尽美、文质彬彬、文以载道等思想，均产生了重要影响。

三、孔子的继承和发展

1. 先秦诸子的一般主张

在先秦百家争鸣的时代，与孔子儒学同时期的诸子学派，也都纷纷登上历史舞台，对自然、社会以及其他种种问题提出自己的看法。与孔子儒家相比，墨、道等家对传统文化的态度和对艺术的看法迥然不同。

《墨子·非乐》阐述了对美的看法：

子墨子言曰：“仁之事者，必务求兴天下之利，除天下之害，将以为法乎天下。利人乎，即为；不利人乎，即止。且夫仁者之为天下度也，非为其目之所美，耳之所乐，口之所甘，身体之所安，以此亏夺民衣食之财，仁者弗为也。”是故子墨子之所以非乐者，非以大钟、鸣鼓、琴瑟、竽笙之声，以为不乐也；非以刻镂华文章之色，以为不美也；非以刍豢煎炙之味，以为不甘也；非以高台、厚榭、邃野之居，以为不安也。虽身知其安也，口知其甘也，目知其美也，耳知其乐也，然上考之不中圣王之事，下度之不中万民之利。是故子墨子曰：“为乐非也。”

墨子虽不否认美的客观存在，但是却站在下层劳动人民的立场，从功利主义的角度出发，对以“乐”为代表的审美和艺术活动持否定态度。

老子对审美和艺术活动也是持否定态度的：

五色令人目盲，五音令人耳聋，五味令人口爽，驰骋畋猎令人心发狂，难得之货令人行妨。是以圣人为腹不为目，故去彼取此。

《老子·十二章》

服文彩，带利剑，厌饮食，财货有余，是谓盗夸，非道也哉！

《老子·五十三章》

老子将审美的奢侈定性为盗之首，奢侈开其端，其他的不道德行为、犯罪行为也就相继滋生出来了。

① 杨伯峻：《春秋左传注》，2版，1165页，北京，中华书局，1990。

庄子也否定人为，主张回归人的自然本性，认为审美追求是歪曲本性的“淫僻”之举：

是故骈于明者，乱五色，淫文章，青黄黼黻之煌煌非乎？……多于聪者，乱五声，淫六律，金石丝竹黄钟大吕之声非乎？

《庄子·骈拇》

这些认识明显违背了商周以来长期形成的以“和”为美、美善相亲的文化传统，进而影响到其对天人关系的看法。与儒学经典中描写“天地之和”——生态和谐的巨大篇幅形成鲜明对比的是，其他学派尤其老庄道家在这方面的论述却只有只言片语。

当代美国著名社会学家爱德华·希尔斯（Edward Shils）在他的《论传统》（Tradition）中，认为“传统是围绕人类的不同活动领域而形成的代代相传的行事方式，是一种对社会行为具有规范作用和道德感召力的文化力量，同时也是人类在历史长河中的创造性想象的沉淀。因而一个社会不可能完全破除其传统，一切从头开始或完全代之以新的传统，而只能在旧传统的基础上对其进行创造性的改造”[①]。“那些对传统视而不见的人实际上正生活在传统的掌心之中，正如同当他们自认为是真正理性的和科学的时候，并没有逃出传统的掌心一样”[②]。

正是对天人关系的片面性认识，使诸子在否定或回避传统的同时，造成了其在美学上的先天不足。这种欠缺极大影响了诸子学说的生命力，使其影响远不及儒学深入人心，也造成了中国传统美学的发展主流始终未离儒学。孔子及其后学（图 2-13）对商周时代的礼乐传统采取批判地继承的态度，在继承中求创造，其在文化层面的积极意义决定了中国自古对传统的态度，从而使中国文化几千年来始终保持了一种延续性。

《万世师表——孔子行教像》

《孔子像》

《孟子像》

《荀子像》

图 2-13 儒家先贤（引自《中国美术全集》和《中国历代名人图鉴》）

①（美）希尔斯：《论传统》，傅铿，吕乐，译，译序 2 页，上海，上海人民出版社，1991。

②（美）希尔斯：《论传统》，傅铿，吕乐，译，译序 8 页，上海，上海人民出版社，1991。

2. 孔子对天人关系和自然生态的认识

与先秦诸子不同的是，孔子巧妙地与古代传统保持一种联系，因此他“不语怪力乱神”（《论语·述而》），“敬鬼神而远之”，与《礼记·表记》中所说的“周人尊礼尚施，事鬼敬神而远之”的态度一脉相承。

孔子具有完整而系统的天命观。孔子不排斥拟人的神性之“天”，认为有些事物现象是出于“天命”，如《论语·子罕》说：“文王既没，文不在兹乎？天之将丧斯文也，后死者不得与于斯文也；天之未丧斯文也，匡人其如予何？”“天”是圣人的造就者，又是地位财富的创造者，如《论语·颜渊》引述古谚：“死生有命，富贵在天。”这样就避免了与原始神性思维和传统文化的直接冲突。

同时孔子更顺应时代的要求，注意“天”向理性的非人格化方向发展，认为“天”是一切现象和自然变化过程之根源，是宇宙的最高本体；儒家思想极其重视自然生态环境的协调，认为人以及人类社会都是自然生态环境中的有机组成部分，人的活动不能违反自然生态的运行规律。

如前所述，在中国人的观念中，人类社会的运行是与自然相混同的。人与自然的共存共荣，使人们认识到只有保持自然生态的平衡、协调，才能保证人类社会的正常运转。早在公元前600年左右，鲁太史里革就提出了“人助宣气”之说，引出了中国生态伦理的话题。在孔子那里，整体的生态观念更加突出，以至于儒家的许多思想都可以在其生态观中找到源头。而这些闪光的思想恰恰经常被人们所忽视和遗漏。

美国著名景观建筑师西蒙德（J.O.Simonds）在其所著的《景园建筑学》（Landscape Architecture）中，早已清楚地认识到中国古代生态伦理的深远意义：

在所有中国的诗、艺术与宗教中都宣示中国民族对自然的特殊态度，并表现在他们伟大圣哲的思想中，他们的哲学均以天人并行不悖的思想作主宰。此思想透过孔子的伦理哲学而大放异彩，在孔子的伦理哲学里，维持人与人间和谐关系的法则，被视作获致人与宇宙间更深的和谐关系的规范。①

《论语·述而》说孔子“钓而不网，弋不射宿”；在《大戴礼记·曾子事父母》中孔子又亲口说“伐一木，杀一兽，不以其时，非孝也”，其生态保护的意识已经落实到了行动中。《大戴礼记·千乘》中孔子则进一步阐述平衡的生态环境是国家和谐发展的基础：

子曰：“……卿设如大门，大门显美，小大尊卑中度，开明闭幽，内禄出灾，以顺天道，近者闲焉，远者稽焉。君发禁宰而行之，以时通于地，散布于小，理天之灾祥，地宝丰省，及民共飨其禄，共任其灾，此国家之所以和也。”

是故立民之居，必于中国之休地。（图2−14）

①（美）西蒙德：《景园建筑学》，王济昌，译，3版，第9页，台北，台隆书店，1982。

图 2-14 立民之居，必于中国之休地（引自《钦定书经图说》）

孔子儒学以其积极的社会政治思想，劝导统治者通过自觉维护这一园林化的理想生态居住环境，来实现社会的长治久安。

在孔子生态观的基础上，孟子进一步明确而系统地提出了儒家的生态观①：

不违农时，谷不可胜食也。数罟不入洿池，鱼鳖不可胜食也。斧斤以时入山林，材木不可胜用也。谷与鱼鳖不可胜食，材木不可胜用，是使民养生丧死无憾也。养生丧死无憾，王道之始也。

五亩之宅，树之以桑，五十者可以衣帛矣。鸡豚狗彘之畜，无失其时，七十者可以食肉矣。百亩之田，勿夺其时，数口之家可以无饥矣。谨庠序（乡学）之教，申之以孝悌之义，颁白者不负戴于道路矣。七十者衣帛食肉，黎民不饥不寒，然而不王者，未之有也。

“不违农时”“养生”等维护生态平衡的做法，是实行王道的基础。同样类似的观点也见于《礼记·王制》：

司空执度，度地居民，山川沮泽，时四时，量地远近，兴事任力。

《礼记·儒行》则描述了儒家心目中的居住环境仅为“一亩之宫”和“环堵之室”：

儒有一亩之宫，环堵之室；筚门圭窬，蓬户瓮牖……

郑氏曰：言贫穷屈道，仕为小官也。宫，为墙垣也。环堵，面一堵也。五版为堵，五堵为雉。

孔氏曰：一亩之宫者，径一步，长百步为亩，若折而方之，则东西南北各十步为宅也。环，周回也。环堵之室东西南北唯一堵。

此言儒者之仕，将以行道，若不得其志，则辞尊居卑，辞富居贫，至于穷约如此，不欲献媚以求厚禄也。②

而这种物质上的甘守清贫，既反映了儒家恪守人生目标的执着，也折射出儒学一以贯之的知足常乐、与大自然友好相处的态度。

与此相反，西方社会对自然美的发现，却是在生产力发展到相当程度而引发了生态危机之后。随着全世界对生态环境的日益重视，诸如生态学、生态美

① 焦循：《孟子正义》，54~59 页，北京，中华书局，1987。
② 孙希旦：《礼记集解》，第 57 卷，1404~1405 页，北京，中华书局，1989。

学、景观建筑学、花园城市、山水城市等名目繁多的学科、理论，已经汇成一股强大的社会思潮的洪流。然而蓦然回首，人们才发现自己对所处环境的认识，却回到了两千多年以前中国人构筑的原点上。

正如李约瑟曾经指出的：

整个中国历史有一种这样的认识：人是远较其本身更为伟大的有机体的组成部分，而且必然对自然资源的可能枯竭与污染高度敏感。①

中国人这种先进的认识，与孔子儒学的积极倡导是分不开的。

3. 孔子对主体人格的重视

孔子的天命观涉及主、客体为不可分割的两个方面，包括人与自然、人与社会等的关系，由此引出了儒学的核心精神，即由《孟子》《周易》和《中庸》一再强调和提倡的“参天地、赞化育”②。

“参天地、赞化育”首先体现在人之主体地位的高扬。在与自然的关系中，人是不卑不亢、与物平等并立的。从《尚书·泰誓》中的“惟天地，万物父母；惟人，万物之灵”，《论语·述而》的“天生德于予”，《易传》的“天地之大德曰生”，“其见天地之心乎”，《礼记·礼运》的“人者，天地之心也”，到刘勰《文心雕龙·原道》的“天地之心”，“惟人参之”，再到张载的“为天地立心”等都在强调人的主体地位。这种万物皆一的认识普遍存在于先秦诸子的论述之中，成为时代的主旋律。由此推而广之，就是一种仁爱之心、赤子之心，以宽容和善意的态度，关注天地万物之间无所不在的生命精神。在庄子那里，一切与天道相通的愉悦被称为“天籁”“天乐”；两宋理学则发挥为“观生意”——体悟天道与生命的流动过程。这些都为包括园林在内的中国古典美学与艺术的发展奠定了良好的基础。

“参天地、赞化育”的积极意义更体现在强化主体的能动作用，孔庄的差别正在于这种主体意识。《中庸》认为：“能尽物之性，则可以赞天地之化育；可以赞天地之化育，则可以与天地参矣。”《孟子》也提出“万物皆备于我”。它们都是在强调人与天地自然相统一中的主体意识和能动作用。

“参天地、赞化育”的提出，一方面强调人必须尊重最高本体的运行规律，做到天人相谐；另一方面又可以通过人对天地运行的积极参与，促进天地大系统的正常运转。

儒学早就认识到，农业是社会得以存在和发展最本质的基础，重农也由此成为儒家思想的一大传统，并带动了园艺学、农业科技和实用技术的发展和提

① 转引自李存山：《中国气论探源与发微》，43页，北京，中国社会科学出版社，1990。

②《国语·越语》最早提出：“夫人事必将与天地相参，然后乃可以成功。”《中庸》：“能尽物之性，则可以赞天地之化育”。

高。

对农业的重视还反映在“重权守时”方面。“守时”即春耕秋作应合乎时令节气，这不仅成为农业生产发展的根本保障①，而且成为人类社会正常运转的前提和基础。

孔子已经认识到重权守时、应变不穷的重要性。《大戴礼记·哀公问五义》中孔子在回答哀公何为“圣人”的提问时说：

所谓圣人者，知通乎大道，应变而不穷，能测万物之情性者也。大道者，所以变化而凝成万物者也。情性也者，所以理然、不然、取、舍者也。故其事大，配乎天地，参乎日月，杂于云霓，总要万物，穆穆纯纯，其莫之能循；若天之能司，莫之能职；百姓淡然，不知其善。若此，则可谓圣人矣。

因此，权、时、中、变通等都是儒家十分热衷的概念。“时中”还演变为儒家人生哲学和社会哲学的基本法则。前述孟子“不违农时”“使民养生”的生态观也是儒学重农、守时思想的表现。“籍田”“亲耕”等就是重农、守时、积极参与天地运行等这一系列传统的典型例证。

另一方面，孔子儒家在天人合一的基础上，以人事伦理反观自然生态，使生态伦理化。《大戴礼记·曾子大孝》载曰：

草木以时伐焉，禽兽以时杀焉。夫子曰：“伐一木，杀一兽，不以其时，非孝也。”

孔子对主体人格的重视，为士阶层——中国古代知识分子阶层的确立奠定了基础。余英时认为“孔子所最先揭示的‘士志于道’便已规定了‘士’是基本价值的维护者”②。由此确立了中国传统人格理想——对士阶层的价值取向，是融合了理性精神与一种近乎宗教精神的社会使命感。

西方汉学家文青云认为孔子在隐逸文化的起源和发展中起到了关键作用，“孔子坚持任命官职的标准应当是个人的正直和自我修养，而不是血缘纽带和世袭”；而“对于隐逸的发展具有更大意义的是孔子开创的另一个基本原理：即个人的完善修养和自我约束的道德品质，是伦理价值和社会秩序的唯一资源。……正是这种以自己的道德意识作为言行举止的终极标准的个人道德自主观念，使得隐逸的出现在哲学上成为可能”③。

这些是诸子学说无论如何都无法与之相提并论的。

4. 孔子在美学上的贡献

（1）孔子的艺术修养

孔子有着极高的音乐素养。《论语》等典籍中多次提到孔子鼓琴、击磬及歌唱。《论语·述而》说“子于是日哭，

① 在《礼记》这一儒家经典中，竟然收录了《夏小正》这样的古代月令，足以说明儒家对农业及农时的重视。
② 余英时：《士与中国文化》，自序3页，上海，上海人民出版社，1987。
③ 文青云：《岩穴之士：中国早期隐逸传统》，徐克谦，译，24页，济南，山东画报出版社，2009。

则不歌。……子与人歌而善，必使反之，而后和之”。为何能做到这样？正因为孔子已经清醒地认识到，音乐的作用不只在于能充分抒发情感，而且更重要的是能够塑造情感，使情感得到超越。

孔子的音乐修养还体现在他有着卓越的音乐鉴赏力。《史记·孔子世家》载孔子曾学琴于师襄：

……十日不进。师襄子曰：“可以益矣。”孔子曰：“丘已习其曲矣，未得其数也。”有间，曰：“已习其数，可以益矣。”孔子曰：“丘未得其志也。”有间，曰：“已习其志，可以益矣。”孔子曰：“丘未得其为人也。”有间，有所穆然深思焉，有所怡然高望而远志焉。曰：“丘得其为人：黯然而黑，几然而长，眼如望羊，如王四国。非文王其谁能为此也！”师襄子辟席再拜，曰：“师盖云《文王操》也。”

《论语·八佾》也曾记述孔子谈论音乐：

子语鲁大师乐，曰：“乐其可知也：始作，翕如也；从之，纯如也，皦如也，绎如也，以成。”

孔子在“乐”上的修养毫不逊色于鲁国的音乐大师，这种对“乐”的描述，反映了其在充分表达美学秩序时，对连续性和创新性两者的需求。在孔子看来，音乐是人们在自己所处的群体中所能获取的美学秩序的表达中介，是毕生修养的和谐的结果，是人格的充分表现，是人对世界应付裕如的表征。正如孔子所说的“五十而知天命，六十而耳顺，七十而从心所欲，不逾矩”（《论语·为政》）。

前文谈到春秋战国时期以“和”为美的传统对孔子儒学审美思想产生了重要影响，这也体现在孔子儒学对建筑审美的认识上。《论语·子路》记载其曾经这样评价“善居室”：“始有，苟合矣；少有，苟完矣；富有，苟美矣。”这实际上就是后来推崇“居移气，养移体，大哉居乎！”的孟子所提倡的“充实之谓美”（《孟子·尽心》）。而正如《论语·学而》主张“礼之用，和为贵”，《论语·泰伯》申言“立于礼，成于乐”，在孔子看来，建筑的审美，其中包括体量和尺度，既应当体现“礼”的社会等级秩序，也应当臻于“乐”即艺术审美的“和”。如《礼记·仲尼燕居》记载，孔子就曾明确强调“宫室得其度”，方能“以之居处有礼，故乡幼辨也。以之闺门之内有礼，故三族和也。以之朝廷有礼，故官爵序也”。唐代孔颖达在《礼记正义》中解释“宫室得其度者”为：“度，谓制度，高下、大小，得其依礼之度数。”

（2）将礼乐传统引向审美

前文论述儒与艺术的起源时，已经涉及宗教活动中的场所精神。这种场所精神和自然意识，在孔子及其弟子那里表现得最为突出，除了“曾点言志”，《论语》和《庄子》中都有大量记载[①]。

正如本书反复强调的那样，儒、道所谈的自然均意为“自然而然”，代表

① 参见本书第五章。

自然规律和秩序，最典型的当数《论语·阳货》中的“天何言哉”。正是在这一论点的启发影响下，庄子提出了“天地有大美而不言”的著名美学命题[1]。儒家的“参天地、赞化育”与庄子的“齐一生死、物我合一”，都注重人生的超越；而以庄子为代表的道家，被普遍认为最具有美学精神，恰恰是在对孔子儒学充分理解的基础上，对心性自由一方的极度发挥。

在原始思维逐渐理性化并走向审美的过程中，孔子的作用和地位是无人可以取代的。像“礼乐”一样，“比德”也不是孔子最早提出。《诗经·秦风·小戎》最早提出“言念君子，温其如玉”，将玉与君子互比。继而《国语·晋语》的“比德以赞事”，《左传·文公七年》中的“葛藟犹能庇其本根，故君子以为比”等大量有关“比德”的观点相继出现。然而，这些都是简单的比附，是“比德赞事”，是引向生态美学的中间过渡，并不是抽象化、理论化的“比德”，不是真正美学意义上的“比兴”。“比德”概念的转变，应当归功于孔子的理性改造。这里需要强调的是，正是基于对人类社会与自然生态的整体认识方式，孔子才有可能在传统“君子比德”的基础上，创造性地提出“知者乐水，仁者乐山”这一美学命题，将自然的物质属性与人类品性特征进行美学意义上的比较。

在《大戴礼记·四代》中，孔子通过对自然生态环境的观察，提出“观器视才”的“表仪”之说，发后代人物品藻之先声：

> 平原大薮，瞻其草之高丰茂者，必有怪鸟兽居之，且草可财也，如艾而夷之，其地必宜五谷；高山多林，必有怪虎豹蕃孕焉；深渊大川，必有蛟龙焉；民亦如之，君察之，可以见器见才矣。
>
> ……群然、戚然、颐然、睪然、踖然、柱然、抽然、首然、佥然、湛然、渊渊然、淑淑然、齐齐然、节节然、穆穆然、皇皇然。[2]

在这里，“生态”有两层含义，一是由生态伦理出发，将道德人格与自然相关联而引向人物品藻；二是由生态美学引向纯粹的自然审美。魏晋时期自然审美的基础是儒学影响下的人物品藻，二者之间的密切关系以及与生态的关联，足以说明决定魏晋美学思想的主流文化，是孔子儒家思想而不是老庄道家。

孔子对古代礼乐文化的批判和继承，首先在于他提出“礼、乐分殊”，并且把“乐”提到一个新的高度；“述而不作”整理古代典籍，尤其对六艺的重视和提倡，成为孔子后学的普遍认识；“温故而知新”，重视继承的同时进行创造和发挥等。

美国学者郝大维、安乐哲提出：“孔子的社会、政治哲学给予美学秩序以优于理性秩序的地位。”[3]美学秩序关心的

---

① 参见本书第三章、第五章。

② 高明：《大戴礼记今注今译》，2版，323页，台北，台湾商务印书馆，1977。

③（美）郝大维，安乐哲：《孔子哲学思微》，蒋弋为，李志林，译，119页，南京，江苏人民出版社，1996。

是“在事件本体论中得到充分实现的具体的个体”而在孔子的社会理论中，个人是最小的团体；孔子认识论的显著特色，是在美学秩序中发现的“个性第一”。孔子将其对人生发展的礼乐规定和美学范畴应用于现实生活，创造性地提出“成于乐”“游于艺”，以审美作为个人人格发展的最高境界；同时他又最早提出系统的隐逸观，作为维护人格理想的重要现实手段。正因如此，孔子对主体人格的重视，使其在古代美学上的地位和贡献尤为突出，无法替代。

《大戴礼记·哀公问于孔子》中孔子曰：

> 古之为政，爱人为大；不能爱人，不能有其身；不能有其身，不能安土；不能安土，不能乐天；不能乐天，不能成身。①

孔子提出爱人、保身、安土、乐天、成身这样一个循序渐进的人生修养和发展轨迹，与其“兴于诗，立于礼，成于乐”的层次境界互为表里，其中还蕴含着对天地万物的善意关怀与观照。

继孔子之后，孟子提出以“善”为基础的“亲亲、仁民、爱物”思想，将孔子的“仁学”由己及他、由近及远地付诸现实人生：

> 君子之于物也，爱之而弗仁；于民也，仁之而弗亲。亲亲而仁民，仁民而爱物。②
>
> 《孟子·尽心上》

由“仁民”而“爱物”，既是孟子仁学的必然结论，也是对儒学的概括和发展。孟子以“爱物”为“仁”的最后一个层次和环节是有深意的。朱熹《四书章句集注·孟子集注》对“爱物”的解释为：对于禽兽草木，取之有时，用之有节。这可以看作孔子生态伦理学的翻版；然而，“物”固然包括禽兽草木，更包括所有非人格的、与人的生存密切相关的、在人们视野之中的存在物：高山大川、风雨霜雪、日月星辰等一切自然的景观、过程、环境；人们创造、生产的一切以及人的活动本身。而这种“爱”既指吝惜、珍惜、爱惜，也指保护、不干涉、促使其发展，更指欣赏、审美和移情！可以说，孟子是将孔子诸如“天何言哉”“乐山乐水”“曾点气象”以及“鸢飞鱼跃”等典型化的人生与自然的审美体验概括化、清晰化了。

孟子的贡献不仅在于由“仁民”而“爱物”，还在于将“仁”引向人的内心。儒学肯定“天命”的内在绝对性。“命”代表天与人的相互关系，而“心”与“性”则是“天”的内在表现和延续。《礼记·中庸》的“天命之谓性，率性之谓道”，《孟子·尽心上》的“知其性，则知天矣”，都是天命观在内在心理方面的发展。这种由孔子、子思而孟子的发展思路，被后来的文人学者不断演绎、发挥，在宋明理学那里达到了顶峰。

由孟子的“仁民爱物”到张载的“民胞物与”，由“爱物”到“格物致知”“观

① 高明：《大戴礼记今注今译》，2 版，36 页，台北，台湾商务印书馆，1977。

② 焦循：《孟子正义》，948~949 页，北京，中华书局，1987。

生意”，孟子是由孔子、曾子、子思发展到宋明理学的重要中间环节，因此难怪理学尤其程朱如此推崇孟子。这或许正是所谓“崇孟抑荀”的主要原因，也是理学之所以能够中兴儒学，并对清代皇家园林产生如此巨大影响的原因。

“参天地、赞化育”要“尽物之性”，就是要充分发挥天地万物，尤其是生命的价值，由此形成贯穿整个中国艺术的生命精神，具体而言，就是孟子的“养吾浩然之气”（《孟子·公孙丑上》），就是庄子的“游心于德之和”（《庄子·德充符》）[①]；从孔子提出的“知者乐水，仁者乐山”（《论语·雍也》）和“岁寒然后知松柏之后凋也”（《论语·子罕》），到宗炳的“山水以形媚道而仁者乐”（《画山水序》），再到张载的“为天地立心”（《近思录拾遗》），一直到“外师造化，中得心源”与“虽由人作，宛自天开”，等等，都是以物质现象表现精神的具体体现。

① 虽然庄子否定人生、抹杀生死的界限，但通过其对精神自由的追求，恰恰反映了庄学本质上对生命价值的重视，并在这些方面吸取了儒学的精华。参见本书第五章内容。

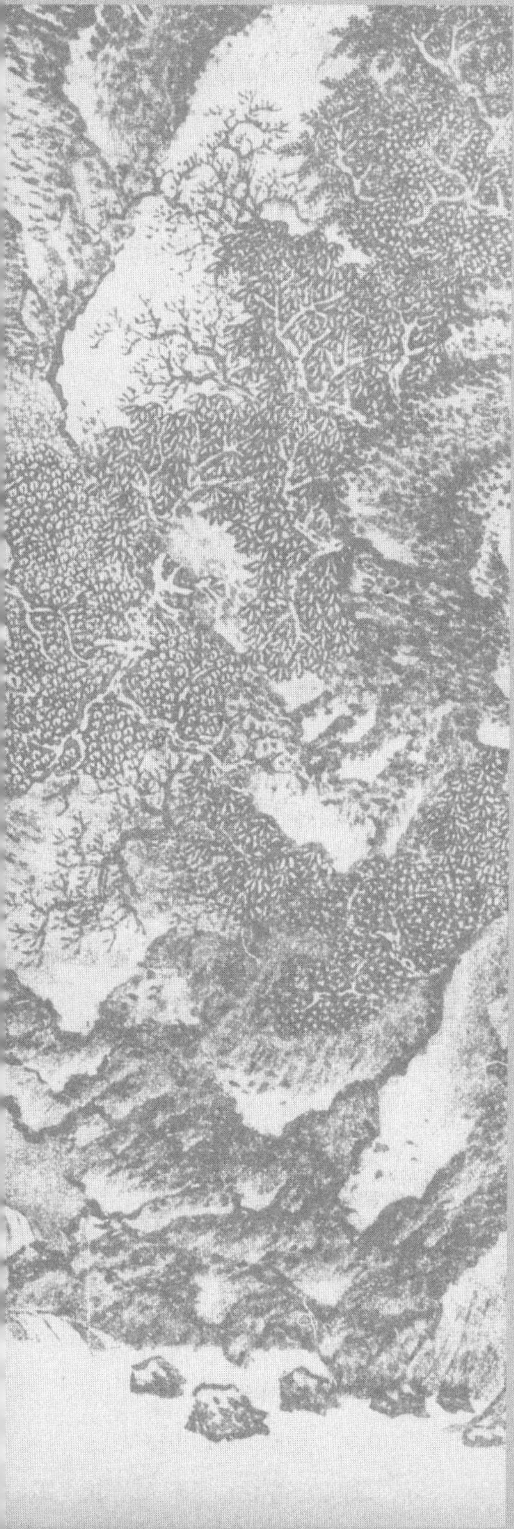

第三章

儒学影响下的自然审美对象及其审美方式

艺术家的全部技巧，就是创造引起读者审美再造的刺激物。

——（意）克罗齐《美学原理》

坐于室而见四海，处于今而论久远，疏观万物而知其情，参稽治乱而通其度，经纬天地而材官万物，制割大理，而宇宙里矣。

——《荀子·解蔽》

在中国古代人心目中，“山水”与“自然”是完全不同的两个概念。“山水”与今天所理解的自然界之“自然”含义大体相同，而详如本书第六章所析，古之“自然”却意为“天然”“自然而然”，实乃一抽象概念。因此，中国古代只有“山水园”“山水诗”“山水画”“山水之术”等称谓，而不以“自然”代之，原因就是“自然”一词在古代另有所指。而本书一再强调的山水美学、山水审美等，实是依古意而申言中国传统的自然美。

与世界许多地域文化的园林相异，中国园林是以“山水”为审美对象的自然风景式园林，其中的审美再造刺激物，既有纯自然状态的“山水”，又有人化的自然，还可以是建立在山水自然基础上的“意境”，甚至可以是与山水景物有关的碑文、楹联、匾额乃至诗文绘画。所有这一切都离不开山水自然这一审美对象，离不开孔子儒学的贡献。

在早期园林中的宗教神话因素转向审美的过程中，孔子的贡献不仅在于对自然审美对象的重视，而且在于他最先提出了比德、比道的审美境界及许多关键命题，使山水自然成为中国古代艺术的永恒主题，人与自然的相亲相融、同情同律则成为中国艺术的核心精神。

一、天地有大美而不言：孔子眼中的自然审美对象

1. 仁山智水：比德的审美意象

（1）孔子的自然审美命题

在中国乃至世界历史上，孔子都是最早提出著名的山水自然审美命题的：

> 知者乐水，仁者乐山。知者动，仁者静。
>
> 《论语·雍也》

刘宝楠《论语正义》解说孔子“仁者乐山”时说：“言仁者愿比德于山，故乐山也。”刘向《说苑·杂言》和《大戴礼记·劝学》都曾载孔子语曰：“夫水者，君子比德焉。”

比德于山水，极为古代士人所重视，论述发挥甚多。《荀子·宥坐》谓孔子曰：

> 夫水，遍于诸生而无为也，似德。其流也埤下，裾拘必循其理，似义。其洸洸乎不淈尽，似道。若有决行之，其应佚若声响，其赴百仞之谷不惧，似勇。主量必平，似法。盈不求概，似正。淖约微达，似察。以出以入，以就鲜絜，似善化。其万折也必东，似志。是故君子见大水必观焉。①

董仲舒《春秋繁露·山川颂》曰：

> 山则巃嵸嶵崔，㩻嵬嶵巍，久不崩弛，似夫仁人志士……水则源泉混混沄沄，昼夜不竭，既似力者……赴千仞之壑，入而不疑，既是勇者；物皆困于火，而水独胜之，既似武者；咸得之而生，失之而死，既似有德者。②

《韩诗外传》对“知者乐水，仁者乐山”的原因进行了充分的解释：

---

① 王先谦：《荀子集解》，524~526页，北京，中华书局，1988。

② 董仲舒：《春秋繁露》，87~88页，上海，上海古籍出版社，1989。

夫水者，缘理而行，不遗小间，似有智者；动而下之，似有礼者；蹈深不疑，似有勇者；障防而清，似知命者；历险致远，卒成不毁，似有德者。天地以成，群物以生，国家以宁，万事以平，品物以正。此智者所以乐于水也。

夫山者，万民之所瞻仰也。草木生焉，万物植焉，飞鸟集焉；走兽休焉；四方益取与焉，出云道风，嵷乎天地之间。田地以成，国家以宁。此仁者之所以乐于山也。

朱子《论语集注》则对“乐山乐水”这样解释道：

知者达于事理而周流无滞，有似于水，故乐水；仁者安于义理而厚重不迁，有似于山，故乐山。①

由此可见，因为山、水在儒家眼里，分别具有作为“仁者”与“智者”的品格，所以才引出了“知者乐水，仁者乐山”的命题。实际上，孔子通过这句话说明了自然给予人们哲理、人生、艺术方面的启迪，用现代西方心理美学理论来说就是审美移情。

德国美学家、心理学家立普斯通过形而上的论证，建立了系统的审美移情说：

……审美欣赏的“对象”是一个问题，审美欣赏的原因却是另一个问题。美的事物的感性形状当然是审美欣赏的对象，但当然不是审美欣赏的原因。勿宁说，审美欣赏的原因就在我自己，或自我，也就是“看到”“对立的”对象而感到欢乐或愉悦的那个自我。②

……我们都有一种自然倾向或愿望，要把类似的事物放在同一个观点下去理解。这个观点总是由和我们最接近的东西来决定的。所以我们总是按照在我们自己身上发生的事件的类比，即按我们切身经验的类比，去看待我们身外发生的事件。③

对“移情作用”的通俗解释，是指人面对天地万物时，把自己的情感移置到外在的天地万物身上去，似乎觉得天地万物也有同样的情感。立普斯认为移情不是起因于人的生理活动，而是起因于人的心理活动——一种对天地万物的同情感，即类似联想。

20世纪格式塔学派提出“异质同构”说④：审美体验就是对象的表现性及其力的结构（外在世界），与人的神经系统中相同的力的结构（内在世界）的同型契合。人体的外观和行为，表现了人的内在情感生活。通过主体的表情、动作等视觉直接把握的对象，人们可以了解主体的情感，这就是传统意义的表现性。格式塔学派的理解则远远超出了传统的范围，他们特别重视无生命事物所传达的表现性，认为它们在不同条件下变化出来的表象，都传达了人的某种内在情感和心境。

这些西方现代理论虽晚于孔子儒学

① 朱熹：《四书章句集注》，57页，济南，齐鲁书社，1992。

②（德）立普斯《移情作用，内模仿和器官感觉》，转引自童庆炳：《中国古代心理诗学与美学》，139页，北京，中华书局，1992。

③（德）立普斯《空间美学和几何学、视觉的错觉》，转引自童庆炳：《中国古代心理诗学与美学》，142页，北京，中华书局，1992。

④ 童庆炳：《中国古代心理诗学与美学》，154~160页，北京，中华书局，1992。

2 000 多年，但毕竟为孔子的学说提供了心理学、美学方面的现代依据，更凸显了孔子学说的理论价值与意义。

本书多次提到《诗经》中有大量的动植物描写，孔子及其后学也留下了许多脍炙人口的动植物审美命题；同时正如后文将要涉及的，儒学继承并强化了《诗经》的比兴方法，将动植物本身的特性特点与人的品质结合在一起，使之达到了比德的更高层次：

子曰："岁寒，然后知松柏之后凋也。"（图 3–1）

《论语·子罕》

且夫芷兰生于深林，非以无人而不芳。

《荀子·宥坐》

图 3–1 岁寒，然后知松柏而后凋也

岁不寒无以知松柏，事不难无以知君子无日不在是。

《荀子·大略》

其在人也，如竹箭之有筠也，如松柏之有心也，二者居天下之大端矣，故贯四时而不改柯易叶。

《礼记·礼器》

《诗》云："鸢飞戾天，鱼跃于渊。"言其上下察也。

《礼记·中庸》

在孔子儒学的影响之下，水，除了像智者一样"达于事理，而周流无滞"以外，还有"澡身浴德"和"澡性涤烦"之功用。这正是士人之所以"乐水"的原因。

《孟子·离娄上》记载：

有孺子歌曰："沧浪之水清兮，可以濯我缨！沧浪之水浊兮，可以濯我足！"孔子曰："小子听之，清斯濯缨，浊斯濯足矣。自取之也。"①

这首流传千古的沧浪之歌，既肯定了一种恬然自适的心态，同时也向世人传达了一种洁身自好而不同流合污的信念。孔子对沧浪之歌的重新解释，又被孟子及后人引申为人世中的善恶清浊之道。②

这首"沧浪之歌"，随着屈原悲壮

①《孟子正义》注曰："……清浊所用，尊卑若此。自取之，喻人善恶见尊贱乃如此。正义曰：《楚辞·渔父》云："渔父莞尔而笑，鼓枻而去。歌曰：'沧浪之水清兮，可以濯吾缨！沧浪之水浊兮，可以濯吾足！'"见焦循：《孟子正义》，498 页，北京，中华书局，1987。沧浪，本为夏水，以清得名；又作"仓浪"，表示水之青色。又有说沧浪为地名而非水名。

②"沧浪……本以清得名，则其清是本然，浊乃习染。下云'自侮''自毁''自伐'，俱从'浊斯濯足'相贯，是水本可濯缨，由自浊而濯足；人本可活，由自作孽而不可活。……是本清而自变为浊，由善而恶也。'不仁而可与言'，是既浊而自改为清，由恶而善也。清斯濯缨承上，浊斯濯足起下，尊而贱，贱而尊，皆自取矣。见焦循：《孟子正义》，499 页，北京，中华书局，1987。因此，孟子接着说："夫人必自侮，然后人侮之；家必自毁，而后人毁之；国必自伐，而后人伐之。……太甲曰：'天作孽，犹可违；自作孽，不可活。'此之谓也。"见焦循：《孟子正义》，500 页，北京，中华书局，1987。

而传奇的故事的流传，更成为后代文人文学、绘画和园林艺术创作中津津乐道的话题，如张衡《南都赋》云：“流沧浪而为隍，廓方城而为墉。”于是以“沧浪”立意、命名的景点在园林中屡见不鲜。宋代苏舜钦于吴下作沧浪亭；苏州拙政园有“小沧浪”景点；苏州网师园的“濯缨水阁”也是取此意，参见图3-2。唐代卢鸿一（又名卢鸿）《嵩山十志十首·涤烦矶》曾说：“涤烦矶者，盖穷谷峻崖，发地盘石，飞流攒激，积漱成渠。澡性涤烦，迥有幽致。可为智者说，难为俗人言。”水不仅可以摒除世俗烦扰，还可荡涤性情。后人反复强调并实践于园林的“澡

苏州沧浪亭东北角景观

苏州拙政园“小飞虹”桥南侧的“小沧浪”水院

苏州网师园“濯缨水阁”

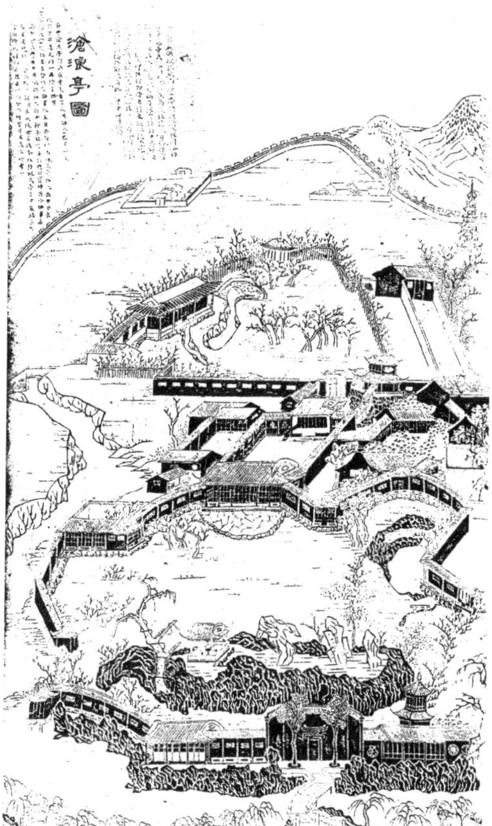

（清）光绪年间沧浪亭图石刻碑

图3-2 园林中的沧浪意象（引自《苏州的庭园》）

图 3-3（唐）卢鸿《草堂十志图》（局部）（引自《中国名画鉴赏辞典》）

身浴德”，既有原始儒职能影响的痕迹，也有孔子“沧浪”意象的影响，可谓此境界的引申放大（图 3-3）。

（2）比德：比兴基础上的审美观照方式

孔子之前的思想家在解决美与善的关系时都理性地把善置于美之上，认为美不能脱离善、违背善。从伍举与楚灵王论章华台之美[①]，到子产主张的美要“为礼以奉之”[②]，及《左传》记载的“君臣、上下、父子、兄弟、内外、大小，皆有威仪也”[③]，揭示了内在道德精神品质在言谈举止上的表现，都包含了对精神风度之美的要求。

孔子的“乐山乐水”之所以倍受后人关注与推崇，是因为孔子不仅继承了古代美善合一的传统，而且超越前人地注意到了自然山水与道德、人性之间的契合，将其引向审美的更高层次。钱穆《论语新解》对此的评价可谓恰如其分：

> 道德本乎人性，人性出于自然，自然之美反映于人心，表而出之，则为艺术。故有道德者多知爱艺术，以此二者皆同本于自然也。《论语》中似此章富于艺术性之美者尚多，鸢飞戾天，鱼跃于渊，俯仰之间，而天人合一，亦合之于德性与艺术耳，此之谓美善合一。美善合一，此乃中国古人所倡天人合一之深旨。[④]

正如前文谈到的，孔子的美学思想

①《国语·楚语上》，参见本书第二章。

②《左传·昭公二十五年》：“是故为礼以奉之：为六畜、五牲、三牺，以奉五味；为九文、六采、五章，以奉五色；为九歌、八风、七音、六律，以奉五声；……”

③《左传·襄公三十一年》云：“君子在位可畏，施舍可爱，进退可度，周旋可则，容止可观，作事可法，德行可象，声气可乐，动作有文，言语有章，以临其下，谓之有威仪也。”

④ 转引自李泽厚：《论语今读》，161 页，合肥，安徽文艺出版社，1998。

以人这一主体为核心，以天人合一的宇宙观为基础，看到了人与天、地、自然的共性，将山水自然引向了审美移情，而不是仅仅停留在自然美的层次上，或单纯道德伦理的比附。

“比”是艺术思维中的重要手法，早在《诗经·秦风·小戎》中就已经将玉与君子互比：“言念君子，温其如玉。”在孔子之前的许多文献中已经注意到了“君子”与自然之物的某些共性，从而提出了颇具道德伦理意义的“比德”的观点，如：

……叔向曰：“君子比而不别。比德以赞事，比也；引党以封己，利己而忘君，别也。”

《国语·晋语八》

葛藟犹能庇其本根，故君子以为比，况国君乎？

《左传·文公七年》

因此，以美玉、植物比之君子之德，已成为当时社会的普遍认识而为大家所接受：

子贡问于孔子曰：“君子之所以贵玉而贱珉者，何也？”孔子曰：“恶！赐，是何言也？夫君子岂多而贱之，少而贵之哉！夫玉者，君子比德焉。……”

《荀子·法行》

夫玉之所贵者，九德出焉。夫玉，温润以泽，仁也；邻以理者，知也；坚而不蹷，义也；廉而不刿，行也；鲜而不垢，洁也；折而不挠，勇也；瑕适皆见，精也；茂华光泽并通而不相陵，容也；叩之其音清搏彻远纯而不杀，辞也。是以人主贵之，藏以为宝，剖以为符瑞，九德出焉。

《管子·水地》

桓公放春三月观于野。桓公曰：“何物可比于君子之德乎？”……管仲曰：“苗始其少也，眗眗乎，何其孺子也；至其壮也，莊莊乎，何其士也；至其成也，由由乎，兹免何其君子也。天下得之则安，不得则危，故命之曰禾。此其可以比之君子之德矣。”桓公曰：“善”！

《管子·小问》

夫昔者君子比德於玉焉，温润而泽仁也。

《礼记·聘义》

植物、美玉可以比德，山水亦然。孔子的“知者乐水，仁者乐山”就是山水比德的典型概括。

然而，在对传统的继承中，孔子主张的“比德”与《左传》的“君子以为比”却不可相提并论，尽管不乏道德伦理的“赞事”，但他并未停留在这一层面，而是进一步主张审美移情，也就是强调审美性的艺术关联——“兴”在审美联想中的积极作用。孔子提出诗“可以兴”，并举“绘事后素”（《论语·八佾》）、“如切如磋，如琢如磨”（《论语·学而》）等例，对诗之比兴进行生动形象的创造性说明和发挥。比德以自然界景物与人格之间的内在同一性为基础，将对自然景物的欣赏转化为对理想人格的赞誉与追求。

文学中的比德方法，在屈原、宋玉至两汉的骚赋中发挥得淋漓尽致。汉末魏晋时期，流行以植物山石与人物互比互喻的人物品藻风气，实际是儒家比德在士人哲学、美学思想和社会生活方面的综合体现。

由于园林植物本身的审美价值被逐

步发掘，花草树木被比于君子之德，使之同时具有观赏和寓意两个层次的意义，在比德的同时借此寄托心志，于是松、竹、梅被称为“岁寒三友”；梅、兰、竹、菊被称为“四君子”；“香草为君子，名花是长卿”【（唐）王维《春过贺遂员外药园》】；“犹有濯缨清歌，据梧高咏，与松乔为伍，是羲皇上人”【（唐）王维《暮春太师左右丞相诸公于韦氏逍遥谷宴集序》】。陶渊明曾有《饮酒》诗云“采菊东篱下，悠然见南山”；其《归去来兮辞》曰“三径就荒，松菊犹存”；又尝作《桃花源记》，描绘其心目中理想的社会生活图景，“桃花源”遂成为理想社会的代名词；苏州留园“五峰仙馆”，有清代陆润庠所撰写的对联：

读《书》取正，读《易》取变，读《骚》取幽，读《庄》取达，读汉文取坚，最有味卷中岁月；

与菊同野，与梅同疏，与莲同洁，与兰同芳，与海棠同韵，定自称花里神仙。

竹尤为士人赏识，司马相如、班固、张衡等人的苑囿描写中都谈到竹，尤其在仲长统那里，竹更是隐居环境必不可少的部分：

使居有良田广宅，背山临流，沟池环匝，竹木周布，场圃筑前，果园树后。

《乐志论》

《世说新语》留下许多时人爱竹赏竹的记载：

王子猷尝暂寄人空宅住，便令种竹。或曰：“暂住何烦尔？”王啸咏良久，直指竹曰：“何可一日无此君？”

更典型如竹林七贤和兰亭集会，竹在这种环境中具有不可或缺的重要地位。白居易在《池上竹下作》中说：“竹解心虚即我师”，并在他的宅园中大量栽竹，如《池上篇》中说：

有水一池，有竹千竿。……灵鹤怪石，紫菱白莲，皆吾所好，尽在吾前。……优哉游哉，吾将终老乎其间。

宋代文豪苏东坡最喜竹，常以竹为邻，以竹喻人，曾有诗曰：“可使食无肉，不可居无竹；无肉令人瘦，无竹令人俗。”（图 3–4）。扬州个园就是以竹作为主题的园林典型（图 3–5）。刘凤浩《个园记》写道：

主人性爱竹。盖以竹本固，君子见其本，则思树德之先沃其根；竹心虚，君子观其心，则思应用之势务宏其量；至夫体直而节贞，则立身砥行之。攸系者实大且远，岂独冬青夏彩、玉润碧鲜，着斯绿筱

图 3–4（北宋）文同《墨竹图》（引自《中国名画鉴赏辞典》）

图 3–5 扬州个园入口

当士人们陶醉于园林的审美境界中时，则山、石、鱼、鸟、花、木皆可成为知己，松、柏、竹、梅、兰、莲、菊等植物在园林诗文和景题、楹联中经常被当作挚友佳宾：

苍松翠柏真佳客，明月清风是故人。[②]

明月清风无尽藏，长楸古柏是佳朋。[③]

琴书吾所好，松竹古之朋。[④]

鱼鸟欣赏的实例也很多：

鸥鸟亦知人意静，故来相近不相惊。

（唐）裴度《傍水闲行》

潭中鱼可百许头，皆若空游无所依。日光下澈，影布石上，佁然不动；俶尔远逝，往来翕忽，似与游者相乐。

（唐）柳宗元《至小丘西小石潭记》

比德的审美对象往往也是景题用典的出处。如拙政园“得真亭”即取《荀子》

荡之美云尔哉！主人爱称曰“个园”。

宋代大儒周敦颐最喜莲花，特作《爱莲说》，认为：“莲，花之君子者也。”“香远益清，亭亭净植。”（图 3–6）欧阳修亦作《荷花赋》颂之。因此夏日观荷成了园林不可缺少的景观，今存苏州拙政园之“远香堂”即取周敦颐文意，至今“曲院风荷”仍为西湖的一大胜景，而周子这一嗜好对清代皇家园林的影响更为深远。[①]

图 3–6 （明）周文靖绘《周茂叔爱莲图》（局部）
（引自《中国古代建筑大图典》）

---

① 详见本书第七章内容。

② 见苏州狮子林立雪堂楹联。

③ 见乾隆花园古华轩楹联。

④ 见乾隆圆明园图咏《接秀山房》。

之文意：

桃李茜粲于一时，时至而后杀，至于松柏，经隆冬而不凋，蒙霜雪而不变，可谓得其真矣。

至今许多园林景点如“松风水阁”“岁寒草庐”“万壑松风”“梧竹幽居”“暗香疏影楼”“闻木樨香轩”“碧梧栖凤”“花港观鱼”“柳浪闻莺”“濠濮间”“知鱼槛”“鱼乐榭”，等等，均由动植物的比德和欣赏而得名。

这些都已远非单纯的自然欣赏，而是文人品性情趣与志向追求的写照。

（3）“山水以形媚道而仁者乐”：比德的超越及其美学意义

孔子儒学提出的“比德”说，使山水、花卉、鸟兽、草木等摆脱了原始巫术和宗教神话，而作为情感抒发的对象。在儒学的这种积极倡扬之下，经过理智的中介实现了情感的建构和塑造。经过魏晋时期山水审美的空前发展①，士人们对自然山水的美学意义有了深刻认识和发掘。

在比德中，美是道德的象征，自然景物是道德、品格的符号寄托，从而实现与人的道德相比拟。然而魏晋时期人物品藻中大量的人与自然的比拟，“虽然仍有从‘比德’而来的印痕，但它们已是人格风貌与自然景物的直接相联的感受——想象，在这想象中表达着赞赏性的肯定情感，无需以抽象性的伦理概念为中介，从而具有某种多义性、不确定性的特色。”②自然审美对象本身的美学价值得以发现，同时产生了诸如宗炳“山水以形媚道而仁者乐”这样的美学见解，从而使山水自然超越了道德层次而引向审美境界，自然景物真正成为情感表现和自由想象的对象。这实际是一个主客体互动的过程：一方面，主体的“意”——观念投射于客体，移情于客体的自然山水；同时，客体反过来感染、激发主体之“意”、审美意识与审美愉悦，并作用于主体的人格修养。

反过来，由山水美学的发展带来的文学、绘画等中国山水艺术的发展与成就，又为后来山水园林的创作打下了坚实的美学基础。如宋代郭熙《林泉高致》云：

山，大物也。其形欲耸拔，欲偃蹇，欲轩豁，欲箕踞，欲盘礴，欲浑厚，欲雄豪，欲精神，欲严重，欲顾盼，欲朝揖，欲上有盖，欲下有乘，欲前有据，欲后有倚，欲下瞰而若临观，欲下游而若指麾。此山之大体也。

水，活物也。其形欲深静，欲柔滑，欲汪洋，欲回环，欲肥腻，欲喷薄，欲激射，欲多泉，欲远流，欲瀑布插天，欲溅扑入地，欲渔钓怡怡，欲草木欣欣，欲挟烟云而秀媚，欲照溪谷而光辉。此水之活体也。

---

① 参见本书第六章内容。

② 李泽厚：《华夏美学》，见《美学三书》，362 页，合肥，安徽文艺出版社，1999。

山以水为血脉，以草木为毛发，以烟云为神采，故山得水而活，得草木而华，得烟云而秀媚。水以山为面，以亭榭为眉目，以渔钓为精神，故水得山而媚，得亭榭而明快，得渔钓而旷落。此山水之布置也。

园林的创作直接得益于文人山水画，诸如郭熙这样的画论在中国美术史上比比皆是，简直可以直接作为造园的指导原则。这些不能不归功于孔子儒学的贡献。

作为儒家美学理论整体框架的一部分，比德审美观照方式的进一步发展，已不仅是人的伦理道德标准与自然万物的比附，而是将审美主体最终带入了一个超越的天地境界。

2. “天何言哉”：比道的审美境界

孔子儒学对自然审美的另一个突出贡献，是提出了山水比道的审美境界。

孔子在《论语·子罕》中的在川观水，为后世留下了极具诗意的“川上”意象，成为千古绝唱。（图 3–7）

子在川上，曰：“逝者如斯夫！不舍昼夜。”

话语间流露的不仅是对眼前流水一往无前的感怀，也有对人生短暂、时光流逝的慨叹，更有“直道而行”、在有限中向无限发展的人生追求。孔子从眼前河水的流逝中体会到了时事运迈的无穷，这是一种现世的、充满人情意味的

图 3–7 在川观水（引自 1934 年北京民社印《孔子圣迹图》）

宇宙意识，场面和话虽然简单，但字里行间已经流露出一种诗情画意。这种由山水而来的审美体验就是比道的境界。

孟子对孔子的山水比道是这样说的：

孔子登东山而小鲁，登泰山而小天下。故观于海者难为水，游于圣人之门者难为言。观水有术，必观其澜。日月有明，容光必照焉。流水之为物也，不盈科不行。君子之志于道也，不成章不达。

《孟子·尽心上》

“观水有术，必观其澜”，是从“观水之道”——审美方式的角度，将孔子的山水审美与“君子志道”相联系。

《中庸》通过“卷石勺水”[①]这一自然的象征意义，进一步阐发了天地之道：

天地之道：博也，厚也，高也，明也，悠也，久也。今夫天，斯昭昭之多，及其无穷也，日月星辰系焉，万物覆焉。今夫地，一撮土之多，及其广厚，载华岳而不重，振河海而不泻，万物载焉。今夫山，一卷石之多，及其广大，草木生之，禽兽居之，宝藏兴焉。今夫水，一勺之多，及其不测，鼋龟、蛟龙、鱼鳖生焉，货财殖焉。

卷石勺水不仅是儒学自然观的典型概括，而且成为后来园林向小型化发展的美学基础。

对动植物的欣赏，也引发了人们对园林审美深层境界的追求。

对于《诗经》“鸢飞鱼跃”的主题，儒学是这样解释的：

《诗》云：“鸢飞戾天，鱼跃于渊。”言其上下察也。

《中庸·第十一章》

在孔门儒学看来，自然规律存在于天地万物之中，既平凡又深刻，生命就在这天地之间循环往复，生生不息。面对这样的景象，欣赏者所感受到的就不仅是鱼鸟草木所带来的感官之乐，更升华到了对天地万物寄其同情的审美境界。

庄子引申儒家的鱼乐情趣，也为后世留下了“鱼乐”的典故：

庄子与惠子游于濠梁之上，庄子曰：“鲦鱼出游从容，是鱼之乐也。”惠子曰：“子非鱼，安知鱼之乐？”庄子曰：“子非我，安知我不知鱼之乐？”

《庄子·秋水》

只不过较之庄子冷静旁观、物我两分的“鱼乐”，儒家的“鸢飞鱼跃”带有更强烈的主体意识，这正是孟子所强调的“万物皆备于我”，体现的是儒家特有“吾与点也”的审美亲和感。而这种审美的亲和感，恰恰是前述孟子“爱物”观念的引申和美学体现。（图3–8、图3–9）

儒家这种“鸢飞鱼跃”、人与自然相亲的主题，屡屡出现在后代描写园林和自然的文学作品中：

简文入华林园，顾谓左右曰：“会心处不必在远。翳然林水，便自有濠濮间想也。觉鸟兽禽鱼，自来亲人。”

《世说新语·言语》

鱼在深泉鸟在云，从来只得影相亲。

（唐）项斯《赠别》

妙意此时谁共领，波间鸥鹭静相忘。

（南宋）张栻《题城南书院三十四咏》

象山翁观瀑半山……石漱激雪，澄潭

①“卷”即“拳”之通假字。

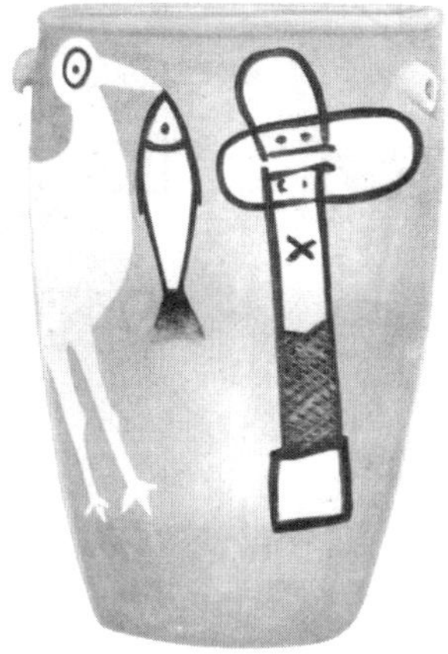

新石器时代彩陶纹样 河南临汝阎村出土

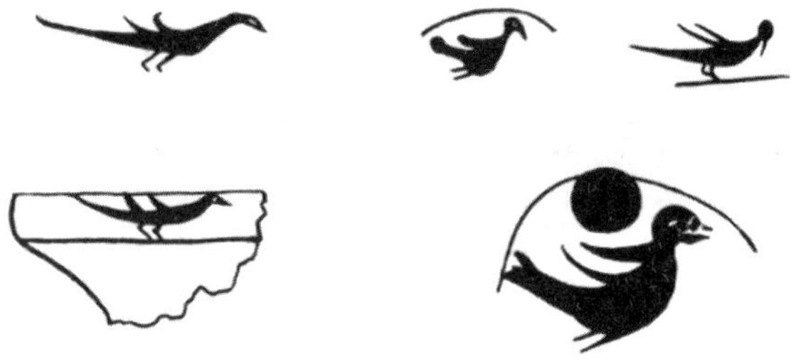

新石器时代陶器纹样 陕西华县泉护村出土

春秋铜器 鸟衔鱼纹

汉代漆耳杯 三鱼纹 湖北江陵出土

西汉彩绘陶盆 鱼鸟云气纹 河北满城窦绾墓出土

宋代瓷枕 鱼鸭纹

图 3-8 鱼跃鸢飞——中国历代工艺美术中的鱼鸟纹样图案（1）（引自《中国历代装饰纹样》）

战国彩陶纹壶 河北燕下都出土

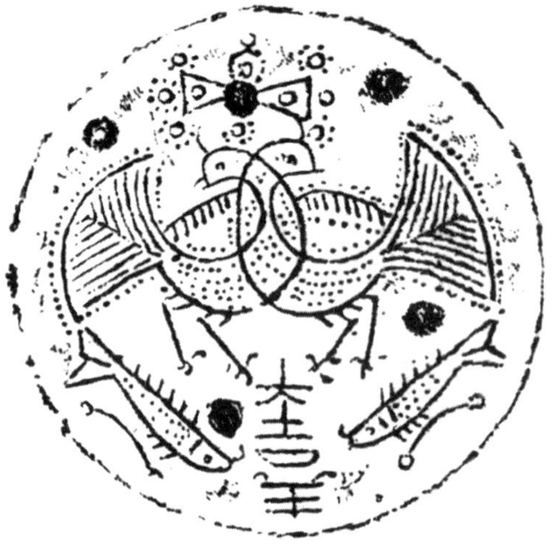

南北朝铜洗 鱼鸟纹 四川昭化出土

图 3-9 鱼跃鸢飞——中国历代工艺美术中的鱼鸟纹样图案（2）（引自《中国历代装饰纹样》）

渍蓝，鹭翘凫飞，恍若图画。疏松、翠筱、苍苔、茂草之间，石萱呈黄，金橙舒红，被崖缘坡，烂若锦绣。轻舟危樯，笑歌相闻，聚如鱼鳞，列如行雁。

（南宋）陆九渊《题新兴寺壁》

两宋理学家们则在儒家“鸢飞鱼跃”的基础上加以引申发挥，以“观生意”的浪漫做法，来体现儒家“鸢飞鱼跃”“参天地赞化育”的天地境界。①

《论语·阳货》还提出另一重要审美命题：

天何言哉？四时行焉，百物生焉，天何言哉？

此处的“天”并非道德命令，而只是运行不息、生生不已之生命本身。孔子这一关于天地自然之“大美”的精彩论述，透过自然界的四时变化和万物运作，直视天地间生生不息、无所不在的“道”——生命的超越精神。

《论语》中具有同样之超越意识的，是《先进》篇中孔子倍加赞赏的、与学生曾点的共同志趣——“曾点言志”：

莫春者，春服既成。冠者五六人，童子六七人，浴乎沂，风乎舞雩，咏而归。

宋代，“曾点言志”被普遍视为天人凑泊、生机流行的最高审美境界。对此朱熹解释得十分透彻：

曾点见得事事物物上皆是天理流行。良辰美景，与几个好朋友行乐，他看那几个说底功名事业，都不是了。他看见日用之间，莫非天理，在在处处，莫非可乐。

这道理处处都是：事父母，交朋友，都是这道理；接宾客，是接宾客道理；动静语默，莫非道理；天地之运，春夏秋冬，莫非道理。人之一身，便是天地，只缘人

① 详见本书第六章。

为人欲隔了，自看此意思不见。如曾点，却被他超然看破这意思，夫子所以喜之。日月之盈缩，昼夜之晦明，莫非此理。

《朱子语类》

曾点之学，盖有以见夫人欲尽处，天理流行，随处充满，无少欠阙，故其动静之际，从容如此。而其言志，则又不过即其所居之位，乐其日用之常，初无舍己为人之意。而其胸次悠然、直与天地万物上下同流、各得其所之妙，隐然自见于言外。视三子之规规于事为末者，其气象不侔矣，故夫子叹息而深许之。①

这与孔子的“天何言哉！四时行焉，百物兴焉，天何言哉”是一个意思。（图3–10）

冯友兰先生曾在《新原人》中，将人所可能有的境界分为四种：自然境界、功利境界、道德境界和天地境界。其中处于天地境界中的人，其行为是事天的：

他已完全知性，因其已知天。他已知天，所以他知人不但是社会的全的一部分，而并且是宇宙的全的一部分。不但对于社会，人应有贡献；即对于宇宙，人亦应有贡献。……他觉解人虽只有七尺之躯，但可以“与天地参”；虽上寿不过百年，而可以“与天地比寿，与日月齐光”。②

能知天者，不但他所行底事对于他另有新意义，即他所见底事物，对于他亦另有意义。如论语说：“子在川上，曰：‘逝者如斯夫，不舍昼夜。’”宋儒以为孔子于水之流行，见道体之流行。中庸引诗：“鸢飞戾天，鱼跃于渊。”宋儒以为于此可见，“化育流行，上下昭著，莫非此理之用。”此说虽未必即论语中庸之本意，

图3–10 舞雩从游（引自1934年北京民社印《孔子圣迹图》）

① 朱熹：《四书章句集注》，113页，济南，齐鲁书社，1992。
② 涂又光：《冯友兰选集》，196页，天津，天津人民出版社，1994。

但水之流行，以及鸢飞鱼跃，对于知天者，都可另有意义，这是可以说底。[①]

按照冯先生的分析，“川上”意象、鸢飞鱼跃、曾点言志，以及后来王羲之的《兰亭集序》、陶渊明的《饮酒》诗等大量文学作品中的自然景物描写，都已经远远超越了道德境界而引向天地审美境界。虽然天地不言，但主体的精神、情感通过参天地赞化育，依然可以与山川景物和自然生气同呼吸共流行，由知天、事天、乐天而达到同天——“万物皆备于我”的最高境界，从中体会四时之运作、天地之大美，其中蕴含的审美愉悦正是李泽厚所谓“乐感文化”的核心；同时也造就了流传千古、为世代景仰的山水审美佳作。

值得指出的是，庄子提出“天地有大美而不言”等，也是在追求天地最高审美境界，与儒家有相似之处，故而庄学对中国古代艺术的影响，紧随孔子儒学之后而远较老子为著。但是庄、儒之间在美学上毕竟还存在明显的差别，本书第四章将详细分析有关内容。

3. “卷石勺水”：小中见大的审美观照方式

前文提到《中庸》借“卷石勺水”阐发了天地之道，而“卷石勺水”的概念对中国园林产生了深刻的影响。

“卷石勺水”实际上是在中国古代朴素辩证法的影响之下形成的“小中见大”的审美观照方式，对此追根溯源，则不能不谈到《大戴礼记·子张问入官》的一则重要论断：“情迩畅而及乎远，察一而关于多。”[②]这一观点阐述了“一”的典型性与“多”的普遍性之间的辩证关系，使个别的、具体的事物带有了普遍的象征意义，成为“卷石勺水”的思想渊源。魏晋时期，这种“察一而关于多”的思维和审美观照方式，早已潜移默化地深入到士人思想意识中，从而促进了魏晋纯粹自然审美的发展和山水艺术的繁荣。

“卷石勺水”的提出，从根本上转变了园林自然审美的思维方式，使之摆脱了原始思维作用下对“原型”山水的简单再现和模仿，通过艺术的概括与抽象，来完成对“原型”的表现（图 3-11）。由于“卷石勺水”的象征性，山水原始的神性意义逐渐被其自身的美学意义所代替。但这种神性意义却永远留在人的记忆之中，并以集体无意识的形式反复出现。人就可以一次又一次地在园林的“卷石勺水”中寻找心灵的安顿。

在汉末至魏晋理性思辨精神的影响下，著名的数学家刘徽在《九章算术注》解有关三元以上的线性方程组时，提出“以小推大，虽四五行不异也”的结论，

---

① 涂又光：《冯友兰选集》，214~215 页，天津，天津人民出版社，1994。

② 王聘珍：《大戴礼记解诂》，140 页，北京，中华书局，1983。此句中“关”为“通”之意。

（西汉）错金铜博山炉 河北满城1#汉墓出土（引自《汉代物质文化资料图说》）

图3-11 察一而关于多——山水审美、卷石勺水在中国文人生活中的表现

显然，“以小推大”就是从特殊到一般的典型归纳推理方法。这种方法也同样适用于人对外在的客观自然世界的认识。

由于宋代社会整体文化的发展与成就，士人思想异常活跃。在“卷石勺水”“以小推大”的基础上，沈括强调了绘画中的“以大观小”法：

大都山水之法，盖以大观小，如人观假山耳。若同真山之法，以下望上，只合见一重山，岂可重重悉见，兼不应见其溪谷间事。

《梦溪笔谈·书画》

苏轼则强调“寓意于物，虽物微足以为乐”（《东坡集·宝绘堂记》）的美学思想，使客体的物之微与主体的意之乐并不矛盾而是形成有机的联系，与“观生意”的浪漫主义相得益彰，实际还是“卷石勺水”的引申演化。

由于“卷石勺水”的典型象征意义，园林就不必拘泥于在体量上再现自然山水，从而形成了“小中见大”“以大观小”的审美观照方法，奠定了园林小型化的基础。实现这一转变的前提，是品园者与造园家共通的文化心理结构。

俞樾的《曲园记》对其造园的主题做了如下阐述：

曲园者，一曲而已，强被园名，聊以自娱者也。……用卫公子荆法，以一“苟”字为之。……世之所谓园者，高高下下，广袤数十亩，以吾园方之，勺水耳，卷石耳。①

曲园之所以能与广袤数十亩的园林一样达到自娱的目的，正是基于儒家这种卷石勺水的典型意义和小中见大的空间构成原则。

① 按：卫公子荆是《论语·子路》中被孔子赞为“善居室”的人：“始有，曰：‘苟合矣。’少有，曰：‘苟完矣。’富有，曰：‘苟美矣。’”俞樾此文一方面是追慕先儒之志，另一方面也在践履“卷石勺水”的园林空间构成原则。

4. 乘物以游心：园林的审美境界

（1）游于艺：孔子的审美观照方式

《说文》解儒为“术士之称”，《周礼·天官》中曾提出“儒，以道得民”，郑玄注以六艺释道。这些资料一方面说明儒的职业特征是以道术得民，另一方面则暗示了儒与道、六艺和道术等的必然联系。清代孙诒让撰《周礼正义》对儒有六艺以教民做了详尽而深入的阐发，将道与六艺、道术紧密联系起来，揭示了儒对道艺及伎术的重视：

……彼识云“掌养国子以道，乃教之六艺”，故云有六艺以教民也。知道即六艺者，《官正》云“教之道艺”，《乡大夫》云“察其道艺”，艺即道也。《大司乐》“凡有道有德者使教焉”，注亦云“道，多才艺者”，是道艺义同。郑（玄）以德行释贤，六艺释道，深合经旨。……儒者，其人有伎术者也。《说文·人部》：“儒，柔也，术士之称。”是古谓术士为儒。凡有一术可称，皆名之曰儒，故有君子儒、小人儒之别。此经所谓儒者，止是术士耳。以道得民者，道亦术也。……儒则泛指诵说《诗》《书》，通该术艺者而言。[①]

这些早期思维的痕迹成为孔子游于艺思想的滥觞。在《论语·述而》中，孔子提出了著名的游于艺的观点：

志于道，据于德，依于仁，游于艺。

朱熹释为：“游者，玩物适情之谓。”[②]何晏认为“艺”指六艺，即礼、乐、射、御、书、数。李泽厚、刘纲纪的《中国美学史》则认为此处的“艺”，包含艺术在内，同时带有技艺、技能的性质（图3–12）。“游”，既是涉历，同时更带有一种自由感或自由愉悦的含义，当然也包含有游憩、观赏、娱乐的意思。凭借“游于艺”——通过掌握六艺的客观规律，熟练驾驭六艺，士人可以从中获得自由的感受，这是一种情感体验，亦即审美的感受。

孔子在志于道之外提出游于艺，表明孔子十分重视艺术在实现人的全面人格理想中的重要作用。孔子巧妙地将功利与非功利的辩证关系，融汇在游于艺与成于乐之中。孔子首先以功利劝谕初学者，如“学也，禄在其中”《论语·卫灵公》；同时以非功利作为学习的方法，使之进入乐的自在境界。艺指六艺，也包括六经。与朱熹的玩物适情一样，《礼记·学记》郑玄注认为游谓闲暇无事之游，然则游者不迫遽之意。可见于经、于技艺，皆注重非功利的从心所欲，即从心所欲不逾矩地驾驭艺（技）达到的适情——自我实现的自在之乐。

庄子提出的“乘物以游心”与此相近，都是在主客体高度融合基础上的审美体验和心灵获得的自由感受。正是因为庄子与孔子儒学的这种共通之处，才使得

① 孙诒让：《周礼正义》，111~112页，北京，中华书局，1987。
② 朱熹：《四书章句集注》，63页，济南，齐鲁书社，1992。

汉代画像砖 弋射纹 四川成都扬子山出土

汉代画像石《百戏舞乐图》山东沂南出土

汉代画像砖《鼓乐图》河南新野出土

图 3-12 游于艺的表现（引自《中国历代装饰纹样》）

庄子产生了“天地有大美而不言”之类与儒家极为相似的命题。[1]

然而正如本书反复强调的，庄子与孔儒之间还是存在明显的差别的，主要体现在对主体的重视程度和审美亲和感上。儒学的审美观照是建立在孟子的“万物皆备于我”的基础上，与庄子“以物观物”的冷静旁观不同，而是“物皆著我之色彩”（王国维《人间词话》），于是万物也变成了人类心灵世界的一部分，而流露着人的情感。但是无论如何，孔子和庄子对审美感受和心灵自由的追求已经足以影响中国之艺术，尤其园林中的意境创造。

（2）重意、写意：中国艺术中的意境

宗白华先生在《中国艺术意境之诞生》中，认为意境是介乎学术境界和宗教境界之间，“以宇宙人生的具体为对象，赏玩它的色相、秩序、节奏、和谐，借以窥见自我的最深心灵的反映；化实景而为虚境，创形象以为象征，使人类最高的心灵具体化、肉身化，这就是‘艺术境界’。艺术境界主于美”[2]。

从中国诗史和诗论史发展的情况来考察，意境说是以儒为主的儒、道、佛三家既互相矛盾又互相补充的传统文化思想的综合产物。

黑格尔指出：

> 人的心灵有时就转向由主体情感思想所形成的一种仿佛是独立自在的世界，不使情感思想之类因素表现于行动，而只是在它们上面流连玩索，于是就表现个人的内心生活于抒情诗……[3]

《孟子·万章》“以意逆志”之“意”，就包含着主体独立的心灵、情感世界，对这种“意”的重视、追求就成为中国艺术的核心内容。孔子的“成于乐”、孔颜乐处等亦含有此理，即从主体的情感满足和愉悦中，获得一种心灵超越的审美感受。

意境有“有我之境”和“无我之境”（王国维《人间词话》）。西方抒情诗学的“意象”，大体上只相当于中国抒情诗学的“有我之境”。对于中国抒情诗的“无我之境”，黑格尔竟然大为骇异。“无我”实际是“以万物为我”，也就是“忘我”，留下一个无欲、无为的“我”。中国抒情诗从它的自觉时代起，就开始从“有我之境”逐步走向“无我之境”，其间的契机便是以大自然为审美对象，由“比德”发展而来的人物品藻，尤其魏晋以山水与人物的互比互喻，直接导致了与山水融为一体的“无我”境界。在诗歌创作领域已经产生了这一倾向，《文赋》是其理论源头，《文心雕龙》孕育了“意象”理论的萌芽，钟嵘《诗品》开其先河。

而这一时期兴起的玄学，则是意境

---

① 详见本书第五章内容。

② 宗白华：《艺境》，151页，北京，北京大学出版社，1987.

③ 黑格尔：《美学》，第3卷下，朱光潜，译，109~110页，北京，商务印书馆，2009。

理论滥觞的哲学思想根源。玄学追求个人情感的独立自主和自由表达，追求超越世俗、向往无限的人格本体。王弼关于“言”“意”“象”的理论，对抒情诗形象思维理论的创立，产生了极大影响。由于玄学的本末、有无之辨与佛教般若学的真俗、空有之说具有一定相似性，因而导致了魏晋的玄佛合流和佛教在中土的流行。

意境理论是古老的以儒为主，道、佛相补的传统文化的诗学结晶。只有在儒家思想与道、佛思想矛盾统一时，才有抒情诗意境理论的发生。皎然《诗式》虽采撷禅宗心境之说，但从其思想实质来看，却是以儒为主，兼收佛道。正如鲁迅先生在《魏晋风度及文章与药及酒之关系》中所指出的：

> 既然是超出于世，则当然连诗文也没有。诗文也是人事，既有诗，就可以知道于世事未能忘情。

由于玄学“言意之辨”的影响，形成魏晋以后重“意”的生活倾向，至“郁郁乎文哉”的两宋而达到巅峰，无论士人的生活还是艺术，都形成一种普遍的“重意”的浪漫风气。如苏轼主张“寓意于物”，宋代山水画对画面的诗意追求等，“写意”开始成为中国艺术的自觉要求。在重“意”倾向的影响下，一切士人艺术形式都以“写意”为高；意境的创造成为艺术的最高追求。园林自然也不例外，前文的“寓意于园”和后文将要着重探讨的“观生意”，都是这一时代精神的体现。宋代理学对园林的影响，也是沿着这一脉络发展的，并由此对宋、明至清代的园林创作产生了深远意义和影响。[1]

二、文、质、美、善：充实的园林形式与内容

1. 文质彬彬：孔子眼中的形式与内容

所谓形式，即事物的形状、结构等，是事物矛盾运动的外在表现形态。内容，是事物内部包含的东西或意义，对艺术作品来说则是审美对象所表达的观念含义。实际上，二者是彼此紧密相关，不能分离的。

在内容与形式的关系上，孔子主张“尽善尽美”：

> 子谓《韶》：“尽美矣，又尽善也。”谓《武》：“尽美矣，未尽善也。”
>
> 《论语·八佾》

这里的“美”与“善”是相对的美学范畴，美是艺术形式，善则为道德内容。由于韶乐集内容的善与形式的美于一体，所以孔子“在齐闻韶，三月不知肉味，曰：‘不图为乐之至于斯也。’”（《论语·述而》）同样，在“居”的意义上，孔子也主张以“富有”为美：

> 善居室。始有，曰：“苟合矣。”少有，曰：“苟完矣。”富有，曰：“苟美矣。”
>
> 《论语·子路》

作为孔子儒学的后续，孟子和荀子也同样追求“充实”与“全粹”之美：

① 参见本书第七章、第八章的内容。

可欲之谓善，有诸己之谓信，充实之谓美，充实而有光辉之谓大，大而化之之谓圣，圣而不可知之之谓神。

《孟子·尽心下》

不全不粹之不足以为美也……

《荀子·劝学》

基于这种尽善尽美和充实为美的理想，孔、孟、荀都十分重视艺术的思想内容和社会价值，坚持美善统一；同时丝毫不轻视文艺作品的表现形式和技巧。

同为另一对美学范畴的“文”和“质”，则与“美”“善”具有不同的含义。“质”是本体，指一种天然的、质朴的、不经人为雕琢的内在特质；而由外表的“彩色交错”引申而来的“文”“文雅”，更多带有人工后天加工的痕迹。“文”与“质”因不具备任何道德含义，而与纯粹的艺术审美更为接近。

在孔子那里，外在的文与内在的质具有同样的重要性：

仲尼曰：“《志》有之：‘言以足志，文以足言。’不言，谁知其志？言之无文，行之不远。”

《左传·襄公二十五年》

质胜文则野，文胜质则史。文质彬彬，然后君子。

《论语·雍也》

文犹质也，质犹文也。虎豹之鞟犹犬羊之鞟。

《论语·颜渊》

……为命，裨谌草创之，世叔讨论之，行人子羽修饰之，东里子产润色之。

《论语·宪问》

周监于二代，郁郁乎文哉！

《论语·八佾》

荀子也在《宥坐》中借孔子之口肯定建筑“贵文”的观念：

孔子曰：“太庙之堂亦尝有说，官致良工，因丽节文，非无良材也，盖曰贵文也。”

在荀子看来，不美不饰不足以充分表现作品的思想内容，也难以深入人心：

故赠人以言，重于金石珠玉；劝人以言，美于黼黻文章；听人以言，乐于钟鼓琴瑟。故君子之于言无厌。鄙夫反是，好其实，不恤其文，是以终身不免埤污佣俗。

《荀子·非相》

既要“好其实”，又要“恤其文”，“文貌情用，相为内外表里，礼之中焉”（《荀子·大略》），思想性和艺术性的完美统一才是最高标准。这与儒家追求“文质彬彬”的完美人格理想是分不开的。

由于贵文观念的影响，孔子对文辞、建筑、服饰、仪容美均相当注意[①]（图3-13）。《大戴礼记·四代》中孔子提出的表仪之说[②]，由对自然生态环境的观察引出人的不同仪容形貌，直接影响到魏晋时期的人物品藻，而且从一个侧面反映了孔子对人的外在仪表和内在气质之美的重视。

孔子在《论语·子路》中对善居室

---

① 建筑审美如《论语·里仁》：“里仁为美。择不处仁，焉得知？”《八佾》：“邦君树塞门，管氏亦树塞门。邦君为两君之好，有反坫，管氏亦有反坫。”《公冶长》：“臧文仲居蔡，山节藻棁，何如其知也？”《子张》：“子贡曰：‘譬之宫墙，赐之墙也及肩，窥见室家之好。夫子之墙数仞，不得其门而入，不见宗庙之美，百官之富。得其门者或寡矣。’”《周易·系辞下》：“上古穴居而野处，后世圣人易之以宫室，上栋下宇，以待风雨，盖取诸大壮。”

② 详见本书第二章。

的评价为“富有，苟美矣”，实际上就是《孟子·尽心下》提倡的充实之谓美。正如《论语·学而》主张“礼之用，和为贵”，《论语·泰伯》申言“立于礼，成于乐”，在孔子看来，建筑的审美，其中包括体量和尺度，既应当体现礼的社会等级秩序，也应当臻于“乐”即艺术审美的“和”。如《礼记·仲尼燕居》记载，孔子就曾明确强调宫室得其度：

是故以之居处有礼，故长幼辨也；以之闺门之内有礼，故三族和也；以之朝廷有礼，故官爵序也……

唐代孔颖达解释“宫室得其度者，度谓制度，高下、大小得其依礼之度数”（《礼记正义》），这不正是强调建筑应符合一定形式美的标准和要求吗？

贵文思想对园林的影响，不仅体现在文以载道和对文心的追求，反映着园林与文学、绘画等士人艺术之间千丝万缕的联系；体现在园林的题名用典、园景的意境创造方面都竭力追求士人文化的内涵与神韵；还体现在园林已经成为中国知识分子特有的生活方式的现实反映，园居生活中时时处处流露出浓郁的人文气息；另外还造就了学宫、书院园林这一特有的园林形式。这些儒家贵文思想在历代园林建设中都有或多或少的体现，而尤以清代皇家园林为最，本书第八章将对此详细评述。

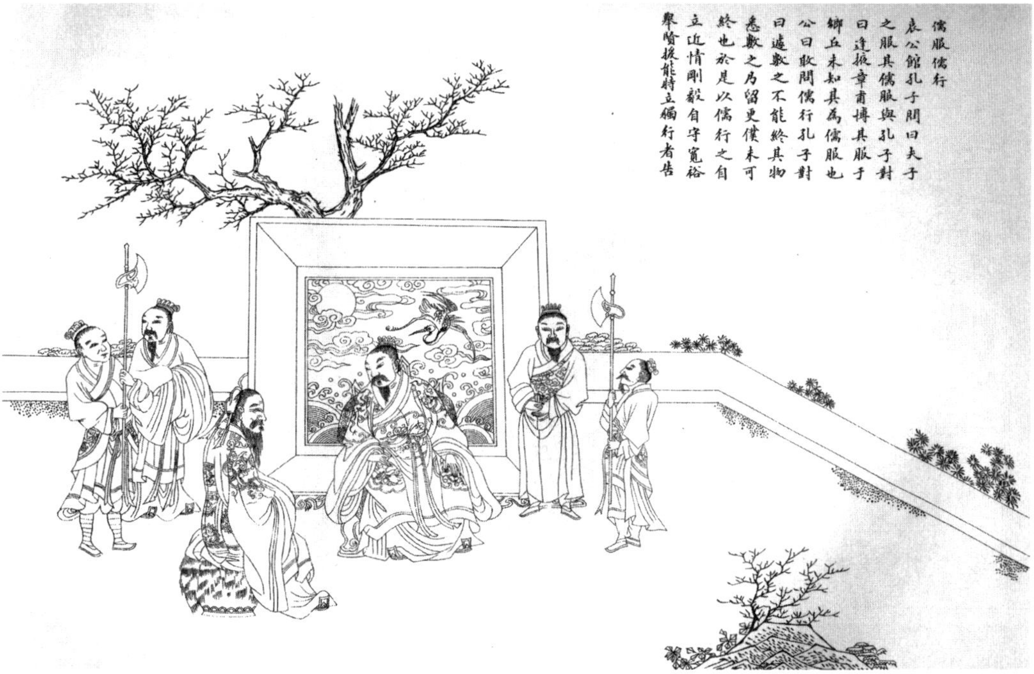

图 3-13 孔子对服饰、仪容、言行的重视（引自 1934 年北京民社印《孔子圣迹图》）

2. 大哉居乎：为人生服务的理想居住环境

如前文反复提到的，孔子对居住环境十分重视，多次强调居住环境对人的作用和居住的意义。《论语·里仁》曾说“里仁为美”。《论语·子路》也阐述了居室美(图3–14)。

《礼记》中特有“仲尼燕居”和“孔子闲居”两章，其中大量文字都在说“退朝而处”于家居时，“容体、声音、言语、饮食、居处、衣服，而各得其宜也”[①]。

孟子曾谈到生态环境的问题：

> 不违农时，谷不可胜食也。数罟不入洿池，鱼鳖不可胜食也。斧斤以时入山林，材木不可胜用也。……五亩之宅，树之以桑，五十者可以衣帛矣。鸡豚狗彘之畜，无失其时，七十者可以食肉也。
>
> 《孟子·梁惠王上》

汉代画像砖 甲第建筑纹 四川德阳黄浒镇出土

汉代画像石 宴饮中的建筑 江苏铜山单集区洪楼村出土

图 3–14 善居室——富有为美（引自《中国历代装饰纹样》）

① 孙希旦：《礼记集解》，1269 页，北京，中华书局，1989。

这里直接涉及理想中的居住环境，对后世的影响极大。

另外，《礼记·儒行》有“儒有一亩之宫，环堵之室，筚门圭窬，蓬户瓮牖”的描写，一方面言儒者之仕，将以行道，若不得其志，则辞尊居卑，辞富居贫，至于穷约如此，不欲献媚以求厚禄也，是孔颜乐处的表现；另一方面，也反映了儒家对理想居住环境的认识。后来园林小型化的形成应该有其传统的渊源。《诗经·陈风·衡门》中的“衡门之下，可以栖迟”，则是中国最早的隐居环境的写照。

经过一代代文人的不断发展，至东汉仲长统终于形成了士人理想的居住环境模式：

……使居有良田广宅，背山临流，沟池环匝，竹木周布，场圃筑前，果园树后……踌躇畦苑，游戏平林，濯春水，追凉风，钓游鲤，弋高鸿，讽于舞雩之下，咏归高堂之上。（图 3–15）

（东汉）仲长统《乐志论》

这一理想中的居住环境，对园林产生了极大的影响，不断被后代文人反复传唱和实践，典型如陶渊明和谢灵运；至今，这一段文字还留在苏州狮子林的匾额上。

《孟子·尽心上》提出居与气的关系，认为包括园林在内的居住环境，对人外在形体和内在精神的修养都起到决定性作用（图 3–16）：

孟子自范之齐，望见齐王之子，喟然叹曰：“居移气，养移体，大哉居乎！夫非尽人之子与？”①

可以看出，孟子的“居移气，养移体”，不仅进一步阐释了孔子的“里仁为美”的观点，而且把居住提高到本体的意义。事实上，在后世文人心目中，园林建筑也正是“居移气，养移体”的最重要场所，园林的形式是为其更高的精神目的和内容，即为人生理想的追求与培养服务的：

邑之有观游，或者以为非政，是大不然。夫气烦则虑乱，视壅则志滞。君子必有游息之物，高明之具，使之清宁平夷，恒若有余，然后理达而事成。

（唐）柳宗元《零陵三亭记》

雷霆风雨，荡阳之积也；河海川谷，泄阴之凝也；楼观台榭，宣人之滞也。天

图 3–15 中国文人理想中“背山临流，竹木周布”的居住环境（引自《中国绘画史图录》）

①《孟子正义》注云：“居尊则气高，居卑则气下，居之移人气志，使之高凉，若供养之移人形身使充盛也。大哉居乎者，言当慎所居，人必居仁也。”“夫居尊为居，居仁亦为居，以居仁与居尊较，则居仁为大矣，故云大哉居乎。当慎所居，犹云术不可不慎。同是居，宜择而居其大者，必以居仁为大也。即以居势言之，则居尊者高，居下者卑，居下者之气不如居尊者之高，而居势者之小又不如居仁者之大矣。同是子，而王子异于凡人，亦同是人，而君子异于小人，可相观而喻矣。”

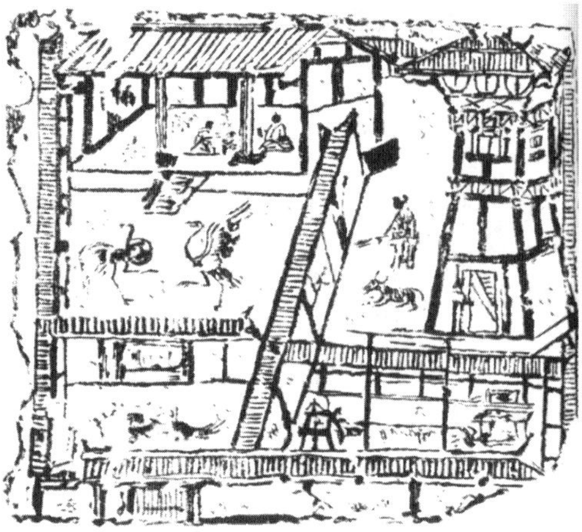

汉代画像砖 庭院建筑纹(引自《中国历代装饰纹样》)
图 3-16 居移气，养移体，大哉居乎

气郁则两曜不明，地气塞则万物不生，人气壅则百神不灵。

（唐）符载《钟陵东湖亭记》

古之君子其将责人有功也，必使之乐其职，安其居，以其优游喜乐之心而就吾事，夫岂徒苟悦之哉！

（宋）张耒《双槐堂记》

夫人之所以神明其德，与天地同其变化者，夫岂远哉？生于心而已矣。若夫极天下之知，以穷天下之理，于夫性之在我者，能尽之，命之在彼者，能安之，则万物之自外至者，安能累我哉？……虚其心者，极乎精微，所以入神也。斋其心者，由乎中庸，所以致用也。然则君子之欲修其身，治其国家天下者，可知矣。今梅君之为是亭，曰不敢以为游观之美，盖所以推本为治之意，而且将清心于此，其所存者，亦可谓能知其要矣。

（宋）曾巩《清心亭记》

3. 大乐与天地同和：中和之美的追求

本书第二章已经详细论述，早在孔子之前，中国人就有以和为美的认识。如晏婴认为，“五味调和成美羹，五色协和成文采，五声相和成美乐”，君子听之“心平德和”[①]；如《左传·襄公二十九年》所述吴国公子季札观于周乐后谈到的审美感受；又如《尚书》和《国语》中论音律的和谐[②]；等等。

《左传·昭公二十年》记载齐国卿相晏婴，在遄台上对齐景公阐发以“和”为美：

清浊、大小、短长、疾徐、哀乐、刚柔、迟速、高下、出入、周疏，以相济也。

包括建筑艺术形式美规律在内的“和”美的本质，就在于多样性的对立统一，在于协调各对立因素，达到合目的性、合规律性的相互联系和运动变化，

①《左传·昭公二十年》:“和如羹焉……君子食之，以平其心。君臣亦然。……是以政平而不干，民无争心。……先王之济五味、和五声也，以平其心、成其政也。声亦如味，一气、二体、三类、四物、五声、六律、七音、八风、九歌，以相成也。清浊、大小、短长、疾徐、哀乐、刚柔、迟速、高下、出入、周疏，以相济也。君子听之，以平其心。心平德和。”

②《尚书·尧典》中的记载见本书第二章。另《国语·周语下》:“夫政象乐，乐从和，和从平。声以和乐，律以平声。金石以动之，丝竹以行之，诗以道之，歌以咏之，匏以宣之，瓦以赞之，革木以节之。物得其常曰乐极，极之所集曰声，声应相保曰和，细大不逾曰平。如是，而铸之金，磨之石，系之丝木，越之匏竹，节之鼓而行之，以遂八风。于是乎气无滞阴，亦无散阳，阴阳序次，风雨时至，嘉生繁祉，人民和利，物备而乐成，上下不罢，故曰乐正。”

相互渗透与和谐。而这种“和”美的追求，也包括了明确的社会价值取向，就是应当能够感化和陶冶人的心性和情志，满足并促进人的精神在社会伦理道德上向“善”的理想追求。

同时，以“和”为美，还高度重视艺术形象的结构、尺度、节奏、韵律、运动等，在事物多样性的对立统一中，追求结构上井然有序而又变化丰富。《左传·襄公二十九年》所述吴国公子季札应鲁襄公邀请“观于周乐”后谈到的审美感受，就深刻反映了这一点。其中，如季札对《颂》赞美说：

至矣哉！直而不倨，曲而不屈，弥而不逼，远而不携，迁而不淫，复而不厌，哀而不愁，乐而不荒，用而不匮，广而不宣，施而不费，取而不贪，处而不底，行而不流，五声和，八风平，节有度，守有序，盛德之所同也。

这样“有度”“有序”的“和”美，实际也就是当时建筑艺术的审美标准。这在与晏婴同时代的楚国伍举同楚灵王有关建筑审美取向的讨论中，就十分典型地反映出来。《国语·楚语上》记载这事说：

灵王为章华之台，与伍举升焉，曰：“台美夫？”对曰：“臣……不闻其以土木之崇高、形镂为美……不闻其以观大、视侈、淫色以为明，而以察清浊为聪。……夫美也者，上下、内外、小大、远近皆无害焉，故曰美。……故先王之为台榭也，榭不过讲军实，台不过望氛祥，故榭度于大卒之居，台度于临观之高。”

伍举就建筑而对美所下的定义，是中国古代文献记载中最早的关于美的明确定义，清晰地反映出，关注现实人生、具有强烈实用理性精神的古人，对建筑空间艺术中诸如上下、内外、小大、远近等构成要素在审美观照中的合宜尺度，都已给予了极大的重视，并明确主张以适合人的生理、心理以及社会伦理的需要为目的，以合宜于人及人际情感交流的亲切尺度，而不是夸张尺度，来创造合乎人情的建筑空间环境，并求取艺术上的成功。

孔子则提出“中庸”的概念，使中和之美上升到哲学的高度：

中庸之为德也，其至矣乎！民鲜久矣。

《论语·雍也》

喜怒哀乐之未发，谓之中；发而皆中节，谓之和。中也者，天下之大本也；和也者，天下之达道也。致中和，天地位焉，万物育焉。

《礼记·中庸》

君子中庸，小人反中庸[①]。

《礼记·中庸》

大乐与天地同和，大礼与天地同节。和，故百物不失。节，故祀天祭地。明则有礼乐，幽则有鬼神，如此，则四海之内，合敬同爱矣。[②]

孔子的中庸思想，既是一种世界观，又是一种对待自然、社会、人生的基本

① 庸之三义：一为“用”，《释文》及《礼记正义》引郑玄语：“名曰中庸者，以其记中和之为用也。庸，用也。”二为“常道”，郑玄《礼记·中庸》注曰：“庸，常也。用中为常道也。”何晏谓：“庸，常也。中和可常行之德。”三为“平常”义，朱熹《四书章句集注》：“庸，平常也。”

②《乐记·乐论篇》，亦见司马迁《史记·乐书》。

方法，具有很强的实践性。在美学上的体现，就是孔子主张的文质、美善兼备，就是“乐而不淫，哀而不伤”（《论语·八佾》）。

对此《荀子·劝学》总结说：

夫是之谓道德之极，《礼》之敬文也，《乐》之中和也，《诗》《书》之博也，《春秋》之微也，在天地之间者毕矣。

此后，由《易传》经过汉代诸儒到魏晋时阮籍、嵇康，至于宋明理学，中和之美的原则与尽善尽美、文质彬彬的人格理想一样，深印在士人心灵深处，反映在所有士人艺术之中。园林立意与造景、园林形式美的规律，也都遵循这种中和原则。“中和”的含义，既有园林景物彼此之间，在空间大小、高下、远近、疏密等形式美方面的和谐，又包含园景与主人情感、心境、神思方面的融合，更蕴含人与自然天地宇宙万物之间生生不息、流动无碍的生命精神的同其节奏。

三、澄怀观道：儒学影响下的园林艺术思维与审美观照

冯友兰先生在《中国哲学简史》中谈到中国哲学的方法论时，认为由于自古的上农意识，中国的哲学家不论儒道，都“以对于事物的直接领悟作为他们哲学的出发点”[①]。这种“对于事物的直接领悟”实际上就是一种思维方式。通过对古代典籍中艺术作品和理论的分析梳理，可以透视中国古代以儒学为核心、儒道互补的艺术思维与审美观照方式，以及它们对于园林创作的影响。

1. 虚静：体悟的认识方式

（1）万物静观皆自得：静参默照的体悟

早在周厉王时代的《大克鼎铭》，就为后人留下了“虚静”的记载：

穆穆朕皇，祖师华父，冲让厥心，虚静于猷，淑哲厥德。[②]

宗白华先生在《美学散步》中提出，空灵与充实构成艺术精神的两元。空灵即是忘我，是静观，是虚静。

艺术空灵的诞生，在人生忘我的一刹那，即美学上所谓“静照”。静照的起点在于空诸一切、心无挂碍，和世务暂时绝缘。这时一点觉心，静观万象，万象如在镜中，光明莹洁，而各得其所，呈现着它们各自的、充实的、内在的、自由的生命，所谓万物静观皆自得。[③]

静观之“静”并非静止，而是指审美中的主体一方，抛开一切私欲杂念，

① 冯友兰：《中国哲学简史》，2版，22页，北京，北京大学出版社，1996。

② 转引自萧兵，叶舒宪：《老子的文化解读——性与神话学之研究》，982页，武汉，湖北人民出版社，1994。

③（英）爱德华·布洛《作为艺术中的因素和一种美学原理的心理距离》，转引自童庆炳《中国古代心理诗学与美学》，150页，北京，中华书局，1992。

以纯净的心灵观照万物，则万物自得于心。因此虚静实际上是一种认识方式，中国艺术家强调以虚静心灵为本体，以静参默照的体悟为认识过程，以物我合一的高峰体验为最高境界。

英国美学家、心理学家爱德华·布洛（Edward Bullough）提出的“心理距离”说，与中国的虚静说类似，其核心是强调审美体验中的无关功利的性质。审美心理距离的获得，是以审美主体的摒弃功利欲望为条件的。布洛强调说：

距离所造成的变化，可以说，一开始就是由于使现象超脱了我们个人需要和目的牵涉而造成的——总之，正如人们常说的，是由于“客观地”看待现象而造成的。

与审美心理距离说一样，虚静的认识方式涉及主客体双方。

以往对虚静的认识往往停留在道、释两家，然而孔子早就有不少关于虚、静、空的论述。《论语》中一再强调的“吾日三省吾身”“默而识之”，实际就是虚静体悟认识方式的前身。孔子曾提出著名的“仁者静”（《论语·雍也》）观点，孔安国对此解释为“无欲故静”，实际上正是舍弃功利思想的纯粹审美心态；《述而》谈到“虚而为盈”——空虚；《先进》说“回也其庶乎，屡空”，这里的“空”既有空匮又有虚中之义，言唯回怀道深远，不虚心不能知道。《庄子》曾借孔子、颜回之口阐述“心斋”“坐忘”，恰恰因为孔、颜具有虚静的倾向和物我相融的内心修炼，加之孔颜乐处等所表现的处世态度和人生境界与庄子的观点深相契合[①]。

荀子哲学更强调通过具有理性思维能力的心灵，以静观的方法来体认道，类似现代哲学认识论中的知性或悟性认识。荀子称之为“虚壹而静”：

人何以知道？曰：心。心何以知？曰：虚壹而静。心未尝不臧也，然而有所谓虚；心未尝不满也，然而有所谓一；心未尝不动也，然而有所谓静。人生而有知，知而有志。志也者，臧也，然而有所谓虚，不以所已臧害所将受谓之虚。心生而有知，知而有异，异也者，同时兼知之。同时兼知之，两也，然而有所谓一，不以夫一害此一谓之壹。心，卧则梦，偷则自行，使之则谋。故心未尝不动也，然而有所谓静，不以梦剧乱知谓之静。未得道而求道者，谓之虚壹而静。作之，则将须道者之虚则人，将事道者之壹则尽，尽将思道者静则察。知道察，知道行，体道者也。虚壹而静，谓之大清明。万物莫形而不见，莫见而不论，莫论而失位。坐于室而见四海，处于今而论久远，疏观万物而知其情，参稽治乱而通其度，经纬天地而材官万物，制割大理，而宇宙里矣。

《荀子·解蔽》[②]

荀子主张虚其心，即避免已有的记忆成见来影响人对新知识和信息的吸收；认识必须用心专一，专一即不以对这一事物的认识妨碍对另一事物的认识；在认识活动中，心必须宁静，不让睡觉时的梦思和闲散时的遐想干扰认识就是静。这与老庄道家的虚静实有相通之处。

---

① 参见本书第五章内容。

② 王光谦：《荀子集解》，395~397页，北京，中华书局，1988。

（2）峰姿濯翠人澄照，镜影含虚惬旷怀：园林中的虚静

虚静既然涉及主客双方，那么体悟也就必然离不开外物，在这一心智活动过程中，景的作用是触动、启发心智，即所谓“触景生情”。然而若只是像明镜一般客观地反映外物，而主体的情不能投射到外物，则根本谈不上审美。对儒学来说，其特殊的审美观照方式使其在认识外物的过程中，具有区别于道家尤其是庄子的得天独厚的优势。

庄子泯灭物我差别，又有所谓“游于方内”与“游于方外”的对立，这些矛盾在儒家那里都已不复存在。因为儒家认为“万物皆备于我”，“天地之用，皆我之用”，他已“浑然与物同体”，无所谓内外之分。因此冯友兰先生认为儒学实已达到最高的天地审美境界。[①]

虚静的认识方式是靠空灵的心灵映照万物，这种审美观照方式在园林建筑中物化为亭、榭之类的原型，成为人心灵的替代物。

在所有的园林建筑中，亭最具“虚”的性格特征。钟惺《梅花墅记》说：“高者为台，深者为室，虚者为亭，曲者为廊。”亭之虚，一方面表现在其结构的通透空灵和内部的空无一物，另一方面则在其与人精神的虚静相表里。

亭的空间本质，实际上具有《庄子·人间世》中孔子所说“虚者，心斋也”的价值和意义，“旷达于天人之际和廊庙山林，高洁于人格理想与审美，都可在这心斋得到寄托”[②]。如唐代张友正《歙州披云亭记》认为：

亭形虚无，而宾从莫之窥也。……有足廓虚怀而摅旷抱矣。

独孤及《卢郎中浔阳竹亭记》则申言：

佳景有大小，道机有广狭，必以寓目放神为性情筌蹄。则不俟沧州而闲，不出户庭而适。……于是竹亭构而天机畅……故景对而心驰也……心和于内，事物应于外，则登临殊途，其适一也。

白居易在《冷泉亭记》中称赞亭“高不倍寻，广不累丈，而撮奇得要，地搜胜概，物无遁形”。唐代欧阳詹的《二公亭记》更指出：

胜屋曰亭，优为之名也。……畅耳目，达神气……近代袭古增妙者，更作为亭。亭也者，藉之于人，则与楼观台榭同；制之于人，则与楼观台榭殊。无重构再成之靡费，加版筑槛栏之可处，事约而用博，贤人君子多建之。其建之，皆选之于胜境。

另外，士人向其精神家园的“归根复命”在山水诗、文人画和园林中得到了很好的体现。亭，不仅是吐纳云气的点缀需要，而且是心灵慰藉的归宿点，在人长途跋涉之精神还乡路上，它更是四面通畅、遮风避雨的中转站。李白《菩萨蛮》曾咏：“何处是归程，长亭更短亭！”这是诗文中的亭。元代画家倪云林，史载其于海内无事之际，忽然疏散

① 冯友兰先生提出“四种境界”之说，参见涂又光：《冯友兰选集》，193~196 页，天津，天津人民出版社，1994。

② 王其亨：《王其亨中国建筑史论选集》，203 页，沈阳，辽宁美术出版社，2014。

资财，离家出走，扁舟蓑笠，往来震泽、三泖之间。亭子经常出现在他笔下。在《安处斋图》《容膝斋图》《松林亭子图》《水竹居图》《怪石丛篁图》《江岸望山图》《紫芝山房图》《青山图》等画作中都有亭子。他在自己的题画诗中也一再提到亭子：“三株松下一茅亭”，“断云残月上亭皋”，“貌得松亭一片秋”，“亭下不逢人，夕阳下秋影”。这是山水画、文人画中的亭（图3-17）。亭，更成为园林中必不可少的构成要素，几乎没有无亭的园林。在古代，园林更多地被称为“园亭”“池亭”“林亭”“亭馆”等，很多园林直接以“亭”命名，如苏州沧浪亭。

亭（虚静）在中国园林中的作用如此重要，难怪宗白华先生说：

（宋）江参《摹范宽庐山图轴》（局部）（引自《山水》）

（元）倪瓒《松林亭子图轴》（引自《山水》）

（元）倪瓒《容膝斋图轴》（引自《山水》）

图3-17 吐纳云气，唯道集虚——山水画中的亭子

中国人爱在山水中设置空亭一所。戴醇士说："群山郁苍，群木荟蔚，空亭翼然，吐纳云气。"一座空亭竟成为山川灵气动荡吐纳的交点和山川精神聚积的处所。……张宣题倪画《溪亭山色图》诗云："石滑岩前雨，泉香树杪风，江山无限景，都聚一亭中。"苏东坡《涵虚亭》诗云："唯有此亭无一物，坐观万景得天全。"唯道集虚，中国建筑也表现着中国人的宇宙意识。①

除了园林建筑中的虚静原型，水以及一切与水有关的主题，则构成园林造景中的虚静原型。

水的审美特性，一是清洁明净，一是透明虚涵。水，因其清洁明净，具有"洗性涤烦"和"澡身浴德"的功用，故"知者乐之"而被屡屡应用于园林造景。又因其透明虚涵，与镜一样可以映照万物，《庄子·内篇·德充符》曾借孔子之口说"人莫鉴于流水而鉴于止水，唯止能止众止"，就是取水的这种寓意。许多园林中的景点以水、镜之意命名，正是抓住了水映万物的这一特性。（图 3–18）

亩鉴室是北海琼岛西北坡的一处书斋，其名既言其池之小，又点破了利用水虚静的特点以之为鉴的用意。乾隆《御制古井记》述其初衷为"吾以慨古澄照，息其是非焉"，又在御制诗中反复吟咏这一意境：

得秋气亦澄，俯临如披鉴。江湖所鉴广，亩鉴如盆覽。然当照物时，明也原非暗。大智所未知，小智知堪念。执两而用中，服膺慎莫厌。

《御制诗三集·亩鉴室有会》

一节之明节自得，无私而照即吾师。设如水落原非鉴，物意不留高更奇。

《御制诗三集·亩鉴室》

苏州网师园 月到风来亭前如镜的水面（引自《苏州的庭园》）

图 3–18 透明虚涵，映照万物的水，是园林造景的主要元素

① 宗白华：《艺境》，163 页，北京，北京大学出版社，1987。

静心斋原名镜清斋，也是取水镜虚涵之意（图 3-19）。正如其对联所书：

照槛净无尘，风来水面；开帘光有象，月印波心。

乾隆御制诗中对镜清斋的吟咏，更是将此意阐发得淋漓尽致：

临池构屋如临镜，那藉旃摩亦谢模。

《御制诗二集·镜清斋》

知仁山水乐非独，易简乾坤趣可寻。……当前澄照涵精理，察察为明戒在心。

《御制诗二集·仲春镜清斋得句》

镜清真镜清，不示憎与好。万物备于斯，坦然此澄照。

《御制诗三集·题镜清斋》

冰盖镜之静，照物每呈象。水盖镜之动，既照还涤荡。是时春水生，容裔澄而朗。可因悟代谢，无不欣俯仰。书斋展易读，动静兹交养。

《御制诗三集·镜清斋作》

阶倚琳塘若住空，含虚镜影入窗中。无于水监于民监，义喻载舟原可通。

《御制诗三集·镜清斋》

2. 诗国文化：比兴直观的思维方式

由前文儒的起源，引出儒学与早期原始思维方式的特殊关系。在先秦理性精神的社会趋势下，孔子最先引出了对中国整个古代文化影响深远的诗性思维方式。

从静心斋内部看主体建筑镜清斋

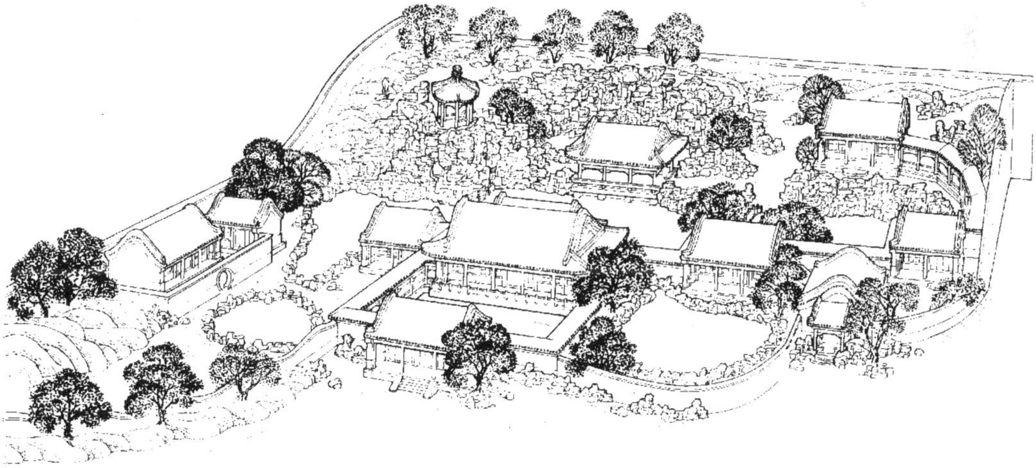

镜清斋庭院全貌（引自《清代御苑撷英》）

图 3-19 北京北海中的园中园——镜清斋（今静心斋）

（1）“《诗》言志”与“思无邪”：孔子倡诗教

孔子强调的诗教实际上具有百科全书式的多种文化功能，而早期原始思维中礼乐不分时《诗经》的乐舞功能，只是其中一部分。到孔子所处的时代，礼崩乐坏，《诗经》的乐舞功能已被新乐所代替而几乎遗失殆尽，于是在辞义方面的作用则越来越突出。

《左传·襄公二十八年》记卢蒲癸语云：“赋《诗》断章，余取所求焉。”杜预注云：“譬如赋诗者，取其一章而已。”“余取所求焉”也就是《国语·鲁语》中师亥所说的“诗所以合意”[①]。在诸侯割据、百家争鸣的春秋战国时代，诗之“断章取义”正是作为外交场合的辞令，或作为证实某种政治理论和哲学见解的经典根据来引用，类似于今天语文中的引用格言警句。

《左传·襄公二十七年》最早提出“诗以言志”，《尚书·尧典》中由舜说出“诗言志，歌永言，声依永，律和声”，开创了中国古代“诗言志”的文学传统；孔子则进一步把学诗当作治学成人的开始：“兴于诗，立于礼，成于乐”（《论语·泰伯》），“不学诗，无以言”（《论语·季氏》），《诗》具有兴、观、群、怨的功能；《论语·阳货》中孔子更强调《诗》“迩之事父，远之事君，多识于鸟兽草木之名”。这里所谓的“兴、观、群、怨”，分别对应感发功能、认识功能、交流功能和宣泄功能。《论语·子张》则借子夏之口说：“君子之道，孰先传焉？孰后倦焉？譬诸草木区以别矣。”

不仅如此，孔子还常常借《诗经》来阐发自己的见解，这在《论语》中有大量记载。本书一再提到的“鸢飞鱼跃”“绘事后素”“如切如磋”等，正是借《诗》言志、断章取义的典型。

以孔子为代表的儒家理性精神，与希腊的逻辑理性的根本区别，在于孔子倡导的诗教拒绝接受神话的非理性内容，却接受了神话思维的非逻辑形式——诗。诗，是以感性的形式书写理性的内容，而表现的则是人类的至情真意。孔子曾说“诗三百，一言以蔽之，曰：‘思无邪’”（《论语·为政》）。《管子·弟子职》释“思无邪”谓“志无虚邪”。“思”，此处为语辞，非思虑之思；“邪”，也非邪恶之邪。“无邪”应是不虚伪、自然而然的意思。“夫子盖言诗三百篇，无论孝子、忠臣、怨男、愁女皆出于至情流溢，直写衷曲，毫无伪托虚徐之意，即所谓‘诗言志’者，此三百篇之所同也，故曰一言以蔽之。”[②]

到了孟子时代，《诗经》由原来和着乐舞的文化语汇，转变成只有字词之义的章句汇纂；重义的结果，还使得它成为“断章取义”、摘引转抄的词句之源。

---

① 朱自清：《诗言志辨》，65页，上海，开明书店，1947。
② 程树德：《论语集释》，67页，北京，中华书局。1990。

《孟子·万章上》提出的“以意逆志”，就是根据主体的“意”来理解、运用《诗》：

故说《诗》者，不以文害辞，不以辞害志；以意逆志，是为得之。

可见，中国文化中借《诗》言志、言情、言理，大概都源于儒学的提倡，典型如“比德”概念的提出①。与此同时，诗作为文艺作品的特征也被逐渐注意和发掘。

孟子的“以意逆志”，极大地促进了中国古代解释学的发展。典故不再是陈词滥调，经过后人的重新理解、诠释和引用，而变成了一种新的创造。其对园林的间接影响是园林造景中大量的题名用典与意境创造，多源自文学、绘画，实际上正是孟子“以意逆志”在园林中的再现，也是孔子“好古敏求”“温故而知新”“告诸往而知来者”之精神的发扬②。

孔子儒学对诗教的积极倡导影响是十分深远的。后来庄、禅的直观思维方式与此不谋而合，从而使庄、禅与诗、画、书法、园林等中国艺术具有千丝万缕的联系。

（2）“兴之托谕，婉而成章”：譬物连类的诗性思维

早在《周礼》中就已经提出六诗之说：

教六诗，曰风，曰赋，曰比，曰兴，曰雅，曰颂。

《周礼·春官·大师》

《诗经·周南·关雎》序进一步提出《诗》有六义：

故《诗》有六义焉。一曰风，二曰赋，三曰比，四曰兴，五曰雅，六曰颂。

赋、比、兴遂成为诗歌最重要的表现手法。其中，赋乃铺叙其事，比是指物譬喻，兴则是借物以起兴，“先言他物以引起所咏之词也”③。如钟嵘的《诗品》曾说：

故诗有三义焉：一曰兴，二曰比，三曰赋。文已尽而意有余，兴也；因物喻志，比也；直书其事，寓言写物，赋也。

宋代李仲蒙则说得更加清楚明了：

叙物以言情，谓之赋，情尽物者也。索物以托情，谓之比，情附物者也。触物以起情，谓之兴，物动情者也。④

而赋、比、兴三者之中以“兴”为最高，“比”则次之。刘勰在《文心雕龙·比兴》

---

①《诗经·国风·小戎》有“言念君子，温其如玉”；后《管子·水地》以“温润以泽，仁也”列为玉之九德之首；《礼记·聘义》则明确提出“夫昔者君子比德于玉焉，温润而泽，仁也”。

② 孔子发扬殷周之礼乐传统而为“仁”，不同于西方古希腊之“哲学的超越”，而是在传统中变迁，对传统采取批判地继承的态度，在继承中求创造。这一创举的意义远非局限于礼乐传统本身，而是决定了中国自古对传统的态度，其积极意义是使中国文化几千年来始终保持一种延续性。

③ 对诗的赋、比、兴三义，历来学者文人的观点见仁见智，如“兴”就有三种说法：其一释兴为起。如《说文解字》《尔雅》之说；其二云“上举”，引申为托物引喻，如孔安国“引譬连类”，郑众“托事于物”。又王充《论衡·物势》曰“兴，喻人皆引人事”。其三从教化作用释兴，兼及美感之喻，郑玄“善事喻劝”。《毛诗正义》卷1《关雎》郑笺之下案语云：“兴是譬喻之名，意有不尽故题曰‘兴’。”《毛诗正义》孔颖达疏解郑众“托事于物”曰：“兴者，起也。取譬引类，起发己心。《诗》文诸举草木鸟兽以见意者，皆兴辞也。”

④ 胡寅《斐然集·致李叔易》引李仲蒙（叔易）语。

中这样解释比与兴的区别：

故比者，附也；兴者，起也。附理者切类以指事，起情者依微以拟议。……观夫兴之托谕，婉而成章，称名也小，取类也大。

“兴”较“比”更含蓄，不必切类附意，只须依托一定的事物形象，借以引发主体的情意，委婉象征，小中见大。由此可以看出比兴手法在诗歌创作中的特殊意义与作用。比兴代表了中国人特有的譬物连类的诗性思维方式，成为包括园林在内的许多艺术创作的思想方法和基础。

现代西方有一种研究古代诗歌的帕利—劳德理论[①]，认为口头文学的重要特点是大量运用“现成词组”和“现成思路”。“现成词组”是指一个或数个组织在一起的词，在许多诗篇或同一首诗中反复出现，意思基本相同。“现成思路”是指诗中经常出现的某些景物带来的联想，从而引出某种固定的情绪。美国学者王靖献在《钟与鼓——〈诗经的套语及其创作方式〉》一书中，即运用这种理论研究我国《诗经》，认为应当把比兴与“现成思路”联系起来，指出某些兴象与观念的联系。这些现代解释学的理论和观点，无疑是中国传统诗性思维的现代诠释。

兴源起的历程可以概括成以下几个发展阶段：客观存在的各种不同的自然物象；不同形式的宗教分别赋予物象以不同的观念内容；观念内容与物象之间的习惯性联想；运用于占卜产生了易象，运用于诗中产生了兴象；失去了观念内容的习惯性联想抽象化并外化为规范化的诗歌艺术形式；“先言他物以引起所咏之词”。概括起来就是：

物象—观念内容—习惯性联想—易象、兴象—外化为形式—兴。

正如黑格尔在《美学》第2卷中指出的：

个别自然事物，特别是河海山岳星辰之类基元事物，不是以它们的零散的直接存在的面貌而为人所认识，而是上升为观念，观念的功能就获得一种绝对普遍存在的形式。[②]

象征的基础是普遍的精神意义和适应的或不适应的感性形象的直接结合。[③]

意义与形象之间的联系不是任意拼凑的，而必须建立在一定的审美观念的基础上。

据赵沛霖《兴的源起——历史积淀与诗歌艺术》的考证，鸟类兴象的起源对应于鸟图腾崇拜，以鸟类为他物来引起有关怀念祖先和父母的所咏之词；鱼类兴象的起源对应于生殖崇拜；树木兴象起源对应于社树崇拜；虚拟动物兴象的起源对应于祥瑞观念；等等。以树木为例，在宗教观念的支配下，树木被逐渐神化，从而使作为自然存在的树木变

① 亦称“套与理论”该理论由帕利（Milman Parry）和劳德（Albert B·Lord）两位学者创立。详见赵沛霖：《兴的起源——历史积淀与诗歌艺术》，8页，北京，中国社会科学出版社，1987。

② 黑格尔：《美学》，第2卷，朱光潜，译，23页，北京，商务印书馆，1996。

③ 黑格尔：《美学》，第2卷，朱光潜，译，33页，北京，商务印书馆，1996。

得神圣起来，并具有了社会生活内容①。于是，当社树呈现于眼前时，首先就会唤起强烈的宗教感情和有关的宗教意义的联想，二者彼此共生、融合。当人们沉浸在这种感情之中做着宗教意义的联想时，自然物的树早已成为社会和宗教化的树，成为人化了的自然的一种特殊形式。这可以解释比兴在人类审美思维中所起的作用。

诗歌之比兴手法离不开对事物、现象进行深入细致的观察。孔子就曾注意到《诗经》“唐棣之华，偏其反而”对花瓣翻转、翩翩摇动的动人描写，并借此阐发“以无情之物而有情，以比人之有思”的见解②。宋代郑樵《通志·昆虫草木略序》说：

夫诗之本在声，而声之本在兴，鸟兽草木乃发兴之本。汉儒之言诗者，既不论声，又不知兴，故鸟兽草木之学废矣。若曰“关关雎鸠，在河之洲”，不识雎鸠，则安知河洲之趣与关关之声乎？

比兴手法的这种必然要求，与孔子的“多识于鸟兽草木之名”互为表里，在促使士人对博物学的兴趣探索方面，起了积极的作用。

（3）生命的关联和类推：园林中的比兴

在中国文化当中，有些看似毫不相关的事物，却经常联系在一起。在中国人看来，生生联系既在于“时”，是后生续于前生、新生替于旧生的演进过程；也在于“空”，是此生连于彼生的空间和谐统一体，代表了生命的关联和类推。这就是中国特有的生命意识下的时空观。就像《易传》提出的“类”的概念：“本乎天者亲上，本乎地者亲下，则各从其类也”（《易传·文言》）；“引而申之，触类而长之”（《易传·系辞上》）。这种类比不是以因果为依据的关联性思考，而是在表面互不关联的东西中发现关联。通过对自然界各种现象的观察而长期积累的直观经验和感性认识，《周易》设卦取象、以象推演的思维方式得以产生，并为中国人所广泛认同。因此中国人的联想类比思维方式看似牵强，实则是基于生命关联这一自然的本质特性的。

这种譬物连类的比兴思维方式，在园林创造与审美中是极为重要的。园林中的诗画意境，往往就是在看似无关的现象之间建立一种特殊的联系，经过类比联想，使自然景物与人的情感相沟通，

---

①《白虎通义·社稷》：“社稷所以有树何？尊而识之，使民人望见师敬之，又所以表功也。”《初学记》第13卷引《尚书·无逸》：“大社惟松，东社惟柏，南社惟梓，西社惟栗，北社惟槐。”《论语·八佾》：“哀公问社于宰我，宰我对曰：‘夏后氏以松，殷人以柏，周人以栗，曰，使民战栗。’”《墨子·明鬼》：“昔者虞夏商周，三代之圣王，其始建国营都……必择木之修茂者，立以为丛社。”《周礼·地官》：“各以其野之所宜木，遂以名其社与其野。”《汉书·郊祀志》：“及高祖祷丰、枌、榆社。”以树木为神灵并赋予其它以祖先意义，还离不开以乔木为故国象征的传统观念，《孟子·梁惠王下》：“所谓有故国者，非谓有乔木之谓也，有世臣之谓也。”屈原《九章·哀郢》：“望长楸而太息兮，涕淫淫其若霰。”

② 程树德：《论语集释》，630~631页，北京，中华书局，1990。

使人的心灵与天地精神相往来，从而获得感官上的、情感上的和精神上的美的愉悦和享受。

3. 时中：《中庸》《周易》的辩证法思想与园林空间创造

（1）圣之时者：孔子的权变

孔子十分注意变通，顾炎武称“孟子道其常，孔子通其变”[①]，与《庄子》中孔子的形象吻合。孔子一贯主张的“君子和而不同”（《论语·子路》），实际上就是事物复杂性、矛盾性和多样性的统一。孔子对隐逸的态度、对传统文化如《诗经》的态度等都可验证，在其教育思想上的体现则是因材施教。

孔子在《论语·微子》中，评论伯夷、叔齐、柳下惠等隐士的品行之后说：“我则异于是，无可无不可。”即视实际情况而定，不固守一端。这与他在《论语·子罕》中的思想一脉相承：“吾有知乎哉？无知也。有鄙夫问于我，空空如也。我叩其两端而竭焉。”其后孔子又谈到“权”：“可与共学，未可与适道；可与适道，未可与立；可与立，未可与权。”

王弼解释“权者，道之变”，孟子谓“权，然后知轻重”，《易传序》曰“随时变易以从道也”，《中庸》谓“君子而时中”，实际都是一个意思。陆世仪《思辨录》解释：“权，称锤也。古人遇事必量度以取中，故借权以为言。”《论语补疏》说孔子的“两端”“即《中庸》‘舜执其两端，用其中于民’之两端也”。因此孟子称孔子为“圣之时者也”[②]。孔子“不羞执鞭”“待价而沽”“举一反三”等典故正是其善于审时度势、用中求变的最佳写照。

蔡尚思曾在《孔子思想体系》中，归纳孔子中庸“至德”在各方面的体现：

孔子常常要求自己的言行合乎“中庸之道”的标准。“子温而厉，威而不猛”（《论语·述而》），认为“人而不仁，疾之已甚，乱也”（《论语·泰伯》），是他待人的中庸；“子钓而不纲，弋不射宿”（《论语·述而》），是他对物的中庸。“季文子三思而后行，子闻之曰‘再，斯可矣’”（《论语·公冶长》），是他做事的中庸；“见危授命”（《论语·宪问》）与“危邦不入”（《论语·泰伯》），是他处理生死的中庸；“师也过，商也不及”（《论语·先进》），是他评价人物的中庸；“乐而不淫，哀而不伤”（《论语·八佾》），是他审美的中庸；“敬鬼神而远之”（《论语·雍也》），是他对待鬼神的中庸；“周而不比”（《论语·为政》）、“和而不同”（《论语·子路》），是他交友之道的中庸；既要“亲亲”，又要“尚贤”，是他选用人才的中庸；“礼之用，和为贵”（《论语·学而》），是他治国之道的中庸。[③]

孔子因此而得到中国人的崇敬，如《论语·子罕》中颜回抒发对孔子的赞

---

① 程树德：《论语集释》，1186页，北京，中华书局，1990。

②《孟子·万章下》，其注曰“时行则行，时止则止”。

③ 蔡尚思：《孔子思想体系》，115~116页，上海，上海人民出版社，1982。

叹与仰慕之情曰："仰之弥高，钻之弥坚；瞻之在前，忽焉在后。"正是这种"无可无不可"的体现。园林的意境创造中这种"圣之时者"似的艺术风格难道还少见吗？！

《论语》中已有"过犹不及""允执厥中""空空如也，我叩其两端而竭焉"的辩证法思想，《中庸》则进一步赞扬舜"执其两端，用其中于民"，说明中庸学说更富有辩证法精神，既承认对立面的存在，又追求对立面的统一。

钱穆在《孔子思想与世界文化新生》中指出：

孔子思想，扼要言之，乃在即事论事，即人论人。极具体，但可达于极玄远。极亲切，但可达于极超脱。极平实，但可达于极幽深。极分别，极零碎，但可达于极会通，极圆成。论其出发点，则人人尽知尽能。求其归宿处，亦人人易到易达。而其中间过程，则可以极广大，极多端。①

道家思想与墨家适处于相反之两极端。……孔子思想在墨、道两家间，则适成一"中道"。若谓墨家属于宗教性，则道家属于哲学性。此两家思想，皆在人文圈子外先建立了一套理论，而回头来指导人生，约束人生。其在实际人生中，有选择，有排拒。而孔子思想则即人生论人生，乃可于墨、道两家有调和，有折衷，使墨、道两家思想可以相互间有其相通而不至于相反。②

其实，孔子之学说、人格、精神，无一不是在两端间求其中适。儒学似哲学而非哲学，似宗教而非宗教，就是得人生之中道，致存之中和。

（2）时中：《中庸》《易传》的核心

"时中"就是"为现实服务"，是为今。照孟子看来，"中"还要用"权"来调节，来补充，要随时间、地点、条件而变化，否则"中"就会转化为自己的对立面，因此而含有辩证的味道。在这一点上，《中庸》与《易传》也是合拍的。

清代惠栋《易汉学·易尚时中说》把《易传》里关于"时"与"中"的提法联系起来，用以说明"时中"是"《易》道"的核心：

《易》道深矣。一言以蔽之曰时中。孔子作《彖》传，言时者二十卦，言中者三十三卦。《象》传，言中者三十卦。其言时也，有所谓时者，时行者，时成者，时变者，时用者，时义者；其言中也，有所谓中者，正中者，中正者，大中者，中道者，中行者，行中者，刚中、柔中者。而《蒙》之《彖》，则又合时中而命之。③

冯友兰先生在《中国哲学史》中，论述《易传》重"时中"的原因时说："宇宙间诸事物，时时革新，时时变化；《易》摹拟宇宙间诸事物，摹拟其变化"④，如《易传·系辞下》所说：

---

① 钱穆：《钱宾四先生全集》，第4卷，367页，台北，联经出版事业公司，1998。
② 钱穆：《钱宾四先生全集》，第4卷，379页，台北，联经出版事业公司，1998。
③ 惠栋：《周易述 附：易汉学 易例》，624~625页，北京，中华书局，2007。
④ 冯友兰：《中国哲学史（上）》，318页，重庆，重庆出版社，2009。

爻也者，效天下之动者也。

《易》之为书也不可远，其为道也屡迁。变动不居，周流六虚，上下无常，刚柔和易，不可为典要，惟变所适。

所以，《易传》屡言时；而事物之发展若至于极点则一变而为其反面，所以《易传》又屡言中。

这种执中、时中的辩证法思想，提供在是非善恶两极之间选择、调谐、节中的可能，既能供人安身立命，又能让人心安理得，还能使人乐天知命。它既是一个相对开放的理论体系，又是一个比较实际的认知方法，还是一个相当灵活的操作系统。中庸之道在中国深入人心，成为中国人性格、文化、心理的集中体现，正是由于它实际而又灵活，高明而又可行。

（3）无可无不可：时中原则在园林中的美学应用

“时中”原则首先体现在对思想方法与认识方法的影响。孔子原典儒学的极大包容性，其对传统文化、对诸子学说、对文质美善等一系列范畴的态度，就可以很好地说明儒学在处理各种对立因素间的关系时所表现的全面性与灵活性。

中庸对主体人格的影响，是培养奉行中道的君子，提倡“过犹不及”，但同时又能接受狂、狷的人格，于是塑造了一大批追求中庸人格理想，又于艰难时世中保持人格独立的士大夫知识分子。如白居易就是一位中庸原则的忠实践履者。其《与元九书》写道：

古人云：“穷则独善其身，达则兼济天下。”仆虽不肖，常师此语。大丈夫所守者道，所待者时。时之来也，为云龙，为风鹏，勃然突然，陈力以出；时之不来也，为雾豹，为冥鸿，寂兮寥兮，奉身而退。进退出处，何往而不自得哉？故仆志在兼济，行在独善。奉而始终之则为道，言而发明之则为诗。谓之“讽谕诗”，兼济之志也；谓之“闲适诗”，独善之义也。故览仆诗，知仆之道焉。

白居易对儒家理想的把握，对孔颜乐处的推崇，尤其他提出的“中隐”理论及其在园林方面的实践，正是由于他对“时中”的中庸原则已经融会贯通，并身体力行，将其完全融入自己的思想、生活与艺术当中。

儒学的“中庸”原则运用到美学中，要求在美和艺术中处处都应当把各种对立的因素、成分和谐地统一起来，不要片面地突出某一方而否定另一方，强调每一件美的事物中各种对立因素的有机统一。它在审美方面的表现就是，发展成为含蓄委婉、追求“中和之美”的审美原则。可以说，一切中国古典的艺术形式，几乎都遵循这一原则，园林也不例外，尤其在园林空间的创造和审美意境的追求上更是如此。

在园林的功用上，直接由孔子的中庸、“无可无不可”发展而来的中隐，则为园林注入了隐逸文化的内涵。经过白居易的阐扬，至宋代隐逸文化已成为士大夫们的自觉追求，宋人努力在出处仕隐之间寻求更为灵活、更为变通的平衡方法和理论。试读王安石的《禄隐》：

……饿显之高，禄降之下，皆迹矣，岂足以求圣贤哉？唯其能无系累于迹，是以大过于人也。如圣贤之道皆出于一而无权时之变，则又何圣贤之足称乎？……《易》曰："或出或处，或默或语"；言君子无可无不可也。

（苏轼《灵璧张氏园亭记》）

圣人与常人的差别，就在于圣人懂得仕隐间的"权时之变"，而不为此羁缚。苏轼论园林的功用时说得更妙：

古之君子，不必仕，不必不仕。必仕则忘其身，必不仕则忘其君。……今张氏之先君，所以为其子孙之计虑者远且周，是故筑室艺园于汴泗之间，舟车冠盖之冲，凡朝夕之奉，燕游之乐，不求而足，使其子孙开门而出仕，则跬步市朝之上。闭门而归隐，则俯仰山林之下。于以养生治性，行义求志，无适而不可。

苏轼《灵璧张氏园亭记》

"无可无不可""权时之变""无适而不可"等，反映了中庸思想对士人人生价值取向的极大影响。这种影响左右了士人对出、处、仕、隐的态度，导致了中隐原则的产生，更决定了园林与隐逸的密切关系，园林为中隐提供了绝佳的物质环境。

四、多识于鸟兽草木之名：园林中的博物学、园艺学[①]

若要深究园林以自然为审美对象的原因，还要归功于孔子儒家思想的首倡。源于早期原始思维、集中体现于《诗经》的这一文化传统，经孔子及其后学的重新发掘，渗透到了社会文化的各个层面，对以后园林中的自然审美对象起到了决定性的影响。

孔子极力倡导诗教，使学诗——《诗经》成为致学的开始。在学诗仅为训练辞令技巧的时代，孔子对学诗的认识更为全面：既肯定"不学诗，无以言"的功利目的，更强调学诗可以"多识于鸟兽草木之名"（《论语·阳货》）和诗的比兴作用。

孔子在《论语》中多处提到诗，诗的其中一项作用就是使人"多识于鸟兽草木之名"。在许多先秦文献典籍的记载中，都可以看到孔子在博物学方面的渊博知识，《论语》中还记录了孔子有关动植物的审美观察[②]（图 3–20）。

孔子曾说："吾少也贱，故多能鄙事"，"吾不试，故艺"（《论语·子罕》）。孔子并不以自己掌握"多识于鸟兽草木之名"这类的技艺为耻，并且进一步提出"游于艺"的观点，强调在技

① 刘彤彤，王其亨：《中国园林中的动植物审美》，载《天津大学学报》，1998（12），81~87 页。
②《子罕》中孔子注意到《诗经》的"唐棣之华，偏其反而"；《乡党》中因"色斯举矣，翔而后集"而引出"山梁雌雉，时哉时哉"的感叹。

图 3-20 山梁叹雉——孔子对动物的细致观察（引自 1934 年北京民社印《孔子圣迹图》）

能掌握中获得的自由感受[①]，认为“‘圣人’的人格实现与六艺的物质实践性的现实掌握是相关联的”[②]，通过个人人格的完善而达于大美，由“尽美尽善”的“彬彬君子”进而达到“参天地赞化育”的审美境界。《论语·子罕》所说的“夫子圣者与？何其多能也”，就是说孔子既掌握事物的规律性又具有多方面的能力，强调合目的性与规律性的统一始终是“圣”的一种标志。

这一倡导对历代文人的影响潜移默化，历久不衰，形成了中国古代重视实学和技艺的优良传统，并由此促进了动植物的培植豢养与审美，极大地丰富了园林的景观。

先秦时期，动植物不仅是自然生活环境的组成部分，而且已经与皇家苑囿、宅园等园林形式相结合，成为园林造景与园林情趣必不可少的元素。春秋时期齐国的申池就是以竹木为胜的园林[③]。商代甲骨文保存了中国最早的渔猎文字记录[④]，周代金文中有射鱼的记载[⑤]，如图 3–21 所示。又如《左传》载鲁隐公五年春，“公矢鱼于棠”，可见先秦苑囿中养鱼为观已十分普遍。

汉代动植物主要集中在皇家苑囿，西汉上林苑中的动植物，可以在司马相如《上林赋》的精彩描写中略见一斑；而《三辅黄图》记载：“（汉武）帝初修上林苑，群臣远方，各献名果异卉三千余种植其中”；《西京杂记》中记载的果木总计达 89 种[⑥]。

三国时吴国的博物学家陆玑专门作《毛诗草木鸟兽虫鱼疏》，整理《诗经》中的草本植物 60 多种，木本植物 47 种，鸟类 27 种，兽类 12 种，虫类 24 种，鱼

---

① 笔者认为“艺”当也包括“园艺”在内。

② 李泽厚：《华夏美学》，见《美学三书》，262 页，合肥，安徽文艺出版社，1999。

③《左传·成公十八年》：“公游于申池。……乃谋弑懿公，纳诸竹中。”《襄公十八年》：晋伐齐，“焚申池之竹木”。

④《中国古文字学通论》第 274 页：商代一期甲骨文有“王大获鱼”，“获麋八十八，兕一，豕三十又二”，“兽获毕鹿五十㞢六”的记载。

⑤ 详见本书第二章。又有《中国农学史》中大量养鱼、捕鱼、观鱼的记载互证。

⑥ 王其亨，何捷：《西汉上林苑的苑中苑》，载《建筑师》，1996（72），29 页。

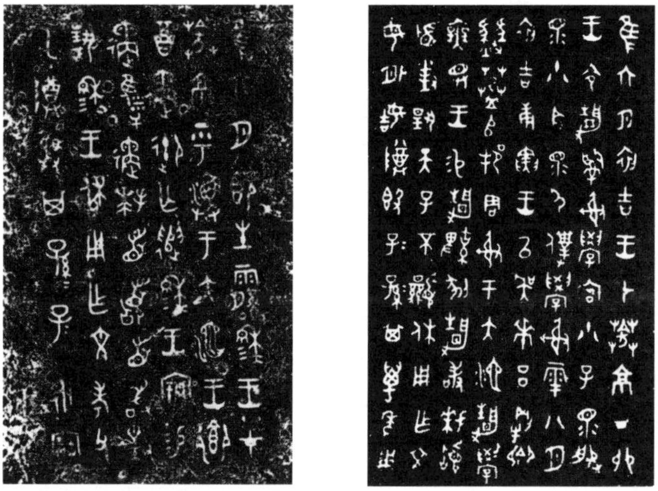

逋簋（引自《故宫西周金文录》）　　静簋（引自《中国古文字学通论》）

图 3-21 周代金文中的射鱼记载

类 11 种，成为后世博物学、园艺学的滥觞[1]。文中对动植物的形态特征，做了细致的观察、描述和归类，不能不说是受了孔子的直接影响。郭璞注《尔雅》，开创了动植物分类研究的图示法，并说："若乃可以博物不惑，多识于鸟兽草木之名者，莫近于《尔雅》。"继而还出现了嵇含的《南方草木状》、戴凯之的《竹谱》以及《魏王花木志》等一批植物学著作。博物学在魏晋时期的巨大发展，与山水自然审美的发展同步，均得益于孔子儒学的积极倡导和影响[2]。

当时士族庄园中的植物，除了常见的竹、松、兰、芙蓉外，还有大量的经济类果树和农作物，西晋潘岳《金谷集作诗》和南朝宋谢灵运《山居赋》中均有记载，如石榴、芳梨、秫、秔、麻、麦、粟、菽等，这与庄园的经济生产功能是分不开的。阮籍在他的《咏怀诗》系列中以大量的鸟兽、鱼虫、草木形象来比兴，塑造人物，寄托寓意。黄节先生说：

> 诗之本在言志，而言志之妙，则在比兴，鸟兽草木者，比兴之本也。……嗣宗《咏怀》之作，其所以能变化自如，比喻风生，亦即由于多识于鸟兽草木之名，而能穷其理。嗣宗而后，盖难言之矣。[3]

据韩传达《阮籍评传》中的统计，阮籍《咏怀诗》中写到的动植物共约 100 种，其中动物约 54 种，植物约 47 种。广博的博物学知识，为诗人提供了丰富的比兴材料。

人们在不断栽培植物和驯养动物的过程中，伴随着对动植物本身审美价值的深入发现，动植物成为品味赏玩的对象和园林造景的重要手段。孙绰《兰亭诗》曰："莺语吟修竹"。王融《咏池上梨花诗》："芳春照流雪，深夕映繁星。"庾信诗曰："爱静鱼争乐，依人鸟入怀。"动植物欣赏这一主题，不仅成为魏晋山水美学的重要内容，而且屡屡出现在后代的诗

① 杜石然：《中国古代科学家传记》，179~187 页，北京，科学出版社，1992。

② 参见本书第五章内容。

③ 肖涤非《读诗三札记》，转引自韩传达：《阮籍评传》，285 页，北京，北京大学出版社，1997。

文中。韩愈《徐泗濠三州节度掌书记厅石记》说："志同而道合，鱼川泳而鸟云飞也。"苏舜钦在《沧浪亭记》中有"野老不至，鱼鸟共乐。"即便在朝官布政谕礼之所，也不乏鱼鸟之乐、江海之趣："梓州城池亭者，长史张公听讼之别所也。……市狱无事，时狎鸟于城隅；邦国不空，且观鱼于濠上"【（唐）卢照邻《宴梓州南亭诗序》】。类似的例子在浩如烟海的文学作品中不胜枚举。

唐宋以后随着士人园林的大规模建设，文人开始自觉地在园林中大量进行植物栽培和育种。考察古代农书，大多数关于园林植物栽培的记录均为文人儒士所著，既有如《芍药谱》《牡丹记》《竹谱》《菊谱》《海棠谱》等专门记载某一植物的谱录，也有综合性的园林植物典籍，而这一风气的渊源，典型如唐代李德裕《平泉山居草木记》指出，正是基于孔子儒学的积极倡导：

因感学《诗》者多识草木之名，为《骚》者必尽荪荃之美，乃记所出山泽，庶资博闻。

平泉庄是唐代丞相李德裕在东都洛阳郊外的别墅，其中会集了各地的奇花异草、珍松怪石，书中所载别墅中的奇花异草达70多种，堪称古代的植物园。在这些官宦文人的带动下，士人们竞相仿效，标榜攀比之风胜极一时。

值得一提的是，植物的栽植需要设施的保障，早在战国后期就有了都房——大花房的记载，如宋玉《九辩》所写："纷旖旎乎都房"。汉代则有了中国最早的温室记录：

太官园种冬生葱韭菜茹，覆以屋庑，昼夜然蕴火，待温气乃生。①

左思《魏都赋》载三国魏邺都的宫苑中"特有温室"。皇家宫苑的花卉栽培技术在唐代得到了进一步发展，此时的诗歌中有"暖房""浴堂花"的记录，使南方花木得以移种北方，还可以使盆栽花卉提前开放。另外植物的栽培也为盆景的发展奠定了良好基础。

动物的豢养则以鱼鸟为主。唐代白居易卸任杭州刺史时，只将别人所送的一块天竺石与两只华亭鹤带回洛阳，置于他在履道里的宅园中。宋代尤其南宋时，观赏金鱼之风日盛，皇家园林和士人园林中都普遍豢养，宋代戴埴撰写的《鼠璞》指出："金鲫鱼始于钱塘，惟六和寺有之，未若今之盛。南渡驻跸，王公贵人园池竞建，豢养之法出焉。"岳珂在其《桯史》中记载："今中都有豢鱼者，能变鱼以金色，鲫为之，鲤次之。贵游多凿石为池，置之檐牖间以供玩。"

后来园林中常设金鱼池和观鱼之所，以鱼乐为主题的景点早已被人们所熟知，渔隐、渔翁的自比自喻则以"网师园"这样的园名留在人间；不仅如此，还形成了一种特有的园林建筑：鱼舫、旱船

① 见（东汉）班固《汉书·召信臣传》。另外《汉书·匡张孔马传第五十一》提到"温室省"中栽有树木，晋灼注曰"长乐宫中有温室殿"。关于汉代园林的植物栽培和生产功能，详见王其亨，何捷：《西汉上林苑的苑中苑》，载《建筑师》，1996（72），24页。

及钓台（图 3-22、图 3-23）。时至今日，动植物已从皇亲贵戚、风流雅士的园林走进了千家万户的生活，这其中不能忽略孔子、《诗经》和历代文人的贡献。

苏州拙政园香洲旱船（引自中国旅游出版社《苏州园林》）

扬州何园船厅

扬州盆景园石舫

图 3-22 园林中的旱船、石舫（1）

苏州狮子林石画舫（引自中国旅游出版社《苏州园林》）

苏州怡园画舫斋（引自苏州市园林管理处编《怡园》）

图 3-23 园林中的旱船、石舫（2）

蘭亭
蘭亭
蘭水

第四章

儒学影响下的艺术人生追求与超越

按照中国哲学的传统，它的功用不在于增加积极的知识，而在于提高心灵的境界——达到超乎现世的境界，获得高于道德价值的价值。

——冯友兰《中国哲学简史》

园艺之事也的确是人生乐趣中之最纯洁者。它是人类精神底最大的补养品，若没有它则房舍宫邸都不过是粗糙的人造品，与自然无关。

——培根《说花园》

明代计成在《园冶》开宗明义就说：

世之兴造，专主鸠匠，独不闻三分匠、七分主人之谚乎？非主人也，能主之人也。

《园冶·兴造论》

这里所谓的“主人”是指能够主持规划设计和施工的人，即造园者，也就是园林的创作主体。由于“主人”在造园过程中占据重要地位，因此是园林研究中一个必不可少的部分。英国建筑理论家查尔斯·詹克斯在《中国园林之意义》中，也认为中国园林“是主人生活和性格的某种象征，因此园林必定表现和反映主人的日常活动及其抽象的思想”[①]。

按照现代西方接受美学的观点，任何艺术作品都包含着两种主体——作者和读者，也就是创作者和欣赏者双方的参与和介入。以此推而广之，对于中国古典园林这一特殊的艺术作品，其创作者和欣赏者往往是合二为一的，并且大多局限在一个特殊的人群——具有较高知识层次和艺术修养的士大夫阶层。在中国古代，文人参与造园活动是极其普遍的现象，因此对审美主体的研究，实际上就是对中国古代士大夫知识分子审美心理和规律的探讨。

一、礼乐文化：人生理想架构

由第二章的分析可知，礼乐不分的文化传统早在孔子之前就已经成为人才培养和性情陶冶的主要手段，孔子则是在继承传统的基础上，对礼乐文化提出了自己的创见。

1. 立于礼，成于乐：理想人生的实现

孔子的哲学首先是人的哲学，“仁”是其核心，儒学的人生目标是成就仁人君子。《论语·宪问》曾载：

子路问成人。子曰：“若臧武仲之知，公绰之不欲，卞庄子之勇，冉求之艺，文之以礼乐，亦可以为成人矣。”

经学大师孔安国注解“文”为“成也”，可见“礼乐”是成就仁人君子必不可少的条件。孔子即习礼始，以乐终：《史记·孔子世家》载其幼时“孔子为儿嬉戏，常陈俎豆”，《礼记》说他“咏歌而卒”。

由前文的分析可知，源于早期原始思维的礼、乐传统分别代表不同的含义。源于古代宗教仪式的礼，后来演变成以宗法等级制度来确定的社会制度、行为规范和社会秩序的总和；而与宗教祭祀有关的歌舞音乐，经过逐渐演化引申为喜悦振奋的心理情感。礼作用于人的外在行为举止，而与人的社会性、群体性相关；乐则直接感染、熏陶、塑造人的心灵，从而与人的心灵、情性、欲望等自然性、个体性直接相联。

在荀子那里，人的欲望被看成是礼义存在的基础：

故虽为守门，欲不可去，性之具也。

① （英）查尔斯·詹克斯：《中国园林之意义》，载《建筑师》，1987（27），203页。

虽为天子，欲不可尽。

《荀子·正名》

先王恶其乱也，故制礼义以分之，以养人之欲，给人之求，使欲必不穷乎物，物必不屈于欲。

《荀子·礼论》

故说豫娩泽，忧戚萃恶，是吉凶忧愉之情发于颜色者也。歌谣謸笑，哭泣谛号，是吉凶忧愉之情发于声音者也。刍豢、稻粱、酒醴、餰鬻、鱼肉、菽藿、酒浆，是吉凶忧愉之情发于食饮者也。卑绕、黼黻、文织、资粗、衰绖、菲繐、菅屦，是吉凶忧愉之情发于衣服者也。疏房、檖貌、越席、床第、几筵、属茨、倚庐、席薪、枕块，是吉凶忧愉之情发于居处者也。两情者，人生固有端焉。若夫断之继之，博之浅之，益之损之，类之尽之，盛之美之，使本末终始莫不顺比，足以为万世则，则是礼也。

《荀子·礼论》

人生固有的吉凶忧愉之情感欲望，通过人的表情、声音、饮食、衣服来传达，同时受礼的各种规定所约束。乐既能表达人的情感，也能激发和影响人的情感：

故齐衰之服，哭泣之声，使人之心悲；带甲婴胄，歌于行伍，使人之心伤；姚冶之容，郑卫之音，使人之心淫；绅端章甫，舞《韶》歌《武》，使人之心庄。

《荀子·乐论》

儒家往往将乐与道德伦理联系在一起，重视乐在人的道德修养中发挥的作用。《孟子·公孙丑上》说“闻其乐而知其德”；《礼记·乐记》说“乐者，通伦理也”；《荀子·乐论》说“贵礼乐而贱邪音”，并认为乐“可以善民心，其感人深，其移风易俗”。在荀子那里，礼乐得到了更充分的阐发，并形成礼乐互补的架构：“乐由中出，礼自外作”（《礼记·乐论》）；“乐合同，礼别异。礼乐之统，管乎人心矣”（《荀子·乐论》）。

孔子儒学的贡献在于不仅第一个认识到礼、乐分属不同的范畴，而且注意到二者的区别。儒家的“乐由中出，礼自外作”，“乐合同，礼别异”等认识已经反映了礼、乐的这种差异，即乐因其直接作用于人的内心和情感，而比礼具有更高层次的意义[①]，乐对“成人”的作用更在于对内在心灵的塑造。正如刘宝楠《论语正义》所说的“乐以治性，故能成性，成性亦修身也”和《礼记·孔子闲居》所说的“志之所至，诗亦至焉；诗之所至，礼亦至焉；礼之所至，乐亦至焉”。孔子提出的“兴于诗，立于礼，成于乐”（《论语·泰伯》），可以看作儒学“礼乐分殊”、乐高于礼的宣言。“成于乐”就是要通过乐的陶冶来造就一个完全的人，“乐”是达到“仁”这一最高境界的必由之路。

按照李泽厚的分析，“兴于诗，立于礼，成于乐”应分属三个层次：

“成于乐”之所以在“兴于诗”（学诗包括有关古典文献、伦理、历史、政治、言语以及各种知识的掌握，和由连类引譬而感发志意）、“立于礼”（对礼仪规范的自觉训练和熟悉）之后，是由于如果“诗”主要给人以语言智慧的启迪感发（“兴”），“礼”给人以外在规范的培育训练（“立”），那么，“乐”便是给人以内在心灵的完成。前者是有

① 详见官嵬：《松桧阴森绿映筵，可知风阙有壶天：清代皇家内廷园林研究》，天津，天津大学，1996。

关智力结构（理性的内化）和意志结构（理性的凝聚）的构建，后者则是审美结构（理性的积淀）的呈现。不论是智慧、语言、“诗”（智慧通常经过语言而传留和继承），或者是道德、行为、“礼”（道德通常经过行为模式、典范而表达和承继），都还不是人格的最终完成或人生的最高实现。因为它们还有某种外在理性的标准或痕迹。最高（或最后）的人性成熟，只能在审美结构中。①

李泽厚的见解可以说是孔子“知之，好之，乐之”三重境界的翻版②：

知之者不如好之者，好之者不如乐之者。

《论语·雍也》

孔子所推崇的“乐之”究竟是怎样的一种状态呢？孔子自身的实践足以向人们展示这种人生的最高境界：

子曰：“吾十有五而志于学，三十而立，四十而不惑，五十而知天命，六十而耳顺，七十而从心所欲，不逾矩。”

《论语·为政》

原来，仁的最高境界就是“从心所欲不逾矩”，即主观目的与客观规律的协调、符合、一致。要达到这一境界，除了乐对人内在心理情感的塑造，还要通过掌握客观规律与能力技艺获得的自由感受来充分实现③。在中国古代艺术史上，“圣”一直被视为合目的性与规律性的统一，即达到“从心所欲不逾矩”这一自由境界的标准，如书圣、画圣、诗圣等。

孔子儒学这种对“成于乐”和“游于艺”的认识，早已超越了智慧和道德的范畴，而将人生这一中国文化艺术的主题引向审美。儒家经典中大量与此相关的命题如“有朋自远方来”“安贫乐道”“曾皙言志”，等等，随着后代文人对理想人生的不断阐发和实践，而深深根植于整个中华民族的心灵深处。园林正是这样一种场所，人们在这里通过形象化的语言，以自然审美对象来再现和阐释孔子儒学崇尚的这种人生最高境界。

2. 乐的替代性满足：审美升华

礼作为社会制度和秩序来规范人的外在行为，而乐则作用于人心，是人内心情感欢乐的表达方式，使人心所不免的自然欲求得以合理地宣泄，因而有教化、陶冶人情操的作用。先秦时期的“乐”，同时也是集诗歌、音乐、舞蹈于一体的艺术的代名词，于是“乐”对人的作用也反映在所有艺术形式对人性情的调理上。正如郭沫若《青铜时代·公孙尼子与其音乐理论》所论述的：

中国旧时的所谓“乐”，它的内容包含得很广。音乐、诗歌、舞蹈，本是三位一体可不用说，绘画、雕镂、建筑等造型

① 李泽厚：《华夏美学》，见《美学三书》，263页，合肥，安徽文艺出版社，1999。

② 李泽厚《论语今读》认为，“兴于诗，立于礼，成于乐”与“知之，好之，乐之”可以作为交相映射的三个层次。在这三个层次的心理状态上，乐是最高的“天地境界”，也就是“悦神”的审美境界。参见李泽厚：《论语今读》，158页，合肥，安徽文艺出版社，1998。

③ 参见本书第三章有关内容。

美术也被包含着，甚至于连仪仗、田猎、肴馔等都可以涵盖。所谓乐者，乐也，凡是使人快乐，使人的感官可以得到享受的东西，都可以广泛地称之为乐。但它以音乐为其代表，是毫无问题的。[①]

用弗洛伊德的精神分析学说来解释，深藏在本我中的无意识本能，受快乐原则支配，总是不惜一切代价地发泄能量，而这种发泄经常是与社会文明相悖的。只有通过移置作用，将能量从一个对象改道注入另一个对象，才能缓解由能量积蓄造成的人精神的紧张、失衡和痛苦。假如原始本能欲望的替代对象是文化领域中较高的目标，如知识追求、文化艺术等，这种移置作用就被称为升华作用。审美升华是其中的一个重要方面，即在审美体验中获得的替代性满足。孔子一再强调的“乐”的作用，相当于审美升华作用，换句话说，“乐”是美和艺术的根源。

德国思想家席勒则从他的人道主义理想出发，以克服人性的断片化为目的，提出了美学史上一个著名论断：

只有当人在充分意义上是人的时候，他才游戏。只有当人游戏的时候，他才是完整的人。[②]

这里所说的游戏是指审美，其中又以对艺术美的创造和鉴赏为主要内容。可见“乐”在人性的完善过程中，也起着不可替代的作用，孔子“成于乐”的现实意义正在于此。

3. 为人由己：以“乐”为基础的美学秩序之建立

孔子“礼乐”理论的贡献，在于将外在的礼制——规范，变为内在的心理——情感。由于乐所具有的强烈的个人参与性质，更突出地体现了差异性和特殊性，因此儒学认识论的显著特色，是在美学秩序中发现的“个性第一”。《论语·颜渊》中孔子强调的“为人由己”，《论语·宪问》中申言“古之学者为己”，是中国几千年来自我中心意识之源；孟子的“上下与天地同流”“匹夫不可夺志”“舍我其谁”，庄子的“无乐之乐，是为天乐”，都是依靠自身而达到的天地境界。因此“孔子的社会、政治哲学给予美学秩序以优于理性秩序的地位”[③]。

季康子问政于孔子。孔子对曰：“政者，正也。子帅以正，孰敢不正？”

《论语·颜渊》

子曰：“苟正其身矣，于从政乎何有？不能正其身，如正人何？”

子曰：“其身正，不令而行；其身不正，虽令不从。”

《论语·子路》

在孔子的社会理论中，个人是最小的团体。萧公权《中国政治思想史》指出：

世界和自我的关系……区别不在于内在与外在或者重要与不重要。如果我们想

① 郭沫若：《青铜时代》，187~188页，北京，科学出版社，1957。
② 席勒《美育书简》，转引自童庆炳：《中国古代心理诗学与美学》，118页，北京，中华书局，1992。
③ 郝大维，安乐哲：《孔子哲学思微》，119页，南京，江苏人民出版社，1996。

把孔子的“仁”和西方理论加以比较，我们就会注意到，“仁”一方面不同于集体主义只强调团体而不强调个人的观念，另一方面也与个人主义的扩张、个人限制国家的观念不同。集体主义和个人主义这两种观点把个人和社会对立起来，而孔子则取消了这一界限，把二者统一了起来。①

礼、乐的互补复合塑造了儒家的理想人生。如前所述，在礼乐互补复合的人生哲学中，更强调人的内在本性和个体修养——乐。外在的社会伦理秩序的建立和存在，必须是以人内在的主观意识修养为前提的；人之社会性的实现，必须建立在自然性之基础上。而乐的作用正是“在感性、自然性中来建立起理性、社会性”②。

显然，礼、乐正是分别对应于人的社会属性和自然属性，儒家肯定人的双重属性，肯定人既是自然的又是社会的。这与老庄否定人的社会性，排斥社会关系和社会生活相比，更具有积极的进步意义。

美国学者郝大维、安乐哲旗帜鲜明地指出，孔子对“乐”的重视体现了个人的创造性，反映了在充分表达美学秩序时对连续性和创新性两者的需求。正如孔子一再强调的“兴于诗，立于礼，成于乐”，在自己所处群体中，艺术是人们所能获得的美学秩序的表达中介，也是毕生修养的和谐的结果，是人格的充分表现，是人对世界应付自如的表征。用孔子的话说就是“五十而知天命，六十而耳顺，七十而从心所欲，不逾矩”（《论语·为政》）。“要理解孔子哲学中‘乐’的地位，很重要的一点是要懂得，美学的和谐在人们的生活中是无处不在的。”③正是由于孔子对“乐”的深刻理解、阐释，形成中国特有的“乐感文化”，使“乐”——美学的和谐在人们的生活中无处不在，这在魏晋时期的士人生活中表现得尤其典型④。

儒、墨、道三家虽都脱胎于礼乐传统，但对礼乐却有不同的态度。以孔子为代表的儒家建立起一个仁义世界，讲求从人的内心世界改造礼乐传统，赋予礼乐传统以新的意义；以庄子为代表的道家所追求的“天”，是形而上学的本体，是超越礼乐传统的新概念；墨子则讲兼爱、天志，出于一种比礼乐传统更早的原始宗教意识，实际上是对礼乐的否定。由此可见，儒家在传统中变迁，在批评中继承，既与其“中庸”的观念一以贯之，又代表了一种全面的认识。道家尤其是庄子对传统的超越避实就虚，另辟一个理想中的方外世界，追求对礼乐的超越境界；但从更高的层次上看，庄子依然肯定礼乐的意义，只不过庄子所认识的“礼乐”与世俗之礼乐有质的差异。这与墨子与礼乐的正面冲突不同。

---

① 萧公权：《中国政治思想史》，140页，普林斯顿，普林斯顿大学出版社，1979。

② 李泽厚：《美学三书》，235页，合肥，安徽文艺出版社，1999。

③ 郝大维，安乐哲：《孔子哲学思微》，215页，南京，江苏人民出版社，1996。

④《孔子哲学思微》第215页引德沃斯金语曰：“到了六朝，艺术被看作是特殊的事业，一切与和谐的生活有关的学科都被看作是美学的。任何工作，无论它是多么平凡——宰牛、斫轮、同绝症斗争——如果做得恰如其分，就是美学的，就同现行的秩序保持了和谐。在平凡的工作和艺术创造之间并没有一条‘沟壑’。在古代中国的经典中和谐的典范是协调得很好的音乐和调味甚佳的汤。这两者之间也没有根本的不同。”

因此庄学本身与儒家思想存在互融性，这为以后两家的融合与长期发展奠定了坚实的基础；而墨家则最终湮没于茫茫历史长河之中。

4. 乐的天地境界：艺术人生的追求与超越

谈到人生的超越，往往首先联系到庄子且过分强调庄子的影响。其实孔子儒家思想中的许多命题，早已流露出超出表象之外的深刻含义，即对宇宙中无处不在的生命意识的感怀。这又是以往学术界的一大认识误区。

（1）天地至爱：孔子的超越人生

在本书第三章已经提到孔子“临川观水”和“沧浪之水”的审美意义。

子在川上，曰：“逝者如斯夫！不舍昼夜。”

《论语·子罕》

有孺子歌曰：“沧浪之水清兮，可以濯我缨！沧浪之水浊兮，可以濯我足！”孔子曰：“小子听之，清斯濯缨，浊斯濯足矣。自取之也。”

如果说孔子的“川上”意象是出于生命的忧患意识，“沧浪之水”的核心意义是“自适”和洁身自好[1]，那么“孔颜乐处”和“曾点气象”则体现了儒家对人生的乐观积极态度，也就是魏晋时人所说的“名教中自有乐地”（《晋书·乐广传》中乐广之语）。

《论语·雍也》载孔子称赞其弟子颜回之语：

贤哉，回也！一箪食，一瓢饮，在陋巷，人不堪其忧，回也不改其乐。

孔子多次称许“贫而乐”，并说他自己“饭疏食饮水，曲肱而枕之，乐亦在其中矣”（《论语·述而》）。这就是被后世津津乐道的“孔颜乐处”。孔颜乐处在孔子及其弟子身上多有表现和发挥。《论语·述而》中描写孔子燕居时“申申如也，夭夭如也”，将其内心夷和闲适、外表舒畅自如的形象刻画得栩栩如生。《论语·子罕》中孔子赞扬子路时说：“衣敝缊袍，与衣狐貉者立，而不耻者，其由也欤？”衣敝缊袍，又岂不正是魏晋放达士风的滥觞！

那么孔子与颜回所乐究竟何处呢？——不是乐其贫困的生活本身，而是安贫乐道：

天地间有至贵至爱可求，而异乎彼者，见其大而忘其小焉尔！

（周敦颐《通书·颜子第二十三》）

仁者，以天地万物为一体，莫非己也。

仁者，浑然与物同体。

（程颢《河南程氏遗书》）

也就是物我相融、与宇宙万物生命寄其同情的超越境界。

《论语·先进》中曾谈到孔子与其学生曾点的共同志趣：

莫春者，春服既成。冠者五六人，童

① 宋代苏舜钦的“沧浪亭”正是以此意造园命名的。

子六七人，浴乎沂，风乎舞雩，咏而归。

刘宝楠《论语正义》解释说：

浴沂，言祓濯于沂水而后行雩祭。盖三子者之撰，礼节民心也。点之志由鼓瑟以至风舞咏馈，乐和民声也。乐由中出，礼自外作，故孔子独与点相契。唯乐不可以伪为，故曾皙托志于此。

这一志趣代表了孔子的最高理想，用孟子的话说就是“上下与天地同流”（《孟子·尽心上》）。对此朱熹解释得更为透彻：

曾点见得事事物物上皆是天理流行。良辰美景，与几个好朋友行乐，他看那几个说底功名事业，都不是了。他看见日用之间，莫非天理，在在处处，莫非可乐。

盖三子只就事上见得此道理，曾点是去自己心性上见得那本源头道理。

《朱子语类·论语二十二》

曾点气象所表达的是人内在的美好天性，抒发的是超脱的审美态度。

曾点气象对后世产生了极为深远的影响，经后汉的仲长统等文人的继承和演绎，成为士人的最高理想，并作为一种自觉的追求，于他们的生活中无处不在。曾点气象还直接引发了园林中的禊赏主题，促使他们在人与自然的和谐中，发现了山水自然田园中的美妙境界。从魏晋王羲之等人的兰亭之会（图 4–1），到陶渊明的斜川之游；从安徽滁州醉翁亭，到扬州蜀冈的虹桥修禊，以至北京故宫宁寿宫花园的“禊赏亭”流杯渠，以曾点气象为文化渊源的园林禊赏主题，一直书写着中国园林的华彩乐章（图 4–2、图 4–3）。而中唐至宋明文人园林的大发展，恰恰是曾点气象和孔颜乐处的具体体现。

（2）天地境界：孔子的艺术人生

中国哲学的核心精神是人，美学也是围绕人的主题展开的。儒家的理想人格是“内圣外王”，其一再强调的“内圣”功夫——通过对心性和精神的修养，从而达

浙江绍兴兰亭 康熙碑亭（引自《中国美术全集》）

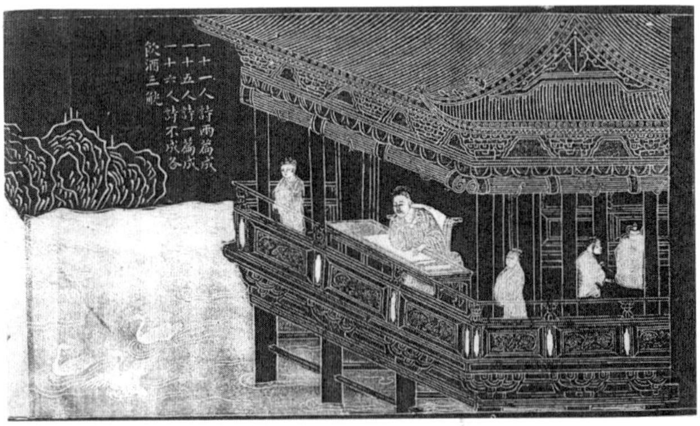

（明）《兰亭修禊图》（局部）（引自《中国美术全集》））

图 4–1 极尽风流的兰亭故事，被历代文人传为佳话，竞相仿效。其中的文化底蕴正是曾点气象所蕴含的天地境界

到人与自然天地的契合——体认“道”，这一过程本身就蕴含了生命的超越性，更不必说在宋明理学那里达到了顶峰的上述诸多命题了。用冯友兰先生的话说就是“风流”的特质和“天地境界”。在冯友兰看来，孔子的“吾十有五而志于学，三十而

《南巡盛典》中的兰亭

（清）《泛槎图》中插图《兰亭问津》

（清）《鸿雪因缘图记》中插图《兰亭寻胜》

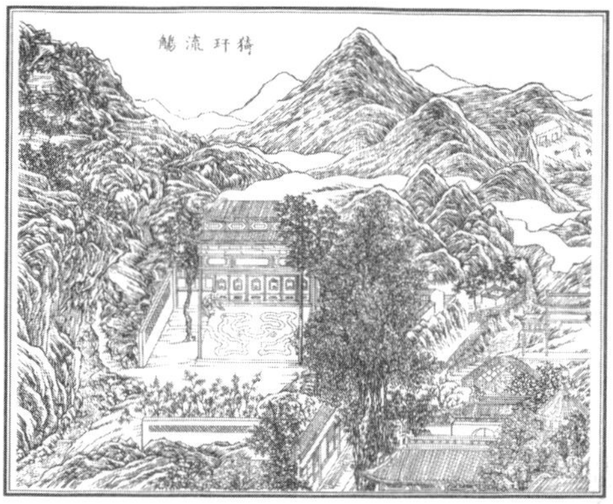

《鸿雪因缘图记》中插图《猗玕流觞》

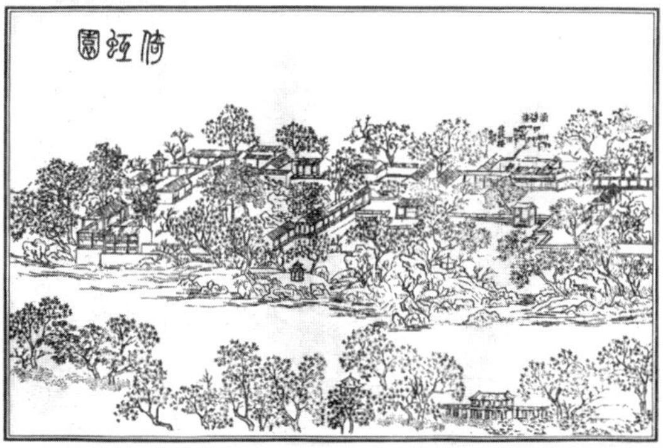

《南巡盛典》中的倚虹园

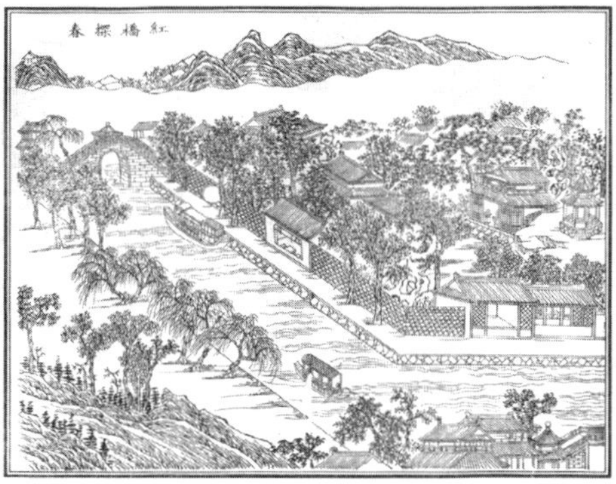

《鸿雪因缘图记》中插图《红桥探春》

图 4-2 以曾点气象为渊源，以兰亭故事为蓝本的园林禊赏主题（1）（引自《中国古代建筑大图典》）

扬州蜀冈倚虹园——虹桥修禊

图 4-3 以曾点气象为渊源，以兰亭故事为蓝本的园林禊赏主题（2）（引自《清代园林图录》）

立，四十而不惑，五十而知天命，六十而耳顺，七十而从心所欲，不逾矩”，被理解为精神修养的发展过程，是十分恰如其分的；他认为孟子“塞于天地之间”的“浩然之气”，是关系到人和宇宙的东西而成为一种超道德的价值①。这与孔子的人生理想是一致的。难怪宋儒如此推崇孟子，正因为孟子把握了孔学人生的核心价值并发扬光大，这也正是宋明理学对美学的最大贡献。

无论以庄子为代表的道家也好，中国化了的佛教——禅宗也好，其核心都是人——心灵，通过逍遥——心灵的超越，或者人伦日用、洒扫应对的修炼，使人达到“道”的境界。孔子儒学的这种超越性正是经常被世人忽略的。正因为儒学本身所具有的巨大包容性，为后世各家学说据此发挥发展提供了可能，也为以后儒、道、释三教融合奠定了基础。

中国哲学与美学的人性主题，恰恰与园林的本质特征——精神居所相契合，二者互相联系、互为影响，园林以形象化的境界展现人生的精神和理想。后文将要谈到的园林对人格修养的重要作用，使它脱离了单纯的居住环境，成为士大夫知识分子特有的艺术；反之，传统知识阶层的哲学与艺术追求，又影响了园林的发展轨迹，在园林中表现得淋漓尽致。

正如黑格尔所指出：

人的心灵有时就转向由主体情感思想所形成的一种仿佛是独立自在的世界，不使情感思想之类因素表现于行动，而只是在它们上面流连玩索，于是就表现个人的内心生活于抒情诗。②

尼采也曾在《悲剧的诞生》中说：

只有作为一种审美现象，人生和世界才显得是有充足理由的。

在此基础上，他提出了所谓日神精神和酒神精神。前者是对人生的静观凝视，后者则是在静观基础上把生活艺术化的实践。

英国美学家、心理学家爱德华·布洛于 1912 年发表了题为《作为艺术中的因素和一种美学原理的心理距离》的长篇论文，提出了“心理距离”的概念。即在观看事物时，在事物与我们实际利害关系之间插入一段距离，使我们能够换一种眼光去看世界。③“心理距离”说的核心是强

① 冯友兰：《中国哲学简史》，40、67 页，北京，北京大学出版社，2010。

② 黑格尔：《美学》，第 3 卷下，朱光潜，译，109~110 页，北京，商务印书馆，2009。

③ 童庆炳：《中国古代心理诗学与美学》，147 页，北京，中华书局，1992。

调审美体验的无关功利的性质。

按照布洛的“心理距离说”，当人的注意对一定客体或客体的审美属性具有指向性和选择性时，就会抛弃、排除其他的刺激和功利主义的影响。

一般的审美是针对自然界中普通的审美客体。孔子的贡献是将上章提及的心理原型与情感体验，升华到“参天地赞化育”的超越境界，而不仅仅是停留在一般的审美活动上。上述孔子儒学所强调的川上意象、孔颜乐处、曾点气象等，都是把人生当作审美对象，在此过程中心理距离的作用则是对人生超越精神的体验。于是在孔子那里，人生就被赋予了艺术色彩，追求艺术和超越的人生也就成为最高境界。

二、寻找精神的家园：园林的本质

1. 身体的安顿，心灵的寄托：园林的双重居住内涵

人自身的存在包括肉体和心灵、形体与情感，这就决定了人的居住行为之现象背后，乃具有双重的居住含义，即在身体的安顿之外，心灵也要有所寄托，精神要有所归宿。这里暂且称之为自然居住和精神居住。（图 4-4）

礼乐复合的人生理想，渗透到了古代人社会生活与文化生活的各个层面。人的双重居住——自然居住和精神居住投影到建筑上，恰恰反映了园林与礼乐，尤其与乐的密切联系。从狭义来说，住宅与园林、宫殿与园林、城市与园林的关系，正是礼乐复合的居住模式在建筑的反映，并分别与礼、乐相对应。住宅、宫殿的等级划分、城市的总体布局，无疑就是人的社会等级的缩影；而人们又通过园林实现与自然、与天的契合，园林成为人在自然与社会的结合点。而广义来讲，作为人从自然向社会的人生成这一漫长的历史过程中的结果和产物，审美与艺术正是一切乐——人类情感的表现形式，孔子对于乐的重视，是包括园林在内的以人为本的古代艺术之所以能长期繁荣发展的根本原因。

图 4-4 园林的双重居住内涵——身体的安顿、精神的栖居，唐代螺钿镜，人物花鸟纹，河南洛阳出土（引自《中国历代装饰纹样》）

不可否认，园林可居、可游，具有实际的居住功能，然而这种自然的“居住”却并非园林的本质含义。园林是中国人漂泊心态的归宿，或者说，园林的本质是精神居所。来自自然世界的人只有回归自然，

使其自然本性与万物同一节奏，生命的意义和价值才能够得以肯定与不朽。而园林就是一个缩微的宇宙，把人的世界和自然世界紧密相联，人通过园林的小宇宙去洞视天地万物的大千世界，从中获得无与伦比的愉快感受,并实现生命的超越与追求。

园林这种精神居所的本质，使其具有超凡的社会实用功能，即在人际社会遭遇挫折和不幸之际，就会转而沉醉于园林之中，从中获得生命的寄托；而当人春风得意之时，人的美好心境投射到优美的园林景色从中，更能够在园林中体验到生命的愉悦和超越。这就是园林艺术之所以能在皇官宦文人中蔚然成风，在中国几千年封建社会中历久常新的根本原因。

2. 天供闲日月，人借好园林：园林是生命的寄托

中国古代士人在出、处、仕、隐之间一直做着痛苦的选择，经由白居易对“中隐”原则的发展与实践，使园林成为宦场失意的庇护所，成为士人寄情寓意的对象，正是：“天供闲日月，人借好园林”（白居易《寻春题诸家园林》），又如柳宗元的《零陵三亭记》写道：

邑之有观游，或者以为非政，是大不然。夫气烦则虑乱，视壅则志滞。君子必有游息之物，高明之具，使之清宁平夷，恒若有余，然后理达而事成。

自然山川与园林作为君子“游息之物”的这一作用，在中唐之后日益受到士人的重视，至两宋时发展到高潮，文人画风流布于士林，借山川风物以为自我之襟抱，成为人们普遍的看法。郭熙的山水可行可望可居可游说，苏轼的“寓意于物”，而非“留意于物”的观点等，都有这种倾向性。园林借山水以寄情，叠石理水要考虑到人心灵的传达、莳花种木要与士人之趣尚节操联系起来，连题额名园也散发出这种独特的文化气息。

宋代冯多福《研山园记》提出“寓意于园”的主张：

酣酒适意，抚今怀古，即物寓景，山川草木，皆入题咏。……夫举世所宝，不必私为己有，寓意于物，固以适意为悦。

明代祁彪佳在绍兴寓山上筑园，称为寓园，即含“寓意园林”之意。其《寓山注》总序末段说：

至于园以外山川之丽，古称万壑千岩。园以内花木之繁，不止七松、五柳；四时之景都堪泛月迎风；三径之中，自可呼云醉月，此在韵人纵目，云客宅心，予亦不暇缕述之矣。

园林为宅心之具，性灵的居所。他将登寓园八求楼的回廊命名为“归云寄”：

客游之兴方酣，有欲登八求楼者，必繇斯“寄”，盖以楼为廊，上下皆可通游屧也。对面松风满壑，如卧惊涛乱瀑中，一派浓荫，倒影入池，流向曲廊下，犹能作十丈寒碧。予园有佳石，名“冷云”，恐其无心出岫，负主人烟霞之趣，故于“寄”焉归之；然究之，归亦是寄耳。

在这里，作者借云言人，“云无心以出岫，鸟倦飞而知还”，故此为“冷云”，犹如作者自己之“冷心”，此一意也；人世茫茫，寓身于宇，来往倏忽，只是暂寓暂归，如同云生云灭、云卷云舒，故“归

亦是寄”，作者借此表达人生如雪泥鸿爪之叹，此另一意也；云虽倏忽生变，无所淹留，缥缈而又奇幻，但却是那样从容，无所滞碍，何不住心随意，纵浪大化，“寄”心于云霭烟霞，得人生之大适也，此又一意也。山石林泉都成了人的性情之“借”“宅”“寓”“寄”。

无锡寄畅园，其名取自王羲之“三春启群品，寄畅在所因”诗句，暗喻此园是为寄情寓意之作。据明代王稚登《寄畅园记》载，寄畅园中对各个景区的命名，都注意到人性情挥洒的一面。“知鱼槛”语出《庄子》，意含知鱼之乐，同于大化生机；“含贞斋”“阶下一松，亭亭孤映，既容贞白（陶弘景）卧听，又堪渊明独抚”[①]，借物喻人、自抒襟抱之意甚明。斋下有一室名“箕踞室”，用王维“科头箕踞长松下，白眼看他世上人”（王维《与卢员外象过崔处士兴宗林亭》）诗意，自另是一番情韵。至于所谓“邻梵阁”“栖玄堂”，其用意更是不言自明。

苏州名园沧浪亭，其名得自孔子及屈原的“沧浪之水清兮，可以濯我缨；沧浪之水浊兮，可以濯我足”。园主苏舜钦正是借此抒发自己振衣千仞岗、濯足万里流的从容自适的情怀。

3. 境有会心皆可乐：园林乃生命之愉悦

从甲骨文中的“王大获鱼”，商纣“乐戏于沙丘”，到文王苑囿中“与民同乐”，“民欢乐之”，再到孔子的“游于舞雩之下”“休坐乎杏坛之上”，园林的基本功能都是愉悦性情，正像乾隆《圆明园四十景·澹泊宁静》中所说的：“境有会心皆可乐”，园林之乐在于园景与人心灵的契合。这一点被中国园林强调到十分突出的地位，与生命精神密切联系。

从园林之命名来看，宋代司马光有独乐园，典出《礼记·乐记》“独乐其志”；朱长文建乐圃；明代潘允端建豫园，即今上海豫园，豫者，悦豫也；张宝臣于松江建熙园，熙亦即乐的意思；清代苏州建有逸园、怡园、且适园，扬州有偕乐园，等等。颐和园的题名也蕴含着“颐养冲和”之乐的含义。

至于亭台楼阁、假山溪涧等以“乐”命名者更是不可胜数。祁彪佳说：“旷览者，神情开涤；栖遁者，意况幽闲。”其中既有一般的登临游观，又有身与之游，心与之会，进而陶然物化、自臻其乐的更高层次。士人在园林品赏中得到或追求的正是这种快乐：

云卧一丘，疏泉艺石，消其胸中块垒。

（明）王稚登《寄畅园记》

托性本禽鱼，栖情闲物外。萝径转连绵，松轩方杳蔼。丘壑每淹留，风云多赏会。

（南朝齐）竟陵王《游园诗》

夫天下良辰美景，园林池观，古来游宴欢娱众矣。……山河春而霁景华，

① 王稚登《寄畅园记》，引自赵厚均，杨鉴生：《中国历代园林图文精选》，第三辑，144页，上海，同济大学出版社，2005。

城阙丽而年光满。淹留自乐，玩花鸟以忘归；欢赏不疲，对林泉而独得。

《全唐诗》

朱槛低墙上，清流小阁前。雇人栽菡萏，买石造潺湲。影落江心月，声移谷口泉，闲看卷帘坐，醉听掩窗眠。路笑淘官水，家愁费料钱。是非君莫问，一对一翛然。

（唐）白居易《西街渠中种莲叠石，颇有幽致，偶题小楼》

静得亭上境，远谐尘外踪，凭轩东望好，鸟灭山重重。竹露冷烦襟，杉风清病容。旷然宜真趣，道与心相逢。即此可遗世，何必蓬壶峰。

（唐）白居易《题杨颍士西亭》

苏舜钦《沧浪亭记》也谈到真趣：

予时榜小舟，幅巾以往，至则洒然忘其归。觞而浩歌，踞而仰啸，野老不至，鱼鸟共乐，形骸既适则神不烦，观听无邪则道以明。返思向之汩汩荣辱之场，日与锱铢利害相磨戛，隔此真趣，不亦鄙哉！

司马光则以园游之乐为至尚之乐，其《独乐园记》曰：

登高纵目，逍遥徜徉，唯意所适。明月时至，清风自来，行无所牵，止无所柅，耳目肺肠，悉为己有，踽踽焉，洋洋焉，不知天壤之间，复有何乐可以代此也。

4. 如斯看水逝，不改是峰连：园林与生命的超越

白居易在其《草堂记》中曾说：

乐天既来为主，仰观山，俯听泉，旁睨竹树云石，自辰及酉，应接不暇。俄而物诱气随，外适内和，一宿体宁，再宿心恬，三宿后颓然嗒然[①]，不知其然而然。

其中体现了愉适的三个阶段：一是“体宁”——外适阶段，园林欣赏中所产生的一般愉悦；二是“心恬”——内和阶段，“和”是人心与园林妙然相契，即清代高士奇所说的“会心者自得之”（高士奇《江村草堂记·耨月楼》）；三是与天地寄其同情之乐，是“不知其然而然”，是感受“天何言哉”与“天地有大美而不言”的快乐。

园林是人之自我世界与宇宙世界相联系的媒介，通过园林空间变化可以跨越时空，通过如诗如画的园林景色可以表达对远方的追求，通过壶天勺地可以领略天地宇宙的无限秘密：

故居方多闲时，与宾客尝欲因高引望，以抒远怀。偶爱古木数株，垂覆城下，遂作茅阁，荫其清阴，长风寥寥，入我轩楹，扇和爽气，满于阁中。

（唐）元结《茅阁记》

凡山居以怪石、奇峰、走泉、深潭、老木、嘉草、新花、视远为幽。

（唐）李翱《题灵鹫寺》

嵌巉嵩石峭，皎洁伊流清，立为远峰势，激作寒玉声，夹岸罗密树，面滩开小亭。忽疑严子濑，流入洛阳城。

（唐）白居易《亭西墙下伊渠水中置石，激流潺成韵，颇有幽致，以诗纪之》

古者半夏生，木槿荣，君子居高明，处台榭，后代作者或用山林水泽、鱼鸟草木以博其趣。而佳景有大小，道机有广狭，必以寓目放神，为性情筌蹄，则不俟沧州而闲，不出户庭而适。

（唐）独孤及《卢郎中浔阳竹亭记》

①“嗒然”，语出《庄子·齐物论》：“嗒然似丧其偶。”形容忘己忘物、冥然物化之境。

居是累月池成，大小既潴……平澄无边，天空境明。一来窥临，百骸以清，江湖远思，著人襟灵。

（唐）符载《长江东池记》

阁以“远”名，非第因目力所极也，盖吾阁可以尽越中诸山水，而合越中诸山水不足以尽吾阁，则吾之阁始尊而踞于园之上。……然而态以远生，意以远韵，飞流夹巘，远则媚景争奇；霞蔚云蒸，远则孤标秀出；万家灯火，以远故尽入楼台；千叠溪山，以远故都归帘幕。若夫村烟乍起，渔火遥明，蓼汀唱“欸乃”之歌，柳浪听“睍睆”之语，此远中之所孕含也。纵观瀛峤，碧落苍茫，极目“胥江”，洪潮激射；乾坤直同一指，日月有似双丸，此远中之所变幻也。览古迹依然，禹碑鹄峙；叹伯图已矣，越殿乌啼；飞盖西园，空怆斜阳衰草；回觞兰渚，尚存修竹茂林；此又远中之所吞吐，而一以魂消，一以壮怀者也。盖至此而江山风物，始备大观；觉一壑一丘，皆成小致矣。

（明）祁彪佳《寓山注·远阁》

如斯看水逝，不改是峰连。

乾隆御制诗《题香山寺二首》之二

在看似平凡、恬淡的园林景色中，人们感受到的却是整个灵魂的震荡，是精神的超越，由渐进过程中的逐渐升华而达终极快乐。这种生命的超越成为园林审美的最高境界，其前提就是以整个人生、天地间的生命精神作为审美的对象。

三、“兼善”与“独善”：园林与人格塑造

《论语·颜渊》中的“为人由己”构成了中国自我中心意识之源。《论语》中有关的论述还有很多，如《宪问》说“古之学者为己，今之学者为人”；《卫灵公》有“君子求诸已，小人求诸人”。在孔子看来，人格的修养、塑造，就是个人心灵的纯化和滋养，再由个人辐射、影响到他人，因此儒家人格理论的中心是个人。

韦政通在《儒家与现代中国》一书中，引威廉·白瑞德《非理性的人》语曰：“古典学者中的人文传统把古人理想化了，同时虚构了事实，这是一切理想主义观点无可避免的。”在中国人心目中，这种理想的人格始终是大多数士人追求的目标。作为秦汉以降中国思想的主要开创者，先秦诸子尤其儒家的理想人格，是将黄帝、尧、舜、文王等古代帝王理想化的产物。①

1. 文质彬彬，然后君子：孔、孟的完美人格理想

基于礼乐复合的人生理想，以孔子、孟子为代表的儒家学派崇尚完美的人格，《论语·雍也》中孔子所说的“质胜文则野，文胜质则史。文质彬彬，然后君子”，和《孟子·尽心下》强调的“充实之谓美”，成了一切古典艺术的原则。

---

① 中国传统价值观中的崇古取向，是人格理想得以广泛流传、延续的主要原因，正如《淮南子·修务训》所说：“世俗之人多尊古而贱今，故为道者必托之于神农、黄帝而后能入说。乱世暗主，高远其所从来，因而贵之。为学者蔽于论而尊其所闻，相与危坐而称之，正领而诵之。”

孔子理想人格的价值取向是以“道”为最后依据的：

士志于道，而耻恶衣恶食者，未足与议也。

《论语·里仁》

志于道，据于德，依于仁，游于艺。

《论语·述而》

笃信好学，守死善道。危邦不入，乱邦不居。天下有道则见，无道则隐。邦有道，贫且贱焉，耻也；邦无道，富且贵焉，耻也。

《论语·泰伯》

人能弘道，非道弘人。

《论语·卫灵公》

君子谋道不谋食。耕也，馁在其中矣；学也，禄在其中矣。君子忧道不忧贫。

《论语·卫灵公》

孔子的弟子曾参又对“士志于道”进一步阐释说：

士不可以不弘毅，任重而道远。仁以为己任，不亦重乎？死而后已，不亦远乎？

《论语·泰伯》

“人能弘道”成为自孔子、曾子至孟子的一贯主张，为士人树立了对社会产生积极影响与贡献的人格价值取向。

到了孟子那里，士“以道自任”的意识则更为积极：

天下有道，以道殉身；天下无道，以身殉道。未闻以道殉乎人者也。

《孟子·尽心上》

孟子在回答王子垫“何谓尚志”的提问时说：

仁义而已矣。……居恶在？仁是也。路恶在？义是也。居仁由义，大人之事备矣。

《孟子·尽心上》

无恒产而有恒心者，惟士为能。

《孟子·梁惠王上》

虽然《庄子·天下》最早提出行“内圣外王之道”，且庄子哲学的主题也是人——人的心灵，也追求他们心目中的理想人格，但只有儒家提出了以上的完美人格追求，并且贯穿整个中国封建社会，尤其对中国文人的影响经久不衰，构成了中国社会的人格主线，出现了许多完美人格的代表，如后文将提及的康熙、乾隆。

孔子提倡完美的人格理想，还体现在对人的容貌、服饰十分重视。《论语·述而》中“子之燕居，申申如也，夭夭如也”，即是用一种诗意的语言，描写了孔子家居时的安适之态。《乡党》则用了一章的篇幅，细致入微地描写孔子的装束、表情、言谈、举止以及起居等等。《礼记·冠义》云：

容体正，颜色齐，辞令顺，而后礼义备。

《大戴礼记·四代》说：

盖人有可知者焉，貌色声众有美焉，必有美质在其中者矣。

孔子心目中的理想人格形象，应是由内而外的，是内在与外在美的统一（图4–5）。这一追求正是魏晋人物品藻之滥觞。

有人认为儒家对仪容的讲究，只局限在正统伦理道德和政治礼法所能允许的范围之内，并作为其从属物来予以承认。孔子的“绘事后素”作为一典型实例，是对这一偏见最好的批判。《论语·八佾》云：

（明）王仲玉绘《陶渊明像》

（明）杜堇绘《身着儒服的邵雍》

图 4-5 完美的人格理想——内与外的统一（引自《故宫博物馆院藏明清绘画》）

子夏问曰：“‘巧笑倩兮，美目盼兮，素以为绚兮。’何谓也？”子曰：“绘事后素。”曰：“礼后乎？”子曰：“起予者商也！始可与言诗已矣。”

李泽厚《论语今读》对此的解释是这样的：

“礼”如是花朵，也需先有白绢（心理情感）作底子才能画出。总之，内心情感（仁）是外在体制（礼）的基础。……一方面“礼”是表示、传达情感，同时又是给情感以确定的形式而成为仪文典式。……礼乃人文，仁乃人性，二者实同时并进之历史成果，人性内容（仁）与人文仪式（礼）在源起上本不可分割……①

以孔子为代表的儒家学者，在孜孜追求完美人格的同时，也表现出具有复杂人格的倾向，形成人格发展主题曲中的“变奏”。

2. 文王既没，文不在兹乎：狂的人格

《论语·子路》：“子曰：‘不得中行而与之，必也狂狷乎！狂者进取，狷者有所不为也。’”孔子首先推崇“中行”②，其次“狂、狷”，并肯定狂者的进取精神和狷者的有所不为。“人能弘道”“以道自任”等主张本身就体现了一种“狂”的人生抱负。因此孔子也时发狂语：

文王既没，文不在兹乎？

① 李泽厚：《论语今读》，83 页，合肥，安徽文艺出版社，1998。

②《朱子语类》第 43 卷：“中道之人，有狂者之志，而所为精密；有狷者之节，又不至于过激；此极难得。”

《论语·子罕》

好刚不好学，其蔽也狂。……古之狂也肆，今之狂也荡……

《论语·阳货》

孔子对“狂”的肯定，是与其对道的体认紧密相连的，士人“以道自任”，以传道守道者自居，势必会给世人留下“狂”的印象。

《孟子·万章下》记载的有关子思与鲁缪公的“师友之争”[①]，正是孔子“狂”之人格的延续。孟子继承并强化了孔子、子思“狂”的人格：

故凡同类者，举相似也，何独至于人而疑之，圣人与我同类者。

《孟子·告子上》

人皆可以为尧舜。

《孟子·告子下》

孟子之“狂”是建立在“浩然之气”的基础上的：

我善养吾浩然之气。……其为气也，至大至刚，以直养而无害，则塞于天地之间。

《孟子·公孙丑上》

居天下之广居，立天下之正位，行天下之大道，得志，与民由之；不得志，独行其道。富贵不能淫，贫贱不能移，威武不能屈，此之谓大丈夫。[②]

待文王而后兴者，凡民也。若夫豪杰之士，虽无文王犹兴。

《孟子·尽心上》

五百年必有王者兴，其间必有名世者。……如欲平治天下，当今之世，舍我其谁也？

《孟子·公孙丑下》

充分显示了“以道自任”的浩然之气。

孟子进而提出“道尊于势”：

古之贤王好善而忘势，古之贤士何独不然？乐其道而忘人之势，故王公不致敬尽礼，则不得亟见之。见且由不得亟，而况得而臣之乎？

《孟子·尽心上》

民为贵，社稷次之，君为轻。

《孟子·尽心下》

故将大有为之君，必有所不召之臣。

《孟子·公孙丑下》

荀子一再强调“从道不从君”，《荀子·尧问》篇末曰：

然则孙卿怀将圣之心，蒙佯狂之色，视天下以愚。

《荀子·大略》载子夏回答别人“子何不仕”的提问时说：

诸侯之骄我者，吾不为臣；大夫之骄我者，吾不复见。

充分展现了儒家一以贯之的“狂傲”人格。

---

①《孟子·万章下》载：“缪公之于子思也，亟问，亟馈鼎肉。子思不悦。于卒也，摽使者出诸大门之外，北面稽首再拜而不受，曰：‘今而后知君之犬马畜伋。’盖自是台无馈也。”又“缪公亟见于子思，曰：‘古千乘之国以友士，何如？’子思不悦，曰，‘古之人有言曰，事之云乎，岂曰友之云乎？’子思之不悦也，岂不曰：‘以位，则子君也，我臣也，何敢与君友也？以德，则子事我者也，奚可以与我友？’千乘之君求与之友而不可得也，而况可召与？”可见子思曾因“待之以师”还是“待之若友”而与鲁缪公发生矛盾。

②《孟子·滕文公下》注：“……得志行正与民共之，不得志隐居独善其身，守道不回也。淫，乱其心也。移，易其行也。屈，挫其志也。三者不惑，乃可以为大丈夫矣。”参见：《孟子正义》，419 页，北京，中华书局，1987。

3. 居其所而众星共之：狷的人格

“狷”之表现与“逸”接近。孔子既肯定“有所不为”的“狷”，也就肯定了“无为”，只不过孔子的“无为”实际是尧舜的无为之治：

无为而治者，其舜也与？夫何为哉？恭己正南面而已矣。

《论语·卫灵公》

为政以德，譬如北辰，居其所而众星共之。

《论语·为政》

此一思想在《易传》中也可以得到印证：

子曰：“天下何思何虑？天下同归而殊途，一致而百虑，天下何思何虑？”

《易传·系辞下》

在孔子看来，一个能充分把他的个性综合到整体中的统治者其实就是无为的人。因此孔子、颜回的“贫而乐”实是乐“尧舜之道”。今天高悬在北京故宫交泰殿匾额上的“无为”，昭示的正是孔子儒学所积极倡导的“无为”。

孔子亦最早提出有关虚、静、空的概念[①]。《论语·雍也》中孔子说“仁者静”，孔安国解释为“无欲故静”；《述而》篇谈到“虚而为盈”——空虚；《先进》篇则说“回也，其庶乎，屡空。”言颜回怀道深远，不虚心不能知道。在孔子的高徒中，颜回是被公认为具有出世倾向的代表。《庄子·让王》曾载颜回回答孔子“胡不仕乎”的提问时说：

回有郭外之田五十亩，足以给馆粥；郭内之田四十亩，足以为丝麻；鼓琴，足以自娱；所学夫子之道者，足以自乐也。回不愿仕。

4. 行义、达道、待时：孔子儒学的隐逸观

在中国历史上，孔子是第一个对隐逸做出全面、系统论述的人。以往凡谈到隐逸、无为就动辄老庄的模糊认识，实际是对历史的误解和偏见。

蒋星煜《中国隐士与中国文化》认为：

隐士的言行并非道家思想的作用，而是渊源于儒家。《论语》：“用之则行，舍之则藏。”隐就是藏而不露也。而且《礼记·儒行》：“儒有可亲而不可劫也，可近而不可迫也，可杀而不可辱也。”《明史·王鏊传》径称：“士可杀，不可辱”，则易“儒”为“士”矣！《北史·李谧传》：“志守冲素儒隐之操。”称“冲素儒隐”，实际上是认为隐居是儒家的言行，因为释道本来就是出世思想为主导的[②]。

同时，他还认为成为隐士的前提条件，是必须属于孔子儒学积极倡导的“士”——“有知识文化，有出仕官的条件，有治国、平天下的愿望”[②]。

文青云认为，孔子在隐逸文化的起源

---

① 参见本书第二章内容。

② 蒋星煜：《中国隐士与中国文化》，104页，上海，上海人民出版社，2009。

和发展中起到了关键作用，“孔子坚持任命官职的标准应当是个人的正直和自我修养，而不是血缘纽带和世袭。……正是这种以自己的道德意识作为言行举止的终极标准的个人道德自主观念，使得隐逸的出现在哲学上成为可能”[①]。

孔子隐逸的原则，是以行义、达道、待时为目的，比之老庄的消极遁世、远害全身更具有积极的意义：

道不行，乘桴浮于海。

《论语·公冶长》

邦有道，则知；邦无道，则愚。

《论语·公冶长》

笃信好学，守死善道。危邦不入，乱邦不居。天下有道则见，无道则隐。邦有道，贫且贱焉，耻也；邦无道，富且贵焉，耻也。

《论语·泰伯》

邦有道，危言危行；邦无道，危行言孙。

《论语·宪问》

邦有道，则仕；邦无道，则可卷而怀之。……君子谋道不谋食。耕也，馁在其中矣；学也，禄在其中矣。君子忧道不忧贫。

《论语·卫灵公》

隐居以求其志，行义以达其道。

《论语·季氏》

君子之仕也，行其义也。

《论语·微子》

穷则独善其身，达则兼善天下。

《孟子·尽心上》

许建平在《山情逸魂》中认为，“隐居以求其志”具有三个层面的含义：其一是求生存，明哲保身；其二是欲行仁政，先做仁人君子，欲“平天下”先“修身”，通过道德养育而至精神升华；其三则是对“安贫乐道”的精神追求。[②]显然，孔子之“隐”的真精神在于后两者。而其将讲学授徒、博识广才、修德养志——治学作为隐居的唯一方式，恰恰与三不朽之“立言”的人生理想和目标相契合[③]。

《论语·微子》中孔子曾评论古代的逸民：

“不降其志，不辱其身，伯夷、叔齐与！”谓“柳下惠、少连，降志辱身矣，言中伦，行中虑，其斯而已矣。”谓“虞仲、夷逸，隐居放言，身中清，废中权。”

然后孔子明确提出自己的观点：

我则异于是，无可无不可。

孟子对“无可无不可”的解释，就是“可以处而处，可以仕而仕”（《孟子·万章下》）。法国的弗朗索瓦·于连在《迂回与进入》中称赞道：

孔子的全部智慧就系于这“可”的意义之中，这个“可”就是适应环境以利用机遇的艺术。

许建平还提出仕与隐均为阶段性行

① 文青云：《岩穴之士：中国早期隐逸传统》，徐克谦，译，24页，济南，山东画报出版社，2009。

② 许建平：《山情逸魂》，38~42页，北京，东方出版社，1999。

③ 许建平：《山情逸魂》，47页，北京，东方出版社，1999。三不朽，见于《春秋左氏传》，襄公二十四年（前549年），鲁国叔孙豹在与晋国范宣子讨论怎样才能“死而不朽”时说：“大上有立德，其次有立功，其次有立言，虽久不废，此之谓不朽”，而孔子历来被认为是立德和立言的典范。

为，是士人人生的两种选择，是“求志”——实现个人志向的两种不同途径[①]。实际上就是以道为原则，把握隐逸出处的时机。这也是儒家“中庸”思想在隐逸方面的运用体现。《孟子·滕文公下》说“士之仕也，犹农夫之耕也”，《孟子·公孙丑上》曰“虽有智慧，不如乘势，虽有镃基，不如待时”，是对孔子隐逸观的最佳注脚。因此孟子进一步发展了孔子的隐逸思想，以“穷则独善其身，达则兼善天下”（《孟子·尽心上》）的方式，将保持人格节操和实现内圣外王的人格理想，自觉地融入士人的生活和行为，使之成为后代隐逸文化的核心原则。孟子提出的“大哉居乎”“我善养吾浩然之气”等更是将个体的人格修养与居住方式紧密联系起来，为园林最终成为修身养性之理想场所打下了理论基础。

孔子儒学的隐逸观实际是“狂”与“逸”之人格的综合表现。士人以道自任，使其对自身价值的判断与仕、隐的原则，都有一个衡量的标准，即维护其自身的人格尊严。《孔丛子·居卫》载曾子说子思有“傲世之心”，子思在分析了当时形势后回答说：

> 伋于此时不自高，人将下吾；不自贵，人将贱吾。舜、禹揖让，汤、武用师，非故相诡，乃各时也。

此语是否为子思所言并不重要，但从中却可以反映在当时的社会环境下，士人由“以道自任”的职责，和“道尊于势”观念而来的“高自位置”的趋势，不仅在隐逸文化发展中具有积极意义，而且为以后魏晋士人形成高自标持的风尚打下了基础。孔子为士人提供了多元的人生价值取向，孟子强化了人格的尊严和人的主体地位，而庄子隐逸观的偏执只是退处一端的补充。

在不同的社会环境中，士人可以依照孔子的人格理想而有不同的人格表现。屈原的柔性之狂，是现实世界中士人面对道、势矛盾做出的选择，可以看作孔孟儒家舍生取义的牺牲原则，与臣子人格、恋君情结的综合，由此造就了中国古代知识分子的人格传统。

魏晋时代狂、逸结合的人格表现，最为后人津津乐道。《晋书·阮籍传》评论其“外坦荡而内淳至”，在某种程度上接近孟子；嵇康则是儒家人道原则与庄子自然原则的结合，在社会的人际关系中追求自由。然而，阮籍、嵇康虽然对社会现实采取激烈的态度，但并未像老庄那样逃避深山，安命保身，而是遵循孔子儒家的行为准则，隐居放言，抒写心志，维护内心一以贯之、至高无上的“道”。对此本书将在第六章进行详细分析。

5. 移气、养德：园林与人格修养

隐逸的原始文化含义，在人类的原始思维中，存在一种根深蒂固的观念：当人

① 许建平：《山情逸魂》，36~37页，北京，东方出版社，1999。

的外在形体存在某种缺陷时，精神上却可以与神相交流，即所谓盲目而明心的“通神”状态。这在中外神话传说中的先知、预言家、巫觋身上得到体现，进而体现在原始宗教领袖的与世隔绝术。对这类神话的继承发扬便构成了隐逸的发生学根源：与主流社会相隔绝。与原始的自然病理原因不同，后世追求苦修、沐浴、斋戒、隐遁山林等人为的内修功夫，去培养和追求这种通神状态。庄子借孔子、颜回之口说出的“心斋”“坐忘”等，也可以理解为对这一隐秘渊源的引申发挥。如果把人类社会环境看作主流社会，那么与之相对的自然环境就成为隐士们期望与世隔绝的最佳去处，这就是为何无论何种隐逸，都与山林、岩栖、江海等自然环境密不可分的根本原因之所在。

从《诗经》中《小雅·斯干》《小雅·鹤鸣》和《国风·考槃》等文来看，园林正是理想的隐居环境①。然而现实中的隐逸并不是一条优哉游哉的坦途，生活的贫困、隐居环境的恶劣是早期隐士都要面对的问题。从《诗经》中描写的“考槃在陆”“衡门疗饥”，到伯夷、叔齐采薇而食；从陶渊明《饮酒》诗中的田居生活描写，到前文提到的郭文、张忠穴居野人生活，现实中的早期隐逸环境与理想中的园林存在着巨大的反差。将园林、隐居与人格修养紧密联系起来，还要归功于孔孟儒家所做的贡献。

前文说士人笃信“以道自任”，孟子认为“道尊于势”。然而“道”却缺乏诸如西方教会那样外在组织体制的保证，士人只有走内倾的道路“修身以立道”，为心中的“道”建立内在保证，以对抗来自皇权的“势”。这是中国自古就追求个人内心修养的客观原因，是中国社会“道”“势”关系发展的必然结果。孔子儒学隐逸观的积极贡献在于，儒家所倡导的“修身养性”摒弃了原始宗教的神秘意味，使之成为心灵提升的内在要求，和成就仁人君子的必由之路。

《孟子·梁惠王上》载“孟子见梁惠王，王立于沼上，顾鸿雁麋鹿，曰：‘贤者亦乐此乎？’”孟子这样回答说：

> 贤者而后乐此。不贤者虽有此，不乐也。《诗》云：“经始灵台，经之营之，庶民攻之，不日成之。经始勿亟，庶民子来。王在灵囿，麀鹿攸伏；麀鹿濯濯，白鸟翯翯。王在灵沼，於牣鱼跃。”文王以民力为台为沼，而民欢乐之，谓其台曰灵台，谓其沼曰灵沼，乐其有麋鹿鱼鳖。古之人与民偕乐，故能乐也。《汤誓》曰：“时日害丧？予及女偕亡！”民欲与之偕亡，虽有台池鸟兽，岂能独乐哉？

在孟子看来，贤者之乐非园林之乐，而是与民偕乐，但是却肯定园林是贤君明主与民偕乐、博取民心的媒介；反之，失去民心则虽有园林之美也不能独乐也。又有《孟子·滕文公下》论曰：

> 居天下之广居，立天下之正位，行天下之大道。得志，与民由之；不得志，独行其道。富贵不能淫，贫贱不能移，威武不能屈，此之谓大丈夫。

① 参见本书第二章相关内容。

其注对此解释说："得志行正与民共之，不得志隐居独善其身，守道不回也。"（《孟子正义》）

在上述借园林而论君主之治的实例中，园林之乐成为得道、失道的见证；守道修身也与隐居园林紧密联系起来。

关于居住环境与人格修养的关系，孔子提出"里仁为美"的独到见解，《论语·里仁》曰："里仁为美。择不处仁，焉得知？"择居的标准是"仁"，可见居住环境有何等的重要性。

孟子进一步阐发了居住环境对人身心修炼的重要作用。《孟子·尽心上》载："孟子自范之齐，望见齐王之子，喟然叹曰：'居移气，养移体，大哉居乎！夫非尽人之子与？'"

《孟子正义》解释说：

居尊则气高，居卑则气下，居之移人气志，使之高凉，若供养之移人形身使充盛也。大哉居乎者，言当慎所居，人必居仁也。……夫居尊为居，居仁亦为居，以居仁与居尊较，则居仁为大矣，故云大哉居乎。当慎所居，犹云术不可不慎。同是居，宜择而居其大者，必以居仁为大也。即以居势言之，则居尊者高，居下者卑，居下者之气不如居尊者之高，而居势者之小又不如居仁者之大矣。同是子，而王子异于凡人，亦同是人，而君子异于小人，可相观而喻矣。

如果说孔、孟还仅仅停留在居住环境对人的作用，那么荀子则直接涉及园林对人格修养——养德的作用，何晏《景福殿赋》注云：

荀卿子曰："宫室台榭，以避燥湿，养德别轻重也。"①

孟子主张的"得志行正，与民共之；不得志，隐居独善其身"，展示了园林在人生不同境况中对人格修养的不同作用。顺境时，园林美景与良辰、赏心、乐事一并成为人生追求，成为士人抒发豪情壮志的触媒；逆境中，士人又可以隐居园林，在自然山水间找到精神的慰藉与寄托，实现另一种人生价值。

正因如此，园林是精神的居所，是士人在儒学倡导下修身养性的乐园。（图4-6、图4-7）。中唐之后"中隐"理论建立，使园林逐渐成为士人理想的隐逸环境。其中园林对人格修养的作用，是由其"精神居所"的本质所决定的。此类实例在中国园林史上俯拾皆是。

①（梁）萧统：《文选》，第11卷，李善，注，534页，上海，上海古籍出版社，1985。

（明）文徵明《洛原草堂图卷》（局部）

（明）仇英《桃村草堂图轴》（局部）

（明）文从简《园林秋色图轴》（局部）

图 4-6 园林——修身养性的最佳场所（1）（引自《故宫博物院藏明清绘画》）

（明）钱穀《求志园图卷》（局部）

（明）吕纪、吕文英《竹园寿集图卷》（局部）

图 4-7 园林——修身养性的最佳场所（2）（引自《故宫博物院藏明清绘画》）

楚狂接輿

楚狂接輿歌而過孔子
曰鳳兮鳳兮何德之衰
往者不可諫來者猶可
追已而已而今之從政
者殆而孔子下欲與之
言趨而避之不得與之
言

第五章

孔子与庄子的比较及儒道关系再认识

从思想史的角度看，道家的主要代表庄子，毋宁是孔子某些思想、观念和人生态度的推演、发展者。

——李泽厚《华夏美学》

九家虽殊途，而同归于六经，虽百虑而一致于六经。

——刘歆《七略·诸子略》

在中国古代艺术史上，庄子的地位十分引人注目①，其影响不仅远远大于老子，而且深入到几乎所有的艺术形式。庄子提出的许多著名观点、命题都极大地影响了中国园林的发展。然而值得注意的是，庄子的这些与艺术直接相关的观点，几乎都是建立在儒学的基础上的；庄子最早称孔子为“圣人”；最早言“六经”“六艺”，并为孔子整理撰著；最早提到“杏坛”这一孔子的教学环境，直接影响了园林的场所精神；又是庄子最早提出“目击道存”等重要美学命题……尤其是庄子极言的、在《庄子》中占据核心地位的“乐”“天乐”“大乐”“至乐”，正是李泽厚反复强调的以儒学为代表的“乐感文化”的重要组成部分。庄子通过“至乐”所突出的对个人行为和心灵的关注，与孔子儒学实现主体人格价值相似，但不同的是孔、孟更注重以承担社会责任为个体价值实现的前提条件，而庄子却是极端地逃避社会。

正是因为庄学与儒学的这种复杂关系，于是对庄子的研究就成为儒学研究的重要切入点。

一、“庄子盖助孔者”：历代学者质疑

正如前文所举的有关庄子与园林的例子，在大多数人的心目中，庄子与孔子的思想是格格不入的，司马迁说：

> 世之学老子者则绌儒学，儒学亦绌老子。……庄子者……其学无所不窥，然其要本归于老子之言……以诋訿孔子之徒，以明老子之术。
>
> 《史记·老庄申韩列传》

庄子对于儒家思想的离经叛道似乎是不容怀疑的。然而，司马迁同时又强调：“其为术也，因阴阳之大顺，采儒墨之善……”（《史记·太史公自序》）。纵观古今，还是有不少学者对孔、庄的关系提出了质疑。

1. 师出儒门：庄子的师承关系

早在唐代，韩愈就明确提出庄子学说源于孔子儒学：

> 吾常以为孔子之道大而能博，门弟子不能偏观而尽识也，故学焉而皆得其性之所近。其后离散，分处诸侯之国，又各以所能授弟子，原远而末益分。盖子夏之学其后有田子方，子方之后，流而为庄周，故周之书，喜称子方之为人。②

韩愈这段话包含两层含义，一是指出儒学的包容性，二是认为庄子也是“学焉而皆得其性之所近”的孔门弟子中的之一支。朱熹曾说庄子“未必是师列子”，

① 庄子在世时几乎不为人知。与庄子同时代的《孟子》一书只字未提庄子；此后《荀子》仅仅在《解蔽》中提到“庄子蔽于天而不知人”；韩非综论先秦各家的《显学》，竟然也只字未提庄子。东汉初，班嗣有报桓谭借《庄子》的信札，说明在“黄老之术”盛行的情况下，若想读到《庄子》也并非易事。司马迁在《史记·老庄申韩列传》中说庄周著书十余万言，《汉书·艺文志》著录庄子 52 篇，今仅存 33 篇。但在两汉几百年间竟无人注庄子，直到魏晋时崔譔才最先为其作注。

②韩愈：《韩愈全集》，212 页，上海，上海古籍出版社，1997。

“观其第四篇《人间世》及《渔父篇》以后，多是说孔子与诸人语，只是不肯学孔子……如说‘《易》以道阴阳，《春秋》以道名分’等语，后来人如何下得！它直是似快刀利斧劈截将去，字字有著落”，“若见不分晓，焉敢如此道！”（《朱子语类》），似乎在揭示着庄子与儒家的某种内在联系。清代学者章学诚也认为“荀、庄皆出子夏门人”①。姚鼐不仅接受了韩愈的论断，而且从学术思想内容的关联上进行了证明：

子夏之徒述夫子语，子夏者以君子必达于礼乐之原，礼乐原于中之不容已而志气塞乎天地。其言礼乐之本亦至矣，然林放问礼之本，夫子告以宁俭宁戚而已，圣人非不欲以礼之出于自然者示人，而惧其知和而不以礼节也。由是言之，子游、子夏之徒所述者未尝无圣人之道存焉，而附益之不胜其弊也。夫言之弊其始固存乎七十子，而其末遂极乎庄周之伦也。庄子之书言明于本数及知礼意者，固即所谓达礼乐之原，而配神明、醇天地与造化为人亦志气塞乎天地之旨。韩退之谓庄周之学出于子夏，殆其然与？

《庄子章义·序》

而康有为、梁启超、谭嗣同等亦皆认为庄子出于子夏之门。②

章太炎提出庄子本是颜氏之儒：“庄生传颜氏之儒，述其进学次第”③。郭沫若沿袭并充分发挥了章氏的观点：

我怀疑他本是“颜氏之儒”，书中征引颜回与孔子的对话很多，而且差不多都是很关紧要的话……而认真称赞儒或孔子的地方，则非常严肃。《天下篇》把儒术列为“内圣外王之道”的总要，而称道《诗》《书》《礼》《乐》与邹鲁之士、缙绅先生……这所谓“圣人”，很明显地是指仲尼。④

2. 先六经而后各家：《庄子》一书的内容

钱穆《庄子纂笺》曾引王安石语：“先六经而后各家，庄子岂鄙儒哉？”苏轼在《庄子祠堂记》中也说：

余以为庄子盖助孔子者，要不可以为法耳。……庄子之言，皆实予而文不予，阳挤而阴助之……其论天下道术，自墨翟、禽滑厘、彭蒙、慎到、田骈、关尹、老聃之徒，以至于其身，皆以为一家，而孔子不与，其尊之也至矣。

作为文坛的大家学者，王安石和苏轼不仅明显注意到儒家和孔子本人在《庄子》中的地位非同寻常，而且不约而同地提出同一疑问，即把庄子归于儒学。这绝非简单的巧合，足以引起人们的注意，去重新审视、发现庄子纵横恣肆的语言后面的真正用意。

对春秋战国学术思想派别的划分始于《庄子·天下》。按照近来的研究成果，

---

①《文史通义》第1卷《经解》上。转引自崔大华：《庄学研究》，345页，北京，人民出版社，1992。

② 康有为《万木草堂口说》、梁启超《论支那宗教改革》、谭嗣同《北游访学记》，详见崔大华：《庄学研究》，346页注[1]，北京，人民出版社，1992。

③《菿汉昌言》第1卷。转引自崔大华：《庄学研究》，345页，北京，人民出版社，1992。

④ 郭沫若：《十批判书》，194~195页，北京，东方出版社，1996。

《天下》做为《庄子》内七篇的后序①，对先秦学派做了概括总结，其首章即总论“邹鲁之士”即为儒家，“百家之学时或称而道之”，足见儒学在当时和《天下》作者心目中的地位②。《天下》还第一个提出“内圣外王之道”，这后来成为儒家人生哲学的概括。

或许有人会说，上述疑问集中在《庄子》的部分章节，根据《庄子》一书的作者与成书年代的考证，应是庄子后学中的亲儒派所为，不应视为庄子本人的代表思想③。然而此种立论的假设，就是先秦各学派之间是截然对立、非此即彼的。带着这种“成心”去看《庄子》，承续老子道家思想的庄子，自然就与以孔子为代表的儒家格格不入了。

然而，正如韩愈所言“孔子之道大而能博”，儒家思想具有极大的包容性。胡适先生曾在《评论近人考据老子年代的方法》中指出：

> 同样地用孔子说“无为”和《老子》说“无为”相比较，可以证《老子》在孔子之前，也可以证《老子》的作者在三百年后承袭孔子！所以我说，这种所谓“思想线索”的论证法是一把两面锋的剑，可以两面割的。

诚如胡适之言所依据的孔、老的“无为”，以及后引郭店竹简的大量材料足以证明，孔子与老子在某些方面存在共同之处已是不争的事实。以此反观《庄子》，孔、庄难道就不能在某些方面存在共识吗？难道只有诋毁、贬低孔子才是《庄子》的全部，才算庄子的本意吗？

事实上，正如许多学者精辟考证分析的那样，可以肯定《庄子》并非出自庄子一人之手，其后学既有亲儒派也有反儒派，而且他们都与《庄子》一书共存了一千多年，已经共同成为庄子思想的有机组成部分，那么只单单把接近儒家的观点排除在庄子思想体系之外，又有何道理呢？因此只有分析《庄子》中的不同音调，从总体上把握《庄子》一书对孔子儒家的态度，才能更全面、客观、准确地了解庄子一派与儒学的关系。

二、孔子在《庄子》中的地位

1. 圣人、至人：《庄子》中的孔子形象

孙以楷、甄长松在《庄子通论》中，统计《庄子》一书所记晚周时期的历史人物中，“史据可证，绝无紊乱者，凡二十四条”④。这些记载几乎都与孔子及

① 孙以楷，甄长松：《庄子通论》，41页，北京，东方出版社，1995。

②《天下》将“邹鲁之士”以外的先秦学术划分为六家。值得注意的是，老聃同关尹一起是与庄周并列的一家。《天下》也不承认与老子有任何学术上的关系。

③ 有关《庄子》内、外、杂篇的作者、成文年代、篇名、划分标准及内容风格等问题，学术界一直存在很多争议。详见崔大华的《庄学研究》以及孙以楷、甄长松的《庄子通论》。

④ 孙以楷，甄长松：《庄子通论》，17页，北京，东方出版社，1995。

其弟子有关，说明《庄子》对孔子生平事迹及思想是精谙的。而相形之下，《庄子》记述老子事迹虽多却大多无法证实，“进而可以推断《庄子》所记述的孔子问学于老子是一种寓言性质的故事”①。见表 5–1。

表 5–1 《庄子》中的孔门事迹（笔者整理）

篇目	人物事迹	互证的史料
《人间世》	颜回见仲尼，请行。……仲尼曰……	
《人间世》	孔子适楚，楚狂接舆游其门，曰：“凤兮凤兮，何如德之衰也！……”	《论语·微子》
《人间世》	颜回曰：“端而虚，勉而一……” 颜回曰：“吾无以进矣，敢问其方。”……	
《人间世》	叶公子高将使于齐，问于仲尼曰……	
《德充符》	鲁哀公问于仲尼曰……哀公异曰……告闵子曰……	
《大宗师》	孔子闻之，使子贡往侍事焉。……子贡反，以告孔子。…… 颜回问仲尼曰……	
《天地》	子贡南游于楚……反于鲁，以告孔子……	《史记·孔子世家》②
《天运》	孔子西游于卫，颜渊问师金曰：……伐树于宋，削迹于卫，穷于商周……围于陈蔡……	《论语·卫灵公》《史记·孔子世家》
《秋水》	子游于匡，宋人围之数匝，而弦歌不辍。子路入见……	《史记·孔子世家》
《达生》	仲尼适楚，出于林中。…… 颜渊问仲尼曰：“吾尝济乎觞深之渊……	
《山木》	孔子穷于陈蔡之间，七日不火食……	《吕氏春秋·孝行览》
《田子方》	颜渊问于仲尼曰：“夫子步亦步，夫子趋亦趋……”	
《知北游》	冉求问于仲尼曰：“未有天地可知邪？……” 颜渊问乎仲尼曰：“回尝闻诸夫子曰：……”	
《寓言》	曾子再仕而心再化，曰……	《韩诗外传》
《让王》	原宪居鲁……子贡乘大马……往见原宪	《史记·仲尼弟子列传》
《让王》	曾子居卫，缊袍无表，颜色肿哙……	《礼记·檀弓上》《孔丛子》《韩诗外传》
《让王》	孔子谓颜回曰：“……胡不仕乎？”颜回对曰：“不愿仕……”	
《让王》	孔子穷于陈蔡之间……颜回择菜，子路、子贡相与言曰……	《吕氏春秋·孝行览》
《列御寇》	正考父一命而伛，再命而偻，三命而俯……	《史记·孔子世家》《左传》

① 崔大华：《庄学研究》，386~389 页，北京，人民出版社，1992。

② 司马迁作《老庄传》无一句引自《庄子》书，盖因对《庄子》寓言不信任，故从其作《孔子世家》《仲尼弟子列传》的文字来看，当以先秦其他古书为蓝本。

《庄子》一书不仅热衷于孔子的事迹和思想，更突出的是，其中的儒家代表人物形象包括孔子、颜回、原宪、曾子等，在大量确信为庄子本人或其后学的早期作品中，孔子等几乎都是以具有独立人格典范的形象出现的；此时的老子却并未被神圣化①。

由上表的统计可以看出，《秋水》《让王》等篇中多次写孔子、原宪、曾子、颜回的“安贫乐道”，“穷亦乐，通亦乐”，与《论语》中的有关记述不仅一致，而且符合《庄子》整个文风，孔子及其弟子的形象也更鲜明生动。正如王安石和苏轼已经注意到、郭沫若先生进一步分析的，“认真称赞儒或孔子的地方，则非常严肃”②，说明在庄子及其后学的心目中，孔子个人实是一位受尊敬而且自认为“吾且不得及彼乎”的圣人（表5–2）。

当然，《庄子》中也有受贬损的孔子形象，这主要反映在外、杂篇，几乎

表 5–2 《庄子》对孔子的称颂（笔者整理）

篇 目	内　　容	对孔子的态度
《齐物论》	六合之外，圣人存而不论；六合之内，圣人论而不议。春秋经世先王之志，圣人议而不辩。	这正是孔子的一贯主张和做法，“述而不作”，“予欲无言”，这里的“圣人”就是指孔子。
《人间世》	楚狂接舆之语：“凤兮凤兮，何如德之衰也！来世不可待，往世不可追也。天下有道，圣人成焉；天下无道，圣人生焉。……”	以凤凰喻孔子，表明了对孔子的赞誉。
《德充符》	哀公曰：“何谓才全？”仲尼曰：……哀公……曰：“始也吾以南面而君天下，执民之纪而忧其死，吾以为至通矣。今吾闻至人之言，恐吾无其实……吾与孔丘，非君臣也，德友而已矣。”	称孔子为至人，以孔子为德友。
《田子方》	颜渊……曰：“夫子不言而信，不比而周”。	借颜回之口赞孔子。
《田子方》	庄子曰：“君子有其道者，未必为其服也；为其服者，未必知其道也。公固以为不然，何不号于国中曰：‘无此道而为此服者，其罪死！’”……独有一丈夫，儒服而立乎公门。……庄子曰：“以鲁国而儒者一人耳……”	认同孔子为鲁国唯一“有其道”之“君子”，参见《论语·乡党》中对孔子在朝廷上的容貌、举止、服饰的描写。

①《庄子·养生主》记述“老聃死”可证。

② 郭沫若：《十批判书》，195 页，北京，东方出版社，1996。

《寓言》	庄子谓惠子："孔子行年六十而六十化……"，盛赞孔子"勤志服知"，并说"吾且不得及彼（孔子）乎！"。	孔子"五十而知天命，六十而耳顺，七十而从心所欲，而不逾矩"。庄子自称不及孔子。
《秋水》	孔子游于匡，宋人围之数匝，而弦歌不辍。孔子曰："……我讳穷久矣，而不免，命也；求通久矣，而不得，时也。……知穷之有命，知通之有时，临大难而不惧者，圣人之勇也。"	颂扬孔子穷亦乐，通亦乐。
《让王》	原宪居鲁，环堵之室，茨以生草；蓬户不完，桑以为枢而瓮牖；二室褐以为塞，上漏下湿，匡坐而弦。 曾子居卫，缊袍无表，……曳屣而歌《商颂》，声满天地，若出金石。 颜回对曰："不愿仕。回有郭外之田五十亩……鼓琴，足以自娱；所学夫子之道者，足以自乐也。回不愿仕。"	赞赏孔门弟子，弘扬孔颜乐处、安贫乐道。 夫子之道足以自乐。
《让王》	孔子穷于陈蔡之间，七日不火食……而弦歌于室。……孔子曰："……君子通于道之谓通，穷于道之谓穷。今丘抱仁义之道以遭乱世之患，其何穷之为？故内省而不穷于道，临难而不失其德，天寒既至，霜雪既降，吾是以知松柏之茂也。陈蔡之隘，于丘其幸乎！"孔子削然反琴而弦歌，子路扢然执干而舞。子贡曰："吾不知天之高也，地之下也。" 古之得道者，穷亦乐，通亦乐，所乐非穷通也，道德于此，则穷通为寒暑风雨之序矣。	赞赏孔子的穷亦乐，通亦乐。 松柏比德。 子贡赞颂孔子的高洁、深远，而喻指自己的浅薄。
《渔父》	孔子游乎缁帷之林，休坐乎杏坛之上。弟子读书，孔子弦歌鼓琴。	孔子教学环境的场所精神、至乐。

都是弟子后学为维护本学派的师道尊严所为。霍松林、霍建波从接受学角度考察《庄子》中的孔子形象，认为《庄子》对孔子进行了"寓言化"的改造："是在承认孔子大师级人物地位的前提下，基于抬高自己的心理。"①庄子后学不仅竭力推崇庄子，把当时已经成为显学的儒家圣人孔子描绘成庄子学说的崇拜者，乃至不遗余力地批判、讥讽、贬低孔子及儒家代表人物，而且抬出老聃——老子作为道家的鼻祖，这应是情理之中的事。而且其批判的重点是儒家的仁义、礼乐等。

相比之下，《庄子》中所有对孔子

① 霍松林，霍建波：《论〈孟子〉、〈庄子〉中的孔子形象》，载《兰州大学学报（社会科学版）》，2004（4），10~15页。

的肯定之处，却几乎都是以往被人们忽略的艺术审美、人格理想、人性超越等重要命题，这恰恰是孔子予以深切关注的人生问题，而为庄子敏锐认同并淋漓发挥。正如李泽厚、刘纲纪在《中国美学史》中指出：

庄子和孔子一样，高度肯定人的意义和价值，他对孔子的“仁者爱人”的思想，高扬个体人格的主动性和独立性的思想，在实质上是热烈地赞同的。

这既是他们的共通之处，也是《庄子》多处认同并发挥孔子思想的原因。（表5–3）

2. 孔子：庄子的代言人

值得注意的是，《庄子》中的许多重要观点和命题都是借孔子及其弟子之口说出的（表5–4）。孙以楷、甄长松在《庄子通论》中认为：

寓言“藉外论之”，“外”指道外之人，如颜回、孔子等儒家先圣，尧、舜等儒家的理想帝王便是。所谓“藉外论之”，实系借儒墨之口宣道，颜、孔、尧、舜都是庄周借来的皮偶，真正唱大戏是却在后台的庄周自己。①

那么这些所谓的“庄子思想”本质上又是什么性质呢？通过5–4表可以发

表5–3 《庄子》与孔儒思想契合处（笔者整理）

篇　目	内　　　容	与孔儒思想契合处
《知北游》	天地有大美而不言，四时有明法而不议，万物有成理而不说。圣人者，原天地之美，而达万物之理。是故至人无为，大圣不作，观于天地之谓也。	《论语》：“天何言哉？四时行焉，百物生焉，天何言哉？”
《人间世》	天下有道，圣人成焉；天下无道，圣人生焉。	《论语》：“天下有道则见，无道则隐。”
《天地》	天下有道，则与物皆昌；天下无道，则修德就闲。	《论语》：“邦有道，则仕；邦无道，则可卷而怀之。”
《天道》	天道运而无所积，故万物成；帝道运而无所积，故天下归；圣道运而无所积，故海内服。明于天，通于圣，六通四辟于帝王之德者，其自为也…… 夫天地者，古之所大也，而黄帝、尧、舜之所共美也。故古之王天下者，奚为哉？天地而已矣。	《论语》：“天何言哉”；“为政以德，譬如北辰，居其所而众星共之”“无为而治者，其舜也与？夫何为哉？恭己正南面而已矣”。
《天道》	圣人之静也……水静犹明，而况精神？圣人之心静乎？……夫虚静恬淡寂漠无为者，天地之平而道德之至，故帝王圣人休焉。休则虚，虚则实，实则伦矣。虚则静，静则动，动则得矣。	《论语》：“仁者静”。
《天道》	静则无为，无为也则任事者责矣。……夫虚静恬淡寂漠无为者，万物之本也。明此以南乡，尧之为君也；明此以北面，舜之为臣也。以此处上，帝王天子之德也；以此处下，玄圣素王之道也。	《论语》：“大哉尧之为君也！”玄圣、素王后成孔子专称。

① 孙以楷，甄长松：《庄子通论》，8页，北京，东方出版社，1995。

《天道》	夫尊卑先后，天地之行也，故圣人取象焉。天尊地卑，神明之位也；春夏先，秋冬后，四时之序也。 老聃曰："天地固有常矣，日月固有明矣，星辰固有列矣，禽兽固有群矣，树木固有立矣。"	肯定天地秩序为自然规律。
《天道》	语之所贵者，意也，意有所随。意之所随者，不可以言传也……	《周易》："子曰：'书不尽言，言不尽意。'"
《天运》	夫德遗尧、舜而不为也……	尧舜"无为"。
《外物》	筌者所以在鱼，得鱼而忘筌；蹄者所以在兔，得兔而忘蹄；言者所以在意，得意而忘言。	《周易》："子曰：'书不尽言，言不尽意。'"
《天下》	独与天地精神往来，而不傲倪于万物……	《孟子》："上下与天地同流"。
《缮性》	古之所谓隐士者，非伏其身而弗见也，非闭其言而不出也，非藏其知而不发也，时命大谬矣。当时命而大行乎天下，则反一无迹；不当时命而大穷乎天下，则深根宁极而待：此存身之道也。	《孟子》："得志，泽加于民；不得志，修身见于世。穷则独善其身，达则兼善天下。"

表 5-4 借孔儒说出的庄子思想（笔者整理）

篇 目	内 容	表达的庄子思想
《人间世》	仲尼对颜回说："古之至人，先存诸己而后存诸人。所存于己者未定，何暇至于暴人之所行？"	极端个人主义。
《人间世》	回曰："敢问心斋。"仲尼曰："若一志。无听之以耳而听之以心，无听之以心而听之以气。听止于耳，心止于符。气也者，虚而待物者也，唯道集虚，虚者，心齐也。"……虚室生白，吉祥止止。	心斋、虚室生白。
《人间世》	仲尼曰："知其不可奈何而安之若命，德之至也。……且夫乘物以游心，托不得已以养中，至矣！"	乘物以游心。
《德充符》	哀公曰："何谓才全？"仲尼曰："死生、存亡、穷达、贫富、贤与不肖、毁誉、饥渴、寒暑，是事之变、命之行也。日夜相代乎前，而知不能规乎其始者也。故不足以滑和，不可入于灵府。使之和豫通，而不失于兑；使日夜无郤，而与物为春，是接而生时于心者也。是之谓才全。……德者，成和之修也，德不形者，物不能离也。"	与物为春；德者，成和之修。
《大宗师》	曰："回坐忘矣。"仲尼蹴然曰："何谓坐忘？"颜回曰："堕肢体，黜聪明，离形去知，同于大通。此谓坐忘。"	坐忘。

《大宗师》	孔子曰："彼方且与造物者为人，而游乎天地之一气。彼以生为附赘县疣，以死为决疣溃痈，夫若然者，又恶知死生先后之所在？假于异物，托于同体；忘其肝胆，遗其耳目。反复终始，不知端倪，芒然彷徨乎尘垢之外，逍遥乎无为之业。" 孔子曰："鱼相造乎水，人相造乎道。相造乎水者，穿池而养给；相造乎道者，无事而生定。故曰鱼相忘乎江湖，人相忘乎道术。"	彷徨乎尘垢之外，逍遥乎无为之业。 鱼相忘乎江湖，人相忘乎道术。
《天道》	舜曰："天德而出宁，日月照而四时行，若昼夜之有经，云行而雨施矣。"	天地有大美而不言。
《天运》	（黄）帝曰："……夫至乐者，先应之以人事，顺之以天理，行之以五德，应之以自然，然后调理四时，太和万物。四时迭起，万物循生……"	至乐，顺乎自然。
《山木》	（孔子）曰："回，无受天损易，无受人益难。无始而非卒也，人与天一也。"	人与天一也。
《达生》	仲尼曰："无入而藏，无出而阳，柴立其中央。三者若得，其名必极。"	
《田子方》	子路曰："吾子欲见温伯雪子久矣，见之而不言，何邪？"仲尼曰："若夫人者，目击而道存矣，亦不可以容声矣。"	目击而道存。
《田子方》	仲尼曰："…知命不能规乎其前，丘以是日徂。"	知命。
《田子方》	仲尼闻之曰："……若然者，其神经乎大山而无介，入乎渊泉而不濡，处卑细而不惫，充满天地，既以与人，己愈有。"	
《知北游》	仲尼曰："圣人处物不伤物。……山林与，皋壤与，使我欣欣然而乐与！"	
《知北游》	黄帝对知曰："夫知者不言，言者不知，故圣人行不言之教。……故曰：为道者日损，损之又损之，以至于无为，无为而无不为也。……人之生，气之聚也。聚则为生，散则为死。若死生为徒，吾又何患！故万物一也，是其所美者为神奇，其所恶者为臭腐；臭腐复化为神奇，神奇复化为臭腐。故曰通天下一气耳。圣人故贵一。"	圣人行不言之教。 无为而无不为。 万物一也。

现庄子与孔子之间的密切关系。

上表中多数观点的共同之处是都在反复强调、突出自然无为、安时处顺、道、虚、静、通达，等等，用《天下》中概述庄子学术思想的一句话说，就是"独与天地精神往来"（图 5–1）。这不正是孔子所赞许的"曾点气象"的翻版吗？不正是孟子的"上下与天地同流"、《中庸》的"鸢飞鱼跃"所体现的与天地自然相和谐的人生超越精神吗？！从《庄子》作者的角度解释只有两种可能：一是借助孔子当时的地位和影响宣传自己的观

（元）何澄《归去来兮图卷》（局部）（引自《中国绘画史图录》）

图 5-1 独与天地精神往来

点；二是确实注意到了孔子思想中的这种倾向，并加以发挥。无论如何，在《庄子》一书最重要的思想内容的表达方式即“寓言”中，孔子事实上扮演了庄子学说代言人的角色。

3. 凤与龙：《庄子》中的孔子和老子

闻一多先生注意到《庄子》中曾有一十分有趣而令人玩味的现象。《庄子·人间世》中楚狂接舆（图 5-2）把孔子说成是凤：

凤兮凤兮，何如德之衰也！来世不可待，往世不可追也。天下有道，圣人成焉；天下无道，圣人生焉！

另《太平御览·凤》曾引过一段《庄子》佚文：

老子见孔子，从弟子五人。问曰：“前为谁？”对曰：“子路，勇且多力。其次子贡，为智，曾子为孝，颜回为仁，子张为武。”老子叹曰：“吾闻南方有鸟，其名为凤……凤鸟之文，戴圣婴仁，右智左贤。”

而在《庄子·天运》中，孔子见过老聃之后对弟子说：

吾乃今于是乎见龙。龙，合而成体，散而成章，乘云气而养乎阴阳。予口张而不能嗋，予又何规老聃哉！

孔子、老子彼此互赞，又同现于《庄子》一书，或许是庄子的巧妙创造和精心安排。闻一多先生在《龙凤》一文中提出：凤是殷人的象征，因原始殷人是以凤为

图 5-2 楚狂接舆（引自 1934 年北京民社印《孔子圣迹图》）

图腾的，呼孔子为凤，无异称他为殷人；龙是夏人也是楚人的象征，说老子是龙，等于说他是楚人。这是就其文化起源背景意义上的解释，可说是对孔子、老子的平等对待。

然而就《庄子》一书孔子、老子所占的篇幅分量来看，却是有很大的轻重差别的。《庄子》一书中虽几次提到老子、老聃，却多是以寓言的形式表现而无法证实其身世，且老子并非是漠然无情、长生不死的“至人”，也未能逃脱死亡的大限；《老子》一书的影响多在《庄子》外、杂篇，而内篇中所阐述的庄子思想“完全是离开《老子》而独立地，甚至是在《老子》之先形成”①；直至东汉以前，老、庄并没有合为一宗②。

从上文的分析可知，庄子却是深谙《论语》的，《庄子》书中把孔子列为极其重要的人物，不仅花大量笔墨描写孔子及其弟子的言行事迹，还反复将孔子作为自己的代言人；更有甚者，最早称孔子为“圣人”的恰恰是《庄子》一书。而《庄子・天下》虽称赞老子道家为“古之博大真人”，但于先秦各家中，并不以道家为高，而是把老子和墨子、宋钘、尹文、彭蒙、田骈、慎到、庄子并列，认为他们皆“得一察焉以自好”，“皆有所明，不能相通”，“皆有所长，时有所用”，“不该不遍，一曲之士也”，“寡能备于天地之美，称神明之容”，《老

① 崔大华：《庄学研究》，392 页，北京，人民出版社，1992。

② 司马迁虽将老、庄、申、韩的传记合而为一，但却未尝明确称“老庄”。“老庄”并称的最早记载为《后汉书・马融传》，马融曾对人说：“今以曲俗咫尺之羞，灭无赀之躯，殆非老庄所谓也。”

子》一书并非学术和真理的大全与高峰。与此相反，《庄子·天下》却对儒家推崇备至：

配神明，醇天地，育万物，和天下，泽及百姓，明于本数，系于末度，六通四辟，小大精粗，其运无乎不在。……百家之学，时或称而道之。

显然，在《庄子·天下》看来，儒家思想包括了一切真理而没有任何片面性的学说，是道术的大全和学术发展的顶峰。前述苏轼的评价正出于此。

不难看出，无论庄子本人是否把老子当作学术思想上的宗师，《庄子》一书都透露出一种信息，即努力与孔子儒学保持一种极为密切的联系，尽管这种联系包含了批判性的继承。

三、孔、庄比较

战国至秦汉间，在《庄子·天下》之后划分先秦诸学派的，还有《尸子·广泽》，《荀子》中的《非十二子》《天论》《解蔽》以及《韩非子·显学》和《吕氏春秋·不二》等篇，然而对后世影响最大的当数西汉司马迁的《史记》。《史记·太史公自序》论及六家之要指，以《易传》"天下一致而百虑，同归而殊途"发论，明确划分了先秦诸学派，认为：

道家无为，又曰无不为，其实易行，其辞难知。其术以虚无为本，以因循为用。无成势，无常形，故能究万物之情。不为物先，不为物后，故能为万物主。有法无法，因时为业；有度无度，因物与合。故曰"圣人不朽，时变是守。虚者，道之常也；因者，君之纲也。"群臣并至，使各自明也。……凡人所生者神也，所托者形也。神大用则竭，形大劳则敝，形神离则死。死者不可复生，离者不可复反，故圣人重之。由是观之，神者生之本也，形者生之具也。不先定其神形，而曰"我有以治天下"，何由哉?

又说：

（道家）其为术也，因阴阳之大顺，采儒墨之善，撮名法之要，与时迁移，应物变化，立俗施事，无所不宜，指约而易操，事少而功多。

这从另一方面印证了以庄学为代表的道家，与儒家思想之间并非泾渭分明、互不关联，相反，道家不仅"采儒墨之善"，而且最终达到"天下一致而百虑，同归而殊途"。

然而历来学者却很少对孔与庄、儒与道的美学思想进行过详细的对比分析，这是本章的又一重点内容。

1. 对艺术和美的认识

艺术的本质，是面向感性形态的感性思维，文学的根本规律是以形象反映社会生活，即运用形象思维把握世界。王国维在《静庵文集续编》中认为诗歌是"描写自然及人生"的艺术，"人类之兴味，实先人生，而后自然。故纯粹之模山范水、流连光景之作，自建安以前，殆未之见。"

《新华字典》对"艺术"的解释是：

用形象来反映现实但比现实更有典型性的社会意识形态。

《辞海》对"艺术"的定义是：

人类以情感和想象为特性的把握和

反映世界的一种特殊方式，即通过审美创造活动再现现实和表现情感理想，在想象中实现审美主体和审美客体的互相对象化。

艺术思维即形象思维。关于“形象思维”则是这样解释的：

文学艺术创作者从观察生活、吸取创作材料到塑造艺术形象的整个创作过程中所进行的主要的思维活动和思维方式。1725年意大利维柯在《新科学》中提出“诗性智慧”，即用最具体的感性意象来理解事物和进行创造的想象功能，已把想象视为一种思维方式。1841年俄国别林斯基在其《艺术的概念》中提出艺术“用形象来思维”。形象思维在艺术创作和欣赏的整个过程中是以审美感知为起点的，经过联想、想象和幻想，形成审美意象，并从中获得审美愉悦。它遵循艺术的一般规律，即通过实践由感性阶段发展到理性阶段，达到对事物本质的认识和把握。但形象思维又有其特殊规律：即须通过特殊的个体去显现它的一般意蕴，因此形象思维不能脱离具体的形象，不能抛弃事物的现象形态。……①

西方美学家对美的本质认识不尽相同。古希腊哲学家亚里士多德认为：美的本质就在感性事物本身，美是感性形式。到了18世纪，法国唯物主义哲学家狄德罗说“美是关系”，首先是客体对象本身形式方面的秩序、对称等安排的关系——实在美；其次在于对象与其他事物相比较、联系等关系——相对美；另外构成艺术美的想象、虚构的关系则是现实关系的反映。英国经验主义美学的集大成者柏克认为，美是事物本身的客观性质。在德国思想家康德那里，美是对象的合目的性的形式，这种没有目的而又合目的性的形式，符合主观认识功能，引起它们的和谐活动，从而产生一种愉悦——美。象征着19世纪德国唯心主义哲学运动顶峰的黑格尔则概括为：美是理念的感性显现，感性与理性、形式与内容的统一；感性形式从属于理性内容，是理性内容（绝对精神）的显现。由此可见，西方对美的本质的认识虽各异，但大都离不开事物的感性形式（态）。

孔子对艺术具有全面的认识。孔子的最高理想是文质彬彬、尽善尽美②；其次则是善高于美、取质舍文。除了前述《论语》中的实例，还有相关的记载如下：

为命，裨谌草创之，世叔讨论之，行人子羽修饰之，东里子产润色之。

《论语·宪问》

《志》有之：“言以足志，文以足言。”不言，谁知其志？言之无文，行而不远。

《左传·襄公二十五年》

孔子曰：“可也，简？”简者，易野也。易野者，无礼文也。孔子见子桑伯子，子桑伯子不衣冠而处。弟子曰：“夫子何为见此人乎？”曰：“其质美而无文，吾欲说而文之。”孔子去，子桑伯子门人不说，曰：“何为见孔子乎？”曰：“其质美而文繁，吾欲说而去其文。”故曰：文质修者谓之君子，有质而无文谓之易野。

（汉）刘向《说苑·修文》

①《辞海》，2131页，上海，上海辞书出版社，1989。
② 参见本书第三章内容。

善统括美与丑，美丑在“善”上得到了统一。庄子正是抓住了这一点加以发挥，只不过在庄子那里，善代表着回归人的天性自然。与此截然相反，老子却否定形式之美的“文”，主张以养生为目的的“为腹不为目”。

作为“整个儒家最基本和最高的哲学典籍”[①]，《易传》明确肯定人与自然的统一性，人与自然都遵循着共同的规律，在本质上统一。人是自然的产物，同时依靠自然而生存：不仅从自然得到物质给养，而且在道德精神和一切活动中，都能同自然达到最高的统一。《易·系辞传》：“《易》者象也，象也者，像也。”易象通向审美形象，是以形象说明义理。有些卦辞本身就是诗歌，有赋、比、兴三体。

《易传》所体现的生命意识，进一步说明中国传统艺术的审美观照是向上探求天地之外的“道”，向下俯察世间万物之“器”，向外关怀各种生命现象，向内洞视人的心灵世界，是一个完整的生命体系。《易·系辞传下》有“天地之大德曰生”之语；扬雄《太玄·大玄文》也说“天地之所贵曰生”。这里的“天”既是外在的，又是具有道德品格和感情色彩的。而“生”则具有两重意义：一为自然生命；二是从自然生命中超升出的天地创造精神。

乾道变化，各正性命。[②]

一阴一阳之谓道，继之者善也，成之者性也。……成性存存，道义之门。

《易·系辞传上》

“生”为天地之心、为天地之本、为天地之性。“为天地立心”就是以人的心灵、人的情感面对天地、自然、山水。

尽管庄子竭力推崇人格、精神上的超越之美，然而其笔下的绝大多数寓言人物，却是或癞或狂、残缺不全和丑陋无比的病态形象。这是由于庄子站在“得道”的高度，从养生的角度以思辨的眼光看待形体。在庄子看来，形并非养生的关键，全形有时还有害于养生；全生之道在于全性、全德，在于内在的心性修养，《庄子》还借孔子、颜回之口道出“心斋”（《庄子·人间世》）的思想。形体的丑、残、缺、怪皆无碍于养生，相反，有时形愈丑怪，德愈充实，绝对的精神可以超越相对的形体，“德有所长而形有所忘”，充实之德能够化缺为全，化丑为美。这种外在形体的丑恶，是为了突出庄子对人精神超越的注重。内外的强烈反差恰恰衬托出内在精神的至美、纯净、洒脱。

《庄子》发挥《诗经》“牂羊坟首”的荒怪丑恶的趣味，开创了以丑为美的境界[①]，为以后园林中以丑石为典型的“审丑”打下了美学基础。庄子这种内外美丑的矛盾，与孔子注重内外统一的尽善

① 李泽厚：《中国古代思想史论》，123页，合肥，安徽文艺出版社，1994。

②《易·彖传·正义》云：天本无情，何情之有？而物之性命，各有情也，所禀生者谓之性，随时念虑谓之情。

尽美、文质彬彬形成鲜明对比。无论如何，外在的美与丑毕竟有着巨大差异。

值得注意的是，在庄子影响甚巨、以“魏晋风度”为代表的魏晋时期，士人却极为注重人的容貌、仪表、风度与内在气质、精神的完美结合，堪称中国历史上的唯美主义时期。如果说士人的风流放达是对庄子之超越精神的继承，人物品藻所反映的唯美主义倾向却与庄子格格不入，没有任何对话可言，反而与孔子的行为和观点不谋而合；而如前所述，庄子的人格美也是基于孔子儒学对美的认识这一前提条件。这就不能不令人重新审视孔庄对魏晋士风的不同影响，和各自在士人心目中的不同地位②。

庄子本身否定具体的感性形态——形象，而对“道”进行极端的发挥，达到抽象思辨的巅峰。因此，庄子本身存在不可回避的矛盾：既追求真实的生命本体和个体身心的绝对自由，又否定感性生命和感性形象，过分强调对道的体认，天地之美只是道的显现形式，由此而流入虚无。庄子所重视的感性之美，多是残缺的、病态的；且常用相对论的观点看待物，由此否定感性对象自身的规定性，认为对象只在人的心灵境界中照面，否定留连物态。但庄子的生命本体中蕴含着潜在的艺术精神，即在否定艺术形象的同时，又经常运用多层形象的类比、寓意等感性思维方式。又《庄子·天道》曾说“夫天地者，古之所大也，而黄帝、尧、舜之所共美也”。这正是“天地有大美而不言”，实际上就是孔子的“天何言哉”与庄子赞美尧、舜的结合。因此庄子与中国艺术有着十分密切的联系，极大地影响了中国艺术的发展。

与庄子不注重具体感性形态不同，孔子儒家既关心万物之外的道，又能落实到具体的事物形态，上及渺渺天地，下至历历万物，二者相融相合，形成一种既具超越精神，又不脱离具体感性的活泼泼的生命精神。而这正是成就中国艺术生命精神的核心因素之一。庄子只是对儒家这一完整体系之一极进行了放大——逍遥乎尘垢之外的道，却忽略了另一方面，两宋理学则对此进行了更充分更完整的阐明引申。卷石勺水——以大观小，小中见大，就是基于这种审美观照方式。后文论及魏晋山水美学的发展，也是艺术回归其本身的特点规律的结果——感性、形象思维而非抽象的逻辑思辨，“庄老告退，而山水方滋”，由沉缅于庄老万物之外的道，转为“山水以形媚道而仁者乐”——感性形象与超越精神的完美结合，实乃儒家思想的升华！

孔儒的天人合一、参天地赞化育、万物皆备于我、与天地万物同流……是“物皆著我之色彩”。因为在儒家眼里，物皆有情，人的情感投射到山水自然上，

① 李泽厚，刘纲纪：《中国美学史》，第1卷，256~261页，北京，中国社会科学出版社，1984。

② 详见本书第六章对魏晋时期社会主流文化和人物品藻的论述。

则与之同情。与此相对，庄子的同一物我，却是泯灭了人的主体之后的冷静旁观。这在《庄子》中也体现为不容忽视的矛盾。

2. 对自然审美及其境界的认识

《老子》第二十五章有“人法地，地法天，天法道，道法自然”之语，张岱年《中国哲学大纲》中曾指出：

前人多解自然为一名词，谓道取法于自然，此大误。自然二字，《老子》书中曾数用之……皆系自己如尔之意，非一专名，此处当亦同，不得视为一名词。其意谓道更无所取法，道之法是其自己如此。

庄子所谓的“自然”与老子的“自然”一样，也应理解为“自然而然”“自己如此”之意。然而园林史研究中大凡言及“自然美”，便以“自然”为老庄所尚，其误会的根源正在于对“自然”的理解。与老庄不同，现代“自然”一词的概念，应与古言之“天”“天地”或“天地万物”相通。

冯友兰先生提出人的四种境界：自然境界、功利境界、道德境界与天地境界[①]，并且认识到庄、儒的差别在于审美境界的不同：道家“常将天地境界与自然境界相混，常将在自然境界中底人所有底原始底浑沌，与在天地境界中底人的浑然与物同体，混为一谈”[②]。而以宋明道学为代表的儒家圣人认为“万物皆备于我”，“天地之用，皆我之用”，已“浑然与物同体”，与天地同其广大，无所谓内外，廓然而大公，物来而顺应，实际是达到了超越道德的天地审美境界。[③]

（1）主体意识

《世说新语·言语》记载：

简文入华林园，顾谓左右曰：“会心处不必在远。翳然林水，便自有濠濮间想也。觉鸟兽禽鱼，自来亲人。”

人们往往由此联想到庄子的“鱼乐”：

庄子与惠子游于濠梁之上，庄子曰：“鲦鱼出游从容，是鱼之乐也。”惠子曰：“子非鱼，安知鱼之乐？”庄子曰：“子非我，安知我不知鱼之乐？”

《庄子·秋水》

然而仔细分析就会发现二者却具有不同的境界。较之庄子冷静旁观的“鱼乐”，简文帝的“觉鸟兽禽鱼，自来亲人”，带有更强烈的主体意识，正如《中庸》的“鸢飞鱼跃”一样，是孟子所强调的“万物皆备于我”；他所强调的会心，是审美主体情感发酵的结果，正像刘勰《文心雕龙·物色》中所说：“目既往还，

---

① 涂又光：《冯友兰选集》，193~196 页，天津，天津人民出版社，1994。自然境界的特征是其行为是顺才或顺习的，即普通所谓率性；功利境界的特征是其行为是为自己之利；道德境界的特征是其行为是“行义”的；天地境界的特征是其行为是“事天”的。“他已完全知性，因其已知天。他已知天，所以他知人不但是社会的全的一部分，而并且是宇宙的全的一部分。不但对于社会，人应有贡献；即对于宇宙，人亦应有贡献。……可以‘与天地参’……可以‘与天地比寿，与日月齐光’。”

② 涂又光：《冯友兰选集》，221 页，天津，天津人民出版社，1994。

③ 涂又光：《冯友兰选集》，24~245 页，天津，天津人民出版社，1994。

心亦吐纳”，“情往似赠，兴来如答”，是主体的人与客体的自然界之翳然林水、鸟兽禽鱼的和谐互动。正是由于这种儒家思想的铺垫，简文帝再来欣赏庄子的“鱼乐”，才会产生“自来亲人”的主体感受。

（2）场所精神

尽管老庄的自然并非大自然，但不可否认的是，《庄子》一书多次流露出强烈的场所精神，如描写孔子教学的自然环境：

孔子游于缁帷之林，休坐乎杏坛之上。弟子读书，孔子弦歌鼓琴。

《庄子·渔父》

所谓杏坛，注为“长有许多杏树的水泽中的高地”[①]。树木繁茂，浓荫蔽日，红杏拂风，碧水环绕，乐声、歌声、读书声交相呼应，构成了一幅何等美妙和谐的天人图画！虽然顾炎武认为“杏坛不必有其地”[②]，但是“杏坛”作为一种文化符号，其透露出的场所精神和美学意蕴，却备受后代文人的推崇而成为与教育相关的美称[③]。更重要的是，这种描写绝非偶然，大有“曾点气象”的韵味，是对孔子儒学美学精神的借鉴、吸收和放大！

庄子山水场所精神的另一表现，也是借仲尼之口说出：

山林与，皋壤与？使我欣欣然而乐与！

《庄子·知北游》

但是庄子紧接着又说：

圣人者，原天地之美而达万物之理，是故至人无为，大圣不作，观于天地之谓也。

庄子只追求精神的无限扩大，而未求得个体与社会的和谐。《庄子·齐物论》所说的“天地与我并生，而万物与我为一”，实际是泯灭个体的存在。与此不同，孔子所言之大美，是心理容量之大，从个体的人格完善出发，目的是“为天地立心”，园林的作用正是协调个体的人与社会的关系。

（3）天地大美

《论语·阳货》曾说：

天何言哉？四时行焉，百物生焉，天何言哉？

《庄子·知北游》对此引申发挥说：

天地有大美而不言，四时有明法而不议，万物有成理而不说。

庄子实是借此发挥孔子所赞颂的尧舜之无为。《庄子·天道》载舜与尧关于“天王之用心”的对话中说：“美则美矣，

---

① 张耿光：《庄子全译》，567页，贵阳，贵州人民出版社，1991。

② 明末顾炎武《日知录·杏坛》考证认为：《庄子》书凡述孔子，皆是寓言，渔父不必有其人，杏坛不必有其地。即有之，亦在水上苇间、依陂旁渚之地，不在鲁国之中也明矣。今之杏坛，乃宋乾兴间四十五代孙道辅增修祖庙，移大殿于后，因以讲堂旧基甃石为坛，环植以杏，取“杏坛”之名名之耳。

③ 刘彤彤：《中国园林化教育环境的场所精神及其文化传统浅析》，载《天津大学学报（社会科学版）》，2011(1)，22~25页。

而未大也。……天德而出宁，日月照而四时行，若昼夜之有经，云行而雨施矣。”因此《庄子》的作者感叹道：

夫天地者，古之所大也，而黄帝、尧、舜之所共美也。故古之王天下者，奚为哉？天地而已矣。

天地固有常矣，日月固有明矣，星辰固有列矣，禽兽固有群矣，树木固有立矣。①

这些与“天何言哉”“天地有大美而不言”是同样的意思。

孔子还曾对“无声之乐”论述说：

夙夜其命宥密，无声之乐也。……无声之乐，气志不违……无声之乐，气志既得……无声之乐，气志既从……无声之乐，日闻四方……无声之乐，气志既起……

《礼记·孔子闲居》

意在赞扬高邈神逸，与人的精神境界妙合无垠的音乐。老子“大音希声”，“大象无形”的自然全美思想与此如出一辙。只不过老庄是为自然而艺术，孔子则是为人生而艺术。

（4）游艺游心

孔子的“游于艺”与庄子的“逍遥游”亦有异同。孔庄之同，首先在于对“精神自由”的追求，“孔颜乐处”的克己、安贫、忘忧，“曾点气象”的无为和精神超越，与庄子的“绝圣弃智”、逍遥方外，都与常人、常情迥异。其次，孔、庄又都追求天地之大美。不同的是孔子偏重意志自由，而庄子更注重情态自由；孔子的“游于艺”完全融入自然与现实世界，而庄子则是“游心”于尘世之外。

《庄子·天道》总结说：

天道运而无所积，故万物成；帝道运而无所积，故天下归；圣道运而无所积，，故海内服。明于天，通于圣，六通四辟于帝王之德者，其自为也，昧然无不静者矣。圣人之静也，非曰静也善，故静也；万物无足以铙心者，故静也。……水静犹明，而况精神！圣人之心静乎！天地之鉴也；万物之镜也。夫虚静恬淡寂漠无为者，天地之本，而道德之至，故帝王圣人休焉。休则虚，虚则实，实者备矣。虚则静，静则动，动则得矣。静则无为，无为也，则任事者责矣。无为则俞俞，俞俞者忧患不能处，年寿长矣。夫虚静恬淡寂漠无为者，万物之本也。明此以南乡，尧之为君也；明此以北面，舜之为臣也。以此处上，帝王天子之德也；以此处下，玄圣素王之道也。以此退居而闲游，则江海山林之士服；以此进为而抚世，则功大名显而天下一也。静而圣，动而王，无为也而尊，朴素而天下莫能与之争美。

夫明白于天地之德者，此之谓大本大宗，与天和者也；所以均调天下，与人和者也。与人和者，谓之人乐；与天和者，谓之天乐。

老子把儒家的“有为”引入补充杨朱的“为己”、避让的思路，形成“无为无不为”的新思路。这是道中有儒的最典型的例子。实际上老子的无为，其目的是有为，是真正的“君人南面之术”。而孔子与庄子共同称许的尧舜无为之治，包含了更深层的人与自然的关系、宇宙观和天地境界在其中，与老子是有区别的。

---

①《庄子·天道》，后者由老聃说出，却与孔子的观点不谋而合，实在耐人寻味。

3. 人格追求的差异

李约瑟在《中国之科学与文明》一书中指出："中国人的特性中很多最吸引人的地方，都来自道家的传统，中国如果没有道家，就像大树没有根一样，道家在中国文化中，至今还是生气蓬勃的。道家的精神影响了中国二千多年，对知识分子的影响尤为深刻，它渗透在中国文人的骨子里，构成了中国知识分子人格中孤高、傲放、羞与权贵为伍的一面。"①

李约瑟的论述虽有其片面性，但却提出了一个中国知识分子的共同特点。孔子所讲的"君子"，也就是所谓"士"，就是指春秋时期与土地所有权分离的"精神贵族"，他们代表的精英文化构成中国封建社会的主流文化。士阶层更直接地面对着灵与欲、神与形的纠缠，更直接地面对着个人与社会、自由与必然、选择与历史的矛盾。士阶层越是拥有真理，视野就越开阔，就越是着眼于未来的设计和自身品格的塑造，就越是不受阶级和时代的局限——这是其精神上的自由。儒、墨、道三家，都以不同的立场表达了一个共同的内涵，即对人、对人的价值、人的权利、人的自由本性的肯定。

余英时在《士与中国文化》中指出，西方所谓"知识分子"的产生与两种文化传统有关，一是古希腊哲学家一再强调的"理性"，二是基督教的文化、社会使命感。而始于孔子的中国传统人格理想——对士阶层的价值取向，恰恰是融合了"理性精神"与一种近乎宗教精神的使命感。与西方不同的是，以柏拉图、亚里士多德为首的希腊哲学，将世界分为真理和现实两个截然分开的世界，由此形成西方典型的二分思维，以至于导致"静观的人生"与"行动的人生"二者的分离。从某种意义上说，庄子对人生超越境界的追求，正好与希腊哲学真理世界的静观人生相吻合；而以孔子为代表的儒家，包括后来的理学和中国化了的禅宗，都是将超越世界中的"道"与现实的"人伦日用"融为一体。所以，尽管庄子思想中超越性与中国传统艺术的核心精神不谋而合，在艺术的发展中发挥着潜在的积极作用，然而在人格追求上的差异却使其远不如孔子那样影响深远。

庄子思想的核心是对人生的思考，而庄子人生哲学的基本方向和内容，就是如何超越人生困境。这种困境首先是来自自然的生死之限，面对短暂的人生，庄子发出了"人生天地之间，若白驹之过隙，忽然而已"的感叹，进而要求从此困境中超脱出来。庄子的这种超脱，并不企求人的感性存在的永生，而是求得精神的超脱，最终达到一生死，齐物我。

庄子的理想人格是至人、真人，是人对自身的超越。如前所述，孔子则追求文质彬彬、尽善尽美的现实人生，并

① 转引自孙以楷，甄长松：《庄子通论》，3页，北京，东方出版社，1995。

且具有多层面的复杂趋向，既有对精神的超越本体的追求，又不舍弃实实在在的感性生活；既要做济世安邦的栋梁、文化传播的使者，又要时刻保持精神、道德、情操的内修。可以说，儒学人格的包容性是任何其他学派所无法相比的，庄子的人格理想自然也包含其中，只不过庄子更为强调。庄学所谓“道”，归根结底也是做人之道，即真正的人道。

庄子的超脱还表现在对先秦礼乐传统的超越态度。礼、乐分别代表了来自社会的约束和个人情感欲望的桎梏。《论语·雍也》说“知之者不如好之者，好知者不如乐之者”，此种“乐”，正是人生价值的要义，也意味着孔子的超越始终围绕“乐感文化”这一中心。体现孔子人生意义的“孔颜乐处”，意味着人的伟大、道德的庄严和崇高之美：孔子肯定人的生存需求、社会需要、社会存在、隐忍救世、安贫乐道的使命感，不计较世俗功利、贞固于仁义至上的道德意识，尊重主体的地位和改造社会的能动性等。孔子重视从人的亲身感受的升华汲取乐意，侧重于社会环境的整饬，并且认识到必须以个体人生的调节来拯救世风。庄子要解决的是个体安身立命的问题，而孔子则赋予自己以“任重而道远”的社会责任，人生的意义就是要弘道践道、改造社会。这是自我价值与社会价值相联系的结果。孔子的高明之处在于：他一方面对人生存欲望的共性给予“人同此心”的肯定，另一方面对社会存在抱着客观的态度，对当时的私有制世俗，给予有条件的承认。因此，孟子称赞孔子为“圣之时者也”（《孟子·万章下》）。

与孔子不同，庄子巧妙地采取“可不可”的旁观态度，否定人的社会存在和世俗的一切，相反却复活了内在精神而向精神的“无不为”发展。一方面，庄子主张在世俗中“难得糊涂”：“方生方死，方死方生”(《庄子·齐物论》),“以死生为一条，以可不可为一贯”(《庄子·德充符》)，庄子泯灭物我、齐一生死的人生，在某种程度上讲是对士人人格的亵渎和贬低；另一方面庄子又认为“成然寐，蘧然觉”（《庄子·大宗师》），“适来，夫子时也；适去，夫子顺也。安时而处顺，哀乐不能入也”（《庄子·养生主》）。与孔子树立人类在宇宙中的主体地位不同，庄子主要优先考虑整个宇宙的人道服从天道的秩序，否定人在宇宙中的至上地位，从天道整体需要上设定人的内涵。

孔子与庄子的相似之处在于，孔庄都觉悟到内在世界贞固的重要，实际上都在追求“内圣”。孔子讲“为仁由己”，重视主体德性能力；庄子在“心如死灰”的表象下，在道德层次上却主张“哀莫大于心死，而人死亦次之”（《庄子·田子方》)，反对“其形化，其心与之然”(《庄子·齐物论》）。因此，孔庄有强调内在精神自觉的交叉点。

4. 仕与隐

如本书第四章所述，孔子是中国历史上系统提出隐逸理论的第一人。

首先，孔子确立了成为“隐士”的标准和前提条件，即是具有主体人格和自我修养的“士”——知识分子。

其次，孔子和孟子都认为“隐”是对道的维护，是对无道的抗议与不合作。

道不行，乘桴浮于海。

《论语·公冶长》

邦有道，则知；邦无道，则愚[①]。

《论语·公冶长》

邦有道，则仕；邦无道，则可卷而怀之。…君子谋道不谋食。耕也，馁在其中矣；学也，禄在其中矣。君子忧道不忧贫。

《论语·卫灵公》

士志于道。

《论语·里仁》

不义而富且贵，于我如浮云。

《论语·述而》

笃信好学，守死善道。危邦不入，乱邦不居。天下有道则见，无道则隐。邦有道，贫且贱焉，耻也；邦无道，富且贵焉，耻也。

《论语·泰伯》

邦有道，危言危行；邦无道，危行言孙。……贤者辟世，其次辟地，其次辟色，其次辟言。……深则厉，浅则揭。

《论语·宪问》

隐居以求其志，行义以达其道。

《论语·季氏》

子路曰：“……君子之仕也，行其义也。”……子曰：“不降其志，不辱其身，伯夷、叔齐与！”谓“柳下惠、少连，降志辱身矣，言中伦，行中虑，其斯而已矣。”谓“虞仲、夷逸，隐居放言，身中清，废中权。我则异于是，无可无不可[②]。”

《论语·微子》

居天下之广居，立天下之正位，行天下之大道，得志，与民由之；不得志，独行其道。富贵不能淫，贫贱不能移，威武不能屈，此之谓大丈夫。

《孟子·滕文公下》

穷则独善其身，达则兼善天下。

《孟子·尽心上》

天下无道，以身殉[③]道。……待文王而后兴者，凡民也。若夫豪杰之士，虽无文王犹兴！

《孟子·尽心上》

曰：“然则孔子之仕也，非事道与？”曰：“事道也。”

《孟子·万章下》

隐居的积极意义正在于隐居求志，行义达道。

因此《左传·襄公三十一年》评价说：

鸟兽不可与同群……天下有道，丘不与易也。

《史记·孔子世家》也说：

鲁自大夫以下皆僭离于正道，故孔子不仕，退而修诗书礼乐，弟子弥众……（时机成熟）其后定公以孔子为中都宰，一年，四方皆则之。

孔、孟之后，《荀子》《易传》发展了孔子的隐逸理论；《中庸》更进一

① 孔安国以为愚是“佯愚似实”。

②《孟子·万章下》解释“无可无不可”：可以处而处，可以仕而仕。……孔子，圣之时者也。“无可无不可”对魏晋产生极大影响，如嵇康等的隐居放言。

③ 殉：从之义。

步提出：

君子尊德性而道问学，致广大而尽精微，极高明而道中庸。……是故居上不骄，为下不倍（背）。国有道，其言足以兴；国无道，其默足以容。诗曰：既明且哲，以保其身。其此之谓与。[①]

另外，孔子的“隐逸”是十分注重变通的，一如他所主张的对狂狷人格的肯定，以及对待仕、隐关系时“我则异于是，无可无不可”的权变。《庄子》中有关孔子穷、通的大量资料可以互证。美国学者郝大维、安乐哲评价孔子论“无为”说：

一个能充分把他的个性综合到整体中的统治者其实就是无为的人。[②]

实际上颜回和孔子都是有些出世倾向的人，孔子曾对颜回说：“用之则行，舍之则藏”（《论语·述而》），《庄子》里面便借孔子和颜回之口提出了“心斋”“坐忘”之说：

回曰：“敢问心斋？”仲尼曰：“若一志。无听之以耳而听之以心，无听之以心而听之以气。听止于耳，心止于符。气也者，虚而待物者也。唯道集虚。虚者，心齐也。”

《庄子·人间世》

（颜回）曰：“回坐忘矣。”仲尼蹴然曰：“何谓坐忘？”颜回曰：“堕肢体，黜聪明，离形去知，同于大通。此谓坐忘。”

《庄子·大宗师》

显然庄子是对孔、颜的继承和发展引申。

刘长林提出庄子哲学中存在的二难推理：既然“坚持与‘道’同体，坚持超离世俗，拱默山林，就必须在有为与无为、游内（入世）与游外（出世）、至人与圣贤之间划一道鸿沟，可是这样做则与齐万物、一是非，取消一切对偶的理论相背离。反过来，如果坚持把‘道通为一’的观点贯彻到底，那么有为与无为、游内与游外、至人与圣贤之间的对立和差异也应一笔勾销。于是道家超世离俗的宗旨就不得不放弃”[③]。魏晋时期，郭象根据其本人的政治需要，选择后者：

所谓无为之业，非拱默而已；所谓尘垢之外，非伏于山林也。

《庄子注·大宗师》

夫无为也，则群才万品各任其事，而自当其责矣。……夫工人无为于刻木而有为于用斧，主上无为于亲事而有为于用臣。臣能亲事，主能用臣；斧能刻木，而工能用斧。各当其能，则天理自然，非有为也。若乃主代臣事，则非主矣；臣秉主用，则非臣矣。故各司其任，则上下咸得而无为之理至矣。

《庄子注·天道》

郭象提出的无为新解是各司其任，各尽其职，正是孔子的无为[④]。

---

① 孔颖达注曰：既能明晓善恶，且又是非辨知，以此明哲，择安去危，而保全其身，不有祸败。

② 郝大维，安乐哲：《孔子哲学思微》，126页，南京，江苏人民出版社，1996。

③刘长林：《中国系统思维》，154~155页，北京，中国社会科学出版社，1990。

④《论语·卫灵公》：“无为而治者，其舜也与？夫何为哉？恭己正南面而已矣。”《论语·为政》：“为政以德，譬如北辰，居其所而众星共之。”

其实，儒道之间对待仕与隐的态度并非那么绝对，甚至还有许多共通之处。如前文一再阐述的，孔子和颜回都是有出世倾向的。《庄子·让王》载颜回对孔子“胡不仕”的提问回答说：“不愿仕。回有郭外之田五十亩，足以给馆粥；郭内之田十亩，足以为丝麻；鼓琴，足以自娱；所学夫子之道者，足以自乐也。回不愿仕。”既印证了颜回的出世倾向，又与《礼记·儒行》的内容不谋而合。《让王》中写“原宪居鲁，环堵之室，茨以生草；蓬户不完，桑以为枢而瓮牖；二室褐以为塞；上漏下湿，匡坐而弦”，又写“曾子居卫，缊袍无表，颜色肿哙，手足胼胝。三日不举火，十年不制衣，正冠而缨绝，捉衿而肘见，纳屦而踵决。曳纵而歌《商颂》，声满天地，若出金石”。简直就是“孔颜乐处”的翻版。庄子以此说明“养志者忘形，养形者忘利，致道者忘心”。

庄子虽竭力追求自然、天道，用荀子的话说是“蔽于天而不知人”，然而对宇宙起源问题并不特别关心：

> 六合之外，圣人存而不论；六合之内，圣人论而不议。
>
> 《庄子·齐物论》

庄子真正关心的还是人，故而严复论《人间世》说：“然而人间不可弃也。……是故庄者非出世之学也”①。余英时先生由此认为庄子“不但不离乎人间，而且不忘情于政治”②，是很有道理的。庄子的所谓逍遥游是对无道政治的逃脱。这与中国古代对人自身的重视、对现实人间的重视分不开。

老子也是有处庙堂之高的入世思想，只不过老子采取的是以退为进的入世之道。《老子》中有圣人“为而弗志也，成功而弗居也”(《老子·第二章》)，“功遂身退，天之道”(《老子·第九章》)，“功成身遂，百姓皆谓我自然”(《老子·第十七章》)；《史记·庄申韩列传》中老子也对孔子说：“且君子得其时则驾，不得其时则蓬累而行。”《庄子·天地》中华封人对尧说：“天下有道，则与物皆昌；天下无道，则修德就闲”，与孔子“有道则见，无道则隐”，“邦有道，则仕；邦无道，则可卷而怀之”如出一辙。《庄子·缮性》有“隐，故不自隐。古之所谓隐士者，非伏其身而弗见也，非闭其言而不出也，非藏其知而不发也，时命大谬也。当时命而大行乎天下，则反一无迹；不当时命而大穷乎天下，则深根宁极而待：此存身之道也。”其对待出、处、仕、隐的辩证观念，表现出与孟子惊人的一致性。

孔子隐逸观的积极意义在于，增强了士人的自我调适机制，为其人生提供了双向的价值取向。而庄子仅仅退处一端，以远害全身、无用之用作为人生的最终目标。

---

① 转引自余英时：《士与中国文化》，50页注，上海，上海人民出版社，1987。

② 转引自余英时：《士与中国文化》，50页注，上海，上海人民出版社，1987。

5. 对知性思维的认识

《庄子·天道》曾说：

语之所贵者，意也，意有所随。意之所随者，不可以言传也。

《庄子·外物》曰：

筌者所以在鱼，得鱼而忘筌；蹄者所以在兔，得兔而忘蹄；言者所以在意，得意而忘言。

这里的“得意忘言”对魏晋时王弼的“得象而忘言”“得意而忘象”的言、意、象之辩起了积极作用。

庄子一再强调虚静、心斋、坐忘等，意在破除“成心”（即今之所谓偏见）对人思维的阻碍作用。人一有了成心，便不免有主观成见，不免以己为是，以他为非。成心得到满足就是善，不尽人意便是恶，于是把是非善恶观念强加给社会，甚至强加给大自然。成心实系非此即彼的知性思维方式，从成心出发，现实即为是非善恶所二元分裂。人的知识为知性所遮蔽，把瞬息即变的、两可的、相对的东西，误作不变的、唯一的、绝对的真理。人被抽象的、片面的、孤立的知性范畴所支配，故而把自己也抽象化、片面化、孤立化了。庄子认识到，人由于“成心”的羁绊而成为外物的奴隶，这与孟子的“物交物，则引之而已矣”相得益彰，都是说人心为外物所吸引去了。

庄子的人生境界，统而言之即“逍遥无待”，就是打破成心的限制，做到“乘物以游心”（《庄子·人间世》）而“顺物自然”（《庄子·应帝王》）。逍遥游的“游”字，便是“游心”的简称。“游心”又特指游于观念世界，尤其指不受对立范畴的逻辑限制，打破自我与非我、非我与非我、自我与自我的绝对分界，即是不是、然不然、可不可，非此即彼的思维方式。细言之，则是“圣人无名”“神人无功”“至人无己”（《庄子·逍遥游》）。所谓“无名”，即打破自我与非我的对立，洗刷内心功名利禄的观念。所谓“无功”，即打破非我与非我的对立，要顺应自然规律。所谓“无己”，就是要破除自我与自我的对立，即齐一生死，视死如归，客观地看待生死问题。

庄子的“游心”不仅可以达到心理治疗的目的，也能够打破知性思维的遮蔽，客观地认识矛盾，把握规律，还可以使人高尚其志，道德完美。因此庄子的人生哲学是与自然哲学浑然一体的。庄子的人生境界即自由，是对必然的认识。

四、孔庄及儒道关系

1. 儒道同源

当代学者萧兵、叶舒宪在《老子的文化解读》中提出“儒道同源”的大胆推断，为儒道关系提供了文化人类学方面的资料。

英国人类学家弗雷泽指出，最早的帝王是从原始社会中的祭司、巫师一类的神职人员发展而来的，他们从最初的半神半人的宗教性领袖，逐渐演变为国王。受原始巫术逻辑支配的早期人类思想方式认为，自然现象与人类活动之间可以产生神秘的交相感应，人类的自然灾害应由巫师、祭司承担全部责任，因此为了全体部落的利益经常以自身作为牺牲祭神赎罪[1]（图 5-3）。

图 5-3 国君含垢，天之道也（引自《钦定书经图说》）

《老子·第七十八章》有：

是以圣人云："受国之垢，是谓社稷主；受国不祥，是为天下王。"

《左传·宣公十五年》中记载宗伯曾说："……国君含垢，天之道也。"二者都隐含了这一早期人类文化现象。由此断定老子是原始巫史集团的末裔。日本学者白川静也曾据弗雷泽之说，提出"儒"的起源是能适应社会之需而做出牺牲的巫祝。[2]因此老子所引的"圣人"，也就是道家理想中的圣王，不是别的，正是原始的"儒"！

如果说以上论点只是文化人类学方面的推断，那么在湖北荆门郭店出土的楚简，其收录的古代儒道学术著作[3]，则为世人留下了更为可信的证据。值得注意的是，竹简所录的《老子》并无反儒特色！最突出的是将今本的"绝仁弃义"代之以"绝巧弃利"，与儒学斥"巧"摒"利"相一致，基本思想是与儒家相同的。竹简中有大量诸如"生为贵""天生百物，人为贵""人道为贵""道四述，唯人道为可道也""可为道者四，唯人道为可道也""是以君子人道之取先""大乐曰余才宅天心"等论述。这些现象足以证明，今本《老子》是后来道家传人"不断增益更改，历经数百年始定形的结集"；又从一个侧面说明儒道早期的相似与相近，儒道的对立实乃后人为之，"儒道同源"应是事实。[4]

① 詹姆斯·乔治·弗雷泽：《金枝》，北京，大众文艺出版社，1998。

② 叶舒宪：《诗经的文化阐释——中国诗歌的发生研究》，226 页，武汉，湖北人民出版社，1994。

③《光明日报》1998 年 10 月 29 日第 2 版《郭店楚简：终于揭开一个谜》载：其中儒家著作 11 种 14 篇，道家著作两种 4 篇。

④ 李泽厚：《世纪新梦》，201~210 页，合肥，安徽文艺出版社，1998。

2. 儒道互补

李泽厚在《美的历程》中提出“儒道互补”的概念，如今已被普遍接受。他认为庄子与孔门儒学是“对立的补充”：

从思想史的角度看，道家的主要代表庄子，毋宁是孔子某些思想、观念和人生态度的推演、发展者。所以，《美的历程》曾认为：

“还要从孔子开始。孔子世界观中的怀疑论因素和积极的人生态度（‘敬鬼神而远之，可谓知矣’，‘知其不可而为之’等等），一方面终于发展为荀子、《易传》的乐观进取的无神论（‘制天命而用之”，‘天行健，君子以自强不息’），另方面也演化为庄子的泛神论。孔子对氏族成员个体人格的尊重（‘三军可夺帅也，匹夫不可夺志也’），一方面发展为孟子的伟大人格理想（‘富贵不能淫，贫贱不能移，威武不能屈’），另方面也演化为庄子的遗世绝俗的独立人格理想（‘彷徨乎尘域之外，逍遥乎无为之业’）。表面看来，儒、道是离异而对立的，一个入世，一个出世，一个乐观进取，一个消极退避；但实际上它们刚好相互补充而协调。不但‘兼济天下’与‘独善其身’经常是后世士大夫的互补人生路途，而且悲歌慷慨与愤世嫉俗，‘身在江湖’而‘心存魏阙’，也成为中国历代知识分子的常规心理以及其艺术意念。……庄子尽管避弃现世，却并不否定生命，而毋宁对自然生命抱着珍贵爱惜的态度，这使他的泛神论的哲学思想和对待人生的审美态度充满了感情的光辉，恰恰可以补充、加深儒家而与儒家一致。……”①

庄子提出“人的自然化”的命题，与“礼乐”传统和孔子强调的“自然的人化”恰好既对立又补充。在儒道互补中，是以儒家为基础，道家被落实和同化在儒家体系之中——庄子所突出的“人的自然化”，在哲学上“被吸收和同化在儒家‘天人同构’的系统里，扩大了和纯粹化了这个同构（去掉儒家那些与人事、政治、伦理的牵强比附），并被现实地运用在实际生活中、人生态度中、锻炼身心中和文艺创作中、审美欣赏中。道家的‘人的自然化’成了儒家的‘自然的人化’的充分补足”②。

庄学这种与儒家美学思想的一致性，正是庄子在中国历代知识分子中具有如此的生命力，从而被推崇备至的真正原因；这也恰恰是历来研究者认识模糊不清，从而造成园林主要受庄子美学影响之误解的根本所在。

3. 孔子原始儒学构成庄学的学术背景

郭沫若认为庄子并非完全忘情世道的人，他也谈治天下的道理，但主张君道无为、臣道有为的无为主义，主张不费刑政，也不费礼乐，透露着儒家的本色，有其积极的一面。庄子思想是在儒学的

① 李泽厚：《华夏美学》，见《美学三书》，290~291页，合肥，安徽文艺出版社，1999。
② 李泽厚：《华夏美学》，见《美学三书》，330页，合肥，安徽文艺出版社，1999。

基础上，对孔子的某些思想加以吸收、改造，并进行创造性的发挥而建立的不同于儒学的思想体系。另一方面，《庄子》也使儒家学说第一次受到真正的影响，其后，《荀子》《礼记》等都明显融合和吸收了庄学的某些思想。

李泽厚认为，从根本气质上讲，庄子哲学与儒家的“人与天地参”的精神仍然接近，而离佛家、宗教及现代存在主义反而更为遥远，实际是补充了儒家的人格——心灵哲学[①]。庄子主张的“与物为春”“万物复情”、重视情感、肯定生命的人性追求，反对束缚、超越功利的审美的人生态度，早就潜藏在儒家学说之中[②]。而在自然美的观照上，孟浩然曾有诗云“儒道虽异门，云林颇同调”（孟浩然《题终南翠微寺空上人房》），恰如其分地道出了儒道、孔庄在园林艺术方面的共同之处，王安石、苏轼、郭沫若等学者的质疑，正是站在这一角度提出的。

这说明了孔子儒学构成庄学的学术背景。张仲谋的《兼济与独善》说得好：“所谓儒道互补，必须满足两个条件。一是各有偏重，所以有互补之必要；二是根本相通，所以有互补之可能。”在孔子那里，本无什么派别的概念，孔子的哲学思想具有极大的包容性；儒与道、孔与庄在根本上是相通的。而后人却将自己的思维定式强加于古人，不加分析地认定古代各个派别之间就是截然分开、互相对立的，它们彼此之间的融合也是对立的补充、吸收。孰不知，发源于同一文化传统的各派学说之间，本来就是你中有我、我中有你，没有明确的划分界限，更何况在先秦那样一个百家争鸣的自由学术氛围中，各家学术思想的互通性，就更非今人形而上学的思维方式所能理解和把握的了！

① 李泽厚：《中国古代思想史论》，190页，合肥，安徽文艺出版社，1994。
② 李泽厚：《华夏美学》，见《美学三书》，299页，合肥，安徽文艺出版社，1999。

第六章

魏晋玄学与山水美学再认识

理论思维仅仅是一种天赋的能力。这种能力必须加以发展和锻炼，而为了进行这种锻炼，除了学习以往的哲学，直到现在还没有别的手段。

——恩格斯《自然辩证法》

魏晋[①]以山水诗肇端的山水美学的发展，在包括园林在内的中国古典艺术史上，具有划时代的意义。魏晋时期特有的思维方式、生活方式、审美观照方式等，对中国园林美学的影响和意义，已经得到了学术界的广泛肯定和认同。

然而以往存在一种流行的观点，即社会战乱导致魏晋时期儒学衰退而庄老思想盛行。在不少人看来，东汉末年的动荡不仅使中国陷入分裂，也使士人的理想、信仰全盘崩溃，儒学的统治地位发生了动摇，礼教名分成了禁锢士人精神的枷锁，于是受老庄无为和崇尚“自然”思想影响的玄学取代了儒学；玄学影响下的放达士风是对儒家礼教的反抗；玄学是由道家的思想发展而来的，玄学的精神实质是老庄之学；所谓“道”即道家之道，所谓“玄”就是虚无；等等。在很大程度上，这些都是对魏晋时代思想主流的误解和偏见。

一、魏晋时期的园林发展

魏晋南北朝时期，中国园林已逐渐形成了皇家园林、私家园林和寺观园林并行发展的格局。

按照学术界公认的观点，中国的私家园林起源于汉代[②]。然而，已有的文献资料和近年的园林研究显示，早在先秦时期就有中国古代私家园林出现的可能性和现实性，只不过其雏形是一种园林化的景观或环境。先秦时期的私家园林现象包括平民园圃、贵族私园以及隐士之园。[③]在皇家苑囿占绝对统治地位的两汉时期，私家园林最初的表现是贵胄富商营建的私园。经过东汉张衡、梁冀、仲长统等人的发展和实践，到了魏晋南北朝时期，私家园林才以士人园林的形式独立出来，并产生了巨大而深远的影响。魏晋私家园林发展最突出的特点，是大量的士人（文人）园林取代此前贵胄富商的园林，以及对“山水”这一自然审美对象的深入发现。

由于战乱频繁、政权交替和财力限制，此时的皇家园林在规模、形制上都无法与以前的苑囿相比，但是布局却趋于精致细腻，景观日益丰富，叠石、理水的技巧也日臻成熟，这在很大程度上是受到了士人园林的影响。始兴于南北朝时期的寺观园林则直接脱胎于私家园林，实际上是宗教生活与士人园林的结合。可以说，在魏晋南北朝这样一个园林发展承上启下的转折时期，士人园林担当着一个十分重要的角色，园林的发展都是围绕士人园林而展开的。

随着东汉末期小农经济基础遭到破坏，庄园经济日益强大（图 6–1）。魏晋之际，儒家化的知识分子与门阀士族豪强势力进一步结合形成了一个贵族化的官僚地主阶层——士人阶层，他们在政治上享

① 本书所谓“魏晋”“魏晋南北朝”等只是笼统的说法，实际上包括三国、两晋、南北朝跨度 360 余年的时期。
② 周维权：《中国古典园林史》，2 版，69 页，北京，清华大学出版社，1999。
③ 吴莉萍：《中国古典园林的滥觞：先秦园林探析》，32~36 页，天津，天津大学，2003。

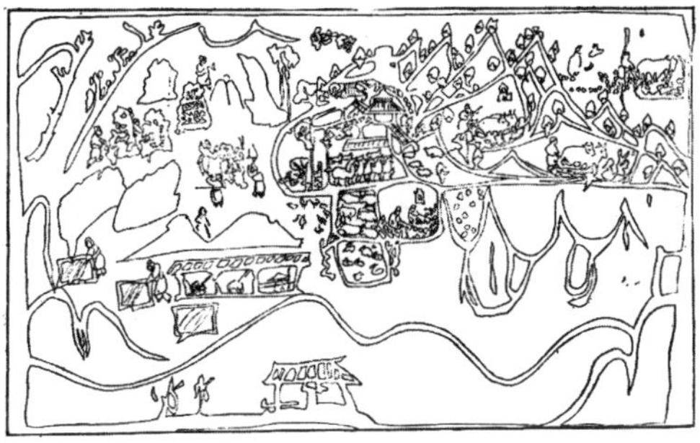

内蒙古和林格尔新店子汉墓壁画（引自《汉代物质文化资料图说》）

图 6-1　东汉时期的庄园

有极高地位和特权，或为皇亲国戚，或为世袭高官；在经济上具有雄厚资财，拥有大规模的土地、庄园；在文化上实行垄断而且本身具有极高的文化修养。因此，士人阶层在魏晋南北朝时期的社会生活和文化艺术上具有举足轻重的地位。

早期的士人园林是以庄园的形式出现的，是自给自足庄园经济的产物。庄园不仅是门阀士族地主的居住之所，而且兼有生产的职能。士人园林的兴起与晋初奢靡的社会风气有关。许多庄园都是世族争豪斗富的表现和结果。如石崇的金谷园就是当时典型的大型庄园别墅。

东晋以降，渡江后的北方士族与江南地方豪门势力相结合，地位更加稳固，加之江南地区优美的自然地理环境，使封山占泽、竞修园墅之风日盛。于是宗室贵戚，争事宅宇，以建康和会稽为中心，兴建了大批庄园。晋至南朝宋、齐时庄园的修筑达到极盛。这时的庄园别墅，不仅占据山川之美，而且规模之宏大、构筑之精美，远非北朝士族农庄所能比拟。典型如孔灵符的永兴别墅和谢灵运的山居等，都将范围广大的自然山川纳入了自己的庄园。

到南朝梁代，建园者以王侯宠幸者为多。编著《文选》的昭明太子萧统，“性爱山水，于玄圃穿筑，更立亭馆，与朝士名素者游其中”（《梁书·昭明太子传》）。其弟梁元帝萧绎封湘东王时则修筑了著名的湘东苑。皇帝与皇族成员本身就是典型的士人知识分子，士人园林也直接影响到皇家园林。皇帝直接延请士人为皇家规划、设计、监造园林，如南朝士人造园的代表人物张永曾为宋文帝造华林园、玄武湖。《宋书·张茂度传》载，元嘉二十三年（446 年），“造华林园、玄武湖，并使永监统，凡诸制置，皆受则于永”。

在庄园别墅兴建的同时，也出现了一批城市私园。这在《洛阳伽蓝记》中有大量描写。

值得注意的是，文人园林在魏晋时期的飞速发展，与当时的社会文化背景是息息相关的。魏晋南北朝时期的文人阶层——士人主体意识的觉醒，促成了其对生命的关注和对文化与艺术的自觉追求；士人在政治方面的地位提高和经济方面的独立，为其免除了生活上的后顾之忧，使其有闲情逸致醉心于清谈玄理、聚宴流觞、服食行散，逍遥于自然山水美景等风流放达的生活方式。（图 6-2）

魏晋士人这种特有的生活方式和人生追求，同样表现在其对隐逸的态度变化。大隐、小隐、朝隐、中隐等观念的出现与

（北魏）宁懋石室 河南洛阳出土（引自《中国美术全集》）

（北朝）敦煌莫高窟壁画（引自《中国历代装饰纹样》）

（北魏）宁懋石室 河南洛阳出土（引自《中国古代建筑史》）

图 6-2 魏晋南北朝时期石刻、壁画中的住宅建筑，从中可以看出建筑及其周围的园林化环境

践行，不仅形成了隐逸文化的分野，而且促使隐逸文化与山林泉石、与园林结下了不解之缘。

朝隐思想萌芽于西汉时期的东方朔，《史记·滑稽列传》曾记载其“避世金马门”的典故，东方朔《诫子诗》又云：“首阳为拙，柳惠为工。饱食安步，以仕代农。”反映了他避世于朝廷而不愿避世于深山的思想。继而晋人王康琚《反招隐诗》有“小隐隐陵薮，大隐隐朝市”之句，最早标明了小隐、大隐的定义，并以大隐为高。南朝齐著名山水诗人谢朓则最早提出了“中隐”的思想萌芽。谢朓《之宣城郡出新林浦向板桥》诗有句：“既欢怀禄情，复协沧州趣。嚣尘自兹隔，赏心于此遇。虽无玄豹姿，终隐南山雾。”表达了诗人的隐逸之思，而“既欢怀禄情，复协沧州趣”一句，可以说是继承东方朔和王康琚大隐传统的中隐理论之滥觞。于是，士人或借朝隐之名弋钓游逸于自己的庄园别墅，或自足自乐于优美恬静的山川田园，甚至有朝廷官府或世族名流在名山胜水为隐士们建造馆台楼阁。《晋书·郭文传》中的一段记载典型地反映了士人与园林的关系：“（郭）文少爱山水，尚嘉遁。……王导闻其名遣人迎之，文不肯就船车，荷担徒行。既至，导置之西园。……因以居文焉”。据《宋书》记载，刘宋初期苏州名士们曾集资在苏州“聚石引水，植林开涧”，为隐士戴颙建造园林；宋文帝特意在南京钟山西侧为隐士雷次宗建“招隐馆”，让他为皇太子及其他诸王讲授《丧服》经。又如《南齐书》载褚伯玉开始隐居于会稽的瀑布山，当时的许多官僚和新登基的齐高帝萧道成多次召请不出，于是高帝便下令在白石山建造了一座“太平馆”让其居住。真正能挽留住这些名士的，不是功名利禄，而是园林。园林不仅是隐居的环境，而且成了招隐的手段。

此时文学、绘画、书法等士人艺术与山水审美的同步发展，不仅成就了以山水诗画、山水园林为代表的魏晋艺术，造就了一大批杰出的艺术家，而且造就了许多著名的造园家，如石崇、陶渊明、谢灵运、庾信等。（图 6–3、图 6–4）

由此可见，要探究魏晋园林发展的成因，单单局限于园林本身是远远不够的，需要深入到社会、政治、思想以及士人的生活行为、人生态度等背景文化的层面，

（东汉）《山与飞鸟图》山西平陆枣园村汉墓出土壁画（引自《中国名画鉴赏辞典》）

图 6–3 中国最早的山水画

（东晋）顾恺之《洛神赋》（局部）（引自《中国名画鉴赏辞典》）

（北魏）山水人物（1）（引自《中国美术全集》）

（北魏）山水人物（2）（引自《中国美术全集》）

图 6-4 魏晋山水审美的发展在绘画方面的表现

涉及的内容更是囊括文学、绘画等所有与山水审美相关的士人艺术领域。

作为中国古代最伟大的文艺理论家之一，集魏晋文学艺术理论之大成的刘勰，在其“笼罩群言”“体大而虑周”的文艺理论巨著《文心雕龙》中就曾明确指出：

江左篇制，溺乎玄风，嗤笑徇务之志，崇盛亡机之谈。……宋初文咏，体有因革，庄老告退，而山水方滋。……情必极貌以写物，辞必穷力而追新：此近世之所竞也。

《文心雕龙·明诗》

刘勰的论断绝非空穴来风，他言简意赅地概括了魏晋山水诗的成因是“庄老告退，而山水方滋”，即以山水诗为代表的山水美学的繁荣，是以玄风的衰退为前提的，也就是庄老影响式微的结果。

既然“庄老告退”，那么取而代之的社会主流文化是什么？究竟是什么社会文化原因促成了山水美学在魏晋的迅速发展？魏晋士人的思想、行为表现与儒、道、玄的关系如何？玄学的本质是什么？对山水美学与园林发展又有怎样的影响呢？这些都是本章所关心和力求探讨的内容。

二、魏晋时代的主流文化

1. 师范百王，轨仪千载：为君权服务的儒学

玄学在魏晋士人中流行，这是不争的事实，但这并不等于儒学的衰落，相反儒学仍居于正统地位。对魏晋各代统治者来说，一直离不开儒家的纲常名教为其服务。

三国时曹操虽说“唯才是举”，但不忘“治定之化，以礼为首”，故主要还是“治平尚德行，有事赏功能”。因感于“后生者不见仁义礼让之风”，专门下《修学令》“令郡国各修文学”，“庶几先王之道不废，而有以益于天下”（《全三国文》）。魏黄初二年（221年），封孔子二十一世孙孔羡为宗圣侯，奉祀孔子。西晋司马氏为了巩固其政权，一矫曹魏取士先才后德的弊端，“举清远有礼之臣”（《晋书·傅玄传》），尤其十分重视儒学孝道，从而使西晋世族延续了东汉尚气节、崇儒术的遗风。

晋代以降，几乎每代皇帝都有“劝学”“兴教”“尊孔”等诏书、表记，鼓励、号召王侯子弟学习儒家“宪章典谟”。晋武帝于泰始四年（268年）下诏：

敦喻五教，劝务农功，勉励学者，思勤正典。无为百家庸末，致远必泥。士庶有好学笃道，孝悌忠信，清白异行者，举而进之。

《晋书·武帝纪》

东晋明帝永宁三年（325年）曾下《祀孔子诏》[①]；刘宋设儒学馆为四学之一，宋文帝于元嘉十九年（442年）下《劝学诏》《崇孔圣诏》，修复鲁郡孔子庙、孔子墓及学舍，元嘉二十三年又下《嘉奖师儒诏》（《宋书·文帝纪》）；齐武帝永明三年（485年）下《兴学诏》，永明七年下《量给孔子祭秩诏》，赞颂孔子的素王英风，从而“家寻孔教，人诵儒书，执卷欣欣，此焉弥盛”（《南齐书·陆澄传》）；齐明帝永泰元年（498年）诏曰：“仲尼明圣在躬，允光上哲，弘厥雅道，大训生民，师范百王，轨仪千载，立人斯仰，忠孝攸出，玄功潜被，至德弥阐。”《南齐书·明帝纪》后又下《复孔子祭秩诏》；梁武帝天

①（清）严可均：《全晋文》，1514页，北京，商务印书馆，1999。

监元年（502年）下《访百寮古乐诏》和《答何佟之等请修五礼诏》，反复强调“以礼乐为永准”，积极提倡儒家礼乐。[①]

出于政治和社会实践的需要，北朝少数民族政权从一开始就很重视对儒学传统观念的学习、吸收、继承和发扬。魏道武帝“始建都邑，便以经术为先，立太学，置五经博士生员千有余人”（《魏书·儒林传》序论）。之后北魏的各代帝王都继续重儒尊儒的传统。北魏孝文帝太和十六年（492年），“改谥宣尼曰‘文圣尼父’，告谥孔庙”（《魏书·高祖纪》），不仅大大提高了孔子和儒学的地位，还积极推行儒家的礼乐制度和伦理典范，“于是斯文郁然，比隆周汉”（《魏书·儒林传》序论）。北魏诸帝还起用儒士参政，典型如崔浩、高允、李彪、刘芳、崔光等。崔浩曾上《五寅元历》，表中说：“太宗即位元年，敕臣解《急就章》、《孝经》、《论语》、《诗》、《尚书》、《春秋》、《礼记》、《周易》，三年讫成。……遂得周公、孔子之要术。”因此，在这些帝王、儒士的大力倡导和积极推进下，“时天下承平，学业大盛。故燕、齐、赵、魏之间，横经著录，不可胜数。……至于兴和、武定之世，寇难既平，儒业复光矣”（《魏书·儒林传》序论）。

儒学与政权的结合，使这时期的佛道二教不得不与儒家思想求同，在三教融合的过程中，儒学始终处于正统核心地位。

2. 家寻孔教，人诵儒书：士人的家世传统

儒学之所以在玄学盛行的魏晋时期，依然受到官方和士人的重视，并得到很大发展，最直接的原因就是士人尤其是一些世族望门尊崇儒学的家世传统。

起源于孝友人家的琅邪王氏家族，是名冠六朝、流誉南北的中国第一豪门，正如《南史·王昙首传》引沈约语：“自开辟以来，未有爵位蝉联，文才相继如王氏之盛也。”

王氏家族为礼学世家，其魏晋时期的始祖王祥，德高望重，位居三公。他在给子侄辈的《训子遗令》中说：

> 夫言行可覆，信之至也；推美引过，德之至也；扬名显亲，孝之至也；兄弟怡怡，宗族欣欣，悌之至也；临财莫过乎让。此五者，立身之本。
>
> 《晋书·王祥传》

而他的子孙后代也没有辜负这位宗祖的期望，出现了一大批政治家、思想家、文学家、书法家和艺术家，活跃在魏晋时期的整个社会舞台。《晋书·王坦之传》曾载其言：

> 孔父非不体远，以体远故用近；颜子岂不具德，以德备故膺教。

其主导思想是尊崇孔颜的儒家体系。

其实，家世儒学的魏晋名士何止王氏一家！从嵇康等著名的“竹林七贤”到左思，再到陶渊明等，都有尊崇儒学

① （清）严可均：《全梁文》，第2卷，2956页，北京，商务印书馆，1999。

的家庭传统渊源。据《三国志·嵇康传》记载："（嵇康）家世儒学，少有俊才，旷迈不群" 。陶渊明的曾祖父陶侃为晋大司马，曾显赫一时（《晋书·陶潜传》）。其祖父陶茂为武昌太守（《晋书·陶潜传》），陶渊明在《命子》诗中称颂其祖"直方二台，惠和千里"[①]。陶渊明的妹妹是一位"有德有操""惟友惟孝"的淑女（陶渊明《祭程氏妹文》）。从弟陶敬远与他"念畴昔日，同房之欢，冬无缊褐，夏渴瓢箪；相将以道，相开以颜。岂不多乏，忽忘饥寒"（陶渊明《祭从弟敬远文》）。显然这些与其家世传统是分不开的。

更值得注意的是，对大多数魏晋名士来说，无论自己是恪守儒家的礼教也好，是放达、怪诞、不拘礼法也好，还是不为物撄、超然物外、不为五斗米折腰也好，却一致希望自己的子孙后代能遵守儒家的价值标准和行为规范。

以门阀士族作为社会政治基础的西晋前期，经学势力颇盛，朝廷提倡重礼兴儒。司马氏本是河内世族，司马炎本身就是一个典型的世族子弟，他在登上皇位前夕，给各郡中正之官发布了一道命令，要求以贯彻儒学思想的六条标准选拔人才：

一曰忠恪匪躬，二曰孝敬尽礼，三曰友于兄弟，四曰洁身劳谦，五曰信义可复，六曰学以为己。

《晋书·武帝纪》

只是在前面加上一条"忠恪匪躬"，其余与前引王祥的五条遗训大致相似，足见当时标榜儒学的时代精神。

作为司马氏政权基础的名门大族多是儒学世家，特别重视礼乐孝道。《晋书·傅玄传》载，武帝即位之初，傅玄便上疏敦行名教，称儒学为王教之首。荀崧《上疏请增置博士》："昔咸宁、太康、元康、永嘉之中……太学有石经古文，先儒典训，贾、马、郑、杜、服、孔、王、何、颜、尹之徒，章句传注众家之学，置博士十九人。九州之中，师徒相传，学士如林，犹选张华、刘实居太常之官，以重儒教。"

余英时即指出："宋明理学以前，儒家性命之学未弘，故士大夫正心修身之资，老释二家亦夺孔孟之席。唯独齐家之儒学，自两汉下迄近世，纲维吾国社会者越二千年，固未尝中断也。而魏晋南北朝则尤为以家族为本位之儒学之光大时代，盖应门第社会之实际需要而然耳！"[②]

3. 尊道重儒，以儒补释：道、佛两家对儒学的认同

（1）儒术，成之者由道

魏晋时期的两教并行主要有儒、道并行和儒、佛并行。儒学与庄老道学的关系

①《易·坤·文言》载"君子敬以直内，义以方外"，涵盖了修身与行道两方面。

② 余英时：《士与中国文化》，399页，上海，上海人民出版社，1987。

如前所述，在当时士人看来是殊途同归的。不同于原始的老庄[①]道家学说，作为中华本土文化滋育下发展起来的道教，最早产生于东汉后期。由汉末至西晋，道教在形成的初期处于多元发展的状态，并未形成全国统一的组织和教义，但依托道家、宗法黄老是其共同的特点。至东西晋之交，葛洪及其道教理论著作《抱朴子》的出现在社会各层产生了极其广泛的影响，还仿照佛学、儒学，制作了大量的道书经典，道教才由民间道教转化为神仙道教。

道教在其酝酿和形成的过程中，就已经掺入了一些儒学的影响。葛洪“少好学，家贫，躬自伐薪，以贸纸笔，夜辄写书诵习，以儒学知名”，本就精通儒学。他自称“（《抱朴子》）其内篇言神仙方药、鬼怪变化、养生延年、禳邪却祸之事，属道家；其外篇言人间得失，世事臧否，属儒家”（《抱朴子·外篇·自叙》）。实际上，通观《抱朴子》一书，内外篇并非确切地分为道、儒两家思想，全书也不仅仅是儒、道两家的内容和精神，实则是以道家为主，杂糅儒、墨、名、法各家思想的神仙道教理论体系。葛洪在《抱朴子》内篇中，一方面极力抬高道教的地位，另一方面又花费了极大的力气论证道与儒的统一和并行不悖。

首先，葛洪从思想本源入手，论证道与儒的统一：“今苟知推崇儒术，而不知成之者由道”（《抱朴子·内篇·明本》）。他把儒家所讲的关于社会原则的“道”和道家学派所讲的宇宙本体之“道”合二为一，把儒家之道看成道家之道的有机组成部分和派生物。由此得出“道者儒之本也，儒者道之末也”，“黄老执其本，儒墨治其末耳”的结论——儒学之道就是道家之道，只不过儒学的治世原则不得道之本，仅是对道的补充。葛洪这种做法，“不如郭象之把‘名教’作为自然存在、从而融入自然之‘道’的理论更具哲学的思辨性，但同样为后代儒学把伦理纲常上升到本体性的‘天理’高度，儒学思想体系哲学化奠定了基础”[②]。

在此基础上，葛洪进一步引申出儒道既互有分工又相互补充，二者并行不悖的观点：

> 仲尼，儒者之圣也；老子，得道之圣也。儒教近而易见，故宗之者众焉。道意远而难识，故达之者寡焉。道者，万殊之源也。儒者，大淳之流也。三皇以往，道治也。帝王以来，儒教也……所以贵儒者，以其移风易俗，不唯揖让与盘旋也。所以尊道者，以其不言而化行，匪独养生之一事也。若果儒道有先后，则仲尼未可专信，而老氏未可孤用。
>
> 《抱朴子·塞难》

在此，葛洪明确提出“尊道重儒”的主张，意谓道家“无为”与儒家“有为”，皆有助于修身养性、移风易俗、经国理世，故并重之。对于治国阶段的划分，金毅指出三皇以往的“道治”阶段，实是道家所

① 关于“庄老”和“老庄”称谓的变化，参加本章第四节。

② 刘振东：《中国儒学史：魏晋南北朝卷》，302页，广州，广东教育出版社，1998。

谓清静无为而小国寡民纯朴自治的阶段；随着奴隶制、封建制国家的建立，道家的“无为”学说不能直接解决社会矛盾与冲突，因而能具体解决治国问题的儒家学说和儒家文化便在统治者提倡和支持下发展起来，在一定程度上，取代了道家在上层建筑、意识形态领域的统治地位。[①]

在葛洪的这些道教理论中，“处处流露出在儒学传统的强固影响面前为道教辩护的倾向，这种辩护的手段就是强调在基本精神上道教与儒学观念的契合与统一，实际上是以对儒学的攀附、靠拢，争取道教的存在权和发展权”。这种倾向客观地反映了魏晋时期“儒学虽受到严重的冲击，仍然在思想领域处于正统性的宗主地位”[②]。

（2）周孔即佛，佛即周孔

同样地，作为外来的宗教形式，佛教如果要在中华的历史和文化土壤中扎下根基，也不能完全采取与中华传统文化相对抗的态势。刘振东《中国儒学史：魏晋南北朝卷》认为，佛教在整个传播过程中，始终注意与儒学保持既对抗又协调的关系。其主要采取两种手段与儒学相攀附与协调：一是在早期的佛经翻译与解说中采取“格义”的方法——运用为中土人士易于理解的儒家、道家等的名词、观念和思想，去比附和解释佛教的名称、观念和义理；二是尽量寻求佛教义理和儒学的观念原则可以相通之处。[③]佛教在南朝的发展及其对儒学的认同，从另一个角度证明了儒学在魏晋南北朝时期不可取代的统治地位。梁昭明太子萧统即儒、佛兼修，《梁书》载其“三岁受《孝经》《论语》，五岁遍读五经，悉能讽诵”，曾“于寿安殿讲《孝经》，尽通大义。讲毕，亲临释奠于国学”；同时“亦崇信三宝，遍览众经。乃于宫内别立慧义殿，专为法集之所。招引名僧，谈论不绝。太子自立三谛、法身义，并有新意”（《梁书·昭明太子传》）。《高僧传·慧远传》记载慧远曾为雷次宗和宗炳讲儒家《丧服》经，又在其《沙门不敬王者论》中提出“因此而求圣人之意，则内外之道，可合而明矣。常以为道法之与名教，如来之与尧孔，发致虽殊，潜相影响，出处诚异，终期则同”，于是“佛教之于儒学，在体悟并且会归于‘宗极’之道上是完全一致的，只不过所运用的方法、经过的途径不同”。[④]宗炳《明佛论》曰：“依周孔以养民，味佛法以养神”；谢灵运则“归心佛老，不废周孔”；刘勰、沈约等主张儒佛并行论，都强调儒佛所要达到的目的的一致性，旨在保持儒区别于佛的独立性，

---

① 金毅：《葛洪论“道源儒流”与“尊道贵儒”——〈抱朴子〉为什么分〈内篇〉、〈外篇〉？》，载《北京第二外国语学院学报》，1998（1），116~121页。

② 刘振东：《中国儒学史：魏晋南北朝卷》，305页，广州，广东教育出版社，1998。

③ 刘振东：《中国儒学史：魏晋南北朝卷》，280~282页，广州，广东教育出版社，1998。

④ 刘振东：《中国儒学史：魏晋南北朝卷》，291~292页，广州，广东教育出版社，1998。

本质上是以儒为主的。正如与慧远同时代的孙绰在其《喻道论》所说“周孔即佛，佛即周孔……其旨一也”，唐代六祖慧能在《坛经》中援儒释禅，与六朝时期儒佛并行、儒释合一的思想传统是一脉相承的[①]。

以上资料反映了佛教在中国化的过程中自觉吸收儒学精华，以迎合中国知识分子的思想传统与文化心理，从而使其得以在文人阶层迅速传播和广泛接受；也从一个侧面证实了这一时期儒学在思想深层无可动摇和移易的主体地位。

4. 遍注儒经：空前发展的儒学

魏晋时期是儒学极其繁荣而富有生命力的时代，此间的有关著述不可胜数。以儒学经典的研究而论，上承汉代经学，尤其是东汉古文经学的传统，注释群经更形成了一个空前高潮。

刘振东认为“皮锡瑞的《经学历史》称魏晋时期为经学的中衰时代，南北朝为经学的分立时代。其实总起来说，这是经学发展发生转折的时代”。“……汉魏之际的整个时代来说，则是官方经学教育衰落，私家的经学传授多元化、普遍化发展的时代”。[②]汉末的一代儒宗郑玄，就根据新的态度遍注群经，促进了儒学新的发展。三国魏经学家王肃更有代表性。其父王朗就曾注《易传》，王肃又因与经学家郑玄争胜而遍注群经，不仅注《论语》《尚书》《诗经》《左传》《周礼》《仪礼》和《礼记》，甚至于不择手段，伪造《孔子家语》和《孔丛子》，足以说明儒学对他影响之深。

此后，士人们对儒家典籍频繁作注，连皮锡瑞也说“以注而论，魏、晋似不让汉人矣”[③]。此时期经学著作的数量很大，仅从《隋书·经籍志》的著录来看，经部所录的判定属于建安以后的作品约略680多部，占总数的80%以上。即使在皮锡瑞所谓经学“中衰”的两晋时期，经学仍有所发展并取得了相当的成就。据刘振东的粗略统计，“仅唐房玄龄等所修《晋书》，提及属于晋代的经学著作就有40多种，作者30多人”[④]。另据王其亨教授笔记收录，仅按唐代陆德明《经典释文》《隋书·经籍志》及《艺文志廿种综合引得》等统计，这一时期注释《周易》的有90余家；注三礼和《丧服》经、传的共有123家（其中《周礼》10家，《仪礼》3家，《礼记》64家）；注《孝经》的45家；注《春秋》《左传》和《公羊传》的60余家；注《诗经》的40家；注《论语》的达51家。与数量

① 慧能借《论语》中的“直道”来说明“行直何用修禅”，以倡导“恩则孝养父母，义则上下相怜”。实乃源于儒家孝道的“不离世间觉”；所谓“见性成佛”“人皆为佛”，与孔子的“文王在兹”“人皆可以为尧舜”并无二致。

② 刘振东：《中国儒学史：魏晋南北朝卷》，437~438页，广州，广东教育出版社，1998。

③（清）皮锡瑞：《经学历史》，163页，北京，中华书局，1959。

④ 刘振东：《中国儒学史：魏晋南北朝卷》，442页，广州，广东教育出版社，1998。

繁多的儒学注疏形成鲜明对比的是，在所谓老庄思想盛行的整个魏晋六朝时期，注《老子》包括道教养生方面的只有32家；而注《庄子》的只有寥寥15家。两者比较之下，注释儒学经典的是注释老庄（甚至包括道教养生）的数倍之多。

许多注疏《老子》《庄子》的人，尤其是当时的玄学名流，并非从道教方术角度而是从学术思想的角度注疏庄老的。更值得注意的是，他们在注庄老的同时也注释《周礼》《论语》《周易》等儒家著作，且规模远逾注庄老。如魏晋玄学的始作俑者王弼、何晏既注《老子》，又作有著名的《论语集解》《论语释疑》和《周易略例》；为扬雄《太玄》作注的虞翻著有《周易注》9卷、《论语注》10卷；阮籍作《通易论》；嵇康注有《春秋左氏传音》3卷；注《庄子》的郭象著有《论语体略》；孙绰曾作《论语孙氏集解》；又博物学家陆玑作《毛诗草木鸟兽虫鱼疏》；连陶弘景这样公认的道教思想家，也曾注《论语》《孝经》《尚书序》《三礼目录》等。这其中，帝王的表率作用对上层社会文人产生了极大的影响。南朝梁武帝萧衍既是佛教徒，又著有《周易大义》21卷、《周易讲疏》35卷、《周易系辞义疏》1卷、《尚书大义》20卷、《毛诗发题序义》1卷、《毛诗大义》11卷、《礼记大义》10卷、《中庸讲疏》1卷、《制旨革牲大义》3卷、《乐社大义》10卷、《乐论》3卷、《孝经义疏》18卷、《孔子正言》20卷等[①]；梁简文帝萧纲既注老庄，又注《诗经》《孝经》和《春秋左传》；等等。

南北朝时期，儒学和经学发展出现了南北不同的走向。受玄学、佛教的影响，南朝的经学逐渐发展为偏重经典义理的探究与阐释，《北史·儒林传》曰“南人约简，得其精华”。然而从内容上看，南朝的《礼》学特别发达。这大概是由于南朝诸政权都要用礼制来确立自己的统治秩序，相应地重视朝廷典章和礼乐制度，因而《礼》学地位也凸显于经学的研究中。皮锡瑞《经学历史》曾指出“南学之可称者，惟晋、宋间诸儒善说礼服。宋初雷次宗最著，与郑君齐名，有雷、郑之称。当崇尚老、庄之时，而说礼谨严，引证详实，有汉石渠、虎观遗风，此则后世所不逮也”。由于受玄学炽染较少，北朝则基本沿袭汉魏传统，特别重视对儒家典籍的传统性解释。

魏晋期间，盛行于汉代颇具迷信色彩的各种纬书已极少见，相反，作为六艺之一的书，包括《尚书》、书法以及各类字书在内的审美性作品，占据了相当大的规模，其中还未列入《千字文》《尔雅》这样的专门书籍。

以上事实充分说明，魏晋时期儒学的影响不仅没有衰落，反而继先秦之后又一次出现了欣欣向荣、百家争鸣的景象。这与魏晋时期异常活跃的学术气氛有密切关系，更反映了当时儒学深厚的社会基础。

① 笔者据《隋书·经籍志》统计。

5. 屣履咏南风，缊袍笑华轩：玄风下的士人思想与表现

儒道并行不悖的趋势自东汉即有之，典型如张衡就有“感老氏之遗诫……弹五弦之妙指，咏周孔之图书”[①]的辞赋存世。在汉末名理之学的影响下，魏晋时期出现了以王弼、何晏为创始人，以“竹林七贤”[②]及后来的裴頠、郭象为代表人物的哲学思潮，后代名之为“玄学”。

《晋书·阮瞻传》曾记载了一个有关“名教”与“自然”的争论：

（阮瞻）见司徒王戎，戎问曰：“圣人贵名教，老庄明自然，其旨同异？”瞻曰：“将无同[③]。”戎咨嗟良久，即命辟之。时人谓之“三语掾”。太尉王衍亦雅重之。

《世说新语·文学》也曾记载了这段对话，只不过对话双方变成了王衍和阮修。王戎、王衍、阮瞻等都是当时的清谈名士。同样的命题，均由当时深具影响力的清谈名士之口说出，可见“主张老庄自然与周孔名教相同之思想乃当时确曾流行”[④]。尽管将“名教”与“自然”的关系混同于儒道关系并不正确，但人们仍然可以从这一玄学最为关心的“名教”与“自然”的争论中，通过这种“名教自然将无同”的回答，发现隐藏于当时士人思想深处的“儒道同归”的观念认识。

玄学对魏晋社会，尤其对士人的思想、思维和生活产生了巨大影响。要了解魏晋社会的主流文化，就不能不涉及玄风下的士人思想，尤其是那些玄学代表人物，其行为表现背后的思想根源究竟是儒是道？这正是历来史学研究中最有争议的话题之一。

（1）正始之音

只要对有关文献资料略加留意就不难发现，玄学的创始人王弼（图 6–5）、何晏都是以儒学为宗，并认为圣人孔子是在老子之上的。何劭《王弼传》引王弼语：

圣人体无，无又不可以训，故不说也。老子是有者也，故恒言无所不足。

《列子·仲尼》张湛注引夏侯玄曰：

天地以自然运，圣人以自然用。自然者，道也。道本无名，故老氏强为之名……

也表达了同样的意思。在《论语释疑》中王弼认为孔子是圣人；“大爱无私”“至美无偏”恰是尧舜之美德；《列子·仲尼》注引何晏《无名论》曰“仲尼称尧荡荡无能名焉”，可见他们所说的无名，是以孔子对尧舜无为之治的论述为前提的[⑤]。而玄学家们注《老子》，言老庄，实际上也

①见（东汉）张衡《归田赋》。《韩非子·外储说左上》有“昔者舜鼓五弦之琴，歌《南风》之诗而天下治”，故“弹五弦之妙指”即舜之南风意象。

② 即魏、晋间文学家阮籍、嵇康、山涛、向秀、阮咸、王戎、刘伶。七人相与友善，曾集结于山阳（今河南修武）竹林之下游逸逍遥，肆意酣畅，故名。见《简明中国古代文化史词典》第 176 页、《孔子大辞典》第 575 页。

③“将无同”为当时口语，意即“大致相同”。

④ 周一良：《魏晋南北朝史札记》，54~62 页，北京，中华书局，2007。

⑤《论语·卫灵公》：“无为而治者，其舜也与？夫何为哉？恭己正南面而已矣。”《论语·为政》：“为政以德，譬如北辰居其所，而众星共之。”

6-5 玄学创始人王弼像 （引自《中国历代名人图鉴》）

是借老庄对孔子儒学进行发挥，甚至以儒学思想诠释改造老庄之意。还是汤用彤先生见得精准：

盖世人多以玄学为老、庄之附庸，而忘其亦系儒学之蜕变。多知王弼好老，发挥道家之学，而少悉其固未尝非圣离经。……实则亦极重儒教。其解《老》虽精，然苦心创见，实不如注《易》之绝伦也。[1]

这种传统一直延续影响到了西晋时的郭象。[2]

儒学对正始名士的影响还表现在他们的文学作品中。玄学创始人何晏曾作《景福殿赋》：

家怀克让之风，人咏康哉之诗。莫不优游以自得，故淡泊而无所思。……想周公之昔戒，慕咎繇之典谟。……绝流遁之繁礼，反民情于太素。故能翔岐阳之鸣凤，纳虞氏之白环。……

文中所引多为《论语》《尚书》《周易》及孟、荀之言；总的来看，全文所体现的依然是汉代的宏大气魄，反映了曹魏欲统一中国、成就一番伟业的宏图大志；其所推崇的无为之治，实际是孔子的无为——儒家的尧舜之治。文中有不少园林景色的优美描写：

树以嘉木，植以芳草。悠悠玄鱼，矔矔白鸟。沈浮翱翔，乐我皇道。

鱼鸟之乐亦是儒家的典型命题。其注又引用荀子的观点，说“宫室台榭，以避燥湿，养德别轻重也”，来阐述园林与养德的关系，可见儒学的影响之深！潘岳的《闲居赋》即取《礼记》“不知世事闲静居坐”之立意，其中有“孝乎惟孝，友于兄弟，此亦拙者之为政也”一句，即语出《论语》。以上二者均把园林——园居，与儒家的修身养性紧密结合起来，凸显了儒家对园林的影响。

---

① 汤一介：《汤用彤选集》，438页，长春，吉林人民出版社，2005。

② 李泽厚《中国古代思想史论》196页：“郭象自己说得明白，他之全面地重新解释庄子，目标就在‘明内圣外王之道’，要把内圣（理想人格）与外王（社会政治的统治秩序）统一起来。”郭象《庄子·天下注》有云：“按此篇较评诸子，至于此章，则曰其道舛驳，其言不中，乃知道听涂说之伤实也。然膏粱之子，均之戏豫，或倦于典言，而能辩名析理，以宣其气，以系其思，流于后世，使性不邪淫，不犹贤于博弈者乎！故存而不论，以贻好事也。”盖言名不正则言不顺，意在重新诠释“使性不邪淫”耳。

（2）林下遗风

晋初的竹林七贤堪称名冠古今，尤以阮、嵇为离经叛道的典型代表，见图6-6，其思想、言行乃至人格精神都对后世有着深远的影响。然而以往人们注意到的仅仅是少数极端人物的自由放达、不拘礼教的外在表现，却忽视了阮、嵇等七贤代表人物内心真实、深沉的一面。他们忧国忧民的济世情怀、对社会现实的不满和反抗以及对儒家理想追求的衷心服膺，才是魏晋的真风度，才是令后代士人追慕和效仿的真正原因。

“外坦荡而内淳至”的阮籍（图6-7）本质上是儒而非庄。其一，阮籍本怀有济世之志的，有其《咏怀诗》中大量对英雄、伟业的赞叹为证：

昔年十四五，志尚好书诗。被褐怀珠玉，颜闵相与期。[①]

炎光延万里，洪川荡湍濑。弯弓挂扶桑，长剑倚天外。泰山成砥砺，黄河为裳带。视彼庄周子，荣枯何足赖？捐身弃中野，乌鸢作患害。岂若雄杰士，功名从此大！[②]

壮士何慷慨，志欲威八荒。驱车远行役，受命念自忘。良弓挟乌号，明甲有精光。临难不顾生，身死魂飞扬。岂为全躯士？效命争战场。忠为百世荣，义使令名彰。垂声谢后世，气节故有常。[③]

只不过在当时的社会环境下，这种济世报国之志只能化作精神和行为上的矛盾与痛苦：“谁云君子贤，明达安可能？”[④]

其二，西晋统治者出于政治需要而对儒家礼法制度大加提倡，阮籍对这种虚伪的礼法制度进行的猛烈抨击和其行为的放

图6-6（南朝宋）壁画《竹林七贤与荣启期》中的嵇康、阮籍

图6-7（唐）孙位《高逸图卷》中的阮籍 （引自《中国历代名人图鉴》）

① 见（魏）阮籍《咏怀诗》其十五，志尚儒家经典，以颜回、闵子骞自期的少年儒者形象出现。

② 见（魏）阮籍《咏怀诗》其三十八，表达了对庄周的鄙薄和不满。

③ 见（魏）阮籍《咏怀诗》其三十九。

④ 见（魏）阮籍《咏怀诗》其五十。

达，并不影响他对儒家伦理思想的核心即仁爱精神和尊卑纪纲的肯定。他尝作《孔子诔》，又于诗中写道：

儒者通六艺，立志不可干。违礼不为动，非法不肯言。渴饮清泉流，饥食甘一箪。岁时无以祀，衣服常苦寒。屣履咏南风，缊袍笑华轩。信道守诗书，义不受一餐。烈烈褒贬辞，老氏用长叹。

(魏)阮籍《咏怀诗》其六十

昔荣期带索，仲尼不易其三乐……

(魏)阮籍《诣蒋公奏记辞辟命》

从思想到行为以至言咏，都践履着儒家的规范——六艺、礼法，体现的是尧舜意蕴和孔颜乐处的理想人格。

其三，阮籍曾作《乐论》以发挥孔门儒学关于乐的思想：

昔者孔子著其都乎，且未举其略也。今将为子论其凡。

并举“孔子闻韶三月不知肉味”的典故，言“知圣人之乐，和而已矣”，对“乐”与“和”及有关美的看法，实际是援庄入儒，对儒家美学理论的发展。老子是不谈“乐”的，阮籍在肯定儒家“礼治其外，乐化其内”的同时，援引庄子的“自然”为儒家“乐”的本体，将儒家乐论提高到“大乐与天地同和”的哲学本体论高度。

其四，阮籍作《通易论》，从儒家立场论证礼法名教之治：

尊卑有分，长幼有序。……故立仁义以定义……是故圣人以建天下之位，守尊卑之制，序阴阳之适，别刚柔之节。顺之者存，逆之者亡，得之者身安，失之者身危。……知之以守笃者，虽穷必通。

《全三国文》

遵守儒家的社会等级制度，这才是他的真实思想。阮籍在《达庄论》中强调自我，反映了魏晋精神的特色：

庄周之书何足道哉！犹未闻夫太始之论、玄古之微言乎？直能不害于物而形以生，物无所毁而神以清，形神在我而道德成，忠信不离而上下平。

阮籍的旷达、放浪形骸，是与世俗抗争、维护自身人格尊严的手段，也是他积极入世的表现。

嵇康也深受儒家传统的影响。(图6–8)嵇康比阮籍更执着于仁义道德准则，有更强烈的是非观念。他在写给子孙的《家诫》中极其重视并赞美儒家的忠臣烈士，因为在其思想深处，儒家“匹夫不可夺志”“杀身成仁”“舍生取义”的“济世”思想占据重要地位，他认为仁义应发自内心，使之成为一种自然而然的要求。又如他自己讲的所谓不拘礼法，并没有超出儒家的仁义道德，相反正是受孔子所说的“狂狷”之影响。尤其值得注意的是他儒道同归的思想。

嵇康曾言“非汤武而薄周孔”【(魏)嵇康《与山巨源绝交书》】，本是针对司马氏以汤武周孔作为其篡位的虚伪掩饰，并非真要否定孔子儒家思想，其真正的用意是主张君子循性而动、殊途同归、融会儒道。处于魏晋那样社会动荡而学术活跃的历史时期，为了反抗司马氏虚伪的名教，拿起庄老学说做思想武器实是顺理成章的。虽说“老子、庄周，吾之师也”【(魏)嵇康《与山巨源绝交书》】，却并不像庄子那样心如死灰；他“隐居放言”的行为，正是实践了孔子对隐逸的理解——对道的

图 6-8《嵇康锻铁图》（引自《中国历代名人图鉴》）

捍卫，而这也正是嵇康“济世”思想与现实矛盾情况下做出的抉择。他在《与山巨源绝交书》中说：

仲尼兼爱，不羞执鞭；…所谓达能兼善而不渝，穷则自得而无闷。以此观之，故尧舜之君世，许由之岩栖，子房之佐汉，接舆之行歌，其揆一也。……故君子百行，殊途而同致，循性而动，各附所安。

《文选》

又在《卜疑集》中说：

……仕不期达。常以为忠信笃敬，直道而行之，可以居九夷，游八蛮，浮沧海，践河源……

《全三国文》

由此可见嵇康并未真“非汤武而薄周孔”，而如《易传·系辞下》所言“天下同归而殊途，一致而百虑”，主张周孔老庄出处仕隐，殊途而同归。联系其主要思想、对典籍和实例的引用以及对统治者不合作的实际行动，恰恰反映了嵇康受儒家思想影响之深。因此鲁迅先生认为，嵇康等人反对礼教，“其实不过是态度，至于他们的本心，恐怕倒是相信礼教，当作宝贝，比曹操司马懿们要迂执得多”[①]。嵇康们反对的只是虚伪的名教，骨子里还是拥护真名教的。

与魏晋时期士人的普遍崇尚一样，嵇康对“曾点言志”所体现的天地境界十分向往，他曾在《琴赋》中表达了对这种理想境界的追慕：

若夫三春之初，丽服以时，乃携友生，以遨以嬉。涉兰圃，登重基，背长林，翳华芝，临清流，赋新诗。嘉鱼龙之逸豫，乐百卉之荣滋。（图 6-9）

《全三国文》

另外，与老庄对包括音乐在内的艺术持否定或轻视态度根本不同，嵇康酷爱音乐艺术，在《声无哀乐论》中所阐发的“乐”应以“和”为本体，高度重视精神即“心”的“和”对养生的作用，也是以儒为宗，援庄入儒，借助庄子个体人格的自由追求，使“乐”与养生相联，强化了孔子的“成于乐”，突出了个体在审美与艺术中的地

① 鲁迅：《魏晋风度及文章与药及酒之关系》，见《而已集》，109 页，北京，人民文学出版社，1980。

（明）李在《归去来兮图》（引自《中国名画鉴赏辞典》）

图 6-9 曾点气象的余韵

位，与阮籍一样也是对儒家美学思想的发展。嵇康在《与山巨源绝交书》中所说的“其揆一也”“殊途而同致”亦即“名教自然将无同”之最佳注解。

（3）逍遥与进取，教殊而道契

东晋以后，玄学作为一种社会思潮依然继续存在和发展，但是，由于士人与统治者之间的政治矛盾日趋缓和，士人很少像嵇康、阮籍那样采取激烈的言辞和放达的行为，把对司马氏虚伪礼教的抨击作为政治反抗的手段。而当回顾与反思西晋灭亡的原因时，往往把玄学的负面影响视为主要原因之一。《晋书·应詹传》载其在给元帝的上疏中说“魏正始之间，蔚为文林。元康以来，贱经尚道，以玄虚宏放为夷达，以儒术清俭为鄙俗。永嘉之弊，未必不由此也”（《晋书》）。庾翼在给殷浩的信中批评王衍“高谈《庄》《老》，说空终日，虽云谈道，实长华竞”（《晋书》）。《晋书·虞预传》载“预雅好经史，憎疾玄虚，其论阮籍裸袒，比之伊川被发，所以胡虏遍于中国，以为过衰周之时”（《晋书》）。这些对于玄学流于虚诞和颓放的思潮的批判，无论是出于维护传统儒学的立场，还是出于玄学自身的发展要求，都显示出向儒学社会精神和伦理规范回归的苗头，并且改变了东晋文人的政治心态和荣名之心，也造就了许多儒士的忠义之举，他们或临难不苟，或抗世矫俗，或心寄世事却淡泊名利，或静退自守而避世耕读，在内心则更趋向于对自我人格修养和审美精神的追求。

这种士风的形成，是儒学和玄学对立统一的关系下共同作用的结果。儒家“仁者乐山，知者乐水”的山水意识、饮水曲肱、乘桴浮海的恬淡心境，与庄、老和佛家的逍遥出世之旨相契合，并促生了东晋士人审美的生活态度。儒家进取济世的特质，又为东晋士人注入了谈玄而不废实务、放达而不避责任的积极因素。

刘振东认为，东晋时期儒学与玄学的结合渗透与并行不悖主要体现在三个方面。首先，在理论上将儒与道并提并论，而在精神上的尚玄与行为上的尊儒并行并存。其二，玄学的无为思想与儒学的宽仁观念相融合，形成了政治上简约为治的倾向。其三，造就了一种高迈超俗的人格：

……说它“高迈超俗”，是因为无论拿历史的还是当代的价值标准衡量，它在人生追求上和处理群体与个体的关系上都进入了一种高尚的精神境界。一方面它对社会、对现实、对国家、对民生都有一种出乎自然的关心，另一方面它又绝不希求世俗的功名利禄，厌憎和鄙弃势利场上的角逐；一方面它有自主的人生态度、崇尚率性任真、不矫饰、不矜贵，另一方面它又反对肆情纵欲、颓靡放诞、虚浮骄伐。[①]

王羲之、陶渊明等就是这种人格的典型代表。

王羲之出身于“爵位蝉联、文才相继”[②]的王氏家族，自幼受到家世儒学的传统熏陶，又得玄学思想的时代浸染，因此造就了他高迈超俗的完美人格。王羲之的现世关怀表现在对国家命运、现实政治和百姓民生的高度关心和深切忧虑。《晋书·王羲之传》载其在任右军将军和会稽内史期间，“殷浩与桓温不协，羲之以国家之安在于内外和。因以与浩书以戒之”；后殷浩欲北伐，“羲之以为必败，以书止之，言甚切至”。在他与殷浩的信中专门提及“征役”的问题，并在饥荒时“开仓赈贷”，还因朝廷赋役繁重而“每上疏争之”。王羲之的高迈超俗还表现在其率真随性、适情自足的人生态度，表现在逍遥于山水自然的艺术情怀。且不说他千古流芳的书法；他与同时代的名士优游山水、饮酒清谈，留下了无数率真随性、俯仰自然的文字；而本书多次论及、秉承古代“修禊”遗韵的“兰亭雅集”，早为后世树立了高迈超俗的风流典范。正如他自己的诗中所述“取欢仁智乐，寄畅山水阴”（王羲之《答许询诗》），在仁智中汲取欢乐，在山水中寄托愉悦，这正是孔子儒学一再强调的“仁山智水”“曾点气象”等艺术人生的超越精神在东晋时期的现实写照。

刘勰的《文心雕龙》也是大力推尊孔子的。刘勰自青少年时代起就崇信儒家思想，渴望入世建功。如他在《程器》中说：

君子藏器，待时而动，发挥事业……穷则独善以垂文，达则奉时以骋绩。

虽然后来信奉佛教，但依然主张孔、释相通。《全梁文》载刘勰的《灭惑论》云：“殊译共解……异经同归。……故孔、释教殊而道契”。《文心雕龙》根本的理论基础，是《易传》的基本思想，并且是沿着荀子儒学、《易传》《乐记》，以及汉代扬雄、王充美学思想这一系统脉落发展而来的[③]。当然，刘勰对老子、庄子、玄学的许多观点都予以肯定、接受和发挥，前提是基于儒学基本精神的兼收并蓄。

由以上的分析可见，玄学影响下的魏晋士人，依然笃信孔子儒家思想，并认为儒学与老庄殊途同归。

6. 得道与治世之圣人：玄学的人格理想

人格的重建是魏晋玄学的一大任务。“名教与自然”之争的结果，就是融合儒

① 刘振东：《中国儒学史：魏晋南北朝卷》，262~263页，广州，广东教育出版社，1998。
②《南史》第22卷《王昙首传》引沈括语。
③ 李泽厚，刘纲纪：《中国美学史：魏晋南北朝卷》，第2卷，593~597页，合肥，安徽文艺出版社，1999。

道确立了新的人格标准，也就是前文一再阐述的“高迈超俗的人格”。

刘振东认为王羲之是魏晋“高迈超俗的人格”的典型代表，而他这种高迈超俗的人格，是由儒、玄两种社会思潮的积极面铸就而成：

……这时候人们认识到儒学的社会原则和伦理规范不容全面否定，而玄学的影响又已深入人心，于是就出现了一个历史的、思想的和文化的契机，造就了一种本质上体现了协调群体与个体关系，既崇尚“率性任真”、自主发展，又不放弃社会责任、越出伦理规范界线的新型人格。①

阮籍尝作《大人先生传》，确立了玄学人格的最高理想。早在《易经·乾》中就有“夫大人者，与天地合其德”；荀子也在《荀子·解蔽》中指出，“明参日月，大满八极，夫是之谓大人”。何晏《论语集解·季氏》注曰：“大人即圣人，与天地合其德。”阮籍所推崇的所谓“大人先生”，实际上就是周易中谈到的德行高尚的儒家圣人。《晋书·阮籍传》说他“外坦荡而内淳至”，某种程度上接近孟子；嵇康则是儒家人道原则与庄子自然原则的结合，在社会的人际关系中追求自由。

实际上，魏晋早期的“圣人”依然是孔子的专用名词，“圣人”孔子是当时许多士人企慕和追求的理想典范。《世说新语·言语》曾谈到孙齐庄儿时与庾亮的一段对话：

公曰：“何不慕仲尼而慕庄周？”对曰：“圣人生知，故难企慕。”

此话出于一个童子之口，足以说明孔子在当时士人心目中不可取代的崇高地位。

王弼受儒家礼乐思想影响甚大，他提出的“圣人有情”论与儒学的“乐合同，礼别异”有内在的相通性。何劭《王弼传》记载：

何晏以为圣人无喜怒哀乐……弼与不同，以为圣人茂于人者神明也，同于人者五情也；神明茂，故能体冲和以通无，五情同，故不能无哀乐以应物；然则圣人之情，应物而无累于物者也。今以其无累，便谓不复应物，失之多矣。

在王弼看来，圣人与常人的共同之处是“情”，也就是儒家反复强调的“乐”——内在的心性自由。不仅如此，在与荀融的论战中，王弼还自比孔子，以颜回比荀融，讽刺荀融之量。

郭象在《庄子序》中坦言他注《庄子》是为了“明内圣外王之道”，主旨即综合孔、庄；葛洪《抱朴子·辨问》则明确提出儒道兼容、并行不悖的主张：

得道之圣人，则黄老是也；治世之圣人，则周孔是也。

《抱朴子·释滞》又进一步说：

长才者兼而修之，何难之有？内宝养生之道，外则和光于世，治身而身长修，治国而国太平。

前述王羲之的“高迈超俗”，实际上正是兼采儒、玄之精华，“外坦荡而内淳至”的人格表现。被后世视为人格典范的陶渊明，也具有这样的人格特征，是孔子“狂

① 刘振东：《中国儒学史：魏晋南北朝卷》，270~271页，广州，广东教育出版社，1998。

狷”人格的现实化身（图6–10）。他从小就“猛志逸四海”【（东晋）陶渊明《杂诗》之五】，在其不少作品中可以体现。他尝作《七十二弟子》云：

恂恂舞雩，莫曰匪贤。俱映日月，共飧至言。

又作《卿大夫孝传赞》颂扬孔子：

言合训典，行合世范，德义可尊，作事可法，遗文不朽，扬名千载。①

即使在归隐之后仍遵循孔子的教诲：

奉上天之成命，师圣人之遗书。发忠孝于君亲，生信义于乡闾。

陶渊明《感士不遇赋》

弱龄寄事外，委怀在琴书。

陶渊明《始作镇军参军经曲阿》

少年罕人事，游好在六经。

陶渊明《饮酒》之十六

其诗文用典很多取自《诗经》《论语》等。他保持节操、理想，在田园生活中获得心灵自由与超脱，本身就是儒家“独善其身”和“三不朽”之“立德”的表现。（图6–11）尤其值得称道的是他对“孔颜乐处”和“曾点气象”的发挥：

宁固穷以济意，不委屈而累己。既轩冕之非荣，岂缊袍之为耻。

陶渊明《感士不遇赋》

先师有遗训，忧道不忧贫。

陶渊明《癸卯岁始春怀古田舍二首》之二

竟抱固穷节，饥寒饱所更。

陶渊明《饮酒》之十六

时运，游暮春也。春服既成，景物斯和。偶景独游，欣慨交心。

陶渊明《时运》序

还有其效仿石崇《金谷集》和王羲之《兰亭集》的“斜川之游”等，对园林的

图6–10《陶渊明像》（引自《中国历代名人图鉴》）

图6–11 （元）何澄《归去来兮图卷》（局部）（引自《中国名画鉴赏辞典》）

① 转引自张岱年：《孔子大辞典》，616页，上海，上海辞书出版社，1993。

发展有极为重要的意义。后文将对此进行详述。

然而，此时期的士人大多数并不能真正实现这种完美的人格理想，而只能做到接近“高迈超俗”而各得其一偏。出处仕隐是魏晋士人经常讨论的话题，《世说新语》曾记载了孙绰与谢万的一次争论：谢万以四隐四显为对象作《八贤论》，“其旨以处者为优，出者为劣。孙绰难之，以谓体玄识远者，出处同归”[①]。孙绰的“出处同归”，实即调和儒道的人格理想，亦即名教与自然将无同之思想。故孙绰“居于会稽，游放山水，十有余年”，且“时复托怀玄胜，远咏老庄，萧条高寄，不与时务经怀”自夸，然卒任管理刑狱之廷尉卿，与老庄相去绝远。宋明帝《文章志》载：

（孙）绰与许询俱与负俗之谈，询卒不降志，而绰婴纶世务焉。

孙绰自己曾说：

贞人在冬则松竹，在火则玉英。

典籍文章之言也。治出于天，辞宣于仁。

仲尼见沧海横流，故务为舟航。

《全晋文》

上述都是儒家影响的表现。此一思想使魏晋士人的人格与生活大都具有双重性，既要高尚放达超脱，又不放弃治世理想，如前文提到的何晏、王弼、孙绰等。朱熹就一针见血地指出：

陶渊明说尽万千言语，说不要富贵，能忘贫贱，其实是大不能忘，它只是硬将这个抵拒将去。……晋宋间人物，虽曰尚清高，然个个要官职，这边一面清谈，那边一面招权纳货。

《朱子语类》

正始之后，出现了许多礼玄双修的名士。

名教内自有乐地。

《世说新语·德行》

（亮）善谈论，性好庄老，风格峻整，动由礼节。

《晋书·庾亮传》

刘尹与桓宣武共听讲《礼记》。桓云：“时有入心处，便觉咫尺玄门。”

《世说新语·言语》

《世说新语·赏誉》篇中有一段评论吴之名士的话：

凡此诸君，以洪笔为锄耒，以纸札为良田。以玄默为稼穑，以义理为丰年。以谈论为英华，以忠恕为珍宝。著文章为锦绣，蕴五经为缯帛。坐谦虚为席荐，张义让为帷幕。行仁义为室宇，修道德为广宅。

说明在时人心中，礼与玄、儒和道是相通的。

文典则累野，丽则伤浮，能丽而不浮，典而不野，文质彬彬，有君子之致。

（南朝梁）萧统《答湘东王求文集及诗苑英华书》

曹子建、陆士衡皆文士也，观其辞致侧密，事语坚明，意匠有序，遗言无失，虽不以儒者命家，此亦悉通其义也。

（南朝梁）萧绎《金娄子·立言》

① 余嘉锡：《世说新语笺疏》，270页，上海，上海古籍出版社，1993。四隐者：渔父、季主、楚老、孙登；四显者：屈原、贾谊、龚胜、嵇康也。

7. 圣人之察：人物品藻的儒学渊源

如前所述，魏晋时期的世族望门多秉承儒学的家世传统。从幼学发蒙，到家礼约束，再到忠孝不渝，儒学对东晋士人人格的塑造与淳化起到了重要作用，而从日常生活的角度来看，儒学在东晋士人的文化素养中也占了很大比重。

魏晋南北朝时期，有关人的德行和才能的评价，对人物仪容风度的品评，以及对人物在道德理想的实现上所达到的境界的品评等，得到了极大发展，享誉中国历史，成为这个"风流"时代的典型现象之一。然而，正如前文提到《论语》中已经包含有许多有关"人物之察"的重要看法，《大戴礼记·四代》中孔子提出的"表仪"之说、生态审美等，已经由生态引向人物品藻。

王充早就注意到了孟子相人的独到之处：

孟子相人以眸子焉，心清而眸子瞭，心浊而眸子眊。

《论衡·本性》

此典故出于《孟子·离娄上》：

存乎人者，莫良于眸子。眸子不能掩其恶。胸中正，则眸子瞭焉。胸中不正，则眸子眊焉。听其言也，观其眸子，人焉廋哉！

《孟子正义》对此总结说：

目为神候，精之所在，存而察之，善恶不隐，知人之道，斯为审矣。

由孟子提出的这一相人之法为后人熟谙，《世说新语·巧艺》载顾恺之画人不点睛，也正是因为他认识到"传神写照，正在阿堵中"。（图6–12）

魏晋时期建立了相当系统的鉴识人物的基本理论。魏刘邵的《人物志》极力推崇"英雄"和人的聪明智慧，空前细致而系统地考察分析了人的内在智能、德行、情感、个性，在人的形体、气色、仪容、动作、言语上的种种表现。有关人的德行和才能，刘邵在《人物志》序中，引孔子《论语》的事例，论其所包含的"人物之察"的重要理论：

是故仲尼不试，无所援升，犹序门人，以为四科[①]；泛论众材，以辨三等[②]。又叹中庸以殊圣人之德，尚德以劝庶几之论[③]，训六蔽以戒偏材之失[④]，思狂狷以通拘抗之材[⑤]。疾悾悾而无信，以明为似之难保；又曰：察其所安，观其所由，以

①"犹序门人，以为四科"，见于《论语·先进》："德行：颜渊、闵子骞，冉伯牛，仲弓。言语：宰我，子贡。政事：冉有，季路。文学：子游，子夏。"南朝宋刘义庆著《世说新语》即采取这种方法对人物进行记述评论。

②"泛论众材，以辨三等"，见于《论语·季氏》："生而知之者上也，学而知之者次也；困而学之，又其次也；困而不学，民斯为下矣。"把人分成生知、学知、困知三等。

③"叹中庸以殊圣人之德，尚德以劝庶几之论"，见于《论语·雍也》"中庸之为德也，其至矣乎"，和《先进》"回也其庶乎"，以中庸为道德的最高表现，劝人像颜回那样尽力接近圣人提出的道德的最高要求。

④"训六蔽以戒偏材之失"，见于《论语·阳货》：好仁不好学，其蔽也愚；好知不好学，其蔽也荡；好信不好学，其蔽也贼；好直不好学，其蔽也绞；好勇不好学，其蔽也乱；好刚不好学，其蔽也狂。这种对人物的长短、偏失的评论，是魏晋人物品评常常讨论的问题。

⑤"思狂狷以通拘抗之材"，见于《论语·子路》：不得中行而与之，必也狂狷乎！狂者进取，狷者有所不为也。这与魏晋在人物品评上的"唯才是举"和重视狂狷的风气很有关系。

图 6-12《顾恺之像》（引自《中国历代名人图鉴》）

知居止之行。人物之察也，如此其详。

他还明确指出“理有四部”，与之相适应，有所谓“道理之家”“事理之家”“义理之家”“情理之家”：

若夫天地气化，盈虚损益，道之理也；法制正事，事之理也；礼教宜适，义之理也；人情枢机，情之理也。四理不同，其于才也，须明而章，明待质而行。是故质与理合，合而有明，明足见理，理足成家。是故质性平淡，思心玄微，能通自然，道理之家也。质性警彻，权略机捷，能理烦速，事理之家也。质性和平，能论礼教，辨其得失，义理之家也。质性机解，推情原意，能适其变，情理之家也。

（魏）刘劭《人物志·材理第四》

其《九征第一》开宗明义就说：

盖人物之本，出乎情性。情性之理，甚微而玄。非圣人之察，其孰能究之哉？

很明显，这种“质性机解，推情原意，能适其变”的“情理之家”，就是深明“情之理”即“人情枢机”，善于鉴识人物的专家。刘邵还把人物的个性和才能分别分为十二类，并一再谈到能够任用众才、具有最高才智的君主、圣人的根本特征，就是具有“中和”或“中庸”的品质。

《人物志》对后来的人物品藻意义深远，对后来玄学所讨论的理想人格、有无关系等问题也产生了明显影响，从而又影响到美学尤其是山水与园林美学。

8. 非老废庄：老庄的影响与结局

诚然，老庄道家思想确实对玄学的产生、发展起了不可忽视的作用，后文将对此做详细论述，但其影响是否如人们想象的那样巨大，老庄是否就代表了当时社会思想的主潮，却是很值得商榷的。这种错觉的形成，在相当程度上多归因于当时文人的夸张[①]；而文人的夸张，一方面是有如阮、嵇那样愤世嫉俗的心理使然，另一方面则是许多正统儒者，不满于“虚谈废务，浮文妨要”的社会现实而发的警示之言。

玄学建立之初，老庄思想就受到相当多的魏晋儒者的排斥。《三国志·辂别传》

① 诸如《文心雕龙·论说》：“聃周当路，与尼父争途”；《晋书·向秀传》：“儒墨之迹见鄙，道家之言遂盛”。

记载管辂批评何晏说：

若欲差次老、庄而参爻、象，爱微辩而兴浮藻，可谓射侯之巧，非能破秋毫之妙也。

故说老、庄则巧而多华。

文王损命，不以为忧；仲尼曳杖，不以为惧。

《魏书·崔浩传》载：“（崔浩）性不好《老》《庄》之书，每读不过数十行，辄弃之，曰：‘此矫诬之说，不近人情，必非老子所作。’”

由于儒学在西晋的复兴，东晋以后出现了非老庄倾向。以干宝为代表的象数派易学，不满意以老庄玄学观点解易，《晋纪总论》曰：“学者以老庄为宗而黜六经，谈者以虚薄为辩而贱名俭。”“是以目三公以萧杌之称，标上议以虚谈之名。”孙盛作《老聃非大圣论》和《老子疑问反讯》，反对老庄的“弃圣绝智”，认为圣贤所追求的道，不能脱离形器的变化：

夫有仁圣必有仁圣之德迹。……老氏既云绝圣，而每章辄称圣人。既称圣人则迹焉能得绝？若所欲绝者，绝尧舜周孔之迹，则所称圣者，为是何圣之迹乎？

更具有讽刺意味的是，东晋王坦之专门作《废庄论》（《晋书·王坦之传》），仿《庄子·胠箧》中的语句对庄子进行了猛烈抨击：

然则天下之善人少，不善人多，庄子之利天下也少，害天下也多。……庄生作而风俗颓。

他认为《庄子》一书乃是“无感之作，义偏而用寡”[①]。

东晋时北方少数民族的入侵和战乱，激发了南渡士人的民族意识和爱国主义情绪。出于维护华夏文化的社会使命感，士人们抛弃虚无而转向务实。这是“庄老告退”的社会政治原因。尽管如此，由于庄子思想中隐含的生命超越精神，与儒学为基础的山水美学本质不谋而合，所以庄子对中国艺术的发展依然有相当深远的影响。

综上所述，魏晋社会的主流文化，并非如学界普遍认为的那样，是儒学的衰落。儒学的地位并未因王、何、郭等的“援道入儒”而受到动摇；在与道、佛思想的碰撞交融中，儒学反而显示出更鲜活的生命力。只有走出“庄老道家思想占主导地位”这一误区，抛弃一切成见，才有可能客观地评价魏晋哲学思潮的典型表征即玄学的本质，以及山水美学获得巨大发展的根本原因。

三、“辩名析理”的抽象思辨：玄学的本质

1. 玄学中的几个关键概念

作为魏晋时代的哲学思潮，玄学以其特有的方法论，探讨了诸如“本末”“有无”“动静”“一多”“体用”“名教与自然”“出世与入世”“无为与有为”等

①《庄子·胠箧》原文：“天下之善人少而不善人多，则圣人之利天下也少而害天下也多。……圣人生而大盗起。掊击圣人，纵舍盗贼，而天下始治矣！”

问题，玄学主要关心现象与本质、现象与主体的相互关系，是一种哲学本体论。因此，首先了解玄学中的几个关键性概念的确切含义，对澄清玄学研究中的误区、探究玄学的本质是至关重要的。

（1）道

由于《老子》的“道，可道，非常道”，和司马迁《史记》对道家的划分①，“道”似乎成了老庄之学的专用名词。且勿论《老子》的成书年代比《论语》要晚②，仅在《论语》中，“道”的出现次数就高达60次，是孔子的专用术语，有时指道德，有时指学术，有时又指方法，还能指技艺和合理的行为，而且其中也包含了“观水志道”这样的“自然之道”。

到了战国末年，“道”“道德”已成为各家使用的名词。如《易传·说卦》：“是以，立天之道，曰阴与阳；立地之道，曰柔与刚；立人之道，曰仁与义。”《庄子·养生主》中庖丁说“臣之所好者，道也，进乎技矣”。《韩非子·五蠹》：“上古竞于道德，中世逐于智谋，当今争于气力。”《礼记·曲礼》上：“道德仁义，非礼不成。”汉代许多学者亦加以承袭并综合儒、道两家，认为道是万物的本源，且其特点是“道者无形，平和而神”，如贾谊《道德说》：

物所道始谓之道，所得以生谓之德。德之有也，以道为本，故曰：“道者，德之本也。”德生物又养物，则物安利矣。

陆贾的《新语·无为》则以道为基本范畴，认为道的特点是“虚无寂寞”“无为”。韩婴也在论孔子思想与“道德”“逍遥”的关系时说：

孔子抱圣人之心，彷徨乎道德之域，逍遥乎无形之乡。倚天理，观人情，明终始，知得失，故兴仁义，厌势利，以持养之。于时周室微，王道绝，诸侯力政，强劫弱，众暴寡，百姓靡安，莫之纪纲，礼仪废坏，人伦不理，于是孔子自东自西，自南自北，匍匐救之。

《韩诗外传》

其认为孔子的思想是由于“道德”和“逍遥”引发的，孔、老并非对立，儒、道是相容和互补的，此说与《史记》一致。③

由此可见，战国以来的“道”并非特指“道家之道”。儒家亦讲“自然之道”，老庄也不乏“人伦之道”，将“道”与“道家”等同是一莫大的误解。

（2）玄

对于玄学的再认识，首先须澄清两个问题：一是玄学是否等同于老庄之学；二是玄学是否意味着“玄虚”。

“玄学”一词最早在南朝宋时才出现：“宋文帝元嘉十五年……使丹阳尹何尚之立玄学”（《宋书·隐逸传》）。此后玄学就成为与儒学并称的一科：“泰始六年，

①《史记·太史公自序》曰：“道家无为，又曰无不为，其实易行，其辞难知。其术以虚无为本，以因循为用。”

②《老子》的成书年代一直没有定论，但普遍认为不早于战国后期。

③ 刘兴林：《司马迁儒道互补说》，载《华中师范大学学报（哲学社会科学版）》，1994（1），65~71页；孙慧阳：《试论司马迁班固的儒道思想》，载《湖南社会科学》，2009（3），23~25页。

以国学废，初置总明观，玄、儒、文、史四科，科置学士各十人”（《南齐书·百官志》）。在以往的认识中，“玄学”似乎就是老庄之学的代称，这大概由于“玄”的概念源于《老子》的“玄之又玄，众妙之门”。然而“玄”字的缘起比《老子》还要早得多。《诗经·国风·七月》就有“载玄载黄，我朱孔阳”的诗句，意为“黑而有赤”的颜色，后引申为深、远之义。从战国至两汉而魏晋，与玄相关的概念并非全部与道家有关：

阴阳不测谓之神，神用无方谓之圣。夫变化之为用也，在天为玄，在人为道，在地为化，化生五味，道生智，玄生神。

《黄帝内经·天元纪大论》

“玄圣”可以泛指有道而无位的圣人：

夫虚静恬淡寂漠无为者，万物之本也。明此以南乡，尧之为君也；明此以北面，舜之为臣也。以此处上，帝王天子之德也；以此处下，玄圣素王之道也。

《庄子·天道》

在这里，“玄圣素王”正特指孔子，后人袭用之，如：

故先命玄圣，使缀学立制，宏亮洪业。

《后汉书·班彪列传》

又如“玄功”就指代孔子的功绩：

仲尼明圣在躬，允光上哲，弘厥雅道，大训生民，师范百王，轨仪千载……玄功潜被，至德弥阐。

《南齐书·明帝纪》

“玄理”指幽深微妙的义理：

济尝诣湛，见床头有周易……济请言之。湛因剖析玄理，微妙有奇趣，皆济所未闻也。

《晋书·王湛传》

汉代扬雄对“玄”字情有独钟，甚至把书斋命名为“玄斋”。“玄”成为扬雄哲学的最高范畴，指包括天道、地道、人道在内的最高的“道”。汉代桓谭曾评论说：

宓羲氏谓之易，老子谓之道，孔子谓之元，而扬雄谓之玄。

桓谭《新论·闵友》

他们讨论的实际上都是一回事，都是一种哲学本体论。然而值得注意的是，从小学即文字训诂之学来说，“元”与“玄”是相通的，而并非“道”与“玄”通。“玄”及与之相关的概念涵盖范围很广，在深入探讨玄学本质之前，显然无法得出“玄学就是老庄之学”的结论！

玄学的一个表现就是清谈，由于清谈的内容往往脱离现实，玄学的许多命题也与社会现实无关，于是当国破家亡，偏安江左的东晋士人痛定思痛之后，就有了所谓“清谈误国”论。至今依然存在这样一种看法：清谈就是谈玄，玄学似乎成了玄虚、虚无主义的代名词。

《老子》第一章说：

常无欲以观其妙，常有欲以观其徼。此两者同出而异名，同谓之玄，玄之又玄，众妙之门。

任继愈《老子新译》对“玄”的解释，就是“深远”“极远极深”。正如“玄理”的含义及贾谊对“虚”的解释是“言其精微”（《新书·道术》）一样，玄学中的“玄”也不能望文生义地理解为玄虚、虚无，而是“玄远”“玄奥”和“玄妙”，也就是深远、深刻、精微和微妙的意思。玄学是一种名辩之学，代表着一种深远、精妙而抽象的理性思维。

（3）名理

冯友兰先生早就注意到："在中国哲学史中，魏晋玄学是中华民族抽象思维的空前的发展。"① 他论"魏晋风流"时提到的"必有玄心"和"须有洞见"②就包含了抽象思维的内容。事实上，在玄学中"玄"作为一种思维方式，与之相应的"清谈"作为一种论辩方式，其本质就是"辩名析理"。

"辩名析理"由郭象最早提出：

> 昔吾未览《庄子》，尝闻论者争夫尺棰连环之意，而皆云庄生之言，遂以庄生为辩者之流。案此篇较评诸子，至于此章，则曰其道舛驳，其言不中，乃知道听涂说之伤实也。……然膏粱之子，均之戏豫，或倦于典言，而能辩名析理，以宣其气，以系其思，流于后世，使性不邪淫，不犹贤于博奕者乎！故存而不论，以贻好事也。
>
> 郭象《庄子·天下注》

冯友兰先生由此强调指出：玄学的方法是"辩名析理"，简称"名理"，"名就是名词，"理"就是一个名词的内涵。一个名称代表一个概念，一个概念的对象就是一类事物的规定性，那个规定性就是理"。②名理就是指辨别分析事物的是非和道理。

"辩名析理"是郭象从当时清谈的辩论风气中概括出来的一种方法论。郭象的这一段话，一方面批判名家的辩论不能解决实际问题，没有什么用处；另一方面则充分肯定辩名析理可以"以宣其气"，即改善人的精神境界，玄学和清谈正是借此深深影响着魏晋士人，成为他们追求个人精神超越，或者排解烦恼忧愁以至于逃避残酷社会现实的一种有效手段。

2. 从"综核名实"到"辩名析理"：玄学与两汉经学的关系

冯友兰先生不仅敏锐地洞见到玄学的真正含义就是"辩名析理"，经过严谨的考核，还提出由汉末的"综核名实"到魏晋的"辩名析理"是一种思想（方法）的过渡。玄学注重"辩名"，因为关于"名"的问题是从汉末以来人们所关心的问题。然而与魏晋注重"理"不同，汉代更偏重"实"；汉代大多数哲学家们的根本观念都还是具体思维的，而玄学的辩名析理则完全是抽象思维的。因此玄学即"名理"之学，是探究深奥、精微之义理的抽象思辨，是一种深远的理性思维。

余敦康认为魏晋时期经学有玄学不可替代之处："拿玄学和经学来相比，玄学虽然在思维水平上高于经学，但在与民族文化的核心层次及心理结构的结合程度上却低于经学。这主要是因为玄学追求一种超越的精神境界，而经学则立足于人伦

① 冯友兰：《中国哲学史新编》，第四册，第三十七章"通论玄学"，北京，人民出版社，1986。

② 冯友兰《三松堂学术文集·论风流》提出"魏晋风流"之四点：必有玄心、须有洞见、须有妙赏、必有深情。

日用之常，玄学只能满足知识分子的精神需要，而经学则可以普及到广大的民众中去。”[①]

从抽象思维取代具体思维这种意义上说，玄学是对两汉经学的反动。但玄学与两汉学术思想又有着十分微妙的关系。这种关系主要表现在：继承并强化了汉代对诸子学术思想的兼收并蓄；延续了以《淮南子》为代表的抽象思维方式；继续汉儒“援老入易”的思想方法，以儒家思想尤其是易学改造道家学说，维护了老庄之学的存在价值。

（1）杂糅诸子，兼容儒道

杂是汉初学术的时代特点。在汉代，儒学并非一开始就被“独尊”；除了官方的经学主流之外，也出现了许多“旁门左道”。正是这些不为人注意的思潮，为玄学的产生奠定了思想方法的基础，成为玄学的萌芽和先声。

《史记》证明汉初曾对老子之学进行过大量研究。[②]据杨树达统计，两汉时期研习《老子》的，有五十余家。汉初众多思想家引用黄老思想的目的，是为了更好地补充和修饰儒家思想，使儒家思想具有时代的适应性。在他们看来，黄老或老子思想的基本出发点，原本是和儒家一致的。近年来郭店楚简本的发现，也有力地证明这种看法由来已久，而非无源之水，无本之木。[③]

儒学与黄老之学，在儒学定为一尊之后仍相互吸收融合，以至使儒学本身发生了重大变化。扬雄是这一阶段的开端，其代表人物有王充、郑玄。

如前对“道”的含义的论述中，已见得儒家学者综合儒道的倾向。陆贾取《老子》“清静简朴”的一面，把庄子的“至德之世”加以改造，达到现行社会制度下政治上的清静无为，即“块然若无事，寂然若无声，官府若无吏，亭落若无民；闾里不讼于巷，老幼不愁于庭……老者息于堂，丁壮者耕耘于田……”【（汉）陆贾《新语·至德第八》】很明显，陆贾的“至德之世”实质内容是《礼运》“小康之世”的再现，是实行儒家礼义之治的，其精神实质是儒家思想。

同样，多被认为作于汉初的《淮南子》也明显受到儒学影响。《淮南子》人性思想的基本观点是把人看成自然人，认为人与环境是统一的。《齐俗训》说“率性而行谓之道，得其天性谓之德”，明显被打上了《孟子》和《中庸》的烙印；《修务训》还以儒家思想为武器，对“寂然无声，漠然不动”加以批判：“或曰：‘无为者，寂然无声，漠然不动，引之不来，推之不往。如此者，乃得道之像。’吾以为不然。”主张“教顺施续，而知能流通”，从而否定了老庄的“弃圣绝智”；还站在儒家立

① 余敦康：《魏晋玄学史》，385页，北京，北京大学出版社，2004。

②《史记·乐毅列传》：“乐臣公学黄帝、老子，其本师……”

③ 参见本书第五章内容。

场，将“无为”重新解释为“循理而举事，因资而立，权自然之势”，并提出“圣人之从事也，殊体而合于理，其所由异路而同归”，说明儒家的事功教化，都体现着“循理而举事”的要求。

西汉晚期，以刘向、刘歆父子为代表，一部分士人、官僚为了寻求解决社会、政治危机的方案，迫切要求改变学术思想界窒息、僵化的局面，开拓了改善儒学、向诸子百家学习的方向。刘向重新开始了对诸子百家著作的整理和研究工作（图6-13）。刘歆则尖锐抨击了当时以经学为代表的儒家烦琐章句的学风。他在《七略》中按照儒学“礼失而求诸野”的思路，以儒家为正统，以诸子为“愈于野”的“支与流裔”，把诸子百家和儒家并列为十家，指出它们可以互相补充：

其言虽殊，辟犹水火，相灭亦相生也。仁之与义，敬之与和，相反而皆相成也。

《汉书·艺文志》

又说：

《易》曰：“天下同归而殊途，一致而百虑。”今异家者，各推所长，穷知究虑，以明其指。虽有蔽短，合其要归，亦六经之支与流裔。

方今去圣久远，道术缺废，无所更索。彼九家者，不犹愈于野乎？若能修六艺之术，而观此九家之言，舍短取长，则可以通万方之略矣。

此后，班固、王充等继承了刘向、刘歆父子所倡导的解放思想；东汉巨儒、古文经学家如马融、郑玄等都是“才高博洽”的“通人”，后二人在玄学的产生中起了至关重要的作用。到了王弼、何晏，更是强化了对诸子百家的吸收和儒道的融合，开启了魏晋时代“援道入儒”的学术风气。经过儒家对道家思想的传播，在魏晋道家注疏中也加进了儒家的内容。刘振东认为，玄学在外在态度上始终没有否定原始儒学，而且在其理论体系中吸收和兼容了儒学的思想观念。

（2）援道入易

两汉时期易学被提到前所未有的高度。司马迁的《史记·滑稽列传》对六艺（六经）的排序为《礼》《乐》《诗》《书》《易》《春秋》，其时还只是并列的六经之一。到刘歆的《三统历》则把《律》《历》《易》三者糅合在一起而作为天道的具体存在，

图6-13 《刘向像》（引自《中国历代名人图鉴》）

始在其《七略》的《六艺略》中将《易》置于六艺之首，成为《诗》《书》《礼》《乐》《春秋》之源，为易学开辟了新说。班固删《七略》以为《汉书·艺文志》，便延续了刘歆的序列，遂为后来的经学家所传承不辍，将《易》尊为儒学群经之首。

汉代经学家大多数精通《周易》和其他众多儒家经典，许多学者就是以《易》成名。汉代经学分今文经学和古文经学，以费直为代表的古文《易》，西汉时并未受到官方承认[①]。费直解易不重象数而讲求发挥典籍中的微言大义，《汉书·儒林传》说他“徒以《彖》《象》《系辞》十篇、《文言》解说上下经”。费直易学传至东汉，经马融、郑玄等的弘扬而大兴[②]，对魏晋玄学产生了直接影响。

基于这种“《易》为五经之源”的观念，《周易》也被魏晋士人当作哲学，成为立论的根本。《周易》与《老子》《庄子》并称三玄[③]，是玄学主要经典。而且，《周易》中之《易传》至少在宋代欧阳修以前，一直被认为系孔子所作，在魏晋也从未被怀疑过。阮籍《通易论》认为“至乎文王，故系其辞。……易之为书也，覆焘天地之道，囊括万物之情”。可见《易》在士人心目中的地位。（图 6-14）

图 6-14 （明）陈锋 《水阁读易图轴》（局部）（引自《山水》）

如前所述，孔子儒学具有极宽大的包

① 今文《易》有施、孟、梁丘、京房等为代表，皆立于学官，称为象数之学。

② 关于费氏之学的传承关系，《隋书·经籍志》综合《汉书·儒林传》和《后汉书·儒林传》之后提出：后汉陈元、郑众，皆传费氏之学。马融又为其传，以授郑玄。玄作《易注》，荀爽又作《易传》。魏代王肃、王弼，并为之注。自是费氏大兴。

③（北齐）颜之推《颜氏家训·勉学篇》：洎于梁世，兹风复阐，《庄》《老》《周易》，总谓“三玄”。

容性。先秦至汉初诸子百家又互有渗透和影响，因此同是战国时期形成的《易传》与《老子》，虽是对立的世界观①，但其就世界的生成、辩证法等方面实有不少融通之处。这为后来的“援老（道）入易”打下了基础。

“援老入易”的鼻祖首推西汉末的大儒扬雄（图6–15），他尊崇儒家正统思想，出于对神学化的谶纬经学的不满，认为经莫大于《易》，传莫大于《论语》，故仿《论语》作《法言》，仿《易》而作《太玄》。如前所述正是因为源于《周易》，“玄”遂成为扬雄哲学的最高范畴。他又接受《老子》的某些思想，提出“虚形万物所道之

图6–15 《扬雄像》（引自《中国历代名人图鉴》）

谓道也”。魏晋玄学也正是采用“援道入易”的思想方法，并直接以“玄”命名的。可见玄学最初并非特指老庄道家学说。

直到东汉末的儒学大师郑玄（图6–16）注《易纬·乾凿度》时，又系统引进老子的自生、自彰、自通、从无入有、以无为本的思想，引老注易，在经学内部实现儒道融合。曹魏时王肃继承了汉代费直至郑玄一派易学，重义理而略于象数，成为王弼以易学为代表的玄学理性主义的先导。

与扬雄和郑玄一样，王弼的“援道入易”也是以儒家易学为基础的。王弼解《易经》受《易传》的影响极大，其《周易略例》的字句许多取自《系辞传》文意，有的干脆直用其辞。很明显，王弼是本着先秦儒家《易传》来解释《易经》的，强调了儒学心性、情感的一面。王弼曾说“《文言》备矣”（王弼《周易注》），在他看来，孔子所作的《易传》尤其是其中的《文言》已经很完备，故而没有必要再为传作注。王弼引入老子的“虚无”本体，认为：“形必有所分，声必有所属。故象而形者，非大象也；音而声者，非大音也”，只是为了强调“有生于无”。

同时，王弼还吸收庄学对易学的诠释方式而进行发挥，他的“言不尽意”论，正是借鉴了《庄子》理性思辨和理性直观的思维方法而“一致百虑，殊途同归”，即都重在彰明《易传》中孔子“言不尽意”的微言大义。

①《易传》主张“天行健，君子以自强不息”的阳刚之气，而《老子》则主张阴柔，以柔克刚。

图6-16《郑玄像》（引自《中国历代名人图鉴》）

（3）抽象思辨

对玄学“辩名析理”的理性思辨产生重要影响的一部著作是《淮南子》。

《淮南子》不仅提出“清静”“无为”“玄德”等概念（《淮南子·原道训》）；提出“天道玄默”，指出“玄默无为”是天道的要求（《淮南子·主术训》）；而且对事物的现象和本质做了系统阐述，为魏晋时期的言意之辨打下了基础。《说山训》指出：“循迹者，非能生迹者也”，“圣人终身言治，所用者非其言也，用所以言也”。认识的最重要的任务，是掌握变化着的“迹”和“言”背后的“所以迹”，即支配现象的规律、本质和“言”所表达的根本精神，也就是“意”。

《淮南子》的辩证法思想，还表现在强调对立面的统一和统一中兼容并包的多样性，主张取长补短、各得其用：

圣人正在刚柔之间，乃得道之本。

《淮南子·泛论训》

五行异气而皆适调，六艺异科而皆同道……六者，圣人兼用而财制之。

《淮南子·泰族训》

故百家之言，指奏相反，其合道一体也。

《淮南子·齐俗训》

《淮南子》的抽象思维水平不仅达到了时代的高峰，而且它和王弼玄学的思辨之风，在性质上十分接近。王弼的思想，虽其本质上是超越了汉代经验论思想模式，而达到了玄学的本体论，与《淮南子》经验论和宇宙生成论思想有着本质的区别，但是却与《淮南子》的思辨因素有着继承与发展的关系。魏晋玄学的本体之学，并不是突然产生的，它和两汉哲学如《淮南子》及后来的《道德指归论》《论衡》等存在着继承关系，是两汉哲学的自然论、反目的论、“崇本息末”思想、以无为本思想的进一步发展与提高。

除此之外，西汉严遵充分吸收和利用庄周思辨的思维方式，解释、发挥《老子》的思想，对“道”“有生于无”“绝言”“体玄”等问题，做了思辨性较强的论述。他把他的哲学称为“玄德”“玄教”，对扬雄的“太玄”和魏晋玄学也都产生了一定影响[①]。

①《汉书·王吉贡禹传》说严遵“闭肆下帘而授《老子》，博览无不通，依老子、严周之旨，著书十余万言。扬雄少时从游学”。王弼、何晏的“凡有皆始于无”的“贵无论”，正是在严遵和《易纬》的思辨哲学基础上发展起来的。严遵关于“道”“玄”的思辨哲学和《易纬》一起，唱出了魏晋玄学的先声，成为魏晋玄学的重要的思想渊源。

扬雄说“太玄”，东汉末蔡邕得王充《论衡》后“诸儒觉其谈论更远”[①] 以及班固以“玄圣”指代孔子，等等，都是对“玄”的抽象含义进行发挥，魏晋玄学的核心意义，正在于这种抽象思辨的理性精神。

3. 清谈论辩中的“辩名析理”：玄学的时代精神与特色

玄学的时代表现是形成了清谈论辩的普遍社会风气。清谈即议论玄学义理，“辩名析理”是其主题。

玄学本身是一种哲学探讨，这种哲学探讨和思辨来源于追求真理的纯真愿望和士人的理智的良心，把它当作与上天对话，与宇宙同在的手段，也把它当作一种具有审美性质的文化娱乐活动，使其成为魏晋士人社会生活中不可缺少的一部分。他们通过各种形式的辩论、清谈会，广泛探讨人生、社会和宇宙哲学问题，促进了玄学思想的发展。

在“辩名析理”主导思想的影响下，清谈论辩只以玄理本身的逻辑力量为准绳，而不承认任何外在的权威。于是推动了思想的解放，进而产生了理性主义的思维方法和理性思辨，即运用形式逻辑方法，从客观事物本身出发去探索其中的真理。此间的许多文献资料中都体现了玄学的这一特色：

何晏为吏部尚书，有位望，时谈客盈坐。王弼未弱冠，往见之。晏闻弼名，因条向者胜理，语弼曰：“此理仆以为极，可得复难不？”弼便作难，一坐人便以为屈。于是弼自为客主数番，皆一坐所不及。

《世说新语·文学》

蔚蔚秀气，伟哉奇姿。荏弱软润，云散雪飞。君子运之，探玄理微。

许询《白麈尾铭》

诸名士共至洛水戏，还，乐令问王夷甫曰：“今日戏，乐乎？”王曰：“裴仆射善谈名理，混混有雅致；张茂先论《史》《汉》，靡靡可听；我与王安丰说延陵、子房，亦超超玄箸。”

《世说新语·言语》

殷中军为庾公长史，下都，王丞相为之集。……丞相自起解帐带麈尾，语殷曰：“身今日当与君共谈析理。”既共清言，遂达三更。……丞相乃叹曰：“向来语，乃竟未知理源所归，至于辞喻不相负。正始之音，正当尔耳！”

《世说新语·文学》

其中的“胜理”“探玄理微”“善谈名理，混混有雅致”“超超玄箸”“共谈析理”以及“理源所归”，等等，正是由正始至两晋期间玄学清谈中“辩名析理”的种种表现！

魏晋士人通过不同形式的清谈活动，不断发展、丰富、深化了玄学理论，并形成了不同的玄学流派。清谈的形式可以客主问答论辩的形式，也可以“自为客主”，从反正两面分层次分方面地质疑和答辩，将义理谈论透彻，发挥到极致。那时常以“精通简畅”“清辞简旨”“清蔚简令”“清易令达”“通雅博畅”“言约旨远”等来形容某人的善言玄理，要以简练动听的言

① 《太平御览》第602卷引《抱朴子》。

辞表达精深的义理。这就要求辩者除了要有相当的玄学修养之外，还要进行理性逻辑思维训练和语言训练。

这种主客论辩的形式不仅运用于清谈，也运用于作文，许多理论文章都是用客主问答的形式写成的。嵇康的《声无哀乐论》就是这种魏晋“辩名析理”的玄学代表作之一。

同《乐记》注重音乐的内容、音乐的伦理和音乐的社会功用所不同，嵇康此文深入到了音乐内部，注重音乐的形式与审美感受，同时更具有思辨意义和美学价值。在论证方式上采用论辩的形式，以“秦客”和“东野主人”相互辩驳。文章开头就从“历世滥于名实”的弊端开始展开讨论，文中更有许多内容直接凸现了“辩名析理”的鲜明时代特色：

因事与名，物有其号。

夫推类辨物，当先求之自然之理；理已足，然后借古义以明之耳。……今复假此谈以正其名号耳。

夫言，非自然一定之物，五方殊俗，同事异号，趣举一名，以为标识耳。夫圣人穷理[①]，谓自然可寻，无微不照。苟无微不照，理蔽则虽近不见。

文章除反复论证名、实、理等概念之外，还多次援引《易》《礼》等儒家经典，站在儒家的立场，充分肯定了音乐包括艺术化的“礼”的“移风易俗”的教化作用；同时对音乐审美给予了充分肯定，这与嵇康本人热爱音乐、精通乐理和具有极高的音乐造诣有直接关系。这些都是与老庄相左之处。另外，作品的文风和论辩的理性精神，与《荀子》和王充的《论衡》风格近似，尤其值得重视。嵇康的《声无哀乐论》以严密的析理论证，引出了对审美主客体关系的科学认识，成为中国古代美学史上的一次飞跃。

《声无哀乐论》对后世的影响极大，首先因其论辨问题本身的复杂性，对看重玄理思辨的魏晋名士极具吸引力，“声无哀乐”成为玄学讨论的一个主要议题。《声无哀乐论》的深远意义更在于它对后代的无形的影响，即它已经远远超出了单纯的音乐理论，它“以个体的超哀乐的无限自由的人格本体为艺术的本体，最为明确系统地从理论上论证了魏晋玄学的审美理想”，而成为“魏晋玄学的美学的完成”，“晋代以致南北朝的美学对‘神’的重视，对艺术的审美特性的强调，以及对艺术作一种本体论的探究等等，都直接间接地受到《声无哀乐论》的影响”。[②]

清谈的实质是一种“辩名析理”的思维方式，其结果是通过对“言”的重视，使审美和思维方式较之汉代有了很大发展。清谈之中重巧言，尚辩术，大量运用双关语，从而促进了语义学的发展；因清谈论辩中对典故的运用而使对经典的精熟得到认同和赞扬，从而发展了古代的解释学，从《世说新语》等文来看，引文用典的出处以儒学内容多于老庄；清谈中注重

① “穷理”语出《易传·说卦》：“穷理尽性，以至于命。”

② 李泽厚，刘纲纪：《中国美学史：魏晋南北朝编》，226~227页，合肥，安徽文艺出版社，1999。

语言的技巧如比兴、联想、比喻、隐喻，等等，亦重语言概括能力的提高，追求言简意赅，言约旨远；还十分注意语言的形式美，这时期骈体文和五言诗的发展与成就即是例证，而这时大量出现的文论、文集如曹丕《典论》、刘勰《文心雕龙》、钟嵘《诗品》和昭明太子萧统《文选》等，不仅是清谈重“言”和“辩名析理”的丰硕成果，而且为后来的文学发展打下了良好的基础。

随着玄学的不断发展和“辩名析理”的逐步深入，士人在对理论问题的探讨中，由正始时期的注重理之胜负，转向永嘉前后对主客双方清谈姿态和措辞华美的注意，并把它作为审美的对象而加以欣赏，直接与人物风神姿容的品评相联系而引向人物品藻。他们所崇尚的标准是叙致精丽、才藻奇拔、才峰秀逸、意气拟托以及萧然自得，等等，从而使“辩名析理”的玄学论辩转向审美。

4. “辩名析理”的“博物君子”：玄学与魏晋科技成就

魏晋六朝时期是中国历史上科技文化发展的第一次高峰。这一时期在博物学、农学、应用技术、制图学，尤其是数学方面取得的极高成就，正是在儒学的一贯倡导之下，受了玄学抽象思维方式的极大影响而取得的，是“辩名析理”的产物。

（1）魏晋科技成就

思想上的活跃，必然带来学术上的繁荣。魏晋时期，出现了分类记载异境奇物及古代琐闻杂事的“博物学”著作，以及记载地方风物、史地的书籍。如《博物志》《华阳国志》《洛阳伽蓝记》等。这时出现了我国最早的专门描述植物的著作，著名的有《南方草木状》《竹谱》等，开创了专题植物谱志的先河。另外还有《南州异物志》《荆州记》《湘州记》等数十种。不少关于农业和科技的重要著作，如《水经注》《齐民要术》，以及一些重要的算经、医经和丹书，亦在此期间问世。

此时数学上的辉煌成就尤其令人瞩目。在古代最著名的《算经十书》收录的十部算经中，魏晋时期的作品就占了七部[①]，分别是：《海岛算经》（刘徽）、《孙子算经》、《夏侯阳算经》、《缀术》（祖冲之）、《五曹算经》（甄鸾）、《五经算术》（甄鸾）和《数术记遗》（徐岳）。再加上此前赵爽的《周髀算经注》和刘徽的《九章算术注》，如此丰硕的数学成果堪称蔚为大观，在中国历史上是空前的，除了文化极盛的宋代，没有任何一个朝代能比。其中，赵爽把《九章算术》中的分数运算方法上升到理论高度，创始“齐同术”；又在《周髀算经注》中提出“勾股圆方图注”，用几何方法严格证明了“勾股定理”。刘徽的割圆术最早把极限思想用之于解决数学问题。祖冲之（图6–17）的《缀术》内容

① 魏晋之前的两部《周髀算经》《九章算术》分别由汉末至三国时期的赵爽和三国魏的刘徽为其作注。其后只有唐代王孝通的《缉古算经》。

深奥，时人称其精妙，可惜已经佚失不传，但他的圆周率却在世界数学史上留下了灿烂的一笔。他的儿子祖暅首次求得计算球体积的公式，世称“祖暅定理”。

此外应用技术的进步也是十分显著的。《南齐书·祖冲之传》载他曾制造“日行百余里”的“千里船”和水碓磨，后者恰恰用于园林。西晋地理学家裴秀创“制图六体”①，系统总结前人绘图经验，为世界上最早的地图学纲要，奠定了科学的计量制图学基础。出于儒学尊经的传统，他还将这一计量制图方法运用到《尚书·禹贡》的具体诠释中，编绘了我国古代地理沿革图《禹贡地域图》十八幅，是当时最详备的历史地图集。

图6-17《祖冲之像》(引自《中国历代名人图鉴》)

然而值得注意的并不仅仅是这些表面的成果，更重要的是士人投身于这些研究的“经世”出发点和采用的“析理”思想方法。

(2)从“知者创物”到“周公制礼”

在儒学传统观念中，创造出各种技术授予人民的人才是圣人。正如《周礼·考工记》所云：

知者创物，巧者述之守之，世谓之工。

孔子曾称赞子贡经商有道；《孟子·万章下》说“孔子尝为委吏矣，曰：‘会计当而已矣。’”因此毛礼锐的《中国当代教育史》曾断言孔子是懂得数学的，并向弟子传授数学。

《周礼》中有关于六艺的论述：

保氏掌谏王恶，而养国子以道，乃教之六艺：一曰五礼，二曰六乐，三曰五射，四曰五驭，五曰六书，六曰九数。

艺者，技艺，把数学当作一种技艺来传授，是中国古代非常独特的教育观念，掌握有关的技能是国家选官的要求，也是教育的内容。由于《周礼》“冬官司空，掌营造”部分的内容亡佚，汉儒以战国时齐国的工技之书《考工记》补之，其中关于宫室建筑则涉及图形比例等计算问题。故而后来《考工记》就成为儒家经典《周礼》的重要组成部分。

《易》和《乐》同为儒家经典，也是儒家六艺之一，与数学的关系十分密切。学《易》的同时要学习数学；乐理也离不开数学，故“汉魏名儒明经术者

① “制图六体”即分率(比例)、准望(方位)、道里(距离)、高下(地形)、方邪(角度)、迂直(曲直)。

多兼通之”[①]。

魏晋时期，官学时兴时废，在很大程度上依赖私学，私学多以儒家经典为主要课程。而在环境相对稳定时继续开办的官学，主要教授的仍然是经学，并且注家蜂起。儒家的传统于是在魏晋时期深入人心，发扬光大。

《周髀算经》是以周公向商高请教数学开篇的，赵爽注《周髀算经》说：周公旦“位居冢宰，德则至圣，尚卑己以自牧，下学而上达，况其凡乎？”因此他注《周髀算经》以使“博物君子[②]，时迥思焉”，立志像周公那样虚心学习，做到博识多知。

刘徽更是把《九章算术》推源到“周公制礼”，明确了数学与儒学的渊源关系。其《九章算术注》序中说：

昔在包牺氏始画八卦，以通神明之德，以类万物之情，作九九之术以合六爻之变。……按周公制礼而有九数，九数之流，则《九章》是矣。……且算在六艺，古者以宾兴贤能，教习国子。……博物君子，详而览焉。

颜之推在其《颜氏家训·杂艺篇》也这样叮嘱自己的子孙：

算术亦是六艺要事；自古儒士，论天道、定律历者，皆学通之。

北周的甄鸾曾作《五经算术》，对《尚书》《周易》《论语》《周礼》和《礼记》等古代经典中的一些与数学有关的问题加以研究注释，实质上正是沿着“周公制礼”的认识传统，以数学的方法研究五经。赵爽和刘徽甚至直接将孔子所倡导的思想和教育方法与数学方法紧密联系起来：

引而申之，触类而长之，天下之能事毕矣，故谓之知道也。

凡教之道，不愤不启，不悱不发；愤之悱之，然后启发。……举一隅，使及之以三也。

（汉）赵爽《周髀算经》

所谓告往而知来，举一隅而三隅反者也。

（魏）刘徽《九章算术注·粟米》

由此可见，数学、科技方面所体现的魏晋时代特色，绝不是老庄主张的“绝圣弃智”和虚无之“道”；恰恰相反，魏晋取得的数学成就，无论从研究的出发点，还是研究的方法或主张，都是以儒学之“道”——周孔之道作为立论的基础。这些成果是与由汉代至魏晋玄学日益浓厚的抽象思辨思潮互为表里的，是在“辩名析理”的思维方式下引出的数学理论的高潮。

（3）“辩名析理”的产物

前文谈到，汉代孕育的抽象思维已经为玄学的理性思辨奠定了基础，魏晋六朝取得的数学成就正是玄学“辩名析理”思想方法的典型产物。

赵爽认为《周髀算经》“其旨约而远，其言曲而中”，还主张“累思”：

累，重也。若诚能重累思之，则达至微之理。

“博访前故，远稽昔典”的祖冲之也

① 钱宝琮：《钱宝琮科学史论文选集》，317页，北京，科学出版社，1983。

② “博物君子”最早见于《左传·昭公元年》，晋侯称赞子产为“博物君子”，而孔子对子产也是大加赞赏的。

十分注重思辨，《宋书·律历志》说他“搜练古今，博采沈奥。唐篇夏典，莫不揆量。周正汉朔，咸加该验。罄策筹之思，究疏密之辨”。刘徽更是以逻辑推理能力见长。他针对当时一些“学者踵古，习其谬失”，“莫肯精核”，“拙于精理”的弊端，提出“析理以辞，解体用图”(《九章算术注》)，可以说将“辩名析理”的抽象思维运用到纯熟的境地，在逻辑方面达到很高水平。

不仅如此，“辩名析理”的思维方法还影响渗透到了绘画等美学领域。南朝宋画家陆探微被谢赫《古画品录》评为第一品第一人，正是因为他“穷理尽性，事绝言象”！这种对绘画的品评，与整个魏晋时期“辩名析理”的学术空气是分不开的。

5. “辩名析理”的结果与影响

由以上对玄学概念含义、思想方法及形成过程的分析可见，王弼、何晏倡导的玄学本质上不是“玄虚”，不是“虚无”，更不等同于老庄道家学说。长期以来对这一阶段学术思想的研究，只注意到寥寥几个怪诞文人的惊世骇俗，却没有注意考察魏晋社会整体文化的发展，致使以往的研究走入误区。

万绳楠先生早就强调：

到西晋统一中国以后，儒家思想又成为支配的思想。那时所谓玄学，本质上和儒家思想是没有什么分别的。……这时候的玄学……严格说，本质上并不是老庄玄学而是儒家思想。①

陈明进一步提出：

玄学言远旨近，即章炳麟所谓“其言循虚，其艺控实”，思想重心、现实作用及影响都在社会政制一维，属于儒学在魏晋时代的特殊表现形式。②

崔大华《庄学研究》认为，玄学与两汉经学、宋明理学一起，构成儒学的三种理论形态。这是符合实际的。玄学的历史使命，即是重建一种不同于两汉经学的新本体论的哲学体系和人格理想。

事实证明，玄学是以易学为中心的儒学反思；理性精神是玄学的核心。正是在兼收并蓄的基础上，通过其自身的反思与更新，儒学依然可以以玄学的形式保持延续，并始终处于社会文化的主流地位。玄学中的老庄，是被儒学改造后的老庄。玄学对先秦儒学的更新，也为大量纯哲学、纯美学范畴的产生和完整体系的形成做出了极大贡献。

“辩名析理”的影响不仅在于深化了玄学的本体论，注重对事物本质规律的探讨，而且训练了主体的逻辑思辨和理性思维能力，尤其是对艺术所做的本体论探究，对审美理想的追求和对审美特征的把握等，都将玄学从哲学引向美学。这种无形的影响在魏晋美学发展中功不可没。

---

① 万绳楠：《魏晋南北朝时代的思想主流是什么》，载《史学月刊》，1957(8)，8~13页。

② 陈明：《儒学的历史文化功能——士族：特殊形态的知识分子研究》，416页，上海，学林出版社，1997。

四、从玄学到美学的转变

作为哲学的玄学如何通向美学，进而对山水审美产生影响，是魏晋美学研究的关键所在，却又是最易含混之处。

1. 庄学的再发现

玄学之所以被长期误解等同于老庄道家思想，其直接原因是这个时期道家尤其是庄学引人瞩目的再发现，这一再发现对魏晋士人的人生理想、心性追求及其后的美学、艺术等确实发生了积极的作用，甚至掩盖了“儒道同归”的实质。

清代洪亮吉《晓读书斋初录》说“老庄并称，始于魏晋”。然而王弼、何晏却是重老子，对庄子注目不多，与后来嵇康、阮籍、郭象等对庄子的重视有很大区别，这在“老庄”与“庄老”称谓上的改变可见一斑。

阮籍、嵇康反对名教，崇尚庄子的“自然”。这里，庄子的“自然”并非今人理解的“自然界”，而是“自然而然”也就是“天然”。嵇、阮主张“越名教而任自然”，就是不假人为，按照人的自然本性无拘无束地生活。

上一章已得出“儒学构成庄学的学术背景”这一结论，庄子与孔子在对人生理想精神境界的追求方面并无本质的冲突；相反，庄子将孔子儒学中所包含的对心性自由和精神超越的追求发挥到极致。在两汉儒学神学化的大背景下不被重视的庄学，在魏晋这一“人的自觉”的时代，被重新发现、挖掘、阐释，并进一步发展，使其隐含的生命超越精神，与自然山水审美相契合，散发出耀眼的光辉。庄学的再发现，实际是儒学个人人格理想与审美思想的再发现。

魏晋对庄学的阐释以向秀和郭象的注本最有代表性。传统观点多以为，郭注承袭向注而略做补充，在某种意义上说就是沽名钓誉的抄袭。但实际上，郭象的庄子注有其独到的见解，是对庄子创造性的误读。他这样认识《庄子》一书的主旨：

> 通天地之统，序万物之性，达生死之变，而明内圣外王之道，上知造物无物，下知有物之自造也。
>
> 郭象《庄子序》

即儒道为一，名教与自然合一。正如邓乔彬在其《中国绘画思想史》中提出的：

> 直到晋人，才真正将儒者浴沂风雩之愿与庄子山林皋壤之乐结合起来，实现在他们名教与自然相并，庙堂与山林兼顾的生活中。①

郭象的《庄子注》在使玄学、庄学通向美学的过程中起了十分关键的作用。自从《庄子注》问世，庄学大盛，“庄老”一词才为时人所通用不称“老庄”而称“庄老”。②

① 邓乔彬：《中国绘画思想史》，212~213 页，贵阳，贵州人民出版社，2002。

② 马鹏翔：《“庄老”与“老庄”考辨》，载《中共石家庄市委党校学报》，2008(1)，34~37 页。

2. 无、有之争：哲学本体论基础

玄学的发生和发展经历了几个阶段：以王弼、何晏为代表的“正始”玄学，是玄学的开创期，也是所谓“贵无”时期；以阮籍、嵇康为代表的竹林时期；以裴頠为代表、由“贵无”转向“崇有”的时期；最后是以郭象为代表的永嘉时期，是玄学的综合和完成时期。“无”“有”之争一直贯穿其间。

早在《易传·系辞上》中，“无”的概念已经出现：“《易》无思也，无为也，寂然不动，感而遂通天下之故。非天下之至神，其孰能与于此。”

《晋书·王衍传》记载：

魏正始中，何晏、王弼等祖述老庄，立论以为天地万物皆以无为为本，无也者开物成务，无往不存者也。阴阳恃以化生，万物恃以成形，贤者恃以成德，不肖恃以免身，故无之为用，无爵而贵矣。

王弼、何晏把老子哲学中以自然为基础的“有无相生”原理，转变为道先于自然而存在的“有生于无”的原理。王弼所谓道的本体是“无”的含义，绝不是“虚无”或“零”，也不是“抽象”。“无”的主要含义应是“无形”“无名”，它包含有整体、大全、本质、规律，存在的根据和本源以及自然等多种含义。也就是说，它仍然是“有”——存在，只不过是“有”的另一种相反的形式，有如数中的“虚数”，或与感性直观相反的存在形式。

玄学作为一种本体论，它所关心的主要是“本末”“有无”“动静”“体用”“名教与自然”等问题，因而在思维表现上是极度的理性主义。由“贵无”发展而来的“得意忘象”论，旨在打破“言”与“象”的有限性，肯定美的主观感受，但却强化了无形、无名之“道”——无限这一本体，在实现精神超越的同时，却使形象本身不被重视。对抽象思辨的过分注重，对整体和本质过分追求，很容易脱离现实事物而走向虚无主义的极端。玄学的另一矛盾，就是在积极提倡“易简”学风的同时，却又以烦琐的语言文字去解释和发挥典籍中的微言大义，反映在语言上就是以玄言思辨为主的清谈；在文学上，就是空洞说教的玄言诗泛滥。玄学正是因此而倍受后代非议。檀道鸾曾议论说：

正始中，王弼、何晏好庄、老玄胜之谈，而世遂贵焉。至江左李充尤盛。故郭璞五言，始会合道家之言而韵之。询及太原孙绰，转相祖尚，又加以三世之辞，而诗骚之体尽矣。询、绰并为一时文宗，自此作者悉体之。至义熙中，谢混始改。①

沈约著《宋书·谢灵运传》也谈到玄言诗的变革：

有晋中兴，玄风独振，为学穷于柱下，博物止乎七篇，驰骋文辞，义单乎此。自建武暨乎义熙，历载将百，虽缀响联辞，波属云委，莫不寄言上德，托意玄珠，遒丽之辞，无闻焉尔。仲文始革孙、许之风，叔源大变太元之气。

表面上看，“庄老告退”即针对这种

① 余嘉锡：《世说新语笺疏》，262页，上海，上海古籍出版社，1993。

以玄言诗为代表的玄学唯心主义和虚无主义而发。文学的根本规律是以形象反映社会生活，即运用形象思维把握世界。山水精神是外在的“形”与内在的“道”的完美结合；而“贵无论”影响下的玄言诗创作恰恰背离了这一规律。这也就是庄老影响下的玄言诗为何流于虚无、为何玄言诗衰退山水诗才得以繁荣的原因，也就是刘勰所说的“庄老告退，而山水方滋”的第一层内涵。

阮籍、嵇康对庄学的继承，也因袭了庄子本身的矛盾，即生命的超越与事物的感性形象之间的矛盾。因此嵇、阮也陷入有情与无情的矛盾，才有了种种矛盾的行为表现。庄子对阮籍、嵇康的影响，主要体现在他们更追求超越形色声音之外的精神之美，这显然是与王弼“贵无”论和庄子注重精神的超越本体分不开。

郭象哲学不仅是对庄学的再发现，而且更是对庄子创造性的误读，对“山水方滋”起了极其重要的作用。郭象“贵有”论指出，“有”“无”都不能成为万物之本源，“无也，则胡能造物哉？有也，则不足以物众形”（郭象《庄子注·齐物论》）；认为万物“块然而自生”，“故造物者无主，而物各自造”（郭象《庄子注·齐物论》）：

夫庄老之所以屡称无者，何哉？明生物者无物，而物自生耳。

郭象《庄子注·在宥》

夫无有，何能所建？建之以常无有，则明有物之自建也。……自天地以及群物，皆各自得而已。

郭象《庄子注·天下》

因此美籍华人学者傅伟勋“将郭象哲学名之为‘彻底的自然主义’，认为他破除了整个道家的形上学与超形上学，一切还原之为万事万物的自然独化过程”[①]。

在郭象看来，万物是自生、自造的，十分重视自然的生命特点。郭象又在审美观照中采用《庄子·田子方》中孔子所谓“目击道存”的认识方式，认为事物存在即合理。“无”与“有”的本质区别，正如《易》中所说的是“形而上与形而下的区别”。

在此思想指导下，郭象借庄子的“自然”概念，提出“名教即自然”，“圣人虽在庙堂之上，然其心无异于山林之中”（郭象《庄子注·逍遥游》），于是圣人在形体上，可以作为现实社会的最高统治者，执行礼义制度而使“神全形具”，同时在内心精神上却因顺自然，从而达到超然的境界。实际上，郭象在内心方面强化了庄子的超越精神，并使其与社会现实结合，以调和儒、庄的方式，巧妙解决了庄子“逍遥尘外”与“移情山水”的矛盾。

玄学的“无”“有”之争，即由王弼到郭象的转变，构成山水审美的哲学基础，正是这一转变使人重新重视事物的感性形态——形式美，使魏晋诗歌从注重玄理转向山水自然的感性形象。

① 李霞：《傅伟勋对中国传统哲学逻辑发展的诠释学建构》，载《安徽大学学报（哲学社会科学版）》，1995（6），36~39页。

3. 言、意之辨：审美观照方式的转变

“言”“意”之辨也是魏晋玄学的重要命题。“言”“意”之辨，实际上包含着对表象与本体的分辨。王弼沿着费氏易学的思路，使《易》摆脱汉代流行的象数之学，把“得意忘言”当作一种观察、解释问题的思维方法。在玄学“辩名析理”主旨下，“名”与“言”通，“理”与“意”通。汤用彤先生在《魏晋玄学论稿》中的评论可谓切中要害：

新学术之兴起，虽因于时风环境，然无新眼光新方法，则亦只有支离片断之言论，而不能有组织完备之新学。故学术，新时代之托始，恒依赖新方法之发现。夫玄学者，谓玄远之学。学贵玄远，则略于具体事物而究心抽象原理。论天道则不拘于构成质料，而进探本体存在。论人事则轻忽有形之粗迹，而专期神理之妙用。夫具体之迹象，可道者也，有言有名者也。抽象之本体，无名绝言而以意会者也。迹象本体之分，由于言意之辨，依言意之辨，普遍推之，而使之为一切论理之准量，则实为玄学家所发现之新眼光新方法。王弼首唱得意忘言，虽以解《易》，然实则无论天道人事之任何方面，悉以之为权衡，故能建树有系统之玄学。夫汉代固尝有人祖尚老庄，鄙薄事功，而其所以终未舍弃天人灾异通经致用之说者，盖尚未发现此新眼光新方法而普遍用之也。由此言之，则玄学统系之建立，有赖于言意之辨。[①]

魏晋最早有关言意的记载，显然受了《易传》的影响：

子曰：“书不尽言，言不尽意。”然则圣人之意，其不可见乎？子曰：“圣人立象以尽意，设卦以尽情伪。”

《易传·系辞上》

孔子曰：书不尽言，言之细也；言不尽意，意之微也，斯皆神妙之谓也。

《三国志·管辂传》注

自此有关“言”“意”的论述不绝于耳。何晏在解释子贡“夫子之言性与天道，不可得而闻也”（《论语·公冶长》）时说：

天道者，元亨日新之道也。深微，故不可得而闻也。

《论语注》

欧阳建在解释《论语·阳货》中“天何言哉”和“予欲无言”时说：

夫天不言，而四时行焉；圣人不言，而鉴识存焉。……言之于理，无为者也。

《言尽意论》

何劭的《荀粲传》曾载：

粲诸兄并以儒术论议，而粲独好言道，常以为子贡称夫子之言性与天道，不可得闻，然则六籍虽存，固圣人之糠秕。

如前所述，荀粲所言之道，并非什么老庄之道，而是孔子的“性与天道”。所谓“六籍虽存，固圣人之糠秕”，意即“书”与“言”都不足以全面、准确地表达圣人的微妙意旨，在圣人之书、圣人之言、圣人之意三者中，圣人之意是最重要的，一旦领会了圣人学说的微言大义即精神实质，就可以不拘泥于圣人留下的语言文字。这也就是孟子所言的“尽信书，则不如无书”（《孟子·尽心下），“以意逆志”（《孟子·万章上》）——根据主体的“意”来推

① 汤一介：《汤用彤选集》，396 页，长春，吉林人民出版社，2005。

测圣人的本意并加以理解和运用。

“言”“意”之辨使玄学由最初的哲学本体论转向艺术的规律性讨论。王弼以《易传》“言”“意”“象”的论述，引申发挥孔子“言不尽意”并改造庄子“得意忘言”为“得象而忘言”“得意而忘象”：

予欲无言，盖欲明本，举本统末而示物于极者也。夫立言垂教，将以通性，而弊至于湮。寄旨传辞，将以正邪，而势至于繁。既求道中，不可胜御，是以修本废言，则天而行化，以淳而观，则天地之心见于不言；寒暑代序，则不言之令行乎四时，天岂谆谆者哉？①

这里，王弼正是以其“言”“象”“意”的理论，来解释孔子的“予欲无言”与“天何言哉”。

叶朗认为，王弼的这一理论具有三点积极影响：第一，在《易传》的基础上对“意”“象”关系做了深层探讨，推动了“象”向“意象”范畴的转化；第二，启发后人把握审美观照的特点，即审美观照可以超越有限的物象和概念；第三，启发人们认识艺术形式美和艺术整体形象之间的辩证关系。②

“言”“意”之辨的思维方式与审美观照方式，使魏晋时期“言”“象”“意”均得到相当重视。在“辩名析理”的清谈之中对语言形式和技巧的重视使得“言”“谈”“论”更精细入微，同时更感性化，而感性正是“象”的典型表征。魏晋时代重“情”，使“意”“象”都寓情于“言”中，通过“言”的形式来表现形体、形貌和意蕴，从而使“言”“象”这双重符号系统都得到空前发展。运用到园林中则主要体现在园林的题名用典上。南北朝不仅是文学上的用典高峰，而且建筑、园林题名也“名目要有其义”③。重“言”、重“象”的结果，使人们对宇宙、自然的认识和感知方式成为自觉，为山水审美的产生做好了心理准备，直探山水表“象”背后的深“意”，从而形成普遍存在的重“意”的浪漫生活方式，这正是《论语》中“曾点气象”的余韵，也正是庄子所强调的精神超越。由此魏晋士人在浪迹江湖、逍遥山林的山水之游与园林之乐中，寄托着与自然万物同一节奏的精神超越和天地境界。

由王弼发起的“言、意”之辩，不仅为山水美学的产生打下基础，而且使人认识到了本质与现象、目的与工具的区别，王弼“援道入易”正是“立象以尽意”的实践。然而当借助老庄而构筑起的玄学大厦日趋稳固之时，老庄学说已经完成其使命，“意”已得而“象”可忘也。自郭象之后，老庄学说再无更大的发展而流入宗教神学；宋代以后，道家思想反而要借理学的发展来传播。这也许是“庄老告退”的题外之“意”。

---

① 程树德：《论语集释》，1227页，北京，中华书局，1990。

② 叶朗：《中国美学史大纲》，192~193页，上海，上海人民出版社，1985。

③《魏书·任城王澄传》载北魏孝文帝语。参阅盛梅：《画意诗情景无尽，春风秋月趣常殊：清代园林景的构成与审美》，44~46页，天津，天津大学，1997。

4. 神、情、气韵：通向美学的文论、画论

在玄学的发展过程中，对哲学本体、宇宙本源及其规律的探索，在促进理性思维的同时，出现了大批重要的概念和范畴，如上述“得意忘言”“声无哀乐”等。这些源于玄学的概念、范畴一经提出，随着其不断深化和衍化，逐渐实现了玄学自身的否定，即脱离原来的抽象哲学思辨而通向美学。

早在《左传·襄公二十四年》中就已出现“三不朽”说：

> 大上有立德，其次有立功，其次有立言，虽久不废，此之谓不朽。

把著书立说的言语不朽与人格和事业不朽并列。《尚书·舜典》首倡“诗言志”，诗、文章及一切文艺创作都可表达作者之志，都可以作为“言”立于世，而超越个体生命存在以获得“不朽”的价值（图6–18）。曹丕《典论·论文》云：

> 盖文章，经国之大业，不朽之盛事。年寿有时而尽，荣乐止乎其身，二者必至之常期，未若文章之无穷。

这就是“文的自觉”，是儒家“立言”不朽的发展。基于这种“文的自觉”意识，魏晋时期的文学创作理论与文学批评取得了长足进步。

曹丕《典论·论文》上承《孟子》《乐记》和王充、王符的文学美学理论，提出“文以气为主”。陆机《文赋》提出“诗缘情而绮靡”，挚虞《文章流别论》认为诗“以情志为本”，不仅是西晋“结藻清英、流韵绮靡”创作倾向的理论基础，而且已开始注意到文学自身的特点及各种文体的差别。范晔《后汉书》立《文苑列传》，认为文学的特点是“情志既动，篇辞为贵，抽心呈貌”、“言观丽则”（《后汉书·文苑列传》）；颜延之论诗也以“流靡”“侧密”（颜之推《庭诰》）为上。他们都强

图6–18 立言的典范——孔子退修读书【引自（明）《孔子圣迹图》】

调抒写情志和辞章华美为诗赋的特点。

正是在魏晋这种以儒学为主体的思想文化背景下，伴随这种文艺创作倾向的转变，神、气韵、情等一批概念变成重要的美学范畴，成为此时文学、绘画艺术的共同追求。

东晋画家顾恺之提出“传神写照”（《世说新语·巧艺》引顾语），又在《魏晋胜流画赞》中专门谈到传神的问题，否定“以形写神”，追求形、神统一，用黑格尔的话说，就是使外表形象成为“心灵的表现”①。

南朝宋画家宗炳在《画山水序》中提出“澄怀味象”，概括了主客体之间的审美关系；又提出“应目会心”“澄怀观道”的命题，进一步探讨审美愉悦的生理—心理机制；另外他的“畅神”“山水质有而趣灵”“山水以形媚道，而仁者乐”（宗炳《画山水序》），等等，都是绘画、园林审美中的重要命题。

南朝画家谢赫在《古画品录》序中提出绘画六法，“气韵生动”为六法之首。在中国古典美学体系中，“气韵生动”占有十分重要的地位，与中国古典美学的意境说有内在的联系，对后来的绘画、造园以及所有艺术都产生了深远影响。

刘勰的《文心雕龙》更是一部“笼罩群言”“体大而虑周”的文学理论巨著（章学诚《文史通义·诗话》），对审美意象、艺术想象和审美鉴赏都做了系统分析；还以“心”为审美主体，提出了“意象”“隐秀”“风骨”“神思”“情采”“物色”“知音”等一系列属于美学范畴的概念，集中体现了魏晋美学的的时代特色。

正如本书一贯强调和主张的，园林的发展始终离不开文学、绘画等士人艺术的同步发展。魏晋六朝时期文学、绘画领域的美学成就，直接或间接地作用于园林，使其在保持园林传统功能特点的基础上，更突出强化了对人精神和情感的愉悦、净化和寄托作用，突出了园林作为精神居所的本质特点。文论和画论的繁荣，在提高诗文、绘画技巧和品味的同时，也促进了造园手法、景观构成和意境创造的日益成熟。

五、山水美学的发展与成就

1. 取欢仁智乐，寄畅山水阴：艺术本质规律的回归

具体到山水审美，还应追溯到孔子。孔子不仅最早提出山水审美的命题，而且认识到山水具有比德与比道两种层次。比德以“仁者乐山，知者乐水”为代表；“子在川上曰”“登山”“观水”等则是比道的典型，即透过自然界的四时变化和万物运作，直视天地间生生不息、无所不在的“道”——生命的超越精神。

山水比德应该说是一种境界比较高的山水审美活动，以仁智之性作为乐山乐水

① 黑格尔：《美学》，第1卷，201页，上海，商务印书馆，1979。

的理论依据，是中华民族特有的文化心理，并使中国的山水文学具有浓厚的伦理哲学意味，仁智之性作为一种道德范畴，是中华民族共同崇尚的规范化品性；仁智之乐作为一种精神追求是我们民族共同企羡的高尚情趣。在生态伦理观念潜移默化的影响下，人在山水审美的同时，发现了山水与人生的同一性。而山水比道则是发现了山水具体形态以外的超越性，是面对山水的宇宙和生命本体性的哲学思考。

比道与比德，是建立在对山水感性形态的深入观察和准确把握之上的，因此山水诗十分注意山水形象的形似描写；而对山水感性形态的观察和把握，又是以玄学从“无”到“有”的转变为理论前提，得益于人物品藻的深入，也得益于郭象的贡献。

艺术的本质，是面向感性形态的感性思维；文学的根本规律是以形象反映社会生活，即运用形象思维把握世界。詹福瑞认为：山水诗的崛起和发展，“是文学发展的内部规律使然，而不是外部条件突发性变化刺激使然”[①]，如山水之游的兴盛、清谈风气的衰落等 。诗由玄言向山水的转变，是诗人摒弃庄老玄理等思辨影响，而回归诗之文学本质的结果，是对孔子儒家诗教与自然审美的再认识。山水诗、山水画、山水园林等在六朝时的飞速发展，正是山水比道、比德影响在文学、绘画、园林方面的表现。

仁智之乐在魏晋时期是士人津津乐道的话题。

仁以山悦，水以智欢。

王济《平吴后三月三日华林园》

取欢仁智乐，寄畅山水阴。

王羲之《答许椽》

山以仁静，水以智流。

郭祚《陪孝文帝游华林园》

山水比道则被魏晋士人进行了更充分的诠释。宗炳《画山水序》提出：“山水以形媚道，而仁者乐。”仁者所乐何也？在于山水之形与其所媚之道也[②]——明确指出自然美是一种具有独立的审美价值的客体。他还融会庄、佛，提出“万趣融其神思……畅神而已”（宗炳《画山水序》），“万趣”与神志融合之后，才会物我一体，使自己精神舒畅，并显现出“道”来。这种畅神与陶潜《饮酒》诗中的得意“忘言”、谢灵运《游名山志》中的“意得”有相通之处。“畅神”之说鲜明地突出了人的审美的愉悦功能，强调把握审美的主体意识的绝对意义，强调个体审美的自由及其个体审美认识的价值。“山水以形媚道，而仁者乐”，意即山水形态与自然之道的紧密契合，人面对优美的自然山水时，体会到的不仅是山水的形态、自然的生机、时光的流逝，还有人与自然万物的和谐，这正是儒家追求的“参天地赞化育”和“鸢飞鱼跃”的天地审美境界。源于孔子的这

① 詹福瑞：《走向世俗——南朝诗歌思潮》，33页，天津，百花文艺出版社，1995。

②《中国美学史》释“媚”为亲顺、亲和、爱悦之意。“形”即山水的感性形态，生命乃自然之道，山水的外在形态是自然之道的体现，是生命意识的体现。

种对山水的深入认识，极大地影响了山水审美意识。

山水审美情绪的出现，使魏晋士人普遍由“以玄对山水”转向“以情对山水”：

（谢安）寓居会稽，与王羲之及高阳许询、桑门支遁游处，出则渔弋山水，入则言咏属文，无处世意。

《晋书·谢安传》

羲之既去官，与东土人士，尽山水之游，弋钓为娱。

《晋书·王羲之传》

（许询）好泉石，清风朗月，举酒永怀。……乃策杖披裘，隐于永兴西山。凭树构堂，萧然自致。……既而，移皋屯之岩，常与沙门支遁及谢安石、王羲之等同游往来，……

《建康实录》

（孙绰）居于会稽，游放山水，十有余年。

《晋书·孙绰传》

（谢灵运）寻山陟岭，必造幽峻，岩嶂千重，莫不备尽。

《宋书·谢灵运传》

城北有陂泽，水物丰盛。湛之更起风亭、月观、吹台、琴室，果竹繁茂，花药成行。招集文士，尽游玩之适。

《南史·徐湛之传》

与此同时，出现了集游览山水美景、人物品赏、即兴赋诗、宴饮娱乐于一体的文人聚会活动，文学艺术与士人的心性追求，在青山秀水间紧密地融合了。以王羲之、谢安为代表的兰亭雅集，石崇、潘岳等的金谷诗会，东晋慧远及众僧人的庐山石门之游，陶渊明的斜川之游，等等，成为多少后人魂牵梦萦的追求，至今依然令人神往！

山水诗的出现，实质上是山水比道的结果，即道的超越性与感性形态在魏晋的融合。虽说山水美学的哲学基础是玄学由“贵无”到“贵有”的转变，然而却是孔子儒学影响的厚积薄发，是两汉以来儒家思想意识潜移默化影响的集中体现。

2. 山水以形媚道，而仁者乐：对园林的影响

前文提到由于孔子对“乐”的重视，使美学的和谐在人们的生活中无处不在。魏晋时期的士人生活更为典型，正如德沃斯金所说：

到了六朝，艺术被看作是特殊的事业，一切与和谐的生活有关的学科都被看作是美学的。任何工作，无论它是多么平凡——宰牛、斫轮、同绝症斗争——如果做得恰如其分，就是美学的，就同现行的秩序保持了和谐。在平凡的工作和艺术创造之间并没有一条“沟壑”。[①]

（1）士风与园林

山水自然的积极意义是使人从中获得精神的愉悦；从负面上讲，山水自然则是作为社会失意后人生幸福的补偿形式出现，成为士人漂泊心态的归宿，使其生活

① 德沃斯金《为一二人所作的歌》，转引自郝大维，安乐哲:《孔子哲学思微》，215页，南京，江苏人民出版社，1996。

方式上与自然更为接近（图6-19）。同时期隐逸文化的发展加速了山水审美的进程。

玄学之兴首先掀起魏晋之际的逍遥热潮。阮籍对逍遥的理解是浮世以逍遥，遁世以逍遥。在向秀、郭象那里则是适性、足性、任性而逍遥，即追求精神的满足与自得。《世说新语笺疏·文学》载：

向子期、郭子玄《逍遥义》曰：夫大鹏之上九万，尺鷃之起榆枋，小大虽差，各任其性。苟当其分，逍遥一也。然物之芸芸，同资有待，得其所待，然后逍遥耳。唯圣人与物冥而循大变，为能无待而常通，岂独自通而已。又从有待者不失其所待，不失，则同于大通矣。

郭象《庄子注·逍遥游》更进一步提出：

夫小大虽殊，而放于自得之场，则物任其性，事称其能，各当其分，逍遥一也，岂容胜负于其间哉？……苟足于其性，则虽大鹏无以自贵于小鸟，小鸟无羡于天地，而荣愿有余矣。故小大虽殊，逍遥一也。

这显然与嵇康的出处“其揆一也”、君子“殊途同致”“循性而动”如出一辙，也从一个侧面反映了魏晋玄学儒道融合的发展历程，印证了本书的论述。

对逍遥的追求影响了士人特有的生活方式，清谈雅集的同时往往伴之以饮宴游乐，园林则为这种沙龙式的生活方式提供了观赏吟咏的对象和游乐欢宴的场所，从而成为士人生活中必不可少的组成部分。此时涌现了大批士人的庄园、别墅，如石崇的金谷园、孔灵符以及谢灵运的庄园等

（元）刘贯道《消夏图卷》（局部）（引自《中国绘画史图录》）

图6-19 士人典型的生活方式

等。这种游乐活动不仅限于园林、别墅，范围还扩展至郊外的自然风景区，最典型的就是兰亭集会。而谢安、谢灵运等人的率众游历名山胜川，堪称当时的旅游活动。

王羲之的《兰亭集序》留下了为历代士人所神往的千古绝唱（图 6–20、图 6–21）：

永和九年，岁在癸丑，暮春之初，会于会稽山阴之兰亭，修禊事也。群贤毕至，少长咸集。此地有群山峻岭，茂林修竹；又有清流激湍，映带左右。引以为流觞曲水，列坐其次；虽无丝竹管弦之盛，一觞一咏，亦足以畅叙幽情。是日也，天朗气清，惠风和畅。仰观宇宙之大，俯察品类之盛；所以游目骋怀，足以极视听之娱，信可乐也。

人们从古老的祓禊习俗中既能感受思古之幽情，更能体会“曾点言志”那种生机流行、天人相谐的闲适和舒畅。兰亭故事不仅以其风流绝代的文人气息，为后人不断追慕、仿效，而且促使原已是园林游赏内容之一的“禊赏”，成为后来园林不可或缺的一大主题。园林也成为文人雅集的场所（图 6–22~ 图 6–24）。

逍遥放达的士风与山水精神结合，促

内刻《兰亭集序》的端溪兰亭砚（引自《书斋的宇宙》）

（明）《兰亭修禊图》（局部）（引自《中国美术全集》）

（明）文徵明《兰亭修禊图卷》（引自《中国绘画史图录》）

图 6–20 兰亭修禊——士人艺术中的永恒主题（1）

《环翠堂园景图》局部——兰亭遗胜（引自《中国建筑大图典》）

（明）《兰亭修禊图》（局部）（引自《中国建筑大图典》）

图 6-21 兰亭修禊——士人艺术中的永恒主题（2）

使士人们怡情山水、弋钓园林，极大地促进了士人园林在魏晋的发展。

（2）人物品藻与园林

“山水方滋”同时伴随着人的主体变化。明代王思任曾在《世说新语》序中说：“古今风流，惟有晋代”。在标举风神的魏晋时期，出于政治目的的人伦鉴赏，逐渐演变为以审美为特征的人物品藻，成为士人社会生活中不可或缺的重要组成部分，也与山水美学及园林结下了不解之缘。

《世说新语·容止》中有关时人的描写如：

裴令公有俊容仪，脱冠冕，粗服乱头皆好，时人以为“玉人”，见者曰：“见裴叔则，如玉山上行，光映照人。”

王右军见杜弘治，叹曰：“面如凝脂，眼如点漆，此神仙中人。”

时人目王右军：“飘如游云，矫若惊龙。”

值得注意的是，魏晋时期人物品藻中的重美倾向，是当时社会的普遍追求。然而《庄子》一再标榜“形同槁木，心如死灰”，书中绝大多数虚构的人物形象也是非残即缺，不仅与其描绘的“神人”失之千里，更与魏晋社会的重美倾向形成鲜美对比！原来，庄子认为不应以形害德，他更推崇德全形缺，更注重精神的超越与自由，故而以形体的丑来衬托精神之美。这就是前文提到的《庄子》中的“审丑”现象。这种差距显然表明，魏晋士人是从孔门儒学

（五代）邱文播《文会图》（局部）（引自《中国名画鉴赏辞典》）

图 6-22 中国历代绘画中的文会、雅集题材（1）

（明）王绂《山亭文会图轴》（局部）（引自《山水》）

（明）沈周《魏园雅集图轴》（局部）（引自《山水》）

图 6-23 中国历代绘画中的文会、雅集题材（2）

那里汲取了人物品藻的美学营养，在此基础上只是有选择地吸收了庄子的精神超越之美，而摒弃了庄子思想中外在形象的丑。

前文曾论及人物品藻的儒学渊源，也曾提到孔子不仅重视人的精神境界与修养，对人的容貌、服饰也十分重视。这种完美的人格理想追求，对魏晋人物品藻产生了极大影响。《世说新语》有大量记载：

公孙度目邴原："所谓云中白鹤，非燕雀之网所能罗也。"

《世说新语·赏誉》

王戎云："太尉神姿高彻，如瑶林琼树，自然是风尘外物。"

《世说新语·赏誉》

王公目太尉："岩岩清峙，壁立千仞。"

《世说新语·赏誉》

魏明帝使后弟毛曾与夏侯玄共坐，时人谓"蒹葭倚玉树"。

《世说新语·容止》

嵇康身长七尺八寸，风姿特秀。见者叹曰："萧萧肃肃，爽朗清举。"或云："肃肃如松下风，高而徐引。"山公曰："嵇叔夜之为人也，岩岩若孤松之独立；其醉也，傀俄若玉山之将崩"。

《世说新语·容止》

骠骑王武子是卫玠之舅，俊爽有风姿。见玠，辄叹曰："珠玉在侧，觉我形秽。"

《世说新语·容止》

这种俊秀飘逸的风姿，是与精神的风

（南宋）刘松年《西园雅集图》（局部）（来源：网络）

（明）唐寅《西园雅集图》（局部）（来源：网络）

（明）吕纪、吕文英《竹园寿集图卷》（局部）（引自《故宫博物院藏明清绘画》）

图 6-24 中国历代绘画中的文会、雅集题材（3）

流放达互为表里的。人物品藻的标准，正是在孔子儒家尽善尽美、文质彬彬的完美人格理想基础上扬弃了庄子，吸收兼容了庄子的精神超越并加以强调。

兰亭集会及其深远的美学意义，构成人物品藻与山水美学之间的过渡。王羲之《兰亭集序》虽承续了西晋石崇的金谷之游，然而却是以孔子所谓“吾与点也”的“曾点气象”为其主旨的。在尽展风流的雅士云集之时，在人与自然的交融之中，士人体会的不仅是物态咸畅、舒和闲适的自由心境，更是曾点之志中那种仰观俯察、游目骋怀的天地境界，与后来宋儒崇尚的天人凑泊、生机流行是相一致的。

正始以后及《世说新语》中的人物品藻特征，在于重才情、崇思理、标放达、赏容貌等方面。《世说新语》及司空图的《二十四诗品》，集中反映了魏晋时期人物美、自然美与艺术美三者之间互比互喻的社会风气。孔子比德说结合人物品藻之风，使园林自然要素如山、水、石、动植物等，在形式表象之外有了更深层的内涵，“比德”最终成为园林造景的重要手段。人伦鉴赏由政治实用性向艺术的转变，体现了超出实用的趣味欣赏，此乃诗性思维之类比手法的运用结果，也是山水精神的重要体现。其中包含的玄学思考和论辩，本质上则是一种哲学探讨，这不仅代表了士人的文化修养，更作为具有审美性质的文化娱乐活动，而被士人社会普遍接受。

随着南朝士人闲逸生活的深入，和人物品藻中对自然美的发现，自然山水本身的多样性和典型面貌被逐渐发掘，人们已认识到山水能“以形媚道，而仁者乐”，自然山水摆脱了以前艺术作品中只作为气氛比喻和背景衬托的地位，而成为独立的审美对象。围绕山水情绪的产生，文学、绘画、音乐、书法、园林等士人艺术获得了同步发展，并彼此互为影响。

（3）仰观俯察的时空观念

山水审美对包括园林在内的艺术的影响，一是思维方面强化了形象思维，二是在形式上奠定了中国特有的仰观俯察的时空观念和构图方式。

《易传·系辞下》早就提出：

> 古者包牺氏之王天下也，仰则观象于天，俯则观法于地，观鸟兽之文与地之宜，近取诸身，远取诸物，于是始作八卦，以通神明之德，以类万物之情。

“俯仰”时空观表达了一种精神境界。仰观俯察的同时，人的精神便可以在自身与万物之间自由地驰骋、翱翔。这与《中庸》所推崇的‘鸢飞戾天，鱼跃于渊’。言其上下察也”的天地审美境界是一致的。因此标榜精神自由的庄子也说：

> 其疾俯仰之间，而再抚四海之外。
>
> 《庄子·在宥》

魏晋时期，由于玄学对儒学的继承和庄学的再发现，仰观俯察的时空观念普遍被士人所津津乐道：

> 俯仰运天地，再抚四海流。
>
> 阮籍《咏怀诗》

> 目送归鸿，手挥五弦，俯仰自得，游心太玄。
>
> 嵇康《赠秀才入军十九首》

> 仰寥廓而无见，俯寂寞而无声。

陆机《大暮赋》

仰凌眄于天庭兮，俯旁观乎万类……于是忽焉俯仰，天地既翕，宇宙同区，万物为一，原千变之常钧兮，齐亿载于今日。

陆云《登台赋》

仰观宇宙之大，俯察品类之盛，所以游目骋怀，足以极视听之娱，信可乐也。夫人之相与，俯仰一世……快然自足，曾不知老之将至。

王羲之《兰亭集序》

余所以驰神运思，昼咏宵兴，俯仰之间，若已再升者也。

孙绰《游天台山赋》

仰观大造，俯览时物。

孙绰《答许询诗》

伯仁仪容弘伟，善于俯仰应答，精神足以荫映数人。①

峥嵘激清崖，蒙笼阴岩岫。咀嚼延六气，俯仰以九周。

庾阐《诗》

因此宗白华先生总结说：

（中国）诗和画中所表现的空间意识……是"俯仰自得"的节奏化的音乐化了的中国人的宇宙感。

中国这种移远就近，由近知远的空间意识，已经成为我们宇宙观的特色了。

中国画……令人抬头先见远山，然后由远至近，逐渐返于画家或观者所流连盘桓的水边林下。②

仰观俯察的时空观念，对中国的山水诗、画、园林都具有深远影响。最重要的就是形成了山水画论中"以大观小"的全景透视和"咫尺千里"的空间表现。

（4）"咫尺千里"的空间表现与园林小型化趋势

南朝宋时画家王微已经认识到"目有所极，故所见不周。于是乎以一管之笔，拟太虚之体；以判躯之状，画寸眸之明"（王微《叙画》）。以二维平面来表现立体空间，的确需要掌握一定的技巧，并充分运用艺术的想象力。同时代的另一位画家宗炳对此有更形象的描述：

且夫昆仑山之大，瞳子之小，迫目以寸，则其形莫睹，迥以数里，则可围于寸眸。诚由去之稍阔，则其见弥小。今张绡素以远暎，则昆阆之形，可围于方寸之内。竖划三寸，当千仞之高；横墨数尺，体百里之迥。是以观画图者，徒患类之不巧，不以制小而累其似，此自然之势。③

尽管他已认识到了远近法和透视原理，但中国画家"不愿在画面上表现透视看法，只摄取一个角度，而采取了'以大观小'的看法，从全面节奏来决定各部分，组织各部分"④。顾恺之在其《画云台山记》中极其详尽地描述了他对云台山全景的表现，姚最《续画品》中评南朝梁画家萧贲"尝画团扇，上为山川，咫尺之内。而瞻万里之遥；方寸之中，乃辨千寻之峻"。

山水画这种对全景山水的构图和表现，实际上是对山水形象再加工的过程，

---

①《世说新语·言语》刘孝标注引邓粲《晋纪》。

② 宗白华：《艺境》，203、208、108页，北京，北京大学出版社，1987。

③ 俞剑华：《中国画论类编》，583页，北京，人民美术出版社，1957。

④ 宗白华：《艺境》，201页，北京，北京大学出版社，1987。

大量出现在此时的山水诗文中，如谢灵运的许多山水佳作都不惜笔墨、不厌其详地描绘他游览所到之处的优美景色。

魏晋南北朝时期园林发展的显著特征之一，是园林规模逐渐趋向小型化和形成了纡余委曲的空间造型。出于经济财力的原因，魏晋时期的园林在规模上与汉代不可同日而语。尽管不少士族庄园别墅规模依然很大，但普遍看来，已难再现汉代皇家园林那种超常的规模和恢宏的气度。尤其在南方，出现了一批小规模的私家园林。在规模变小的同时，其中的景观却趋向于丰富精致。

园林规模逐渐变小，要在这种狭窄局促的基地上，营构摹写如此丰富多样的山水自然，山水诗、画中仰观俯察的空间意识，以及“咫尺千里”的空间表现方式，为士人园林的空间处理提供了可资借鉴的途径。正如宗炳所说的：

夫以应目会心为理者，类之成巧，则目亦同应，心亦俱会。应会感神，神超理得。虽复虚求幽岩，何以加焉？又神本无端，栖形感类，理入影迹；诚能妙写，亦诚尽矣。

眼前景物的感受，引发作者心中的感悟；与主体心灵情感相契合的宇宙精神，则可以超越画面上物象的局限，直指其本质。同样地，这也正是造园者所希望的小中见大——顺应“自然之势”，在有限的空间中“妙写”无限宇宙的空间表现方式。

因此，在儒学有关“卷石勺水”“情迩畅而及乎远，察一而关于多”以及玄学和佛教的审美观照方式影响之下，园林造景中“不以制小而累其似”“以大观小”“小中见大”的手法，就不再是以各种景观的巨大体量和数量，来填充园林空间，而是在深入把握各种景观形态的规律性和审美价值的基础上，把峰峦、崖壑、泉涧、湖池、建筑、植被等的丰富形态与其在空间上的远近、高下、阔狭、幽显、开合、巨细等无穷的奥妙组合穿插在一起，形成纡余委曲而又变化多端的空间造型。

魏晋南北朝时始见端倪的这种空间造型特点和处理手法，虽然尚不成熟，但却为日后形成以“中和之美”为标准的园林空间关系与组织的规律性，创造了良好条件。

小结

通过本章对魏晋南北朝时期哲学思想、社会状况、士人风气及艺术审美之种种现象的分析，可以大致廓清魏晋玄学的实质，应是以儒学为中心，吸收改造道家主要是庄学的有益内容，以“辩名析理”的抽象思辨为思想方法的哲学思潮。这时期的儒家思想体系不是崩溃瓦解，而恰恰是在充分地取长补短、兼收并蓄之后获得了理论上的巨大发展，并根深蒂固地渗透到魏晋士人的心灵深处；儒学尤其儒家的美学思想，更是潜移默化地影响、改变和决定着他们的思想、行为及艺术的种种表现。也正是在这种社会思想背景下，以文学、绘画和园林等为代表的山水审美异军突起，获得了长足的进步，在中国古代文化中起到了至关重要的承上启下的作用，与魏晋玄学和士人风度一起载入中国古代文化艺术的史册。

第七章

宋明理学对园林的影响再认识

……经典都需要真正是新的解释和发挥，才能解决新时代的问题。

——冯友兰《中国哲学简史》

堺屋太一的《知识价值革命》曾经指出：“10 世纪到 11 世纪后半叶北宋鼎盛时期是近代型高速经济增长与合理精神充溢的‘东洋文艺复兴’，甚至是超越它的‘亚近代’。”[①]与此时的经济、文化发展同步，两宋时期的园林，也达到了“成熟前期的第一个高潮阶段，总结了上代的成就，开启了后世的先河”[②]。

一、为万世开太平：宋代园林及其社会文化背景

1. 宋代园林的成就与特色

在隋唐园林发展的基础上，宋代的造园活动更加普及，伴随着社会整体文化水平的提高，园林也呈现出繁花似锦、多姿多彩的繁荣景象。

两宋各地造园活动的兴盛早已大量见诸文献记载。以北宋东京为例，根据《东京梦华录》《东都志略》《枫窗小牍》《汴京遗迹志》《宋书·地理志》《玉海》等书及散见于宋人文集、笔记中资料的粗略统计，此时私家、皇家园林的名字就有 150 余个。此外还有许多寺观园林、官司衙署园林、茶楼酒肆附设的园林，甚至不起眼的小酒店亦置“花竹扶疏”的小庭院以招徕顾客。东京实际成了一个名副其实的花园城市。[③]（图 7–1）

宋代私家园林在江南地区迅速发展，正如宋代大诗人陆游《南园记》所说，“自绍兴以来，王侯将相之园林相望”。王侯将相及普通文人百姓之宅第园林的大量兴建，在江南一带形成了几个著名的园林之城。典型如杭州、湖州、苏州、扬州等。“江吴都会”，自古繁华的杭州，随着宋朝南渡而成为南宋的政治经济中心。紧临风景优美的西湖和周围群山，皇家占地兴建宫苑、寺庙，建造园林（图 7–2）。在其城内和湖滨还陆续兴建了许多宅园，西林桥、孤山一带“俱是贵官园圃；凉堂画阁，高台危榭，花木奇秀，灿然可观”。“里湖内诸内侍园囿楼台森然，亭馆花木，艳色夺锦，白公竹阁，潇洒清爽。沿堤先贤堂、三贤堂、湖山堂，园林茂盛，妆点湖山”（吴自牧《梦粱录》）。

①（日）堺屋太一《知识价值革命》，转引自陈来：《宋明理学》，16 页，沈阳，辽宁教育出版社，1991。
② 周维权：《中国古典园林史》，96 页，北京，清华大学出版社，1990。
③ 以上资料引自周维权《中国古典园林史》。

（宋）张择端《清明上河图》（局部）（引自《中国古代绘画图录》）

图 7-1 北宋首都东京的城市景象

（南宋）李嵩《西湖图》（引自《中国名画鉴赏辞典》）

图 7-2 南宋首都临安西湖

湖州也是一个园林胜地。宋人倪思《经锄堂杂记》就记有湖州游赏去处 40 多个，私家园林 20 多个。宋末周密的《吴兴园林记》也记载了湖州 36 个私家园林，其中有耸立着三大太湖名石的“南沈尚书园”，有四面皆水而以荷花著称的“莲花庄”，有规模虽小但回折可喜的“王氏园”，有登高尽见太湖诸山的赵氏“苏湾园”，有地处弁山之阳，“万石环之”的叶氏“石林”，有藏书数万卷的“程氏园”，等等。周密在《吴兴园林记》开头即点明了湖州园林繁盛的原因：“吴兴山水清远，升平日士大夫多居之……城中二溪横贯，此天下之所无，故好事者多园池之胜。”（图 7-3）

在园林数量增加的同时，园林的类型和功能也得到极大丰富。除了前述的皇家园林、私家园林、寺观园林、官司衙署园林及茶楼酒肆附设的园林，宋代对文化、教育的重视，使作为教学环境的书院园林大量涌现。如著名的岳麓书院、白鹿洞书院等，既是理学大师们聚

（南宋）刘松年《四景山水图（夏）》（局部）（引自《中国名画鉴赏辞典》）

图 7–3　宋代的私家园林

徒讲学的场所，又是当时闻名遐迩的书院园林和自然风景区。

宋代还延续唐代在曲江等公共园林群体游园的习俗，形成了许多著名的开放性公共园林。宋代叶梦得《石林燕语》载当时的琼林苑、金明池“岁以二月开，命士庶纵观，谓之‘开池’，至上巳，车驾临幸毕，即闭”（图 7–4），可见宋代的宫苑是以有限的时间、空间来向士庶百姓开放的。宋代的许多私家宅园也取消了对公众的封闭性，邵雍《洛下园池》就有“洛下园池不闭门”，“遍入何尝问主人”之句；据《元城先生语录》记刘安世评司马光之独乐园说：“独乐园在洛中诸园最为简素，人以公之故，春时必游。”“独乐园”之“独乐”早已变得名不符实。皇家园林和私家园林都如此，各州县公署内设立的郡圃、州圃等衙署园林，每值时令佳节也向居民开放，而诸如杭州西湖这样典型的公共园林，以及各地大大小小的寺庙园林和自然风景区更不必说。苏轼《怀西湖寄晁美叔同年》中所写的“西湖天下景，游者无愚贤”，便道出了当年士庶出游的盛况。[①]

与客观成分和景物因素占较大比重的唐代园林相比，宋代文人园林的一个显著变化就是主观的成分和个性的因素大大增加，这就使园林充盈着浓郁的文

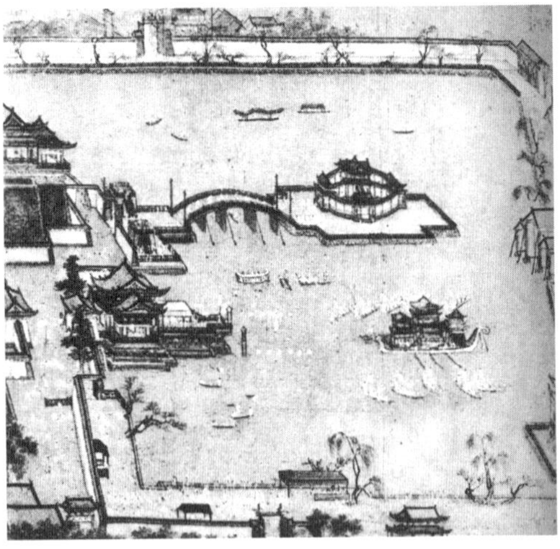

（宋）张择端《金明池争标图》（部分）（引自《中国古代绘画图录》）

图 7–4　宋代皇家宫苑金明池

① 潘谷西：《中国建筑史》，5 版，北京，中国建筑工业出版社，2004；金学智：《中国园林美学》，北京，中国建筑工业出版社，2000。

人书卷气息。山水诗、文人画的发展对园林的影响早已有目共睹；作为宋代文学突出成就的宋词，其美学特征之一就是喜爱并善于描写园林美。宋代园林景点和建筑中的匾额、楹联得到普遍应用，随着士大夫宇宙观、人格观及思维方式等的发展，许多景题、楹联具有了更深的意旨；同时，书法、诗文、工艺美术等士人艺术形式，与园林的取名用典及景观的构成和意境的创造等更为紧密地结合起来。这些方法及其典型的文人意趣，一直为明清造园家们所追摹。

虽然宋代尤其是南宋园林缺少了汉唐园林的宏大气魄和规模，但园林景观的构筑却日趋精巧周密，在形式上体现着造园者的艺术匠心，在内涵意蕴上浸透着主人的主体情致。宋代建筑普遍追求一种柔美精雅的形象，建筑造型及内外檐装修技术的进步，使宋人可以充分利用木建筑框架组合灵活、结构造型丰富的特点，在园林中创造许多极其精美而多样的建筑作品。如欧阳修的“画舫斋”、陆游的“烟艇”成为后世船厅、画舫斋、石舫之类的前驱；亭子的种类式样较之唐代也有了进一步扩展。建筑与园林的结合，至南宋时更为尽善尽美。建筑中的各种门窗、栏杆和室内各种精美的隔扇、罩、屏、博古架、天花等“小木作”，已经成为园林中不可或缺的重要组成部分。另外，宋代园林小品之丰富也是前所未有的，其精美绝伦的艺术水平更为后代所望尘莫及。

2. 社会文化背景

中国古典园林在两宋的发展成就，是与宋代社会整体文化水平的提高互为表里的。两宋对文化和教育的重视程度普遍高于过去任何朝代，教育空前普及，文人阶层的社会地位进一步提高，不仅造就了中国历史上最庞大的士人阶层，而且使两宋成为在学术文化上综罗百代的时代，整个社会文化达到了中国古代社会的高峰。宋代对农业的重视、商品经济的迅速发展、科学技术的巨大进步，为园林文化的发展提供了坚实的经济基础和保障。①

两宋时期相关艺术和文艺理论的繁荣，也带动和促进了园林的发展。与建筑艺术和技术的发展相应，建筑理论也打破了历史的沉寂，北宋崇宁二年（1103年），以书画见长的建筑师李诫主编的《营造法式》刊行，这是我国古代最重要而又完整的建筑学专著。此时各种类型的园记也竞相出现。其中个体园记如苏舜钦的《沧浪亭记》、司马光的《独乐园记》、朱长文的《乐圃记》、冯多福的《研山园记》、赵佶的《艮岳记》、张淏的《艮岳记》以及祖秀的《华阳宫记》等。群体园记的代表则有李格非著名的

① 详见本章第二节中“理学的时代精神”部分。

《洛阳名园记》及周密的《吴兴园林记》等。此传统一直影响到明清时期的园记和文人笔记。除了专门的园记外，园林理论还不断出现在文人的文学作品当中，如沈括的《梦溪笔谈》、欧阳修的《醉翁亭记》以及苏轼、米芾的大量诗文；而杜绾的《云林石谱》堪称当时最完整的园林理论著作。(图 7–5)

在“郁郁乎文哉”的宋代，园林与文人艺术的不解之缘展现得更为充分。从五代到两宋也是中国绘画史上的鼎盛时期。五代在再现宏大的自然环境的山水画方面取得很大成就，这时期的荆浩、关仝等的“全景山水”继续发扬了中国特有的再现方法，对后世山水画的发展产生了较大影响。在继承隋唐五代山水画艺术成就的基础上，宋、辽、金时期的绘画在画史中更占有重要地位，名家辈出，名作纷呈。宋代的书画美学比较注重审美创造的规律性，诗歌美学则比较注意对审美意象本身的分析。郭熙的画论《林

乾隆御题《欧阳修像》

《苏舜钦像》

《苏轼像》

《司马光像》

《宋徽宗赵佶像》

图 7–5　宋代园林造诣颇深的文人雅士（引自《中国历代名人图鉴》和《中国美术全集》）

泉高致》具有划时代的意义；苏轼提出了许多有关书画、诗文的理论、见解；黄休复把绘画分为“逸”“神”“妙”“能”四格，并把逸格列在其他三格之上；朱熹关于诗歌欣赏的主张，从一个侧面反映了人们对审美意象的特点的深入认识；严羽的《沧浪诗话》提出了兴趣说和妙悟说；等等。正是得益于这些文论、画论的繁荣，才造就了前述宋代园林的特点和成就；苏轼评论王维的“诗中有画，画中有诗”的审美意境，在园林中体现得更加充分（图 7–6）。园林成为融所有文人艺术为一体的综合艺术形式，更有赖于在这种社会普遍风气的影响下，文人、画家对园林的直接参与和经营。更值得一提的是，以建筑、园林等为主要表现对象的界画，在宋代的地位和受欢迎的程度也是历代罕见的，界画受到宫廷的扶植，成为画院的考试科目和必修课，并出现了郭忠恕等一大批名家。

（明）文徵明《辋川图》（引自《中国古代建筑大图典》）

图 7–6 “诗中有画，画中有诗”的园林意境

在这些繁荣的园林文化背后，在哲学、美学思想层面起决定性作用的，是两宋时期理学思想体系的完善。

在中国传统文化发展过程中，宋明理学无疑是一个十分重要的阶段，是儒学发展的又一个理论形态。著名学者李学勤对理学的评价可谓具有远见卓识：

宋学的某些观点比汉人更近于周汉之际的儒家。①

此外，理学还以其无可替代的时代精神，影响着两宋以来的中国文化。如理学注重实学，其“为天地立心”“观生意”等主张所体现的现实主义精神，排斥道、禅的虚无主义，使艺术作品的内容充实、形式丰富。理学的主体——儒家知识分子群更多地关心国计民生，体察民情民意，直接影响到社会对经济、农业和科学技术的重视，园林与这些因素的密切关系以及园林的公共性、开放性等，可以说正是这一认识的集中体现。在理学发展的几百年间，学派蜂起，群儒立说，不同学术派别之间可以互不相让，激烈争论，无疑是两宋时代学术空气宽松活跃的直接反映，学术思想的这种多样性反映在园林上，也呈现出丰富多样的时

① 李学勤：《周易经传溯源——从考古学、文献学看〈周易〉》，213 页，长春，长春出版社，1992。

代特色。

但是以往对宋明理学的理解，只是以程朱理学概括宋明理学的全貌，在笼统认定理学维护儒家纲常伦理道德等级制度的同时，却忽视了理学内部因人而异的认识及其对中国文化的积极影响，尤其理学极其推崇的“为天地立心”，实际上正是中国古代艺术的精神核心与实质。

本章所关心和探讨的正是理学如何以其特殊的方式影响了包括园林在内的士人艺术。

二、为往圣继绝学：理学发展历程

1. 因禅注儒：理学的产生背景

由上一章内容可知，随着佛教在六朝后期的广泛流传，佛僧主动吸收儒学的思想精华，对佛教进行了彻底改造和包装。佛教为宣扬教义，论证四大皆空、万般俱幻，大讲宇宙论、世界观和本体论，建立起各种完整而精致的思辨哲学，如印度的唯识宗和中国的华严宗与禅宗。

禅宗的宗旨是“以心传心，不立文字，教外别传”。受孔子“述而不作”“言不尽意”影响的魏晋“言意之辨”，对禅宗产生了极大影响。此间的重要人物竺道生曾这样表达他对“彻悟言外”的感叹：

> 夫象以尽意，得意则象忘。言以诠理，入理则言息。自经典东流，译人重阻，多守滞文，鲜见圆义，若忘筌取鱼，始可与言道矣。
>
> 《高僧传·竺道生传》

三祖僧璨曾作《信心铭》曰：“多言多虑，转不相应。绝言绝虑，无处不通。”在禅宗看来，佛法真如不是用文字、语言所能表达的；文字、语言所表述的东西不过是变了形的、分解了的、不真实的佛性，人如果执着于文字、语言，则只会走入迷途，不能获得佛法的真谛。

禅宗在美学方面的意义是与艺术心灵相契合的。崇尚“自心”“自性”的禅宗，不像西方宗教那样强调绝对理念的“神”而丧失主体，而是将外在的“形”作为主体心灵的反映，人在审美中的感受是一种独特的内心领悟，因此外境、形，只不过是内心的感性形式，而受内心的支配。在六祖慧能看来，成佛修行，关键是明心见性。《坛经·顿渐品第八》云：“常坐拘身，于理何益？”“见性之人，立亦得，不立亦得，去来自由，无滞无碍。”这样就完全摆脱了禅宗初祖几代延续的潜形山谷、萧然静坐的宗风，为禅宗进一步世俗化、社会化大开方便之门。禅宗的这一根本性转变，正如前文曾提到的，显然是受了中国传统儒家思想的影响。如孙绰《喻道论》所说“周孔即佛，佛即周孔……其旨一也”，唐代六祖慧能在《坛经》中援儒释禅，借《论语》中的“直道”来说明“行直何用修禅”，以倡导“恩则孝养父母，义则上下相怜”，实乃源于儒家孝道的“不离世间觉”；所谓“见性成佛”“人皆为佛”，与孔孟的“文王既没，文不在兹乎”“人皆可以为尧舜”并无二致。这种极其精致的内心哲学，一经产生，立刻与中国士大夫阶层的内在需求不谋而合，在中国士大夫知识分子中产生了广泛的影响。

禅宗对中原文化尤其是儒家思想的冲击是空前的，并且远远超出了宗教的范畴而深入到了思想文化领域。道教讲炼丹、长生、静坐，因此也必须如禅宗那样大讲宇宙理论和世界图示，这些虽成为后来构筑宋明理学的基本资料，却恰恰是原始儒学的薄弱环节。故而隋、唐以后，道、禅思想在士人中迅速蔓延，大批儒士不进道观便入禅门，虽从整体来说是社会文化的一种进步，促成了中国历史上三教融合的局面①；但从儒学自身的角度来说却是巨大的挑战。韩愈曾力陈佛老之害：

周道衰，孔子没，火于秦，黄老于汉，佛于晋魏梁隋之间。其言道德仁义者，不入于杨，则入于墨；不入于老，则入于佛。……后之人其欲闻仁义道德之说，孰从而听之？

《原道》

夫佛本夷狄之人，与中国言语不通，衣服殊制，口不言先王之法言，身不服先王之法服，不知君臣之义、父子之情。

《论佛骨表》

无数儒家学者挺身而出，来维护儒学的统治地位。唐代的韩愈（图7–7）、李翱和宋初的胡瑗、孙复、石介，被公认为理学的先导和前驱，至理学大兴，

图7–7 《韩愈像》（引自《中国历代名人图鉴》）

几乎都是基于这一根本出发点。正如南怀瑾先生在《宋明理学与禅宗》中所说：

佛学不来中国，隋、唐之间佛教的禅宗如不兴起，那么，儒家思想与孔、孟的“微言大义”可能永远停留在经疏注解之间，便不会有如宋、明以来儒家哲学体系的建立和发扬光大的局面。幸好因禅注儒，才能促成宋儒理学的光彩。

佛教的传入，佛、道对本体论、宇宙论的重视，构成了儒学新的挑战。也正是由于禅、道的冲击，促使一代代儒者奋起直追，造就了理学的辉煌，将儒学推向了又一次理论发展的高峰；同时也促成了中国历史上的三教融合和社会整体文化的进步。

2. 理学的发展主线及其特点

《宋史·道学传》道出了两宋理学的发展历程：

“道学”之名，古无是也。三代盛时，天子以是道为政教，大臣百官有司以是道为职业，党、庠、术、序师弟子以是道为讲习，四方百姓日用是道而不知。是故盈覆载之间，无一民一物不被是道之泽，以

① 宋代禅僧大觉怀琏曾描绘三教合一融合欢乐的图景：“若向迦叶门下，直得尧风荡荡，舜日高明，野老讴歌，渔人鼓舞。当此之时，纯乐无为之化。”文僧惠洪《礼嵩禅师塔诗》说道：“吾道比孔子，譬如掌与拳，展握故有异，要之手则然。”

遂其性。于斯时也，道学之名，何自而立哉。

文王、周公既没，孔子有德无位，既不能使是道之用渐被斯世。退而与其徒定礼乐，明宪章，删《诗》，修《春秋》，赞《易》《象》，讨论《坟》《典》，期使五三圣人之道昭明于无穷。故曰：“夫子贤于尧、舜远矣。”孔子没，曾子独得其传。传之子思，以及孟子，孟子没而无传。两汉而下，儒者之论大道，察焉而弗精，语焉而弗详，异端邪说起而乘之，几至大坏。

千有余载，至宋中叶，周敦颐出于舂陵，乃得圣贤不传之学，作《太极图说》《通书》，推明阴阳五行之理，命于天而性于人者，了若指掌。张载作《西铭》，又极言理一分殊之旨，然后道之大原出于天者，灼然而无疑焉。仁宗明道初年，程颢及弟颐实生，及长，受业周氏，已乃扩大其所闻，表章《大学》《中庸》二篇，与《语》《孟》并行，于是上自帝王传心之奥，下至初学入德之门，融会贯通，无复余蕴。

迄宋南渡，新安朱熹得程氏正传，其学加亲切焉。大抵以格物致知为先，明善诚身为要，凡《诗》《书》六艺之文，与夫孔孟之遗言，颠错于秦火，支离于汉儒，幽沉于魏晋六朝者，至是皆焕然而大明，秩然而各得其所。此宋儒之学所以度越诸子，而上接孟氏者欤。

两宋理学的主体不只是上述的几个代表人物，而是一个群体；理学的理论和价值取向代表了宋代整个社会的普遍要求；理学的影响不仅在于思想和学术，更渗透到社会的各个层次、各个角落，尤其对社会风气的影响是无法估量的。由中唐而两宋的儒学复兴运动，不仅是思想学术上的，更是文化上的。古文运动中“唐宋八大家”①的出现，足以说明北宋前期文化与中唐的嬗延关系。这些都为理学的中兴打下了坚实的基础。

无论政治主张和学术观点有多么不同，也不管文学造诣和生活态度有多大悬殊，宋儒都从各个方面，采取各种手段，竭力去阐发和弘扬儒学的本质精神。其中既有理论上的努力，也有行动上的贯彻；大到社会、国家和地区的治理，小到经营自己所居住的园林山池，乃至个人的心性修养……正是由于整个宋儒群体的积极作用，使宋代达到了中国古代社会文化发展的高峰。

按照现代学术界的通常作法，可以把宋明理学体系区分为四派：以张载为代表的气学；以邵雍为代表的数学；以程颐、朱熹为代表的理学；以陆九渊、王守仁为代表的心学。（图 7–8~ 图 7–13）由气学—数学—理学—心学这一发展轨迹，历史而逻辑地展现了宋明理学逐步深入的发展过程。

气学针对隋唐盛行的佛教与道教崇尚虚空的学说，提出虚空即气，气为宇宙的终极实在，以从根本上打击佛老，为儒家学说建立一种宇宙论的论证。数学则进而研究实在的宇宙过程和历史过程的规律性。理学把气学、数学所忽略的儒家伦理原则上升为宇宙本体和普遍

① 唐宋八大家，即唐代的韩愈、柳宗元和北宋的欧阳修、苏洵、苏轼、苏辙、王安石、曾巩八位散文家。明初即有人将他们的文章选编成《八先生文集》，遂有八家之名。嘉靖时文学家茅坤选辑《唐宋八大家文钞》，广为流传，“唐宋八大家”之名因此更为流行。

图7-8　《张载像》（引自《中国历代名人图鉴》）

图7-9　《邵雍像》（引自《中国历代名人图鉴》）

图7-10　《周敦颐像》（引自《中国历代名人图鉴》）

图7-11　《程颢像》（引自《中国历代名人图鉴》）

图7-12　《程颐像》（引自《中国历代名人图鉴》）

图7-13　《朱熹像》（引自《中国历代名人图鉴》）

规律，又吸收和结合了气学、数学的一些重要成分，使儒家思想有了更为坚实的本体论基础。心学则反对理学的实践论，认为人的本心作为道德主体，其自身就决定道德法则，从而突出了道德实践中的主体性原则。

在宇宙论、本体论方面，理学家们以《周易》这部儒家经典作为对抗佛老的哲学批判武器。周敦颐从“太极”的宇宙论中引出“圣人定之以中正仁义而主静，立人极焉”的结论，并提出“一与无欲”“主静”“思曰睿”等包含着认识论和方法论的各种观点，开始了从本体论、宇宙论向人性论、认识论和伦理学的发展，从而被尊为理学的开山鼻祖。同样，邵雍也将“天下之物”所具的“理”与人的“心”“性”统一起来，而与“我”“情”“目”等感性一方相对立。张载更作《正蒙》，并进一步提出“尽心知性”“心统性情”“天理人欲”“天地之性”“气质之性”“德性所知”“见闻之知”等宋明理学的基本命题和基本原则。

在人格理想方面，理学家普遍以“孔颜乐处”等来概括和强化其理想人格和人生目的。

在实践方面，程颐、朱熹等继承《大学》，讲究格物致知的为学功夫，如程颐提出“涵养须用敬，进学则在致知”的观点（《二程全书·伊川先生语》）。

陈来在《宋明理学》一书中，总结

概括宋明理学的特点如下。

①以不同方式为发源于先秦的儒家思想提供了宇宙论、本体论的论证。

②以儒家的圣人为理想人格，以实现圣人的精神境界为人生的终极目的。

③以儒家的仁义礼智信为根本道德原理，以不同方式论证儒家的道德原理具有内在基础，以存天理、去人欲为道德实践的基本原则。

④为了实现人的精神的全面发展而提出并实践各种“为学功夫”即具体的修养方法，这些方法的条目主要来自四书及早期道学的讨论，而特别集中于心性的功夫。[①]

这可以说是对理学整体上的客观评价。

3. 理学的思想方法

从理学的思想方法来说，则经历了由韩愈的排斥佛、老，到周子、二程、朱子等主动吸收庄、禅影响的发生、发展过程。由前文分析可知，儒、道（庄）、禅三家在人生、艺术的追求上，确有其相通之处，因此无论理学对道、佛的态度如何，都不会有碍于儒学的核心精神；排斥佛、老和吸收庄、禅的根本出发点和目的，都在于延续儒家思想传统并使之发扬光大。

（1）斥佛、老，崇孟子

在力斥佛、老的同时，韩愈在其《原道》中抬出孟子，积极宣扬并竭力延续儒家道统：

> 尧以是传之舜，舜以是传之禹，禹以是传之汤，汤以是传之文武周公，文武周公传之孔子，孔子传之孟轲。轲之死，不得其传焉。

他所理解的古圣相传的“道”是儒家的文化系统，“斯吾所谓道也，非向所谓老与佛之道也”(《昌黎先生文集》)。正是由于韩愈对孟子地位的重视，引发了孟子升格运动，对理学影响甚巨。

本书第一章已阐明，孟子是由孔子、曾子、子思发展到宋明理学的重要中间环节。是孟子将孔子诸如“天何言哉”“乐山乐水”“曾点气象”以及“鸢飞鱼跃”等典型化的人生与自然的审美体验概括化、清晰化；又是孟子深化了儒学肯定的“天命”的内在绝对性。《中庸》的“天命之谓性，率性之谓道”，《孟子·尽心上》的“知其性，则知天矣”，都是天命观在人内在心理方面的发展。理学强调的“心”与“性”正是“天”的内在表现和延续。由孟子的“仁民爱物”到张载的“民胞物与”；由“爱物”到“格物致知”“观生意”，理学正是继承了由孔子、曾子、子思至孟子的儒家道统，因此理学尤其推崇孟子。

---

① 陈来：《宋明理学》，14 页，沈阳，辽宁教育出版社，1991。

韩愈还积极阐扬《大学》[1]，李翱之重视子思和《中庸》与其一脉相承[2]。他们都试图说明人性在本源上趋于儒家教义，从而使儒学在佛、道的冲击面前，找到更深的立足基础。

(2)吸收佛、道

由韩愈提倡的儒家道统发展到周敦颐所在的时代已显示出道家的影响。这种影响主要体现在宇宙论、本体论方面。周敦颐在《太极图说》提出对人道的看法:

惟人也，得其秀而最灵。形既生矣，神发知矣，五性感动而善恶分，万事出矣。圣人定之以中正仁义而主静[3]，立人极焉。

《通书·圣学第四》申言:

寂然不动者，诚也；感而遂通者，神也。动而未形，有无之间者，几也。诚精故明，神应故妙，几微故幽。诚、神、几，曰圣人。

《通书·圣学第二十》强调一与无欲的修养:

“圣可学乎？”曰：“可。”曰：“有要乎？”曰：“有。”“请问焉。”曰：“一为要。一者，无欲也。无欲则静虚动直。静虚则明，明则通；动直则公，公则溥。明通公溥，庶矣乎？”[4]

从儒学自身的完善出发，主动吸收各家之所长，为儒学注入新的活力，典型如二程、朱熹。程颢继承了周敦颐和张载的主张，更加强调人的心灵境界与宇宙境界的冥合，提出了许多对后世园林产生了决定性影响的见解:

夫天地之常，以其心普万物而无心；圣人之常，以其情顺万事而无情。故君子之学，莫若廓然而大公，物来而顺应。……与其非外而是内，不若内外之两忘也。两忘则澄然无事矣。

《答横渠张子厚先生书》

（人）惟其与万物同流，便能与天地同流。

《河南程氏遗书》

二程和朱熹则主动吸收佛学思想来充实理学的宇宙理论：

释氏之学，又不可道他不知，亦尽极乎高深。

佛、庄之说，大抵略见道体。

《河南程氏遗书》

或问：“庄周如何？”子曰：“其学无礼无本，然形容道理之言，则亦有善者。”

《河南程氏粹言》

近而一身之中，远而八荒之外，微而一草一木之众，莫不各具此理。……如排数器水相似：这盂也是这样水，那盂也是这样水，各各满足，不待求假于外。然打破放里，却也只是个水。此所以可推而无不通也。……释氏云：“一月普现一切水，

---

①《原道》:“‘古之欲明明德于天下者，先治其国;欲治其国者，先齐其家;欲齐其家者，先修其身;欲修其身者，先正其心;欲正其心者,先诚其意。’然则古之所谓正心而诚意者,将以有为也。今也欲治其心,而外天下国家,灭其天常；子焉而不父其父，臣焉而不君其君，民焉而不事其事。”《原性》:“性也者，与生俱生也。情也者，接于物而生也。”

② 李翱《李文公集·复性书》:“弗虑弗思，情则不生，情既不生，乃为正思。正思者，无虑无思也。……方静之时，知心本无思者，是斋戒也。知本无有思，动静皆离，寂然不动者，是至诚也。”

③ 周敦颐自注“主静”云 :“无欲故静。”

④“一”就是不要有任何杂念,“虚”就是没有任何成见。周敦颐此段文字，正是北京香山静宜园典出之处。

一切水月一月摄。”这是那释氏也窥见得这些道理。

《朱子语类》

当时这种对禅学思想的吸收是如此普遍，以致有人认为“儒佛之无二道，心迹之无二法”：

孔子曰：“克己复礼为仁，一曰克己复礼，天下归仁焉。”此非禅宗所谓心外无法者耶？子曰:“参乎！吾道一以贯之。”曾子曰：“唯。”此非禅宗所谓默契顿悟者耶？“二三子以我为隐乎,吾无隐乎尔。”此即禅宗之扬眉瞬目也。“朝闻道夕死可矣”，此即禅宗之坐脱立亡也。“毋固，毋必，毋意，毋我”，其无诸滞碍执著有如此者。“性与天道，不可得而闻也”，其不假文字言说有如此者。

《梁溪全集·送浮图慧深序》

司马光曾作有《解禅偈》六篇，王辟之则仿作《解禅偈》六首，其中有“颜回甘陋巷，孟轲安自然，富贵如浮云，是名极乐园”，把儒家思想与佛门说教结合起来。苏轼也曾这样回答王安石关于“动静”的问题：

精出于动，神守为静，动静即精神也。

要言不烦，一语中的，令王安石击节称叹（吴坰述《五总志》）。然而无论苏轼怎样吸收道、禅，却仍不失为儒，而且比其他任何人更能从审美上体现儒家所标榜的“极高明而道中庸”的最高准则。苏轼如此，其他醇儒自不必说。这才是理学之所以始终未离儒学而流入庄、禅的原因所在。

值得强调的是，禅宗没有否定儒、道共持的感性世界和人的感性生存，没有否定儒家所重视的现实生活和日常世界，而是在理论、思想和情感上注重对超越的形上追求。这一点可以看作对孔、庄共同追求的精神自由与超越境界的极大强化。理学“因禅注儒”的前提，或者说三教融合的基础正在于此！

4. 理学的时代精神

（1）方今功业，当付儒者

宋代是士人积极入世、建功立业的时代，也是遵循孔子儒学的教导，立德、立言，以学术思想和风流文章垂名史册的时代。

张载在《西铭》中提出“民胞物与”的先进思想：

乾称父，坤称母；予兹藐焉，乃混然中处。故天地之塞吾其体，天地之帅吾其性。民吾同胞，物吾与也。①

从个人的角度来看，天地是“我”的父母，民众是“我”的同胞，万物是“我”的朋友。由此出发，人对自己的道德义务有更深入的了解，而对个人的一切利害穷达持一种超越的态度。这种思想一方面是对孔子有关认识的继承，同时也是张载的积极发挥。他还在《近思录拾遗》中提出“为天地立心，为生民立命，为

① 二程认为，《西铭》代表了孟子以后儒家最杰出的见解。而这一点尤其受到清帝康熙、乾隆的重视。

往圣继绝学，为万世开太平”，不仅为后来的思想家所广泛认同，而且激励一代代知识分子以天下为己任，“先天下之忧而忧，后天下之乐而乐”，救邦国于危难，拯生民于涂炭，终身奉行道德理想，谱写了一曲曲正气之歌，成为宋明理学始终高扬的传统，是理学的核心。

与此同时，许多理学宗师都以“嗣往圣，开来哲，发天理，正人心”为己任，其德行人品学识也堪称世人典范。如周敦颐为官期间威信甚高，治绩卓著，黄庭坚曾称赞其人：

人品甚高，胸怀洒落，如光风霁月。廉于取名而锐于求志，薄于徼福而厚于得民，菲于奉身而燕及茕嫠，陋于希世而尚友千古。[①]

朱熹学识渊博，刚直有为，深为世人推重：

以尔古学粹深，风节峻特，可以为世之师。仁心仁闻，威惠孚洽，可以为时之帅。

楼钥《攻媿集·朱熹知潭州》

在儒家“立德”“立功”“立言”的“三不朽”[②]之说的影响下，宋儒承袭魏晋以来的传统，把人格完善的德性不朽和著书立说的言语不朽与事业功名之不朽相并列，在努力提高自身修养和道德品行，达到人格完善和精神超越的同时，或者积极投身于社会政治，为社会、国家建功立业；或者传经讲学、著书立说，将自己的学术思想以“言”的形式不朽于世，从而超越个体生命存在而获得永恒的价值。这些都堪称实践儒家“三不朽”学说的典范，极大地改善了两宋社会风气，提高了士人的精神境界，促进了文化学术思想的繁荣发展。而陆九渊（图 7–14）提出的“学苟知本，六经皆我注脚”[③]，成为其疑古、疑经思想的著名宣言，旨在打破保守传统、泥古不化的僵化学风，体现了理学在学术上的创新精神，也成为理学的时代特色。

正是一代代儒家传人的不懈努力，才造就了宋明理学“方今功业，当付儒者”的时代精神。

图 7–14 《陆九渊像》（引自《中国历代名人图鉴》）

① 转引自王瑞明：《宋儒风采》，44 页，长沙，岳麓书社，1997。

②《左传·襄公二十四年》：“大上有立德，其次有立功，其次有立言，虽久不废，此谓之不朽。”

③ 陆九渊：《陆象山全集》，252 页，北京，中国书店，1992。

（2）匡时济世，崇农重末

理学在两宋科技文化发展中起到不可忽视的推动作用。如张载的“民胞物与”即宣传儒家传统的仁民爱物思想，他提出的“为天地立心，为生民立命”是文人学者投身科技、经世报国的根本动力。他还十分强调在求知的过程中必须对疑难问题进行探讨，学者要经常“有疑”。他在《横渠理窟》中一再指出：“不知疑者，只是不便实作，既实作，则须有疑”；“可疑而不疑者不曾学，学则须疑”；“义理有疑，则濯去旧见，以来新意”。正因为这种怀疑精神，才能不断创新，这也是宋代疑古、疑经思潮的反映，是科技文化创造的思想基础。

集理学之大成的朱熹特别推崇《大学》中的“致知在格物”之语，将“格物致知”作为认识论的命题进行探讨，强调穷理离不开格物，格物才能穷其理，物之理穷得愈多，所知亦愈广。他提出的“穷理须穷究得尽，得其皮肤是表也，见得深奥是里也”（《朱子语类》），已经意识到人们对事物的认识必须有一个由表及里的过程。作为理学的时代精神和特色之一，“格物致知”直接影响了宋代以后博物学、园艺学的发展，而且影响到了其他领域的科学研究和技术发明。

在理学重“理”、重实学和经世思想的指导下，中国古代科学技术在宋代达到了空前的发展水平。四大发明中的指南针、活字印刷术和火药都是在这一时期发展成熟，并在生产和生活中得到普遍应用的，而且在天文、历法、药物学、冶炼业、手工业、造船业、土建水利、气象学以及博物学、园艺学等许多科技领域，都取得了举世瞩目的成就，涌现了许多科学技术专著，以及像沈括这样兼通儒学理论和科技发明的坐标人物。如在天文学方面开始了大规模的恒星观测，并出现了著名科学家郭守敬。在地学方面，郑樵《通志》中的“地理略”和“都邑略”都是沿革地理的重要篇章，还出现了“淳化天下图”等大型地图。在建筑和桥梁技术方面，无论是《营造法式》反映的木构建筑技术，还是桥梁建筑技术等，在宋辽金元时期都日臻纯熟。

宋代延续自古“以农为本”的思想，自皇帝到普通士人都重农劝耕（图7–15），并大力兴修水利。整个11世纪，北宋兴修的农田水利工程有1万多处，灌田3660多万亩[①]。随着农业生产和技术的发展，特别是南方地区的耕作栽培技术达到了一个新的水平，涌现了大批农书和动植物谱录，这与当时园艺业的高度发达是分不开的。同时，宋代一改古代“崇本抑末”的思想而“渐重末业”，使手工业和商品经济得到了飞速发展。宋代

①杜石然，范楚玉，陈美东，等：《中国科学技术史稿（下册）》，62页，北京，科学出版社，1982。

（南宋）石刻线画《耕织图》（引自《中国名画鉴赏辞典》）

宋人《耕获图》（引自《中国历代绘画图录》

图 7-15　宋代的耕织图

的工商业空前发达，商业的繁荣带来城市数目的增加，流通领域出现了中国最早的银行和纸币，货币地租和雇用劳动普及。这些都为宋代士人文化和园林艺术的发展奠定了坚实的经济基础，并且强化了园林的济世功能。

文化的发展显然也与统治者的大力提倡有关。据《宋文鉴》第 42 卷记载，唐代近 300 年间，每年取进士不过 30 人；而宋太宗在位仅 21 年，通过科举得官者就将近 10000 人。如此庞大的知识分子阶层，在两宋社会、政治、经济和文化生活中起着举足轻重的作用。宋代对科技教育极为重视，官刊算经十书是科举必考的内容。宋徽宗时代，为了恢复数学教育制度，而追封历代的天算家。《宋书·礼志》载：

大观三年（公元 1109 年），礼部、太常寺请以文宣王为先师，兖、邹、荆三国公配享，十哲从祀。自昔著名算数者，画像两庑。请加五等爵，随所封以定其服。

当时共追封古代天算家70余人。

以上这些方面不仅体现了理学影响下两宋社会的时代精神和特色，而且直接影响了清代皇家园林，使其在整个社会的政治、文化和经济生活中发挥着巨大作用。

三、嗣往圣，开来哲：理学的美学贡献

宋明理学体系庞杂，流派和代表人物众多，各种见解理论更是令人目不暇接，要想系统地梳理这一系统绝非一日之功。本书无意详究理学的学术发展，只想在此撷其精要，探讨其在美学理论与实践方面的贡献。

1. 天人之际：理学的宇宙观

《宋史·道学传》云：

两汉而下，儒者之论大道，察焉而弗精，语焉而弗详，异端邪说起而乘之，几至大坏。千有余载，至宋中叶，周敦颐出于舂陵，乃得圣贤不传之学，作《太极图说》《通书》，推明阴阳五行之理，命于天而性于人者，了若指掌。张载作《西铭》，又极言理一分殊之旨，然后道之大原出于天者，灼然而无疑焉。

"命于天而性于人""道之大原出于天"点明了理学的关键在于天、人的关系。

理学宇宙观的两大基本方面是：建立严整而无所不包的"天人"体系，同时又赋予这个体系以内在生机。这是因为以儒学、理学为代表的中国实践理性从来不把本体与现象割裂开来，而是从现象中求本体，即在世间又超世间，强调"天人合一，万物同体""体用一源"和"体用无间"。理学的"理"——"天命之谓性"是与人的感性存在和心理情感息息相通的。李泽厚先生敏锐地洞见了这一理学的重要特征：

……宋明理学则承接孔孟传统，强调人性善，贯彻着"汝安则为之"（孔）、"恻隐之心，人皆有之"（孟）的心理学与伦理学交溶的基本原则。把本来说得极高、极大的"天命人性"、道德法则、伦常秩序，最终又归结到充满感性血肉的心理情感的依据上，这也就使其为印证伦理本体而设定的整个宇宙论、世界观，也带有人情化、生命化的意味。对"仁"、"恻隐之心"的极大肯定与对整个感性自然的生长发展的肯定，是类比地联系在一起的。因之在宋明理学中，感性的自然界与理性伦常的本体界不但没有分割，反而彼此渗透吻合一致了。"天"和"人"在这里都不只具有理性的一面，而且具有感性的一面。程门高足谢良佐用"桃仁""杏仁"（果核喻生长意）来解释"仁"，周敦颐庭前草不除以见天意，被理学家传为佳话。[①]

理学的这种宇宙观，发源于孔子原典儒学的基本思想，又融合了道、释诸学的积极方面。理学以审美代替宗教的形上本体境界的建构，使得这一时期的哲

① 李泽厚：《中国古代思想史论》，235~236页，合肥，安徽文艺出版社，1994。

学思辨与艺术趣味同步发展，因此理学的高潮造就了山水画和园林艺术的高潮。在理学那里，“道德理性与生命感性的‘天人合一’，建构了‘属道德又超越道德’、‘准审美又超审美’的本体境界。山水画则以形象化的境界，同样展现了这个‘天人合一’”[①]。于是理学这种特殊的宇宙观，与园林的审美自然而然地结合在一起。正如王毅在《园林与中国文化》中提出的：

理学在中国古代文化中之所以是空前深刻的，原因之一就在于它的基本目的是将一切或巨或细，表面上互不相涉的文化因素，通过“理”这宇宙本体的纽带而完全凝为一体，彻底融入盘根错节、封闭一统的传统文化体系之中，从而依靠调动其中每一细部的能量而抗御体系所面临的全面、致命的危机。而理学宇宙观与古典园林泉石山水间联系的强化和完善，就是这总过程中不可缺少的组成部分。[②]

理学与园林和艺术的关系，恰恰反映在对“天人之际”宇宙观和与此相关的思维方式的极度强化。

正是由于理学宇宙观与园林审美的密切关系，理学家们在极有限的园林空间里，体会到了宇宙本体的无处不在，体会到了卷石勺水融入宇宙而具有的境界：

半亩方塘一鉴开，天光水影共徘徊。问渠那得清如许，为有源头活水来。

朱熹《观书有感二首》之一

起行西园中，草木含幽香。榴花开一枝，桑枣沃以光。……杖藜观物化，亦以观我生。

苏轼《西斋》

不论理学内部的派别与分歧如何、观点是否一致，理学家们都把在“壶中”创造山川万里的天地境界，作为普遍和自觉的审美追求。正如苏轼《上曾丞相书》所说，“幽居默处而观万物之变，尽其自然之理”。正是这种园林审美、园林创造与理学的一致性，使得理学虽对中国封建社会产生了众多的负面影响，然而却在促使园林，尤其是清代皇家园林的成熟方面，起到了功不可没的积极作用。

理学家们将“天人之际”的宇宙观充分落实于人生和社会生活之中。周敦颐曾有诗云：“闻有山岩即去寻，亦跻云外入松阴，虽然未是洞中境，且异人间名利心。”（《同友人游罗岩》）可以与其“太极”“人道”“一”与“无欲”的哲学主张相得益彰。

张载主张把自己看成全宇宙的一个必要部分，把宇宙万物看作和自己息息相通的整体，努力追求民胞物与的人生境界，并解决如何从个人的角度来看宇宙，如何运用这种对宇宙的观点来看待个人与社会生活的问题：

所谓诚明者，性与天道不见乎小大之别也……大其心则能体天下之物……其视天下无一物非我。

《正蒙》

① 李泽厚：《华夏美学》，见《美学三书》，399页，合肥，安徽文艺出版社，1999。

② 王毅：《园林与中国文化》，305页，上海，上海人民出版社，1990。

乾称父，坤称母；予兹藐焉，乃混然中处。故天地之塞吾其体，天地之帅吾其性。民吾同胞，物吾与也。

《西铭》

他在《近思录拾遗》中提出的“为天地立心，为生民立命，为往圣继绝学，为万世开太平”的人生观，不仅为后来的思想家所广泛认同，而且激励一代代知识分子以天下为己任，终身奉行道德理想，成为宋明理学始终高扬的传统，是理学的核心。

集理学之大成的朱熹则对儒家哲学宇宙观做了更为充分、深入的阐发：

或问“子在川上”。曰：“此是形容道体。伊川所谓‘与道为体’，此一句最妙。某尝为人作《观澜词》，其中有二句云：‘观川流之不息兮，悟有本之无穷。’”……又问：“明道云；‘自汉以来，诸儒皆不识此’，如何？”曰：“是他不识，如何却要道他识。此事除了孔孟，犹是佛老见得些形象。……”

“此等处要紧！‘与道为体’是与那道为体。道不可见，因从那上流出来。若无许多物事，又如何见得到？便有许多物事与那道为体。水之流而不息，最易见者，如水之流而不息，便见得道体之自然。……”

《朱子语类·论语十八·子在川上章》

宇宙本体的至上和广大，只有在无数表象上才能表现出来，而它们之中又以“川流之不息”这样充满生机的景象最能体现“天理流行”。

理学还通过对历史上各时期圣人和贤人的品评比较，将体会、涵咏圣贤气象作为改变人的精神气质、修养个人品格的重要方法和途径。二程在评论孔子、颜回和孟子等儒学先贤时说：

仲尼浑然，乃天地也；颜子粹然，犹如和风庆云也；孟子岩岩然，犹泰山北斗也。

《粹言》

朱熹门人黄干撰《朱熹行状》，称赞朱熹的仪态风貌：

其闲居也，未明而起，深衣幅巾方履，拜家庙以及先圣。退坐书室，案必正，书籍器用必整。其饮食也，羹食行列有定位，匙箸举措有定所。倦而休也，瞑目端坐。休而起也，整步徐行。中夜而寝，寤则拥衾而坐，或至达旦。威仪容止之则，自少至老，祁寒盛暑，造次颠沛，未尝有须臾之离也。

朱熹在日常生活中时刻践履孔子的思想，将对儒学的理想风范和人伦之美的追求落实到了人伦日用的每一角落，贯彻到了一言一行，一举一动。

2. 事信言文、顺乎自然：对艺术与美的看法

（1）充满积实则美在其中

孔子儒家推崇的尽善尽美、美善统一，在这一时期得到了再次体现。

儒学倡导“诗言志”，以诗歌、音乐、舞蹈表达人的思想和志向。宋儒对这一古老的美学命题铭刻于心，邵雍有诗曰：

何故谓之诗，诗者言其志。既用言成章，遂道心中事。不止炼其辞，抑亦炼其意。炼辞得奇句，炼意得余味。

《伊川击壤集·论诗吟》

诗者人之志，非诗志莫传。人和心尽见，天与意相连。论物生新句，评文起雅言。兴来如宿构，未始用雕镌。

《朱文公文集·答程允夫》

朱熹提倡“文道一贯”，文便是道；又反对汉儒的“美刺说”而主张“思无邪”说，等等。这正证明宋儒试图从各个角度，以各种方式阐孔子之未发，对先秦儒学进行积极的发展。

在对孔子儒学的理论探索中，不少人沉醉于儒家美学思想而自得其乐。邵雍津津有味地说：

予自壮岁业于儒术，谓人世之乐何尝有万之一二，而谓名教之乐固有万万焉，况观物之乐复有万万者焉。

《伊川击壤集序》

宋儒对孔子所说的“志于道，据于德，依于仁，游于艺”心领神会，谙熟于心。朱熹对此注云：

志道，则心存于正而不他；据德，则道得于心而不失；依仁，则德性常用而物欲不行；游艺，则小物不遗而动息有养。

《四书章句集注·论语集注·述而》

这里的“艺”指礼乐之文和射御书数之法，“皆至理所寓，而日用之不可阙者也”。

学者于此，有以不失其先后之序、轻重之伦焉，则本末兼该，内外交养，日用之间，无少间隙，而涵泳从容，忽不自知其入于圣贤之域矣。

《四书章句集注·论语集注·述而》

宋儒在孔子“尽善尽美”、孟子“充实之谓美”和荀子“全”“粹”为美的原则指导下，对真实美善的统一问题进行了进一步探讨。欧阳修提出“事信言文”：

君子之所学也，言以载事，而文以饰言，事信言文，乃能表见于后世。《诗》《书》《易》《春秋》皆善载事而尤文者，故其传尤远。

《欧阳文忠公全集·代人上王枢密求先集序书》

因此在谈论艺术作品之美的同时，必须以作者的人品为前提，善与美紧密联系在一起，善为美的核心。朱熹认为：

美者，声容之盛。善者，美之实也。

《四书章句集注·论语集注·八佾》

力行其善，至于充满而积实，则美在其中而无待于外矣。

《四书章句集注·孟子集注·尽心下》

正是在这种美善统一的原则之下，求实成为宋代的普遍风气，其中以郑樵最极力倡导实学，在他心目中，实学才是美学的根本：

义理之学尚攻击，辞章之学务雕搜。耽义理者，则以辞章之士为不达渊源；玩辞章者，则以义理之士为无文采。要之辞章虽富如朝霞晚照，徒焜耀人耳目；义理虽深如空谷寻声，靡所底止。二者殊途而同归，是皆从事于语言之末，而非为实学也。

（宋）郑樵《通志·图谱略·原学》

（2）天工生出一枝花：艺术美与自然的统一

孔子一再强调的“和”的美学思想，在宋代亦大放异彩。程颐曾说：

孔子曰：“有德者必有言”。何也？和顺积于中，英华发于外也。故言则成文，动则成章。

《河南程氏遗书》

朱熹更提出“顺乎自然，便是和”（《朱子语类》）的观点。“和”是儒、道两家共同的审美标准。

欧阳修在《唐元结阳华岩铭》中提出：

君子之欲著于不朽者，有诸其内而见于外者，必得于自然。颜子萧然卧于陋巷，人莫见其所为而名高万世，所谓得之自然也。

最强调艺术美与自然统一的是苏轼，他认为吴道子的画，好就好在“得自然之数”（《东坡集·书吴道子书后》）。画论如此，诗文亦然，正如程颐所强调的，好的诗文应似“天工生出一枝花”；苏东坡提出“诗画本一律，天工与清新”（《东坡集·书鄢陵王主簿所画折枝二首》之一），他美学思想的最高境界是“合于天造，厌于人意”。

这种追求“和顺自然”“天工与清新”的美学思想，亦直接影响了园林，促使其最终形成“虽由人作，宛自天开”的最高境界。

3. 与天地万物上下同流：理学的超越

在“学者学圣人”的修养目标指导下，理学通过“观圣贤气象”来重构儒家的人格理想。

（1）推崇“孔颜乐处”

《河南程氏遗书》曾载程颢之语说：“昔受学于周茂叔，每令寻颜子仲尼乐处，所乐何事。”的确，被《论语》一再推崇的孔颜乐处、安贫乐道，得到了两宋理学家的大力提倡和实践。周敦颐、邵雍、程颢等都是具有此种品质的人物。

周敦颐曾说“圣希天，贤希圣，士希贤”，要“志伊尹之所志，学颜子之所学”（《通书·志学第十》），把这一追求当成致君泽民与自我修养的典范。其《通书·颜子第二十三》这样分析颜回的“不改其乐”：

颜子一箪食，一瓢饮，人不堪其忧，而不改其乐。……夫富贵，人所爱也，颜子不爱不求，而乐乎贫，独何心哉？……天地间有至贵至爱可求而异乎彼者，见其大而忘其小焉尔。……见其大则心泰，心泰则无不足，无不足则富贵贫贱，处之一也。

颜子之乐是比个体生命更为重要的价值，达到了为道德价值和理想信念而超越物质欲求的思想境界。乐来自“见其大”，来自“见道”“体道”，因此“君子以道充为贵，身安为富，故常泰无不足，而铢视轩冕、尘视金玉，其重无加焉尔”（《通书·富贵第三十三》）。

邵雍也被认为有孔颜气象：“虽平居屡空，而怡然有所甚乐，人莫能窥也”，“清而不激，和而不流”（《宋史·邵雍传》）。故程颢赞叹说：“尧夫，内圣外王之学也”。

孔颜乐处的前提，是孟子的“贫贱不能移，富贵不能淫”，是孔子儒学一再强调的乐感文化。“天地间有至贵至爱可求而异乎彼者，见其大而忘其小焉尔”（周敦颐《通书·颜子第二十三》），“仁者以天地万物为一体”，“仁者浑然与物同体”（程颢《河南程氏遗书》），也就是物我两忘、与宇宙万物生命寄其同情的超越境界。《史记·仲尼弟子列传》裴注引卫瓘之语说："非大贤乐道，不能如此。"周敦颐说："颜子见其大而忘其小焉尔。见其大则心泰，心泰则无不足。"都是在肯定颜回的乐道。朱熹同样以物我为一、天理流行来理解孔颜乐处：

程子谓："将这身来放在万物中一例看，大小大快活！"又谓："人于天地间并无窒碍，大小大快活！"此便是颜子乐处。

惟是私欲既去，天理流行，动静语默日用之间无非天理，胸中廓然，岂不可乐！此与贫窭自不相干，故不以此而害其乐。

《朱子语类》

在理学家看来，这种乐是其精神境界带来的，而非由某种感性对象引起的感性愉悦。道并不是乐的对象，乐是人达到与道为一的境界所自然享有的和乐，这种境界不是道德境界，而是超道德的审美的精神境界。理学一再提及并在清代皇家园林中反复出现的"廓然大公""坦坦荡荡"等均是这种境界的引申和放大。

"孔颜乐处"的直接影响就是重建和强化儒学的理想人格。理学家不是像以往思想家那样，只将孔、颜的人格意义严格限定在社会伦理范围之内，而是在高度完善的宇宙理论基础上，把孔、颜的人格上升到与宇宙本体浑然一体的境界。由此看出，理学是将孔子、孟子以来的古代思想，加以合理吸收、融合，从而达到振兴儒学和集学术之大成的目的。而这种人格理论，又恰恰极大地影响了园林的审美主体——士大夫知识分子。

（2）高扬"曾点气象"

宋明理学对"曾点气象"的重视，始自北宋理学家邵雍。朱熹曾评论他说："康节以品题风月自负，然实强似《皇极经世书》"；"邵尧夫诗'雪月风花未品题'，此言事物皆有造化"。南宋理学家魏了翁称赞邵雍："宇宙之间，飞潜动植、晦明流峙，夫孰非吾事？若有以察之，参前倚衡，造次颠沛，触处呈露，凡皆精义妙道之发焉者。……若邵子使犹得从游舞雩之下，浴沂咏归，毋宁使曾皙独见与于圣人也与？洙泗已矣，秦汉以来诸儒无此气象，读者当自得之！"

自此以后，"曾点言志"被普遍视为天人凑泊、生机流行的最高审美境界。周敦颐和程颢就深得"曾点气象"的神韵，程颢曾说："自再见周茂叔后，吟风弄月以归，有'吾与点也'之意。"（《宋史·周敦颐传》）程颢大弟子谢良佐也盛赞其师："学者须是胸怀摆脱得开，始得有见。明道先生在户部作主簿时有诗云：'云淡风轻近午天，傍花随柳过前川。旁人不识余心乐，将谓偷闲学少年。'看他胸怀真是好，与曾点底事一般。"（《上蔡语录》）

对此朱熹解释得更为透彻：

曾点见得事事物物上皆是天理流行。良辰美景，与几个好朋友行乐，他看那几个说底功名事业，都不是了。他看见日用之间，莫非天理，在在处处，莫非可乐。

这道理处处都是：事父母，交朋友，都是这道理；接宾客，是接宾客道理；动静语默，莫非道理；天地之运，春夏秋冬，莫非道理。人之一身，便是天地，只缘人为人欲隔了，自看此意思不见。如曾点，却被他超然看破这意思，夫子所以喜之。日月之盈缩，昼夜之晦明，莫非此理。

《朱子语类》

这与孔子的“天何言哉！四时行焉，百物兴焉，天何言哉”是一个意思。朱熹的《论语集注》解释说：

曾点之学，盖有以见夫人欲尽处，天理流行，随处充满，无少欠阙。故其动静之际，从容如此。而其言志，则又不过即其所居之位，乐其日用之常，初无舍己为人之意。而其胸次悠然，直与天地万物上下同流，各得其所之妙，隐然自见于言外。视三子之规规于事为之末者，其气象不侔矣。

朱熹又将“曾点言志”与“尧舜气象”相提并论：

明道云：“万物各遂其性。”此一句正好看“尧舜气象”。且看莫春时物态舒畅如此，曾点情思又如此，便是各遂其性处。尧舜之心，亦只是要万物皆如此尔。孔子之志，欲得“老者安之，少者怀之，朋友信之”，亦是此意。

……如庄子亦见得尧舜分晓。或问天王之用心何如，便说道“‘天德而出宁[①]，日月照而四时行，若昼夜之有经，云行而雨施’。以是知他见得尧舜气象出。……”

《朱子语类》

朱子征引《庄子》中的这句话，说明他早已明确地认识到了曾点、尧舜、庄子三者之间的共同之处，也就是孔子所说的“无为”。这也从一个侧面印证了本书第四章中探讨的孔、庄之间的密切联系，以及他们所共同关心的问题，正是曾点气象所表达的这种人生境界。

“鸢飞鱼跃”也因其与“曾点气象”具有相类似的精神内涵而备受理学家推崇。朱熹曾说：“鸢飞鱼跃，道体随处发见”；主张“鸢有鸢之性，鱼有鱼之性，其飞其跃，天机自完，便是天理流行发见之妙处”（《朱子语类》）。

（3）人欲尽处，天理流行

“天理”与“人欲”是早在《礼记》中就已经讨论的道德伦理范畴。理学提出的“存天理，灭人欲”作为其理想的道德准则，多因被后人狭隘地理解为道德伦理规范与物质欲望的关系问题而引发异议。然而通过对以上理学人格理想和人生精神境界的总体把握，可以了解所谓“存天理，灭人欲”并非仅局限于道德范畴。正如许多学者都清楚地认识并指出的那样，宋明理学家谈论的道德境界即是审美境界。

台湾学者张亨先生的《论语论诗》极为推崇朱熹对“曾点气象”的注解，并认为“曾点气象”“虽然不过是日常

①“天德而出宁”一句出自《庄子·天道》尧舜对话中舜之语。

生活中简单的经验，却具体地描绘出一个理想的精神世界”。同时他还阐述了所谓“灭人欲”的审美意义、哲学意义和人生意义：

所谓“人欲尽处，天理流行”，跟美感经验中摒除无关的干扰是类似的。“随处充满，无少欠阙”则是“无关心的满足”状态。“无舍己为人之意”，不“规规于事为之末”也就是说无目的性。“胸次悠然，直与天地万物，上下同流”则呈现物我交融、列为一体的境界。所以这道德经验同时也是美感经验。仁者与天地万物为一体的境界，也就是美的最高境界。①

李泽厚则更进一步认识到“与天地上下同流”的审美境界高于道德境界；并且这一人生理想是由孔孟发其端绪，经过宋明理学吸收禅宗加以重新解释之后，才最终真正发掘其深远的形上意味，成为日常生活经验中的高明气象和“天理”“道体”。宋明理学以其合道德与艺术为一体的人生艺术和境界，而极大地丰富了中国传统哲学与美学。

尽管理学显然吸收了庄、禅的有关思想内容，然而与其理想境界的追求还是有很大差别的。理学梦寐以求的那种宇宙间无处不在的春和景明、物态舒畅的状态，以及人们与这一状态融合而获得的“从容洒落”的气象，在老庄与佛学那里几乎无迹可寻。其实这恰恰是魏晋玄学影响之下，人们在山水园林审美中对和谐而永恒的宇宙韵律的追求。而这正是受了孔子儒学的直接影响，经过了仲长统、王羲之、陶渊明等许许多多有识之士的不懈努力和自觉追求之后的必然结果。

在理学的重新诠释、倡导和实践之下，“曾点气象”与“孔颜乐处”具有了多层意义：其一在于二者蕴含的超越的人格境界和天地境界；其二在于曾点之志和安贫乐道所展现的“无为”及其与隐逸的关系；其三在于二者都注重的理想与现实的结合，禅宗、理学对内修功夫的重视与此一致，因此，这是儒、道、禅的共通之处；其四在于曾点气象与孔颜乐处中主体的自娱意识。

理学这种对圣人之乐的理解，对“孔颜乐处”“曾点气象”的肯定和崇尚，在平凡的人伦日用之间观万物自得之意的做法，实际上是以超越万物区别之心对待万物自然，正符合了冯友兰先生在《中国哲学简史》中提出的“风流”的基本品质。因此理学命题中蕴含着审美，理学所追求和建构的哲学，便不只是道德的形而上学，更不只是几个道德规范，而是通过审美代替宗教，以建立一种人生的最高境界。因此李泽厚称其为“吸取了庄、屈（原）、禅之后的儒家哲学和华夏美学的最高峰”②。

① 转引自李泽厚：《华夏美学》，见《美学三书》，398~399 页，合肥，安徽文艺出版社，1999。
② 李泽厚：《华夏美学》，见《美学三书》，397 页，合肥，安徽文艺出版社，1999。

四、为天地立心：理学对园林的贡献

1. 观生意：理学的浪漫主义

在理学产生以后，园林中的一草一木才被更彻底、更自觉地与“天人之际”凝为一体，园景与宇宙的融合，在充分理性化的基础上得以实现。

《易学辨惑》载邵雍曾指点程颐看花：

方春时，先君（邵雍）率同游天门街看花。伊川辞曰：“平生未尝看花。”先君曰：“庸何伤乎？物物皆有至理。吾侪看花，异于常人，自可以观造化之妙。”伊川曰：“如是则愿从先生游。”

与此类似，理学家们普遍通过园中的草木鱼虫以观天地万物之生意（图7–16）：

周茂叔窗前草不除去，问之，云：“与自家意思一般。”

《河南程氏遗书》

司马公时至独乐园，危坐读书堂，尝云：“草妨步则薙之，木碍冠则芟之，其他任其自然。相与同生天地间，亦各欲遂其生耳。”张文潜《庭草诗》云：“人生群动中，一气本不殊。奈何欲自私，害彼安其躯。”观此则知周子窗前草不除之意。

王应麟《困学纪闻》

明道先生书窗前有茂草覆砌，或劝之芟。明道曰：“不可，常欲见造物生意。”又置盆池蓄小鱼数尾，时时观之，或问其故，曰：“欲观万物自得意。”草与鱼，人所共见，惟明道见草则知生意，见鱼则知自得意，此岂流俗之见可同日而语！

张九成《横浦文集》

从观万物生意到感受人生在自然之中具有的和谐，并由此达到天人合一、生机流行的最高境界，正是宋明理学的精华所在：

谁怜大第多奇景，自爱贫家有古风。会向红尘生野思，始知泉石在胸中。

程颢《和王安石之五》之二

胸次洒落，如风棂月牖。

杨万里《山居记》

鹦燕之歌吟，鱼虾之潜跃，云霞之出没，不可具状，则境与心得，既块然莫知其乐之所以。……专静久之，理与心会，不必境之在目；情与神融，不必诗之出口，所谓至乐与至妙者，皆不假外求而得矣。

张诩《柳塘记》

这种“观生意”的浪漫做法及对孔颜乐处和曾点气象的重新理解阐释，正是理学家们对儒家美学核心思想的继承。

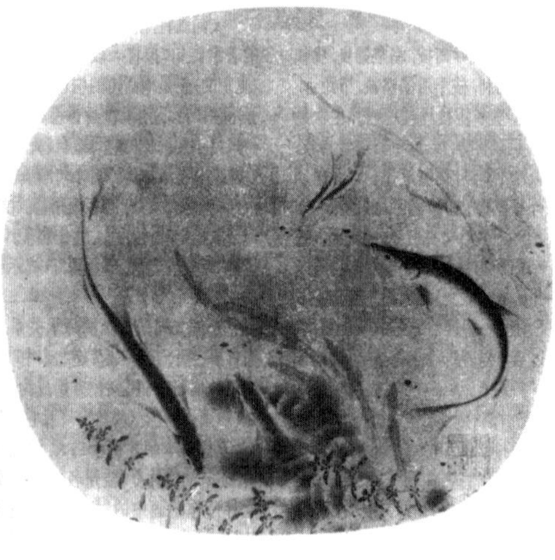

（北宋）刘宋《群鱼戏藻图》（引自《中国古代建筑大图典》）

图7–16 观生意

与两汉经学的拘泥于词义训诂完全不同，理学以事物的同一性为基础，加以主观引申发挥。“观生意”在宋明大儒中如此流行，足见理学已经深得儒家“参天地赞化育”的真谛。

被程颢称为“风流人豪”的邵雍，自号“安乐先生”，自名住处为“安乐窝”。他曾作诗《安乐吟》云：

安乐先生，不显姓氏。垂三十年，居洛之涘。风月情怀，江湖性气。色斯其举，翔而后至。无贱无贫，无富无贵。无将无迎，无拘无忌。窘未尝忧，饮不至醉。收天下春，归之肝肺。盆池资吟，瓮牖荐睡。小车赏心，大笔快志。或戴接篱，或著半臂。或坐林间，或行水际。乐见善人，乐闻善事。乐道善言，乐行善意。闻人之恶，若负芒刺。闻人之善，如佩兰蕙。不佞禅伯，不谀方士。不出户庭，直际天地。三军莫凌，万钟莫致。为快活人，六十五岁。

《伊川击壤集》

程颢也作诗《秋日偶成》曰：

闲来无事不从容，睡觉东窗日已红。万物静观皆自得，四时佳兴与人同。道通天地有形外，思入风云变态中。富贵不淫贫贱乐，男儿到此是豪雄。

《明道文集》

“观生意”的结果是使园林审美分化为两个层次，一为形式美层面，一为理——意境美的层面。

苏轼还把艺术美与自然的统一分为三种表现形态。

一为“常形”美，即符合自然的比例，匀称、和谐的美。他在《净因院画记》中有言：“余常论画，以为人禽、宫室、器用皆有常形。”

二为“形神”美，即以形传神之美。苏轼《与何浩然书》赞美其写真画：“写真奇绝，见者皆言十分形神，甚夺真也。”

三为“常理”美，所显示的是“无常形”之物的合规律的运动的美，“山石竹木，水波烟云，虽无常形而有常理”（《东坡集·净因院画记》）。

在这三种形态中，“常理”美居最高层次，它涵盖其他层次的美。正如南宋理学家罗大经评论杜诗之语：“……只把做景物看亦可，把做道理看，其中亦尽有可玩索处。”（《鹤林玉露》）

这些连同宋代各种艺术形式所取得的成就，都清楚地表明理学促进了美学的发展，同时更带动了相关的文学、绘画、书法以及园林艺术从理论到实践的全面发展。

因循孔子“多识于鸟兽草木之名”的思路，宋儒通过植竹、赏花、养鱼以观生意，由此带来了宋代园艺学的空前繁荣。城市之人，多有闲情逸致养花、观花、赏花、插花。洛阳之俗，大抵好花。春时城中无贵贱皆插花，虽负担者亦然。花开时，士庶竞为游遨，往往于古寺废宅有地台处为市井，张幄帘，笙歌之声相闻。这种热闹的场景，见于洛阳月陂堤、张家园、棠棣坊、长寿坊、东街与郭令宅。[①]

① 参阅王瑞明《宋儒风采》。

在宋代园林中，竹占有重要地位，宋人庭院必种竹。

今日南风来，吹乱庭前竹。

苏轼《御史台竹》

家有修篁绿满轩，趋庭诗礼旧忘言。

苏辙《寄题陈宪郎中竹轩》

借居未定先栽竹，为爱疏声与薄阴。一日暂无能鄙吝，数竿虽少亦萧森。

刘克庄《移竹》

竹移自溪上园，种此墙阴路。墙阴少人行，来岁障幽户。

朱熹《丘子野表兄郊园咏竹》

渭川未暇栽千亩，庭槛聊须种数根。最爱深秋群木脱，独欺风雨战黄昏。

历小山《庭竹》

南庭多绿竹，移种近西墙。远待三年后，阴成一片凉。月铺金巢碎，风度玉铿锵。定爱常来坐，中间顿石床。

释元肇《淮海拏音·移竹》

它不仅四季常绿，正直挺拔，节节有度，其心空达，其叶洒落，“松露滴沥，竹风萧爽”而具有超俗之美；更在人生哲理方面颇富启迪，示人以虚怀若谷之理、清廉正直之风。

“观生意”不仅成为理学的园林审美方法，而且是理学认识天人体系的基本方法，如程颢说：“万物之生意最可观……人与天地一物也”（《河南程氏遗书》）。朱熹也说：“那个满山青黄碧绿，无非天地之化流行发见。”（《朱子语类》）人们在领略优美自然意境的同时，体会到宇宙间生生不息的生机天趣，更能感受到神与物游、畅享天地的审美境界，这恰是园林自然景色之所以能长久地打动人心的原因，也正是中国古典园林的核心精神。

罗大经多次强调山水审美对理学的重要意义，其《鹤林玉露》“观山水”条说：

朱文公每经行处，闻有佳山水，虽迂途数十里，必往游焉。……余因言夫子亦嗜山水……大抵登山临水，足以触发道机，开豁心志，为益不少。

由孔子一贯积极倡导的礼乐文化和人生架构脱胎、发展而来的这一理学核心精神，在“天人之际”的宇宙体系逐渐完善、强化之后，正像前引王毅之语所昭示的那样，理学将社会人生和宇宙本体与园林建立了一种必然的联系，最终形成一种园林艺术思维。这种思维的形成，大大丰富了园林艺术的功能，并在清代皇家园林那里被最大限度地强化、发挥、运用，使园林成为艺术大政治功能的实现手段①。这应是宋明理学对园林的最大贡献。

2. 寓意于物、以大观小的园林艺术思维

如前所述，魏晋南北朝时期的许多画论中已经将儒学“卷石勺水”“察一而关于多”的观照方式运用于山水画中“全景山水”的再现，如画家王微已经认识到“以一管之笔，拟太虚之体；以判躯之状，画寸眸之明”（王微《叙画》），

① 详见赵春兰论文《周裨瀛海诚旷哉，昆仑方壶缩地来：乾隆造园思想研究》以及本书第八章内容。

宗炳则提出“竖划三寸，当千仞之高；横墨数尺，体百里之迥。是以观图画者，徒患类之不巧，不以制小而累其似，此自然之势”（宗炳《画山水序》）的绘画、观画之法。这一时期最有代表性的山水诗文也不惜笔墨，极其详尽地描述诗人仰观俯察的全景山水。山水诗画中这种仰观俯察的空间意识，显然与儒学“卷石勺水”“察一而关于多”的审美观照方式有直接关系，同时为士人园林小型化的空间处理提供了可资借鉴的途径。

南北朝时庾信作《小园赋》，首次将“壶中天地”[①]与园林联系在一起，旨在说明隐居全身之所不在大小：

若夫一枝之上，巢父得安巢之所；一壶之中，壶公有容身之地。

园林造景不再追求各种景观的巨大体量和数量，而是以“卷石勺水”的概括和象征手法，把峰峦、崖壑、泉涧、湖池、建筑、植被等的丰富形态，与其在空间上的远近、高下、阔狭、幽显、开合、巨细等无穷的奥妙组合穿插在一起，形成纡余委曲而又变化多端的空间造型，来体现小小园林以外的广阔宇宙。至唐代中叶以后，儒家的“卷石勺水”命题，在“以小推大”、小中见大的文化氛围中，与“中隐”理论相结合，逐渐形成以“壶中天地”为代表的园林空间原则：

巉巉小山石，数峰对窊亭。窊石堪为樽，状类不可名。巡回数尺间，如见小蓬瀛。

（唐）元结《窊樽诗》

潋滟駭水，瀜沦始波。引分寸之余，方从一勺，激寻常之内，无爽盈科。势将坌涌，迹异盘涡。蹙跬步以无数，荡分阴而自多。……谓小为贵也，爰进涓流。浅漾风光，轻蟠水力。寸长所及，知文在其中；方折是回，见动不过则。

（唐）钱起《尺波赋》

……疏为回溪，削成崇台。山不过十仞，意拟衡霍；溪不袤数丈，趣似江海。知足造适，境不在大。

（唐）独孤及《琅玡溪述》

初凝潇湘水，锁在朱门中。……何言数亩间，环泛路不穷。

（唐）孟郊《游城南韩氏庄》

主人得幽石，日觉公堂清，一片池上色，孤峰云外情；旧溪红藓在，秋水绿痕生，何必澄湖澈，移来有令名。

杨巨源《秋日韦少府厅池上咏石》

郭熙作著名的画论《林泉高致》，谈到山水之法，正是依据“卷石勺水”的观照方式：

山，大物也。其形欲耸拔，欲偃蹇，欲轩豁，欲箕踞，欲盘礴，欲浑厚，欲雄豪，欲精神，欲严重，欲顾盼，欲朝揖，欲上有盖，欲下有乘，欲前有据，欲后有倚，欲上瞰而若临观，欲下游而若指麾。此山之大体也。

水，活物也。其形欲深静，欲柔滑，欲汪洋，欲回环，欲肥腻，欲喷薄，欲激射，欲多泉，欲远流，欲瀑布插天，欲溅扑如地，欲渔钓怡怡，欲草木欣欣，欲挟

① “壶中天地”源于《后汉书·方术传下》的一则神仙方士故事：（费长房）曾为市掾，市中有老翁卖药，悬一壶于肆头，及市罢，辄跳入壶中，市人莫之见，唯长房于楼上睹之，异焉。因往再拜奉酒脯。翁知长房之意其神也，谓之曰：“子明日可更来。”长房旦日复诣翁，翁乃与俱入壶中，唯见玉堂严丽，旨酒甘肴盈衍其中。

烟云而秀媚，欲照溪谷而光辉。此水之活体也。

山以水为血脉，以草木为毛发，以烟云为神采。故山得水而活，得草木而华，得烟云而秀媚。水以山为面，以亭榭为眉目，以渔钓为精神，故水得山而媚，得亭榭而明快，得渔钓而旷落。此山水之布置也。

山水之布置不仅要借助彼此空间关系的安排和各种山水形态的把握，更为重要的是需有人工的亭榭建筑作为其眉目点缀，这正是为天地立心；也是寓意于物、以大观小的园林艺术思维在山水画中的融通体现。（图 7–17、图 7–18）

在儒学“卷石勺水”“察一而关于多”的审美观照方式的基础上，经过魏晋至隋唐的发展演化，士人园林与“壶中天地”相结合而日趋小型化，至两宋时期日渐成熟并形成日益精美的园林空间景观。

园林向“壶中天地”发展，也得益于理学影响下的园林艺术思维的形成，更与社会整体文化的重“意”风气息息相关。早在唐代，权德舆《左武卫胄曹许君集序》就以禅宗自净自悟思想为本，提出“凡所赋诗，皆意与境会，疏异情性，含写飞动，得之于静，故所趣皆远”。而苏轼的“境与意会”，不是像禅宗那样强调主体心的作用，而是强调“意”的审美意识；追求的不是“得之于静”，而是意与境的统一：

欲令诗语妙，无厌空且静。静故了群动，空故纳万境。

这与他“精出于动，神守为静，动静即精神”的主张是一致的，都是把空与静当作一种思想方法来看待。

前述欧阳修倡导“事信言文”，他还主张“忘形得意”：

弹虽在指声在意，听不以耳而以心。心意既得形骸忘，不觉天地白日愁云阴。

《欧阳文忠公全集·赠无为军李道士二首》

郭若虚在《图画见闻志·论气韵非师》中主张“气韵生动”：

人品既已高矣，气韵不得不高；气韵既已高矣，生动不得不至；所谓神之又神而能精焉。

沈括在《梦溪笔谈·书画》中强调“以大观小”之法：

大都山水之法，盖以大观小，如人观假山耳。若同真山之法，以下望上，只合见一重山，岂可重重悉见，兼不应见其溪谷间事。

他还有“造理入神”和“必尊法度以求入门，然后始可造化入神”之说。苏轼则强调“寓意于物”：

君子可以寓意于物，而不可以留意于物。寓意于物，虽微物足以为乐，虽尤物不足以为病……

《东坡集·宝绘堂记》

正因为“寓意于物”，所以物的象征意义更加突出从而具有典型性，故“虽微物足以为乐”，这不正是“卷石勺水”的引申发挥和“壶中天地”的真正含义么？正因为“微物”中蕴含的深刻寓意，所以采用“以小观大”的方法，“人观假山”就可以“重重悉见”，更可以“见其溪谷间事”。沿着这一思维方式，园林的意义不在大小，而在于其中蕴含的天地气象能否与主体的审美目的相一致。只

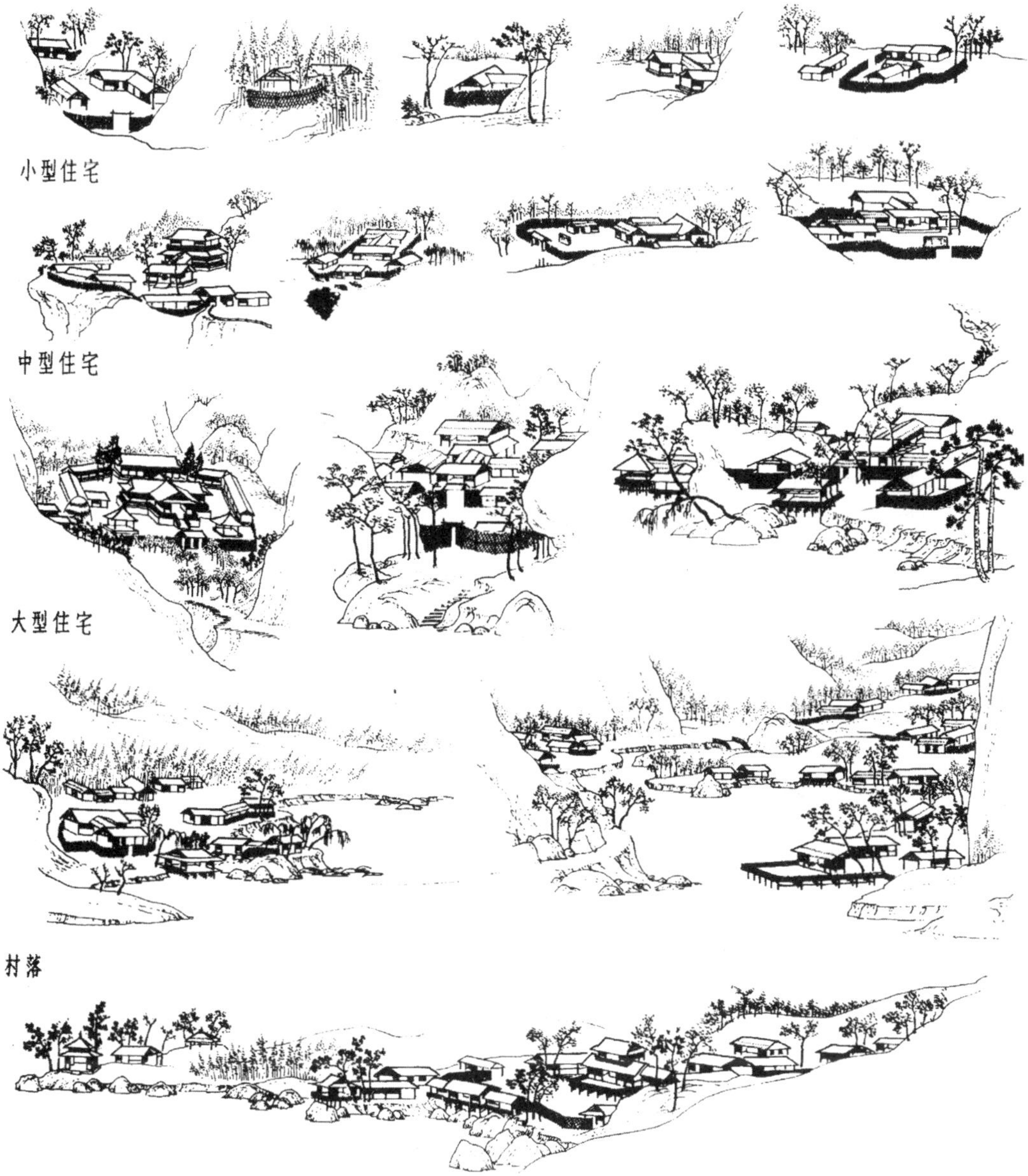

（宋）王希孟《千里江山图卷》中表现的宋代住宅（引自刘敦桢主编《中国古代建筑史》）

图 7–17　山水之布置 (1)

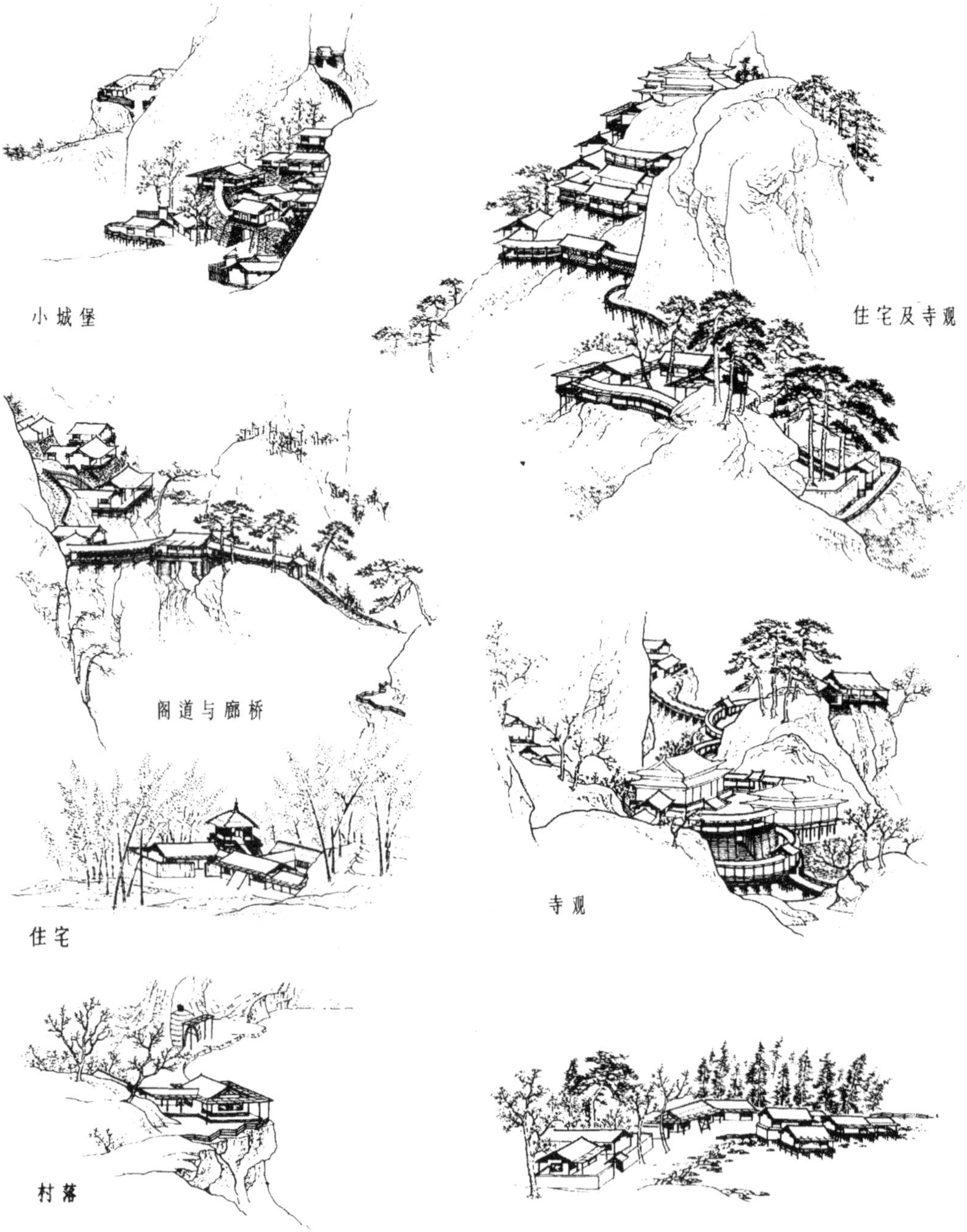

（南宋）赵伯驹《江山秋色图卷》中表现的建筑（引自刘敦桢主编《中国古代建筑史》）

图 7-18　山水之布置(2)

要能够摹写宇宙运行规律、与士人心目中的审美理想相契合，即使尺寸之波亦能尽苍溟之势。至今，扬州个园抱春楼上依然高悬“壶天自春”的匾额；北海琼岛北坡有“一壶天地”亭，都是要在有限的“壶中”体现天地宇宙的无限广大。如果说“小中见大”概括了“卷石勺水”的典型象征意义，而为园林的艺术创作奠定了基础；“以大观小”则是将“卷石勺水”实际运用于“壶天”这一园林实践的审美观照方式，并形成了宋代尤其南宋园林无比精美的园林景观体系。这是宋儒对中国园林的一项贡献。与此相应，山水画也逐渐从对全景山水的表现中分化出极为特殊的一支，即着重于对水边林下的一角小景的描绘。(图 7-19)

在清代特殊的创作思想作用下，“壶中天地”进一步发展成“芥子纳须弥”的极端表现。园林的面积越来越小，如江南私家花园，大者不过几亩，小者仅百余平方米①。即使是清代皇家园林，其规模也早已逊色于以往的皇家苑囿。要在如此狭小、有限的园林空间中，以相当数量的园林景观表达日益丰富的主题与意境构思，采用传统的“卷石勺水”“小中见大”的观照方式和造园方法是唯一的出路。(图 7-20)

(南宋)马麟《台榭夜月图》

(南宋)佚名《荷塘按乐图》

图 7-19　宋代山水小景(引自《中国名画鉴赏辞典》)

① 据天津大学胡德君教授对苏州几个园林的面积统计结果如下：耦园 4 亩，环秀山庄 1 亩，残粒园逾 140 平方米(0.21 亩)。

北京北海濠濮间

扬州卷石洞天

图 7-20　卷石勺水、壶中天地的现实表现

3. 主人无俗态，筑圃见文心：理学的文人雅趣

理学对园林的贡献还在于，强调了园林审美中的主体性。唐代以前没有突出个性、突出主体情致的文人写意山水园。梁思成先生曾说：“敦煌壁画中找不出突出个人，脱离群众，以抒写文人胸襟为主的山水画。”①

到了宋代，情况则大不相同。以皇家园林为例，在其发展的各个阶段均有不同的形态特征。物质基础和神性思维决定了秦汉时期的皇家宫苑“王”气盛行，园林成为法天象地的宇宙观和帝王统治的象征。随着以儒家思想为主的士人文化的发展和士人园林的兴起，人文意识越来越受到帝王重视，皇家园林中显现出越来越多的士人园林的立意、手法和情趣。这在宋徽宗和他的艮岳那里表现得最为典型。这显然与社会主流文化——以儒学为主线的士大夫阶层的精英文化，经魏晋、中唐而至两宋的巨大发展有直接关系。孔子儒学所积极倡导的自然审美和人生理想，通过人的认识、思维方式和审美观照方面的整合，进而综合作用于园林艺术，园林越来越成为融诗、文、书、画等为一体的综合艺术，正如明代陈继儒《青莲山房》云：“主人无俗态，筑圃见文心。”

例如，园林开始出现带有文学意味

① 见《华中建筑》1986 年第 1 期扉页。

或文化色彩的题名。宋代文人宅园，如司马光的“独乐园”、朱长文的“乐圃”、沈括的“梦溪”等，从园名到园中的景点题名都具有一定寓意，以至影响到了皇家园林的“艮岳”。

苏州曾有宅园名“墨庄”，李果《墨庄记》这样写道：

轩前嘉木苍郁，多叠石，为小山绝壁。下有清池……其境若与书卷相融洽，非必骛远凌危，夸奇竞秀，以求堪岩穹谷于数十里之外，此岂易得哉！前辈谓文人未有不好山水，盖山水远俗之物也……俗远而后可以读书研理，可以见道……①

受禅宗“一切水印一月，一月印一切水”的影响，理学家尤其强调“理”——“天理”的无处不在，从而导致审美中的泛化现象。有诗歌的泛化，如张戒《岁寒堂诗话》认为：“一切物，一切事，一切意，无非诗者”。魏源《诗比兴笺序》也说：“鱼跃鸢飞，天地间形形色色，莫非诗也。”有书画的泛化，如方孝孺《题〈观鹅图〉》曾论王羲之书法说：“善用物者，天下无遗物……凡飞走动息之类，接乎耳目者，悠然会乎心，皆足以助我天机，孰非可用者乎？……盈两者间，皆逸少之书法也。”而园林泛化的美学思想，就是不仅通过借景把园外景物引进园内，而且直接把园外的自然环境看作园林艺术，作为园林景观来欣赏。这正是在儒家追求艺术人生和精神超越这一大的思想背景下产生的。

与此同时，园林自然的种种形态，如四时光影、云气的变化，自然对象形以外的色、香、味、声音，等等，都随之成为主人欣赏的对象，并以此为趣。如张鉴《赏心乐事》排列了杭州十二个月的燕游和赏花的次序，摘录如下：

正月，玉照堂赏梅，湖山寻梅。

二月，玉照堂西缃梅，玉照堂东红梅，餐霞轩樱桃花，杏花庄杏花，绮互亭赏千叶茶花。

三月，花院月夕，斗春堂牡丹芍药，艳香馆林檎，宜雨亭千叶海棠，宜雨亭北黄蔷薇，花院紫牡丹。

四月，芙蓉池新荷，蕊珠洞酴醾，玉照堂青梅，满霜亭菊花，艳香馆长春花。

五月，清夏堂观鱼，南湖萱花，水北书院采蘋，清夏堂杨梅，丛奎阁前榴花。

六月，芙蓉池赏荷花，约斋夏菊。

七月，玉照堂玉簪，西湖荷花，南湖观鱼。

八月，现乐堂秋花，霞川野菊，杏花庄鸡冠黄葵。

九月，把菊亭采菊，苏堤看芙蓉，景全轩金橘。

十月，赏小春花。

十一月，摘星轩枇杷花，味空堂腊梅，苍寒堂南天竺，花院水仙。

十二月，绮互亭檀香腊梅，南湖赏雪，湖山探梅，花院兰花，玉照堂看早梅。

此间，大量的技艺性内容纳入士人的园林生活，如诗、画、茶、酒、琴、棋、古玩，等等。（图 7–21~ 图 7–23）大部分宋儒均为多才多艺之人，此时为中国古代科技史上的辉煌时代，涌现了大批

① 陈从周，蒋启霆：《园综》，赵厚均，注释，247 页，上海，同济大学出版社，2004。

（明）陈洪绶《三老品砚图》（局部）（引自《故宫博物院藏明清绘画》）

图 7-21　园林中的文人雅趣（1）

杰出人物。这自然离不开孔子儒学“游于艺”的一贯倡导，更与宋儒重农、求实、重视末业——工商业的发展有直接关系。

以水磨为例，原本是水利设施和生活用具的水磨，却成为宋儒的兴趣所在，不仅吟咏水磨的诗句不少，而且将其建造于园林之中（图 7-24、图 7-25）。苏过曾为颍川水磨作诗：

近闻颍川有瀑布，碓磨能穷溪谷利。酾渠凿石激清流，机动轮旋人力易。

《斜川集·李方叔治颍川水磨作诗戏之》

郭祥正《水磨》诗对水磨的形制、运作、功能描绘入神：

盘石琢深齿，贯轮激清陂。运动无昼夜，柄任谁与持。霹雳驾飞雪，盛夏移冬威。功成给众食，势转随圆机。翻思兵家言，千仞俯可窥。又想对明月，大壑投珠玑。睥睨巧匠手，不使差毫厘。牛驴免穿领，僮仆逃胼胝。利用固已博，沉吟岂虚辞。愿将水磨篇，荐之调鼎司。

《青山集·水磨》

水磨又称水硙，设置于瀑布或激流之旁。文同曾以“水硙”为题作诗：

激水为硙嘉陵民，构高穴深良苦辛。十里之间凡共此，麦入面出无虚人。彼氓

刻有自然风景的文房四宝（引自《书斋的宇宙》）

（明）钱穀《竹亭对棋图轴》（引自《山水》）

（清）费丹旭、殷树柏《一乐图轴》（引自《故宫博物院藏明清绘画》）

图 7-22　园林中的文人雅趣（2）

居险所产薄，世世食此江之滨。朝廷遣使兴水利，嗟尔平轮与侧轮。

文同《丹渊集·水硙》

（明）丁云鹏《玉川煮茶图轴》
（引自《故宫博物院藏明清绘画》

杨万里曾说“宣歙就田水设碓，非若江溪，转以车辐，故碓大于身，凿以盛水，水满则尾重而俯，折乃起而舂”，因而有“妙通神”的赞美：

也知水碓妙通神，长听舂声不见人。若要十分无漏逗，莫将戽斗镇随身。

《诚斋集·明发西铭晨炊蔼冈》

小结

宋明理学是对以孔孟为代表的原始儒学的发展、深化，它补充、强化了原始儒学所欠缺的本体论和心性哲学。理学不仅构筑了极其精致完善的形而上哲学体系和人格理想，而且提出了儒学的道德修养原则和具体修养方法；更重要的是理学以审美理想代替宗教，建立了超越道德的人生审美境界，寓浪漫于人伦日用和园林生活之中，从审美观照、艺术思维、形式和意境创造等诸多方面，对园林的发展起到极大的推动作用，直接影响了清代皇家园林的成就。

（元）赵原《陆羽烹茶图卷》（局部）（引自《中国绘画史图录》）

图 7-26　园林中的文人雅趣（3）

图 7-24 （五代）卫贤《闸口盘车图》（引自《中国名画鉴赏辞典》）

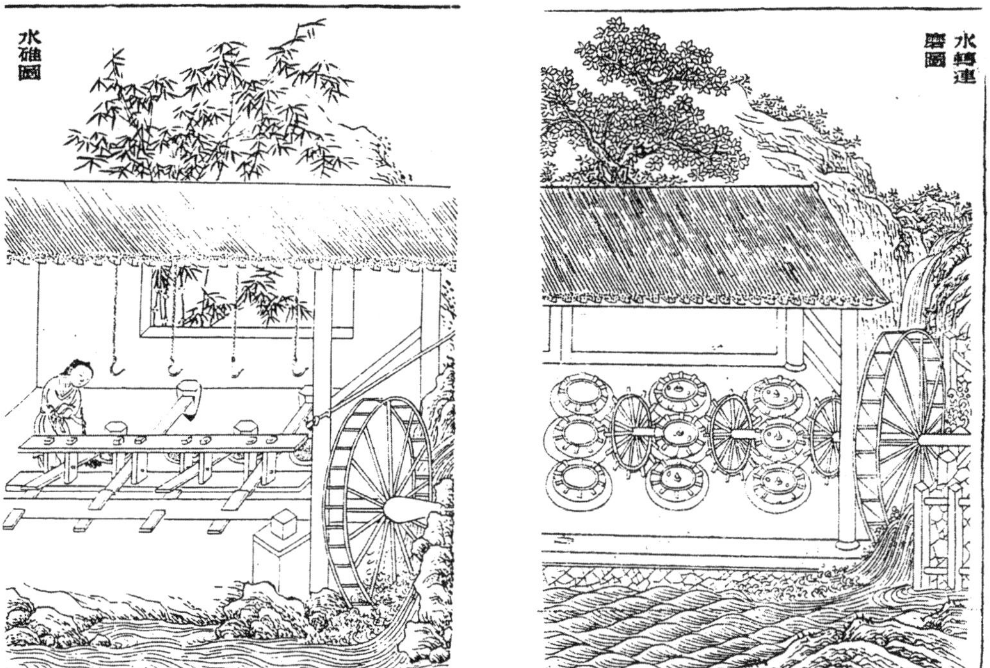

图 7-25 （清）水碓、水磨图（引自《清殿版画汇刊》）

第八章

清代皇家园林中的儒学、理学影响

艺术作品只要存在一个对它有“艺术感”的主体，即使它生成的那个时代早已成为过去，也仍然具有并一再可以重新获得现实的和现时的意义。

——(德）瑙曼《接受理论》

清代皇家园林以其规模之巨、历时之久、范围之广、成果之丰，堪称中国造园史上的又一巅峰，中国古典园林于清代康乾盛世的一百多年间再度盛极一时。康熙二十一年（1682年），建南苑行宫，后又建香山行宫和畅春园，四十八年（1709年）建圆明园，此间还大规模兴建承德避暑山庄和外八庙。至乾隆年间，形成以北京西郊的万寿山、玉泉山、香山、圆明园、畅春园、清漪园、静明园、静宜园……承德避暑山庄、皇城内的西苑以及宫城内众多小型庭院为代表的完整的皇家园林体系[①]。

本书所述的中国古典园林中的儒学基因和理学影响则在此间集中显现。

一、移天缩地在君怀：清代皇家园林中的圣王气象

本书一再强调，作为人类精神居所的园林，一直是主体的宇宙观、人生观在现实中艺术化的反映。作为中国造园史上的巅峰之作，清代皇家园林在保持中国古典园林之共性的基础上，具有与现存的其他园林类型所不同的特殊景象，其中最突出的就是圣王气象。

1. 成功的帝王早期教育

清代帝王的早期教育，堪称历代封建王朝中最成功的。康熙帝就十分推崇儒学，深谙理学，在注重个人心性修养方面对乾隆影响极大。弘历（也就是后来的乾隆皇帝）自幼受慈祖严父的言行熏陶和人格感染；康熙对理学的喜好也深深影响了他，如周敦颐的《爱莲说》就曾成为祖孙两代人感情和心灵沟通的桥梁。

弘历自幼年起即拜当时几位理学名家为师，故而深得儒学、理学的精髓。他曾先后师从翰林院庶吉士福敏、徐元梦、张廷玉、朱轼、嵇曾筠和蔡世远。其中福敏、朱轼和蔡世远三位对他影响极深。

福敏虽为满人，但一生服膺程朱理学，对学生“循循既善诱，严若秋霜披”[②]。在他的指导下，弘历于13岁之前就已熟读《诗经》《尚书》《易经》《春秋》和《戴氏礼记》等儒家经典和宋儒著作，以及《通鉴纲目》《史记》《汉书》等史籍。

---

① 参见国家自然科学基金项目成果——天津大学硕士研究生论文：王戈《移植中的创造：清代皇家园林创作中的类型学与现象学》（1993年）、黄波《平地起蓬瀛，城市而林壑：清代皇家园林与都市规划》（1994年）、李倩枚《何分西土东天，倩他装点明园：清代皇家园林中宗教建筑的类型与意义》（1994年）、何捷《随山依水揉辐齐，石秀松苍别一区：清代御苑园中园设计分析》（1996年）、官嵬《松桧阴森绿映筵，可知凤阙有壶天：清代皇家内廷园林研究》（1996年）、盛梅《画意诗情景无尽，春风秋月趣常殊：清代皇家园林景的构成与审美》（1997年）、吴晓敏《效彼须弥山，作此曼拿罗：清代宫苑中藏传佛教建筑的原型撷取与再创作》（1997年）、赵春兰《周裨瀛海诚旷哉，昆仑方壶缩地来：乾隆造园思想研究》（1998年）、潘灏源《愿为君子儒，不作逍遥游：清代皇家园林的士人思想和士人园》（1998年）、邢锡芳《竹秀石奇参道妙，水流云在示真常：清代皇家园林中的禅寺园林环境》（1997年）、戴建新《连延楼阁仿西洋，信是熙朝声教彰：清代皇家园林中的西洋建筑》（1997年）。。

② 转引自戴逸：《乾隆帝及其时代》，72页，北京，中国人民大学出版社，1992。

如果说福敏使弘历饱读经史诸子的话，那么朱轼则帮助他把几千年积累下来的中国古代文化精华，特别是儒家的政治思想、道德规范吸纳进来，变成这位年轻的皇子、未来的皇帝血肉之躯不可分离的部分。朱轼以经训授弘历以贾谊、董仲舒和宋儒学说，对乾隆一生，特别是对乾隆初政的实施影响至深。他“所讲是儒家那套修齐治平、南面帝王之学，他确实成功地按儒家的模式，参与塑造了一位杰出的封建帝王，赋予他必要的观念、知识和能力”①。

蔡世远是一位服膺宋儒的理学家，同时也是一位教育家。因长于古文，故专门教授弘历兄弟古文。蔡世远在为弘历授儒时“必引而近之，发言处事，所宜设诚而致行者”；讲史时则“即兴亡治乱，君子小人消长，心迹异同，反复陈列”（《清史稿·蔡世远传》）。弘历一生崇奉韩愈文、杜甫诗，也是受蔡的影响。乾隆自己说：

所从之师虽多，而得力于读书之用，莫如闻之先生。……皇考命入尚书房授读，余时学为古文，先生谓：当以昌黎为宗，且言惟理足可以载道，气盛可以达辞，至今作文资其益。

《御制诗四集·怀旧诗·闻之蔡先生》

后来乾隆在怀念已作古的“三先生”的诗章中，就曾强调自己“于轼得学之体，于世远得学之用，于福敏得学之基”（《清史稿·福敏传》）。几人中实际教学最久的当属朱轼。乾隆有诗云：

皇考选朝臣，授业我兄弟，四人胥宿儒，徐朱及张嵇，设席懋勤殿，命行拜师礼。其三时去来，可亭则恒矣。时已熟经文，每为阐经旨，汉则称贾董，宋惟宗五子。恒云不在言，惟在行而已，如坐春风中，十三年迅耳。

《御制诗四集·怀旧诗·可亭朱先生》

虽然乾隆帝对理学有一些不满的言论，加上当时朴学思潮对官方文化的冲击，也时常能看到其对理学思想的一些诘问，但纵观乾隆帝一生，其言行仍不出程朱理学的范围。这与以上三位理学名师的教育是分不开的。

严格而扎实的早期教育，造就了康、乾等以儒学、理学为基础的内圣外王的人格理想、社会政治抱负和卓越的艺术修养及鉴赏力。

2. 圣王理想与园林

（1）内圣外王的圣王理想

“内圣外王”之道一直是儒学一以贯之的最高理想。按照《汉语大字典》中的解释：“圣”，一般做名词，指德行高尚的人，同时也是封建时代对帝王的尊称；“王”，既可做名词，也可做动词，是古代最高统治者的称号，也包含做皇帝、成王业之义。把二字组合在一起，也有二义：做名词讲，指具备高尚德行的古代帝王；做动词讲，指为达到这一状态的努力过程，即“为圣为王”。

① 戴逸：《乾隆帝及其时代》，75页，北京，中国人民大学出版社，1992。

宋明理学将属于“外王”层面的经世之学和属于“内圣”层面的心性之学紧密地结合起来，强调二者结成的一种体用相依的关系，即必须合内外之道，以心性之学作为经世之学的理论基础，以经世之学作为心性之学的价值取向。这正是宋明理学的“新”之所在。客观地讲，“内圣外王”自古就是中国文人最完美的人生理想追求，然而真正能实现这一理想的，只有一国之君——封建帝王，因为只有他才有可能真实而完整地将这世间最庞大、最复杂的经世之学——修身、齐家、治国、平天下融合贯通于一己之身。

如前所述，在中国古代文化发展和三教融合的过程中,儒学始终占据主要地位。经过两千年的历史积淀，上至帝王将相，下至平民百姓，从人生信仰、人格追求，到思维方式、生活方式，再到对待自然、人世社会的态度，等等，都不可避免地受到儒家思想的熏陶，尤其在许多典型的知识分子身上，都能够发现明显的儒学影响痕迹。康熙、乾隆就是这样的典型，所不同的是，他们更具备儒学“内圣外王”的人格理想特征。

早在登基之前，弘历就对历史十分钟爱，写有众多史论和咏史诗。通过对历朝统治的评价，包括对历代帝王和历史人物的褒贬，着意探讨施政要旨。值得一提的是，他的目光始终徘徊于盛世气象的汉、唐、宋三代，历代帝王中合其意者也恰好是汉、唐、宋三代最有作为的三位帝王：汉文帝、唐太宗和宋仁宗。

对于在以宋明理学为主的汉文化熏陶下成长起来且即将君临天下的弘历来说，“为圣为王”自然而然地成为他最大的理想。他在许多文章中阐发“内圣外王”之学，剖析修身、齐家、治国、平天下的道理，标榜仁义道德，认为：

> 治天下者，以德不以力。故德盛者王，德衰者灭。
>
> 《乐善堂全集·书新唐书兵志论后》

> 圣帝明王为治，莫不以礼为本，然后渐之以仁，摩之以义，和之以乐而天下化成。
>
> 《乐善堂全集·物不可以苟合论》

刚即位的乾隆帝在前朝统治的基础上，更提出了自己的治国方略，即“宽、信、敏、公”，乃“圣王之道”。其中，又以“宽”为首，作为“仁之用”（《乐善堂全集·宽则得众论》)。他坚信儒家“仁政”“德治”的正确性，在处理君臣关系上，也主张虚己纳谏，对孔子“宽则得众”的格言尤为向往。一生喜好读书的乾隆，反复强调不能单纯为读书而读书，要阐幽发微，从中求得人生哲理和治世方略：

> 夫六经为治世之书，内圣外王之道，无不赅备。若止寻常摘句，仅能得其糟粕，无由探索精微。即使窥见义蕴，垂诸著述，不能躬身力行，亦属无言无补。朕临御以来，励精图治，惟日孜孜，几余典学，于诗书六艺之文，偶有阐发，俱与政治相关。即义疏相承，舛讹未正者，为之折衷定论，亦有裨于世道人心。凡平日出治之要，皆可与说经之言相印证。
>
> 《国朝宫史续编·书籍二十一》

正是在这种理想的推动下，乾隆在《三希堂记》中将周敦颐以士人身份提出的“圣希天，贤希圣，士希贤”倒叙为“希贤、希圣、希天”，并指出“三希为内圣外王之依，仁正符养心”（《御制文三集·墨云室记》）。在后来乾隆大兴土木的造园活动中，这种理想更艺术地升华为帝王园居的最高境界——圣王之内修其心的心斋建构和圣王之外治其世的万世缔构。

（2）园林中“内圣外王”的人生追求

正是康熙、乾隆本身具备的这种儒学“内圣外王”的人格理想特征，造就了清代皇家园林的辉煌成就。

在园林创造与审美过程中，园景既是主题表达的重要手段，更是园林气氛渲染、意境创造的点睛之笔。这一点成为中国古典园林与西方园林差异的重要方面。清代皇家园林的题名，则比以往任何朝代都更强烈地透露出园主——清代诸帝的社会政治理想和人生追求。

体现“内圣外王”理想的典型当数畅春园（图8-1）。康熙《御制畅春园记》曾说：

> ……既成而以畅春为名，非必其特宜于春日也。夫三统之迭建，以子为天之春，丑为地之春，寅为人之春，而《易·文言》称乾元统天，则四德皆元，四时皆春

图8-1　畅春园南宫门（引自《清殿版画汇刊》之《万寿盛典》）

也。先王体之以对时育物。使圆顶方趾之众各得其所，跂行喙息之属咸若其生。光天之下，熙熙焉，皞皞焉，八风罔或弗宣，六气罔或弗达，此其所以为畅春者也。若乃秦有阿房，汉有上林，唐有绣岭，宋有艮岳，金釭碧带之饰，包山跨谷之广，朕固不能为，亦意所弗取。朕匪敢希踪古人，媲美曩轨，安土阶之陋，惜露台之费，亦惟是顺时宣滞，承颜致养，期万类之乂和，思大化之周浃。一民一物，念兹在兹，朕之心岂有已哉？

《钦定日下旧闻考》

其中明言像上林苑、艮岳那样的园林，并非康熙的立意所在；他的理想惟是顺时宣滞，承颜致养，期万类乂和，思大化之周浃，这正是儒家一贯主张的抚育万物而达到天地宇宙的和谐，是参天地赞化育。中国人赋予春以天地中最美好的意义，由春日、春光、春风联想到万木葱茏、生机盎然、流动不息的生命精神和青春。由此亦可以看出儒家之参天地赞化育对康熙的影响之深。

畅春园内正殿为九经三事殿，其殿名的用典皆出自儒家经典。

“九经”典出《中庸》：

凡为天下国家有九经，曰修身也，尊贤也，亲亲也，敬大臣也，体群臣也，子庶民也，来百工也，柔远人也，怀诸侯也。

“三事”出自《尚书·大禹谟》之“六府三事允治”，“三事”指正德、利用、厚生。清帝以“九经”“三事”命名畅春园之正殿，除了真心服膺儒家教诲、标显其“内圣外王”的理想之外似乎别无理由，儒学在清帝心目中的重要地位昭然若揭，由此也进一步显示出儒学对清代皇家园林的影响。

从儒学对清代皇家园林命名的影响来说，既有大规模园林风景区的命名，又有大型园林中的园中园和彼此相对独立的景区、景点，甚至小到园林中的亭台楼阁，其题名用典也经常流露出儒学、理学的影响。

大型园林的命名典型如圆明园，即意为儒家一贯推崇的“君子而时中”[①]，雍正皇帝在《御制圆明园记》中解释康熙帝“圆明园”命名的含义时说：

至若嘉名之锡以圆明，意旨深远，殊未易窥。尝稽古籍之言，体认圆明之德。夫圆而入神，君子之时中也。

《钦定日下旧闻考》

圆明之意，盖君子之时中也。

《御制文初集·圆明园后记》

以时中为代表的中庸，不仅是儒家辩证法思想的结晶，而且在儒学的积极弘扬之下，已经成为中国人民族性格和文化心理的集中体现，它提供在是非善恶两极之间选择、调谐、节中的可能，实际而又灵活，高明而又可行，既能供人安身立命，又能让人心安理得，还能使人乐天知命。清帝以时中命名圆明园，既展现了作为泱泱大国博大宽厚的胸怀和风采，又预示着圆明园将以海纳百川之姿，从时间上、空间上包容、吸收和综合一切古今中外的园林建筑风格和文化。实际上，圆明园也正

① 出自《中庸》：“君子之中庸也，君子而时中”。

是这样一座集中外园林艺术之大成的万园之园。

此外，静宜园命名取周敦颐一与无欲的文意：

一者，无欲也。无欲则静虚动直。静虚则明，明则通；动直则公，公则溥。明通公溥，庶矣乎！

《通书·圣学第二十》

颐和园的题名也蕴含着“颐养冲和”之乐的含义。这些都显示出儒学、理学思想的影响。

清代皇家园林创作的主题分为五大类型，即观赏自然外物，表达政治和社会理想，肖仿神仙境界，宗教内容以及文人风格。其中，对自然景物的观赏中体现比德、比道传统；帝王的政治抱负、社会理想，简直就是儒家社会、伦理和政治理想的具体化；在文人风格的追求中，儒学、理学精神的渗透更是随处可见。

试举乾隆御制诗中的一小部分，分析园林建筑命名用典中的儒学理学痕迹（表 8–1、表 8–2）。

可以看出，这些典故的寓意，不是注重内修心性，克己复礼，就是追求“披襟对万物，廓然大公临”的境界，这正是“内圣外王”理想在园林上的反映。

这些都足以说明，清代皇家园林是在儒学、理学或儒学影响下的社会主流文化作用的结果，是士人文化和艺术的结晶，是孔子儒家思想对中国园林贡献的最直接表现。

3. 移天缩地在君怀的皇家园林

（1）圣王合一的园林境界

对中国古典园林体系中的主要园林类型进行历时性比较，就会发现：在它们彼此相互渗透、影响的同时，皇家园林对其他类型如私家园林、寺观园林和风景园林等的包容和协调能力，伴随帝王思维的不断哲学化、理性化和人文化在不断增强，不断完善。与之相应的帝王思维则从原始的、王气的、外显的初始状态，过渡到人文的、圣贤的、内涵的中级阶段，直至理性的、圣王合一的最高境界。而其中促使帝王思维发展的主要动力，则来自社会主流文化——以儒家思想为主线的士大夫阶层的精英文化的不断进步和完善。

与此相应，皇家园林发展的几个阶段，也就呈现出各自不同的形态特征：中国古代最初的造园由皇家园林开先河，由物质基础和神性思维决定了秦汉宫苑中“王”气盛行，以法天象地直接表露这个以大为美的大一统时代；伴随士文化的发展，士人园的兴起，人文意识充分渗透到皇家园林中，圣贤文人气象逐渐受到帝王的重视，但纤细精微之余略显王气不足，典型莫过于宋徽宗和他的艮岳；在儒学最终被宋儒建立起空前完整的理学体系后，睿智的君主以此为理论基础，广泛而真诚地总结吸收了几千年文化之精髓，将帝王思维体系推向历史的最高层次即“内圣”

表 8-1 乾隆御制诗中的儒学经典、孔孟弟子影响举例（笔者整理）

题　目	内　　容	人物、典籍	用 典
《静虚斋》	得静贵含虚，集虚在主静。互发亦交资，如镜光相影。于颜则四勿，于曾则三省。无为而有为，讵曰空寂境。	颜回、曾子	虚静、四勿、三省
《乐性斋口号》	所乐犹非性所存，宣尼性近有微言。如于声色寻娱乐，正是沿流失本源。	孔子	性近习远
《乐性斋》	孟子道性善，性善斯可乐。养之不以正，善亦恐成恶。悦心在理义，怡情讵丘壑。惟贵返身诚，毋致外物索。敬业幼所识，即景述其略。	孟子	性善、反身而诚
《适性居》	性近习相远，宣尼明训我。习盖发为情，一往则相左。情有善不善，性善无偏颇。于性情言适，或可（性）或不可（情）。即景深会心，聊当铭起坐。	孔子	性近习远、或可或不可
《题德生轩》	系辞下传标深旨，大德从知天地心。	《系辞》	大德、天地心
《尊行斋》	书斋择语额尊行，董子天人义实精。自觉望洋而叹若，安期光大与高明。	董仲舒	天人合一
《理心楼》	书屋名理心，问心云何理。寻思非由外，仍由内心耳。颜渊问为仁，曰克己复礼。己似外物诱，克则从衷矣。至于礼之复，实复心本始。不敏请事斯，吾愿学颜子。	颜回	克己复礼
《爱山楼》	书楼称爱山，山色罨窗间。堪味仁者寿，端欣静以闲。	孔子	仁者乐山
《随安室四咏·安土》	处处随安室，都因安土成。筑基期永固，肯构乃恢宏。爱物易辞系，乐天礼义精。	孔子、《大戴礼记》《系辞》	安土、乐天、爱物
《养和室》	发而皆中节，闻之吾子思。是必有所养，其和匪矜持。不为内欲扰，不为外物移。如元首万善，如春冠四时。冲融去安排，位育庶可几。	子思、《中庸》	中庸
《枕流漱石》	枕漱高人操，因差转得奇。洗流耳雅合，砺石齿偏宜。易象占肥遁，诗风咏乐饥。渴贤别有托，驹谷缱般思。	《诗经·衡门》	隐逸、渴贤
《无倦斋》	周公曰无逸，仲尼曰无倦。贪逸厌倦必，觉倦逢逸忭。圣人胥诲无，自强功合荐。修己与治人，非二惟一贯。勉此日孜孜，不期功效见。	周公、孔子	修己、治人

表 8-2 乾隆御制诗中的理学影响举例（笔者整理）

题　目	内　容	人　物	用　典
《明漪楼》	曲池冰冻未生波，借问明漪意若何。无极濂溪著图说，互为根究静居多。	周敦颐	著图说、静
《随安室四咏·安仁》	故是随所遇，心安实在仁。昔惟胞与切（张子曰民吾同胞物吾与也，夫谁不当存此量乎。）……	张载	民吾同胞物吾与也
《得趣书屋》	孔颜寻乐处，陶禹惜阴时。……书中有真趣，能得信诚谁。		孔颜乐处
《虚明室》	闻之濂溪云：静惟虚则明，无欲静始虚，学圣有要程。《通书》二十章，此义标实精。是室颜是额，讵因揽景名。触目当会心，会心在返诚。可知无极真，可悉仪象情。更为注其旨，曰深玩力行。	周敦颐	虚静、无欲、《通书》
《荷香亭》	夏月原有荷，水亭香锦映。一转移之间，是在格物性。君子藉栽培，棫朴周诗咏。谁云涉趣处，不可通为政。	周敦颐	《爱莲说》、格物
《旷然阁》	旷然意与廓然近，吾亦因之勉大公。		廓然大公
《豁如室》	既有近墙围，亦复远山护。何以云豁如，请得言其故。于密有退藏，放则六合布。静固非内寂，动讵任外骛。	程颢	《定性书》
《豁如室》	室盖取其温，曲折避风轻。而此室独敞，豁如故得名。因思名与实，何曾有定衡。但绎题额义，足以怡神情。廓然而大公，虚受弗满盈。内圣外王学，胥宜勉力行。		廓然大公、内圣外王
《披襟楼》	书楼足骋目，遂以号披襟。良辰一拾级，因之别会心。骋目亦何要，会心在自斟。心必有所怀，怀具襟之深。披襟对万物，廓然大公临。		廓然大公
《披襟楼》	必也廓然公，兼之坦若意。		廓然大公
《旷然阁有会》	旷然即廓然，顺应无私邪。……斯实旷然本，大公滋道芽。		廓然大公

与“外王”的结合，同时作为礼乐复合型艺术，皇家园林所具有的大政治功能被充分认识，以康熙、乾隆为代表的清代帝王，以其“移天缩地在君怀”的气魄，将清代皇家园林艺术推向历史的最高峰。

清代皇家园林的特点是，在满足原先皇家园林狩猎、水操、冰嬉、生产等物质性功能特点的同时，又尽可能地满足园主政治和精神生活的需要。

皇家园林通过对江南私家士人园林和宗教寺观园林的大规模移植、仿写，使其成为文人理想追求与宗教思想的外现。园林不仅是一个可居、可游的居住环境，更是一个赏心悦目的精神家园；园林中除正常的园居活动，还包括读书、讲经、礼佛、畜鹤、教童、见山、抚琴、赋诗、赏画、濯笔、垂钓等，而这些活动几乎就是孔子“游于艺”的生活化、具体化。

由于魏晋的“言意之辨”和宋明理学的影响，士人艺术中的写意倾向，远远超越了写实（形式美）所带给人的愉悦。作为象的园林景观，实际变成了理学、心学所强调的“天理”的显现；只不过这“理”也是用以娱人娱心的。因此在这种主流文化的极大影响下，写“天理流行发现”之“意”，也成为清代皇家园林的第一要旨。

在康熙、乾隆的眼中，园林景观不仅是一处处优美的景色，更是诗、是画、是音乐，可以尽情抒写胸襟，挥洒那些极深奥、极抽象的人生理想与追求；园林在很大程度上是帝王在现实世界塑造的人间天堂，是文治武功、昭示天下的太平盛世，是怀柔安抚四海九州的盛大欢宴。[①]

园林的这种作用，在孔子的礼乐文化那里已初见端倪。宋明理学极大地强化了“天人之际”的宇宙体系，直接结果就是形成了园林艺术思维，使园林成为达到某种精神追求的必由之路[②]。这一点在清代皇家园林中得到了最充分的诠释和表现。所有这一切都紧紧围绕“内圣外王”这一圣王理想；而“内圣外王”自名世之日起，就恰恰是儒学的人生理想典范。

尤其值得提出的是清代以北京城为蓝本，通过整个北京城园林体系的合理规划建设，构筑了一座“平地起蓬瀛，城市而林壑”的山水城市意象（图 8–2），早已远远超出了历代园林创作思想的局限，而向着先秦孔子儒学所极力强化和推崇的生态美学回归，可以说是孔子生态美学影响下的治世思想的具体实现。体现这种“移天缩地在君怀”之圣王气象的代表，就是清代皇家园林中的宗教建筑。作为清代皇家园林最典型的特点之一，宗教建筑不仅在园林中占有很大比重，而且往往占据主体地位。以儒学为代表的中国传统文化中的实用理性精神，决定了清代皇家园林中的宗教建筑具有多重功能要求，这就是政治功能、宗教功能、审美功能和景观构成

① 在赵春兰论文中被称为“艺术大政治功能的实现方式”。参见赵春兰：《周裨瀛海诚旷哉，昆仑方壶缩地来：乾隆造园思想研究》，41 页，天津，天津大学，1998。

② 见本书第七章内容。

图 8-2　平地起蓬瀛，城市而林壑的北京城市园林（引自《清殿版画汇刊》之《万寿盛典》）

功能等的综合[1]。

（2）神道设教的园林宗教建筑

《易·彖辞传·观卦》中有“观天之神道，而四时不忒；圣人以神道设教，而天下服矣”之语，反映了儒学对宗教神学采取的实用主义态度。孔子“祭神如神在”，孟子追求与民同乐等，都是“神道设教”——宗教为社会政治服务的体现和引申。清帝对儒学的这一原则谙熟于心，以开放的心态，充分运用宗教、艺术的政治功能，使艺术服从于政治，服务于政治。清代皇家园林中的藏传佛教建筑，与它们的原型——西藏藏传佛教寺院兼具宗教、

① 李倩枚：《何分西土东天，倩他装点名园：清代皇家园林中宗教建筑的类型与意义》，22~24 页，天津，天津大学，1994。

政治、地区经济与文化中心的综合功能不同，这些宗教建筑，典型如避暑山庄外八庙的修建，实际是儒学“神道设教”原则的集中体现。

首先，这些建筑的兴建，正如《安远庙瞻礼书事（有序）》中所说的，是出于“盖以绥靖荒服，柔怀远人，俾之长享乐利，永永无极云”①的政治目的。这一点充分发挥了艺术大政治功能的积极作用。其次，在宗教功能方面，兴建这些建筑一方面满足了清廷皇室禳灾、祈福、拈香礼佛的需要，另一方面使皇帝成为统治人们精神世界的宗教领袖。神权与皇权的统一是历代君王追求的目标，乾隆也不例外，不仅作为一国之主，更把自己当作西方“极乐世界”的教主，是最大的主体曼陀罗。另外，这些建筑也是班禅、达赖进京觐见时的居住、礼佛和讲经之所；每逢宗教节日，还是举行宗教仪式活动的场所。

当然，作为一种宗教艺术和园林景观，宫苑中的藏传佛教建筑也有审美和景观构成的功能。清代北京和承德的藏传佛教建筑，往往与园林中的其他宗教建筑一起对皇家园林形成拱卫之势，在反映其独特的审美寓意和佛教审美理想的同时，以其优美的建筑形象与自然环境相融合，给人以精神上的满足和愉悦感。很多大型皇家园林中的宗教建筑，以表现“神的空间”的超乎常规的巨大体量和尺度（图 8–3），与皇家园林的大型空间特点相协调，起着装点名园的作用。

清代皇家园林中大量藏传佛教建筑的兴建，不仅丰富了园林的功能，而且反映了清代帝王对待其他外来文化的态度，标示着清帝能站在更高的立场上，吸收古今中外各种不同的建筑艺术形式和创作手

北海北岸极乐世界，体量巨大，平面呈典型的曼陀罗图式

图 8–3　神道设教的园林宗教建筑

①齐敬之：《外八庙碑文注译》，36 页，北京，紫禁城出版社，1985。

法，为我所用的宽广襟怀和成熟的文化心态。

（3）神人同乐的园林宗教建筑

围绕早期原始山川崇拜而产生了“昆仑神话”，依此神话原型，形成了早期皇家苑囿中的灵台和灵沼，以及“一水环一山”这样最早的园林空间布局模式。受形成于战国时期、兴盛于秦汉时期的神仙思想影响，通过模仿蓬莱神话中的仙山琼阁，形成了“一池三山”的仙苑式皇家园林模式。经过艺术由娱神而娱人的转变，皇家园林中的这种布局模式，实际上反映的是一种“神人同乐”的境界。

始于秦时的上林苑直到汉代，对海上仙境的模仿之风有增无减。通过园林中山体、水体和建筑的丰富多样的组合、分隔等空间变化，形成了复杂多变的园林空间景观。清代皇家园林依然承袭由灵台至汉代上林苑以来的这种特点，创造了典型如清漪园这样“神人同乐”的园林类型。

清漪园为颐和园的前身，是在乾隆亲自主持下兴建的。它不但传承并综合再现了上述古代皇家园林的神话原型，移植了大量江南私家园林佳作，吸收了山水风景园景观构成的造园技艺，而且大胆运用宗教建筑因地制宜地组织园林景观，统领全园，充分发挥了宗教建筑外部体形高大的功能特点，与展现皇家气魄的大型园林空间格局相辅相成，创造出了以宗教建筑装点皇家园林的典范。

乾隆在《万寿山大报恩延寿寺碑记》中即言“佛言慈善根，广受诸利益”，又说“我圣母至仁广被，如大云起雨，一切卉木药草，随分受润”，将皇太后的宏恩与佛的力量相比拟，于是“登斯寺也，必有欣然合掌，喜溢慈颜者”。在这种宗教意义的指导下，通过超常的、夸张的空间变化和组织，加上体量恢宏、巍然耸立的佛香阁等宗教建筑的气氛渲染，一种高度升华的超理性的宗教情感油然而生。然而登高远望，昆明湖碧波荡漾，玉峰塔若隐若现，一幅天高云淡、鸢飞鱼跃的美妙画面，将人们由神圣梦幻中的西方极乐世界，拉回到现实生活中的幸福人生，宗教意蕴与园林情调完美地融合在一起，达到了“神人同乐”的超然天地境界。（图 8-4）

（4）曲径通幽处，禅房花木深的士人宗教园林

在宫廷及北京城中，更多的园林宗教建筑是禅宗寺庙。如果说藏传佛教建筑更多地是为政治和宗教目的服务的，那么禅宗寺庙则体现了汉地佛教儒学化的特点，竭力创造“曲径通幽处，禅房花木深”【（唐）常建《题破山寺后禅院》】的审美意象。

在前文关于魏晋玄学的讨论中已经了解，禅宗乃佛教传入中国后吸收以儒学为主的汉文化后逐渐形成的，是汉地佛教儒学化的产物。禅宗的产生对包括园林在内的中国艺术产生了巨大影响，众所周知，意境概念的产生就得益于佛学禅宗思想。

颐和园主体建筑，统领全园的佛香阁（引自彭一刚《中国古典园林分析》）

佛香阁近景

图 8-4　神人同乐的园林宗教建筑

禅宗美学将艺术审美的主体内省体验和直觉感情的独创精神，提到了极高的地位。园林审美与禅宗的内倾和直觉倾向相和，使得中唐之后的园林逐渐走向追求主观感悟和重“意”抽象的审美意向，并由此而深得士人青睐。

“重园林轻寺庙”的乾隆在六次南巡的过程中，对江南大量的寺庙园林佳品十分倾心；他虽不信佛却精熟佛理，这就更加深了其对园林意境的理解；加之对中国传统士文化的仰慕和笼络汉人的政治需要，所有这些促成了汉地佛教建筑在清代皇家园林中的大规模兴建。

清代皇家园林中的汉地佛教建筑，基本采取“伽蓝七堂”的建筑布局，形成与藏传佛教建筑迥然不同的园林空间感受和景观效果（图 8–5）。在园林审美意向上，也与士人园林有许多共同的追求。寺庙的园林化、文人化是清代皇家园林中汉地佛教建筑的突出特点。

具有典型园林和文人气氛的，是避暑山庄山区的几座寺庙，它们不是孤立地表现建筑本身的完美和宗教思想，而是凭借周围的自然环境，意仿天下名刹古寺。如碧峰寺和旃檀林：虽为寺庙，却都有书屋等文人园建筑建于周遭。碧峰寺后为“味甘书屋”，其西长廊北端有“丛碧楼”，还有水池、假山，临水建“回溪亭”。山间溪流从寺后环流而下，四周松林密布。旃檀林旁则建有“天籁书屋”，仿明代书画收藏家项元汴的“天籁阁”而建。内藏有米芾的《云山烟树图》、唐寅的《采莲图》和关镇的《松竹梅兰图》等画卷。屋后山

北海北岸西天梵境，采用汉地佛教常见的“伽蓝七堂”形式

图 8-5　曲径通幽处，禅房花木深的园林宗教建筑

顶有人工开凿的“天池”，池旁为“澹轩”，临近水泉的亭名之曰“沧州趣”，西部松林中有“松云楼”，东有“澄霁楼”“超然宇”“云润楼”，沿峭壁有长廊与“超然宇”“云润楼”“松云楼”相通。楼、亭、轩、殿均采用园林式手法，文人气息呼之欲出。

从审美意境层次上看，以常人的审美为基准，出自人的自然本性是最基本的层次，造园时尽力追求自然天成和人与自然的交融。佛教建筑的园林之乐，不仅止于自然情趣，更在于审美主体的主观情感，在于主客体的契合。通过皇家园林中寺庙的匾额楹联及其隐含的佛教典故、思想和境界，精通佛理的人从中体会到欣赏的乐趣；还可以通过园林自然中蕴含的佛教哲理，实现参禅悟道的审美过程。中国佛教的世俗化特点，决定了园林中对现实世界的关怀，人们在寺庙园林中领悟到的，更多地是关于世界和自然宇宙的观念，从“壶中天地”到“芥子纳须弥”，即使一亭、一池、一石、一树也包含了宇宙运行的规律，这一特点在清代皇家园林中表现得尤为突出。以上这些都是中国古典园林的基本特点，都离不开儒家思想的影响。而经过宋明理学对释、道的吸收融合，在人的内心世界重建并强化了天人之际的宇宙体系，将禅宗的空与儒道的虚静融为一体，使园林之乐生自本心，使园林的审美主体得到升华。正如乾隆御制《初冬日瀛台》诗中所说的：

波静观鱼乐，枝空听鸟吟。依然濠濮想，不必问泉林。

清代皇家园林中的许多汉地佛教建筑及其园林意境，已经达到了这种境界。

清代皇家园林以其不同的宗教建筑形式，达到了各自不同的功能目的，同时也将“移天缩地在君怀”的皇家园林意象展现得淋漓尽致。

4. 巡幸采风，体察民情

作为一个幅员辽阔的国家的君主，垂拱端坐，深居宫禁，不接触社会，不了解民情，是无法做到运筹帷幄和用人施政的。巡幸作为皇帝体察民情、封山祭陵、出游赏玩的一种活动，古已有之。传说中舜就曾于晚年巡幸南方而死于苍梧山下。《礼记·王制》载“天子五年一巡守”，即天子每五年去视察一次诸侯所守的地方。可以说巡幸是封建君主与社会保持联系的一种重要渠道。历史上不出巡的皇帝多为昏庸之辈，而像秦始皇、汉武帝、唐太宗、元世祖、明成祖等具有雄才大略的君主均有出巡各地的记载。

清代皇帝的外出巡幸更是频繁，主要包括东巡盛京、西巡五台、南巡江浙等。其中又以康乾两朝的声势最为浩大，像康熙就有过“六下江南”“三下中州”“两幸秦陇”“北过龙沙”“东游长白”等盛举。乾隆更因在位时间长，国力强盛而将巡幸活动推向高潮。乾隆年间的出巡包括：八次东巡至泰山、曲阜，六次南巡至苏州、杭州、南京，四次去盛京、谒祖陵，五次西巡至五台山，一次至河南开封、洛阳、嵩山；至于热河避暑、木兰秋狝、谒东西陵、巡视京津地区河工，更是多得不可胜计。有人曾统计，乾隆一生巡幸活动达150次之多，可算得上是位“马上皇帝”[①]。频繁的巡幸活动，形成了一种独特的园林形式——行宫园林（图8–6）。

康熙在国内干戈甫息之际南巡，除了整治河工，还有更强的政治意义，旨在维系民心，笼络江南士大夫和商人，以求国内统一安定的局面；到乾隆时，江南政局稳定，虽也存在上述巡幸原因，但似乎更以整治河工、视察民情、“眺览山川之佳秀，民物之丰美”（《清高宗实录》）为由。乾隆亲巡五台，除了以实际行动表明清朝对藏传佛教的尊崇，利用藏传佛教怀柔蒙藏的原因之外，也是效法祖父康熙皇帝观风问俗，了解民间情况，巩固地方统治秩序的一项重要举措。

通过清代诸帝大规模的巡典活动，亦可看出他们朝“治国、平天下”之“外王”目标所做的不懈努力。

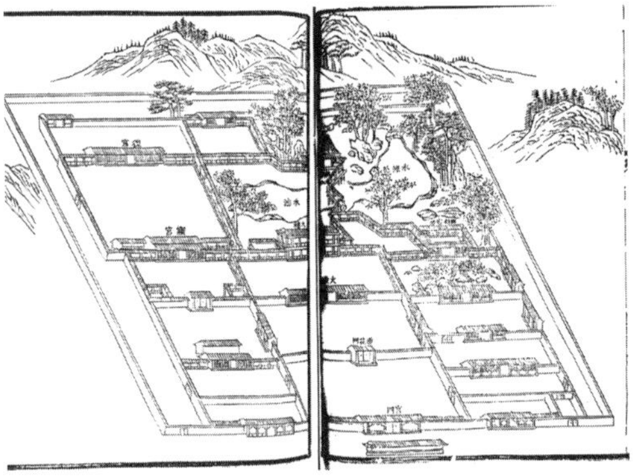

（a）《西巡盛典》中的大教场行宫（引自《清殿版画汇刊》）

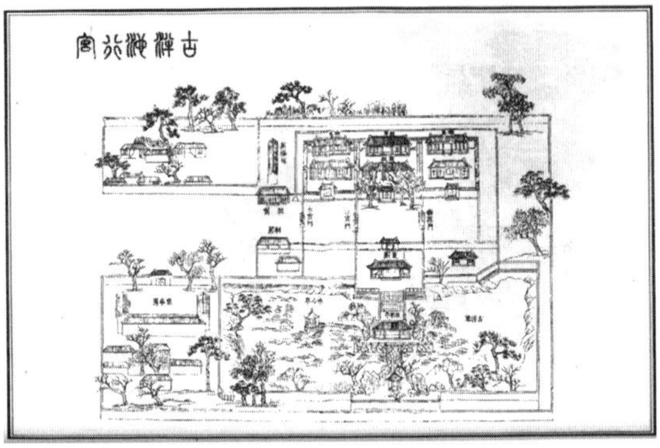

（b）《南巡盛典》中的古泮行宫（引自《中国古代建筑大图典》）

图8–6　清代行宫园林

①戴逸：《乾隆帝及其时代》，26~27页，北京，中国人民大学出版社，1992。

二、郁郁乎文哉：清代皇家园林中的重文意象

1. 主动吸收汉文化

清代之前，满汉文化的沟通和联系并不紧密，更谈不上彼此的融合。入关以后，清初的几位皇帝都对儒学、理学极为重视，开始以一种诚恳的态度主动吸收汉民族的主流文化。

汉族是历代王朝政治统治的基本对象，任何一个王朝要建立对全国的有效统治，首先必须取得汉族的支持。要做到这一点，就必须将汉文化作为自身统治的基本框架。清军入关建立起自己的政权后，为巩固并加强统治，也必须接受比自己文明程度高的以汉文化为主体的中原传统文化，主要是自有文字记载以来发展了数千年的儒家文化。后者经过历代学者文人的继承与发扬，已发展到集历史之大成的宋明理学。这一融道、墨、法、释等各家文化于一体的新儒学体系，自然而然地成为最适合清代封建统治者要求的文化基础。

清帝倡导理学，但并非盲目尊崇。经过乾隆等帝的组织推动，展开了对理学的批评，推动了作为考据学派的清代朴学的发展，而且显示出清代宫廷文化在思想理论层面的进取精神。

对汉文化的重视与向往，使得清初各帝都致力于文化事业，藏书、编纂，修建学宫、书院，各地书院建筑均是以孔子的杏坛、稷下泮宫以及辟雍为原型建造的。清代宫廷的藏书、编书活动，是清帝标榜继承汉传统文化、笼络汉知识分子的一项重要措施。而这一系列活动又以乾隆朝为最盛。乾隆九年（1744 年），弘历下令从宫中各处所藏历代书籍中选出宋元明清刻本共计 429 部善本（由《钦定天禄琳琅书目》统计得出），专藏于乾清宫东面的昭仁殿，并亲题“天禄琳琅”。因编纂《四库全书》，乾隆三十七年（1772 年）谕令全国征书，“各省先后进书，约及万种”（《清史稿・志一百二十》）。完成的《四库全书》分经、史、子、集四部，全书 36000 册，著录 3458 种，存目 6788 种，共 10246 种（《清史稿・志一百二十》），参加纂修的各级官员达 360 人[①]。为贮藏《四库全书》，乾隆还先后修建避暑山庄文津阁、圆明园文源阁、紫禁城文渊阁和沈阳故宫文溯阁，合称“宫廷四阁”。为便于江浙一带文人查阅方便，又缮写三部存于专门改建或新建的扬州文汇阁、镇江文宗阁、杭州文澜阁（图 8-7），又称“南三阁”。

康熙曾全面阐述过对满汉文化的看法：

> 朕谨识祖宗家训，文武要务并行，讲肄骑射不敢少废，故令皇太子、皇子等既课以诗书，兼令娴习骑射。即如八旗以次行猎，诚恐满洲武备渐弛，为国家善后之策。朕若为一人行乐，何不躬率遄往？近见众人及诸王以下其心皆不愿行猎，朕未尝不闻。但满洲若废此业，即成汉人，此

① 戴逸：《乾隆帝及其时代》，398 页，北京，中国人民大学出版社，1992。

岂为国家计久远者哉？文臣中愿朕习汉俗者颇多，汉俗有何难学？一入汉习，即大背祖父明训，朕誓不为此！[①]

这段上谕不仅承认了满族全面接受汉文化这一事实，而且在实质上等于宣布将汉文化，尤其是儒家思想作为统治阶级的精神支柱，以骑射为加强统治、维护国家统一的暴力基础，并赋予二者最高的法律权威——“祖宗家法”。康熙这一思想表明：他不但把儒家学说作为自己的基本价值观，而且把它作为行使统治的指导思想。作为后继者的雍正、乾隆二帝自然谨遵沿用，乾隆帝更将其发扬光大为“以儒治国”的方针。

学习和吸收汉族主流儒家文化的一项重要举措，就是在清廷文华殿举行盛大的“讲经筵”，尤以乾隆、嘉庆两朝为盛。据《国朝宫史续编》记载：“国朝列圣相承，右文重道，讲筵令典，岁必举行。……合内圣外王，一以贯之。”乾隆在位期间，除举巡典之外的每年都举行经筵，“御讲筵者 49 次，得论凡 98 篇”。经筵所讲内容主要是四书五经等儒家原始经典和程、朱等理学家的注释，参加经筵之礼者，除了皇帝及满、汉讲官各一人外，还有大学士、九卿、詹事及记注官、御史等满朝大臣。文华殿进经完毕，皇帝还常常赐茶于文渊阁。乾隆帝曾说：

图 8-7 《杭州府志》中的文澜阁（引自《中国古代建筑大图典》）

①中国第一历史档案馆：《康熙起居注》，第二册，1639 页，北京，中华书局，1984。

予自幼读书，服膺孔子之训，今当八旬有五，而好学孜孜，未曾少闲。

……乾隆六年御经筵，特行躬亲致祭礼。昨六十年以践基符愿，乃亲祭以致虔恪。殿中所崇祀，自伏羲以至孔子，皆皇师、帝师、王师、先圣、先师、内圣、外王，道统相承，精一心传，乃治世临民之本。

《国朝宫史续编》

这种讲经筵的习俗，不仅在弘扬儒家思想方面起了积极的作用，而且将儒学、理学与朝廷的隆重祭礼以及帝王的园居生活方式紧密联系在一起。

儒学特别提倡和重视的“文”的意象，更是随着对汉民族主流文化儒家思想的主动吸收而被清代皇帝接受，成为其自身不可分割的一部分，从而自觉地贯彻于他们的思想意识和言行起居，尤其表现在其园林创作和园居生活之中。

2. 清代皇家园林的重文倾向

（1）园林景题与意境创造中的书卷气

乾隆帝雅好读书，曾说“雅喜诗书悦性灵”（《御园新春即景》），“坐则翻书晤古人”（《竹密山斋》）；更以“书生”自居：

修己治人之道，事君居官之理，备载于书。……果足以当书生二字，则以易直子谅之心，行宽和惠爱之政……且自谓二十年来，讲论未尝少辍，实一书生也。朕自幼读书宫中，读诵二十年……书气二字，尤可宝贵……人无书气，即为粗俗气，市井气。

《大清高宗实录》

这种爱书重文的倾向，在园林中的表现就是在园林景题与意境创造中，借用文学“用事”的修辞方法，引用古诗文为园林景题的用典出处。文学中用典的高峰期在南北朝，那时人们在写文章时竟到了“捃拾细事，争疏僻典，以一事不知为耻，以字有来历为高”（黄侃《文心雕龙札记·事类》）的狂热状态。自中唐至宋代以后，随着经学、考据学的复兴，“无一字无来处”的风气遂为文人广泛接受。于是园林的题名或赏景吟咏的诗文无不引经据典，使园林与文学达到了高度的融合。本书摘录了部分清代皇家园林中的题名用典，见表 8 –3~ 表 8 –5，其书卷气可从中略见一斑。

园林题名并非仅为诗文词藻应对之技，而是与造园构思相关联的艺术步骤，还是主人用自己的生活方式、文化修养去体味、享用的艺术性十分浓重的空间。它既对园林意境有所限定，含蓄婉转地点明主题，又给人留下想象的余地。园林中的题名、匾额、楹联、碑刻、石刻，等等，使楹联中的文学语言不只是状物、写景、抒情，而且具有言志、记事的功能，极大地丰富了园林空间的精神内涵，增加了园林景观所储存的信息量。园林上升为黑格尔所说的观念或想象的对象。

表 8–3 避暑山庄康熙三十六景题名用典[①]

景名	功能（形式）	典故、出处	文献
芝径云堤	游赏（堤）	吴融《谷口寓居偶题》："已熟前峰采芝径，更于何处养残年。"	《避暑山庄图咏》
无暑清凉	门殿	班固《西都赋》："清凉宣温，神仙长年。"李善注引《三辅黄图》曰："未央宫有清凉殿。"	《避暑山庄图咏》
延熏山馆	朝政（殿）	《礼记》："舜作五弦之琴以歌南风。"《孔子家语》："舜弹五弦之琴，造《南风》之诗。其诗曰：南风之熏兮，可以解吾民之愠兮。"	《避暑山庄图咏》
水芳岩秀	养性祝寿（殿）	《晋书·顾恺之传》："人问以会稽山川之状，恺之云，千岩竞秀，万壑争流。"孟郊《远游联句》："晓日生远岸，水芳缀孤舟。"	《避暑山庄图咏》
万壑松风	办公（殿）	仿西湖万松岭，亦仿元代何浩《万壑松涛》画意。	
西岭晨霞	游赏（楼）	杜甫《绝句》："窗含西岭千秋雪，门泊东吴万里船。"	《避暑山庄图咏》
南山积雪	游赏（亭）	《楚辞·九歌》："斫冰兮积雪"。谢灵运《岁暮》："明月照积雪"。唐庚《春日郊外》："山好更宜余积雪"。	《避暑山庄图咏》
梨花伴月	观花赏月	杜甫《阙题》："只缘春欲尽，留著伴梨花。"	《避暑山庄图咏》
曲水荷香	流杯吟诗（亭）	喻兰亭禊事。王羲之《兰亭集序》："永和九年，岁在癸丑，暮春之初，会于会稽山阴之兰亭，修禊事也……又有清流激湍，映带左右，引以为流觞曲水。"	《避暑山庄图咏》
风泉清听	太后居室（套院）	孟浩然《宿业师山房期丁大不至》："松月生夜凉，风泉满清听。"又《题终南翠微寺空上人房》："风泉有清音，何必苏门啸。"	《避暑山庄图咏》《承德避暑山庄·外八庙》
濠濮间想	游赏（亭）	《世说新语·言语》："简文入华林园，顾谓左右曰：会心处不必在远，翳然林水，便自有濠濮间想也，觉鸟兽禽鱼，自来亲人。"借《庄子·秋水》中典故比喻追求精神的自在超脱。	《避暑山庄图咏》

①此表在盛梅论文资料基础上进行了修改。

暖流喧波	水闸	唐高宗《过温汤》："暖流惊湍驶，寒空碧雾轻。"	《避暑山庄图咏》
泉源石壁	标记泉源（石刻）	《诗经·国风·竹竿》："泉源在左，淇水在右。"《旧唐书·魏徵传》："欲流之远者，必浚其泉源。"祖咏《田家即事》："攀条憩林麓，引水开泉源。"《水经注》："乌秅之西，有悬度之国……其人山居，佃于石壁间。"王维《蓝田山石门精舍》："涧芳袭人衣，山月映石壁。"	《避暑山庄图咏》
青枫绿屿	游赏（院落）	李白《留别曹南群官之江南》："青枫满潇湘"。韩翃《寄赠虢州张参军》："青林朝送客，绿屿晚回舟。"	《避暑山庄图咏》
香远益清	游赏（套院）	周敦颐《爱莲说》："香远益清，亭亭净植。"	《避暑山庄图咏》
云帆月舫	游赏（仿舟）	李白《行路难》："长风破浪会有时，直挂云帆济沧海。"	
芳渚临流	游赏（亭）	谢朓《怀故人诗》："芳洲有杜若"。陶渊明《归去来兮辞》："登东皋以舒啸，临清流而赋诗。"	《避暑山庄图咏》
云容水态	游赏（厅）	《宋史·乐志》："星芒收采，云容放晓。"苏颋《兴庆池侍宴应制》诗："水态含青近若空"。元稹《和乐天重题别东楼》诗："山容水态使君知"。	《避暑山庄图咏》
澄波叠翠	游赏（亭）	鲍照《河清颂》："澄波万壑，洁澜千里。"杜牧《湖南正初招李郢秀才》："千里暮山重叠翠，一溪寒水浅深情。"	《避暑山庄图咏》
石矶观鱼	游赏垂钓（亭）	由《庄子·秋水》衍生出的"观鱼"之典。	《避暑山庄图咏》
双湖夹镜	游赏（牌坊）	李白《秋登宣城谢朓北楼》："两水夹明镜，双桥落彩虹。"	《避暑山庄图咏》
长虹饮练	游赏（牌坊）	李白《焦山望松寥山》："安得五彩虹，驾天作长桥。"谢朓《晚登三山还望京邑》："余霞散成绮，澄江静如练。"	《避暑山庄图咏》《承德避暑山庄·外八庙》
水流云在	游赏（亭）	杜甫《江亭》："水流心不竞，云在意俱迟。"	

表 8–4 避暑山庄乾隆三十六景题名用典[①]

景名	功能（形式）	典故、出处	文献
丽正门	避暑山庄山门	《易·彖传·离》："离，丽也，日月丽乎天，百谷草木丽乎土，重明以丽乎正。"《易传·说卦》："离也者，明也，万物皆相见，南方之卦也。"在此隐喻皇帝圣明。	《乾隆三十六景诗选注》
青雀舫	游赏（御舟）	《方言·卷九》郭璞注："鹢，鸟名也。今江东贵人船前作青雀，是其像也。"乐府《孔雀东南飞》："青雀白鹄舫，四角龙子幡。"	《乾隆三十六景诗选注》
颐志堂	皇帝读书（殿）	陆机《文赋》："伫中区以玄览，颐情志于典坟。"意指立身于宇宙之中观察万物，在古代诗书里涵养情志。	《乾隆三十六景诗选注》
采菱渡	采菱小憩（亭）	王维《田园乐》诗七首中之一："采菱渡头风急，策杖林西日斜。杏树坛边渔父，桃花源里人家。"	《乾隆三十六景诗选注》
清晖亭	游赏（亭）	谢灵运《石壁精舍还湖中作》："昏旦变气候，山水含清晖。清晖能娱人，游子憺忘归。"	《乾隆三十六景诗选注》
般若相	祭神（佛寺）	"般若"：佛教名词，意为"智慧"或"脱离妄想，归于清静"。"相"：佛教名词，此处指佛像身面、手足各部的状貌。	《乾隆三十六景诗选注》
沧浪屿	游赏（套院）	《孟子·离娄上》："有孺子歌曰：'沧浪之水清兮，可以濯我缨！沧浪之水浊兮，可以濯我足！'孔子曰：'小子听之，清斯濯缨，浊斯濯足。自取之也。'"《楚辞·渔父》有类似内容。在此比喻人清高自守。	《四书全译》《乾隆三十六景诗选注》
一片云	看戏（戏楼）	出自《名胜志》："徐杭（杭州）凤篁岭上有一片石，青润玲斑，旧称一片云。"	《乾隆三十六景诗选注》
宿云檐	游裳（殿）	取义王维《文杏馆》："文杏裁为梁，香茅结为宇。不知栋里云，去作人间雨。"《热河志》："云气往来，若宿岩际，萦纡缭绕，时出层檐，如王维云'不知栋里云，去作人间雨'者也。"	《乾隆三十六景诗选注》
澄观斋	读书（套院）	取"澄怀观道"之意。《宋书·宗炳传》："（宗炳）有疾还江陵，叹曰：'老疾俱至。名山恐难遍睹；唯当澄怀观道，卧以游之。'凡所游履，皆图之于室。"《淮南子·泰族》："凡学者能明于天人之分，通于治乱之本，澄心清意以存之，见其终始，可谓知略矣。"比喻净化心灵去领悟自然中的哲理，以获得精神的自由解放。	《中国美学范畴辞典》《乾隆三十六景诗选注》

①此表在盛梅论文资料基础上进行了修改。

卷画窗	游赏（殿）	吴莱《东夷倭人小摺叠画扇子歌》："锦屏卷画散红青"。指彩色绘画，形容景色绚丽迷人。	《乾隆三十六景诗选注》
凌太虚	游赏（亭）	孙绰《游天台山赋》："太虚辽阔而无阂"。注："太虚，谓天也。"形容登亭有凌云之致。	《乾隆三十六景诗选注》
千尺雪	游赏（殿）	仿江苏范氏山园"千尺雪"意境而成。	《乾隆三十六景诗选注》
宁静斋	静养（院落）	诸葛亮《诫子书》："夫君子之行，静以修身，俭以养德，非澹泊无以明志，非宁静无以致远。"表示志向崇高，不求名利。	《乾隆三十六景诗选注》
知鱼矶	钓鱼（亭）	《庄子·秋水》："庄子与惠子游于濠梁之上，庄子曰：鲦鱼出游从容，是鱼之乐也。'惠子曰：'子非鱼，安知鱼之乐？'庄子曰：'子非我，安知我不知鱼之乐？'"比喻领悟自在的精神乐趣。	《乾隆三十六景诗选注》
素尚斋	观花赏月（殿）	《南史·王昙首传》："幼有素尚，兄弟分财，昙首唯取图书而已。"比喻志趣澹泊高尚。	《乾隆三十六景诗选注》
永恬居	游赏（正殿）	《尚书·梓材》："厥命曷以，引养引恬。"《尚书·皋陶谟》："慎厥身，修思永。"寓意保持心神安适和国家长治久安。	《乾隆三十六景诗选注》

表 8–5 圆明园四十景题名用典[1]

景名	功能（形式）	典故、出处	文献
正大光明	朝会、政务（正殿）	朱熹《朱文公文集·答周益公》："至若范公之心，则其正大光明，固无宿怨，而惓惓之义，实在国家。"	《辞源》《日下旧闻考》
九州清晏	办公、居住读书（殿）	《魏志》："拓平西夏，方隅清晏。"《尚书·禹贡》："九州攸同"。	《圆明园图咏》《日下旧闻考》
天然图画	游赏（厅堂）	《后汉书·第五伦传》："躬天然之德，体晏晏之姿。"《汉书·苏武传》："上思股肱之美，乃图画其人于麒麟阁。"	《圆明园图咏》《日下旧闻考》

①此表在盛梅论文资料基础上进行了修改。

上下天光	（楼阁）	范仲淹《岳阳楼记》："上下天光，一碧万顷。"柳贯《奉皇姑鲁国长公主教题所藏巨然江山行舟图》："上下天一影"。	《圆明园图咏》《日下旧闻考》
杏花春馆	游赏（田庄）	《述异记》："天台山有杏花，六出而五色，号仙人杏。"《太平广记》："杏圃洲，南海中多杏，海上人云，仙人种杏处。"《四民月令》："三月杏花盛，可菑沙白轻土之田。"表示归田重农之意。	《圆明园图咏》《日下旧闻考》
坦坦荡荡	观鱼（院落）	《易经·履卦》："履道坦坦，幽人贞吉。"《尚书·洪范》："无偏无党，王道荡荡。"《论语·述而》："君子坦荡荡"。表示洒脱自然的人生态度。此景仿杭州"玉泉鱼跃"。	《圆明园图咏》《日下旧闻考》
万方安和	游赏（万字厅室）	《尚书·汤诰》："诞告万方"。《宋书·乐志》："文帝又造四时舞以明天下之安和"。	《圆明园图咏》《日下旧闻考》
武陵春色	游赏、读书（院落）	陶渊明《桃花源记》："晋太元中武陵人捕鱼为业……"取意世外桃源。	《圆明园图咏》《日下旧闻考》
汇芳书院	读书（套院）	《离骚》："固众芳之所在"。（众芳，喻群贤也）《唐书·艺文志》："大明宫光顺门外，东都明福门外，皆创集贤书院，学士通籍出入。"	《圆明园图咏》《日下旧闻考》
澹泊宁静	观赏田园风光（田字房）	《周易·乾凿度》："不烦不扰，澹泊不失。"《汉书·杨雄传》："且人君以玄默为神，澹泊为德。"诸葛亮《诫子书》："夫君子之行，静以修身，俭以养德，非澹泊无以明志，非宁静无以致远。"表示志向崇高，不求名利。	《圆明园图咏》《日下旧闻考》
濂溪乐处	赏荷（厅堂）	《宋史·道学传》："（周茂叔）因家庐山莲花峰下。……取营道所居濂溪以名之。"	《圆明园图咏》
鱼跃鸢飞	游赏（楼阁）	《诗经》："鸢飞戾天，鱼跃于渊。"	《圆明园图咏》
北远山村	（茅舍村落）	仿王维《辋川图》，《唐朝名画录》曰"王维……复画《辋川图》"，表达重农之意。	《圆明园图咏》
方壶胜境	游赏、祀神（宫殿）	模仿海上三神山。《史记·秦始皇本纪》："海中有三神山，名曰蓬莱、方丈、瀛洲，仙人居之。"《列子》："渤海之东……有五山焉，一曰岱舆、二曰员峤、三曰方壶、四曰瀛洲、五曰蓬莱……所居之人皆仙圣之种。"	《圆明园图咏》《日下旧闻考》
澡身浴德	（湖岸）	《礼记·儒行》："儒有澡身而浴德"。	《圆明园图咏》
蓬岛瑶台	（岛上院落）	仿李思训画意作仙岛。	《圆明园图咏》

别有洞天	（山水、建筑）	李白《寻桃花源序》："石洞来入，晨光尽开。有良田名池，竹果森列，三十六洞，别为一天耶？"章碣《对月》："别有洞天三十六，水晶台殿冷层层。"	《圆明园图咏》
夹镜鸣琴	游赏（亭桥）	取李白"两水夹明镜"诗意。	《圆明园图咏》
涵虚朗鉴	（房室）	《庄子·德充符》："仲尼曰：人莫鉴于流水，而鉴于止水。"李白《送杨少府赴选》："朗鉴穷清深"。唐无名氏《水镜赋》："利济者水，涵虚者镜。怀朗鉴，遇物无心；处下流，通而不竞。"喻以水照人心。	《圆明园图咏》
廓然大公	赏荷（院落）	程颢《定性书》："君子之学，莫若廓然而大公，物来而顺应。"	《圆明园图咏》
坐石临流	游赏（院落）	喻兰亭禊事。王羲之《兰亭集序》："永和九年，岁在癸丑，暮春之初，会于会稽山阴之兰亭，修禊事也。……又有清流激湍，映带左右，引以为流觞曲水。"陶渊明《游斜川》："气和天惟澄，班坐依远流。"意在抒发怀古幽思。	《圆明园图咏》
曲院风荷	游赏（房室）	取自杭州西湖"曲院风荷"。	《圆明园图咏》
洞天深处	读书（套院）	同"别有洞天"。	

（2）书院园林与园林中的书屋建设

清代为中国文化的保留和流传做出很大贡献。清宫收藏典籍最丰富的时期，即乾隆四十年前后，总数达"十万部"之多①，成为中国历史上皇家藏书最多的时期。被称为"世界丛书之最"的《四库全书》分别贮藏于紫禁城文渊阁、圆明园文源阁、盛京文溯阁、承德避暑山庄文津阁和江南扬州文汇阁、镇江文宗阁、杭州文澜阁。另外，《四库全书荟要》两部分别贮藏于紫禁城摛藻堂与圆明园味腴书室。这些以"文"字当头而均藏有《四库全书》的宫廷四阁，典型体现了皇家园林的崇文意识。宫廷四阁"崇构而鼎峙焉。凡以揽（览）

① 徐鹏：《漫谈〈四库全书〉》，载《书林》，1981（4），54~55。

胜蓬山，珍储秘籍，为伊古以来所未有”（《钦定日下旧闻考》），为皇家园林储存了汗牛充栋的人文信息，为园林增添了丰富的精神性的人文内容。（图 8–8）

在这一整体社会背景和趋势下，由于历任皇帝的扶持，书院建筑的发展在清代达到高峰（图 8–9）。以乾隆朝为例，其间新建书院 1139 所，修复 159 所， 再加上以精舍、书堂、书屋、书庄命名的与书院性质相同的各种机构，总共不下 2500 所，书院建筑之兴盛可想而知①。在大规模的官方修书活动、完备的书院制度的建设、皇家园林中更多更深入的士人园移植和士人审美观照等一系列因素的联合引发下，涌现出一种新的园林形态——皇家书院园林。

乾隆酷爱读书，这种嗜好使得其御苑中书屋遍布（表 8–6 和图 8–10）。其《养素书屋》有云：“平生喜读书，处处有书屋。取义各安名，居稽与澡浴。”《赋得御兰芬》序中在提到园林斋堂之命名时说：

> 盖一轩一室，向背不同，景概顿异，而兴趣因之亦殊，故园内每有一区宅而名十数者，率是道也。

同一题名还可以多处运用。如抑斋、随安室是弘历为太子时青宫的书房，古香斋和抑斋又分别是他雍正五年移住重华宫后的东、西厢房，御极后凡宫内及御园、避暑山庄等园亭行馆有可静憩观书者，多处名之。亦可见其早期教育对他一生的影响之深。

（清）《鸿雪因缘图记》之《文汇读书》（引自《中国古代建筑大图典》）

图 8–8　清代的书院园林

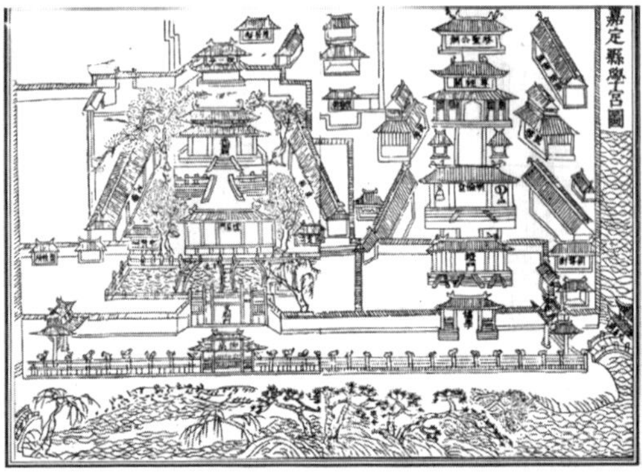

（清）《嘉定县志》中的嘉定县学宫图

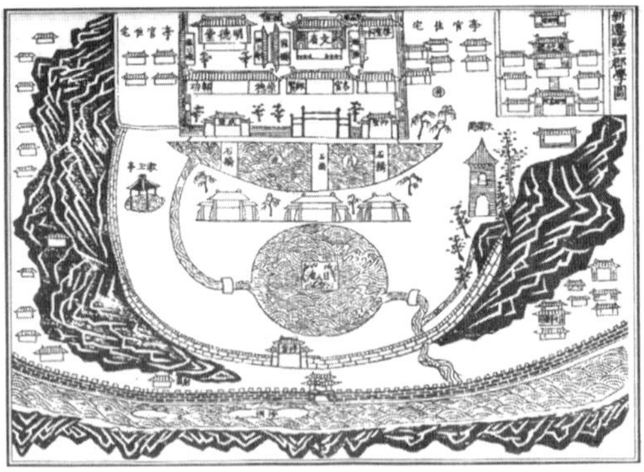

（明）《隆庆临江府志》新迁临江郡学图

图 8–9　各地的书院学宫（引自《中国古代建筑大图典》）

① 转引自白新良：《中国古代书院发展史》，172 页，天津，天津大学出版社，1995。

表 8-6 清代皇家园林中的书屋[①]

苑御	序号	区位	名称
内廷	1	宁寿宫花园	倦勤斋
			三友轩
			养和精舍
	2	御花园	摛藻堂
			绛雪轩
	3	建福宫花园	静怡轩
			敬胜斋
			碧琳馆
	4	文渊阁	文渊阁
西苑	1	镜清斋	抱素书屋
	2	古柯庭	得性轩
	3	画舫斋	镜香室
	4	濠濮间	崇椒室
	5	琼岛静憩轩	静憩轩书屋
	6	琼岛得性楼	邻山书屋
	7	琼岛蟠青室	蟠青室书屋
	8	丰泽园	菊香书屋
	9	长春书屋	长春书屋
	10	补桐书屋	补桐书屋
	11	瀛台	瀛台书屋
	12	日知阁	日知阁书屋
圆明园	1	九州清宴	涵德书屋
	2	长春仙馆	抑斋书屋
			随安室书屋
			含碧堂书屋
			乐善堂书屋
	3	藻园	贮清书屋
			夕佳书屋
	4	茹古涵今	不详
	5	洞天深处	前垂天贶
	6	镂月云开	养素书屋
	7	碧桐书院	不详
	8	武陵春色	乐善堂书屋
	9	濂溪乐处	味真书屋
	10	汇芳书院	陋安室书屋
	11	文源阁	文源阁
	12	北远山村	湛虚书屋、皆春阁
	13	安澜园	四宜书屋、葄经室、染霞楼
	14	澡身浴德	深柳读书堂
	15	瑶台	随安室书屋
	16	接秀山密	怡然书屋
长春园	1	狮子林	探真书屋
	2	淳化居	味腴书屋
	3	玉玲珑馆	豁如室、益思堂
	4	鉴园	不详
	5	思永斋	盎春书屋
绮春园	1	四宜书屋	四宜书屋
清漪园	1	乐寿堂	乐寿堂书斋
	2	构虚轩	构虚轩书屋
	3	畅观堂	畅观堂书屋
静宜园	1	雨香馆	雨香馆书屋
静明园	1	采香云径	静怡书屋
	2	芙蓉晴照	芙蓉晴照书屋、含经堂
畅春园	1	无逸斋	无逸斋
	2	玩芳斋	玩芳斋
	3	澹宁居	（后殿）
	4	清溪书屋	清溪书屋
西花园	1	讨源书屋	讨源书屋
南苑	1	团河行宫内	鉴止书屋
	2		荫榆书屋
	3		裕性轩书屋
	4		澹思书屋
避暑山庄	1	正宫	四知书屋
	2	万壑松风	鉴始斋书屋
	3	万壑松风	纪恩堂书屋
	4	文园狮子林	探真书屋
	5	颐志堂	颐志堂书屋
	6	戒得堂	来薰书屋
	7	月色江声	不详
	8	环碧采菱渡	不详
	9	如意洲	水芳岩秀殿书屋
	10	烟雨楼	青阳书屋
	11	宁静斋	宁静斋书屋
	12	文津阁	文津阁
	13	澄观斋	不详
	14	松鹤清越	静余轩书屋
	15	碧峰寺后	味甘书屋
	16	有真意轩	空翠书屋
	17	秀起堂	径畬书屋
	18	清溪远流	含翠斋书屋
	19	创得斋	创得斋书屋
	20	旃檀林	天籁书屋
	21	含青斋	挹秀书屋
	22	玉岑精舍	不详
	23	山近轩	古松书屋
	24	敞晴斋	清绮书屋

① 此表在潘灏源论文统计基础上进行了增补。

《圆明园图咏》中的四宜书屋

《圆明园图咏》中的汇芳书院

图 8-10　清代御苑中的书屋（引自《中国古代建筑大图典》）

（3）字画、诗碑与图咏

书法在园林艺术中的审美功能，正如张怀瓘《书断》曾说：“文章之为用，必假乎书，书之为征，期合乎道。故能发挥文者，莫近乎书”。它的实用价值，表现为容载和传达文字、语言的精神内容。就以书法的题名来说，有标明并供人确认园林构筑、景点的功能。

园林中书法题名具有丰富多彩的形式，如竖匾、横匾、楹联、刻石、砖额等等。书法这种纯形式的艺术配置，也是一种有意味的建筑装饰美，不过它有独特的精神性。书法特殊的审美价值表现在它往往是建筑、山水景观的眉目，点醒了建筑、山水。

士人园有在壁上嵌以书条石的综合艺术传统。把历史上著名的书法珍品摹刻于砖石之上，组成系列，嵌在壁间，既宜于长久保存，又宜于随时观赏，集中品味。这种翰墨汇刻的陈列形式，其功能又不同于配合个体建筑类型而特意书写的匾额、对联、碑刻。很多士人园中都有书条石的系列组合。

皇家园林也十分重视书法在园林艺术构建中的作用。避暑山庄的烟波致爽殿，圆明园坐石临流的“兰亭八柱碑”，北海琼华岛的阅古楼，北岸的快雪堂（图 8-11），清漪园惠山园“寻诗径”东端的“墨妙轩”，长春园含经堂后的淳化轩等，都是以保存古代稀有墨迹而闻名的，成为包括陈列建筑在内的集萃式的大型书法景观。皇家园林也因广留文化遗迹而得意境美，成为园林观赏的心理环境标志。

紫禁城宁寿宫是乾隆为自己禅位以后建造的颐养之所，其养性殿西暖阁，因得南唐李廷珪“翰林风月”古墨存放而名之“墨云室”，“墨云为含英咀华之游艺，

图 8-11　北海北岸快雪堂，因藏有王羲之的“快雪时晴帖”而得名

适合养性”（《御制文三集·墨云室记》）。

在园林室内空间中，绘画作品与书法作品相匹配，强化了室内空间的艺术综合性与文人气息，造成一种士大夫所特有的环境氛围。以绘画生发园林意境，清代皇家园林气魄较之一般私家士人园要大得多。

在清帝周围集中了一代颇有成就的宫廷画家。乾隆朝时有中国人如张宗苍、邹一桂、董邦达、张若霭、钱维城、张若澄等，西洋人则有郎士宁、王致诚、艾启蒙诸名家。乾隆在园林中经常与他们共绘一景，相互欣赏、磋商。毫无疑问，这类名家的书画能极大地增加建筑内部空间的精神价值。

诗碑是融诗文、书法等多种艺术手段为一炉的综合艺术，遍布园林中的诗碑、石刻又往往成为一种特殊的人文景观而为园林增色。西苑琼岛西岸烟云尽态亭的柱额上共刻有二十六首乾隆御制诗；而团城承光殿前的玉瓮亭，四面横额刻有乾隆御制诗四首，柱上竟刻有四十六位翰林学士所作的应制诗。

皇家园林创作与审美的另一重要方面，就是“因景为画，以园入诗”，在园林营造前后，在皇帝的关注和参与下，宫廷画院还同步创作了大量有关园林的画作。典型如圆明园和避暑山庄的多种“图咏”，就集中体现了这一特色和成就[①]。

3. 园林御制诗中的儒家理学意趣

理学对清代不少皇帝影响极深，其对文化传统的浪漫发挥，直接影响了清代皇家园林的题名用典。乾隆御制诗中的大量诗篇，都是描写在园林游赏中的儒家理学意趣。经过归纳，可以总结出清代皇家园林的几大主题。

---

① 吴葱，史箴，何捷：《诗拟丰标，图摹体态——清代皇家园林图咏研究》，载《建筑师》，1998（85），56~67 页。

（1）依然子在川：对孔子的追慕之情

通过御制诗中有关祭祀孔子的内容，可见孔子在乾隆心目中的地位；而乾隆最为关注的，也正是本书一再强调的主题。

曲肱有乐思圣迹，勿幕元吉获我心。绠短汲长合引戒，津逮在兹取次寻。[①]

圣林酹酒回，轻舆经陋巷。风景今不陋，运亦有升降。庇连复圣祠，数仞缭垣绛。阴森松柏护，石桥清水淙。缅想不改乐，箪瓢气如虹。

《御制诗二集·陋巷》

奎文阁后殿前垂，杏坛遗迹传缁帷。当时侍者想訚侃，弦歌鼓琴敦书诗。我来景仰慰素志，恍见教泽长留贻。春风袅袅绯英枝，在彼在此还堪思。舞雩曾点圣所与，吾亦因之将咏归。

《御制诗二集·杏坛》

木笔初开三两枝，春风沂水咏归时。天空海阔谁能写，镂叶裁花物自知。

《御制诗二集·木兰》

春风忽已过，吾亦咏而归。

《御制诗二集·渡沂水》

在一些描写园林的诗中，也可以看到乾隆对孔子的追慕之情（图8–12、图8–13）：

如斯看水逝，不改是峰连。

《御制诗二集·题香山寺》

漪澜匪慕沧浪意，舟水民情静会心。

《御制诗二集·题漪澜堂》

大智所未知，小智知堪念。执两而用中，服膺慎莫厌。

《御制诗三集·亩鉴室有会》

镜清真镜清，不示憎与好。万物备于斯，坦然此澄照。

《御制诗三集·题镜清斋》

坐俯澄波阔，依然子在川。

《御制诗二集·郭里口行宫稍憩》

智者乐兮仁者寿，皇山洞庭夫何有？[②]

知仁山水乐非独，易简乾坤趣可寻。

（清）《鸿雪因缘图记》（引自《中国古代建筑大图典》）

图8–12　阙里观礼

① 见《御制诗二集·汲故井水饮之》，“绠短汲长”语出《荀子·荣辱》“短绠不可以汲深井之泉”。

② 见《御制诗二集·青芝岫》。青芝岫后移置万寿山之乐寿堂。

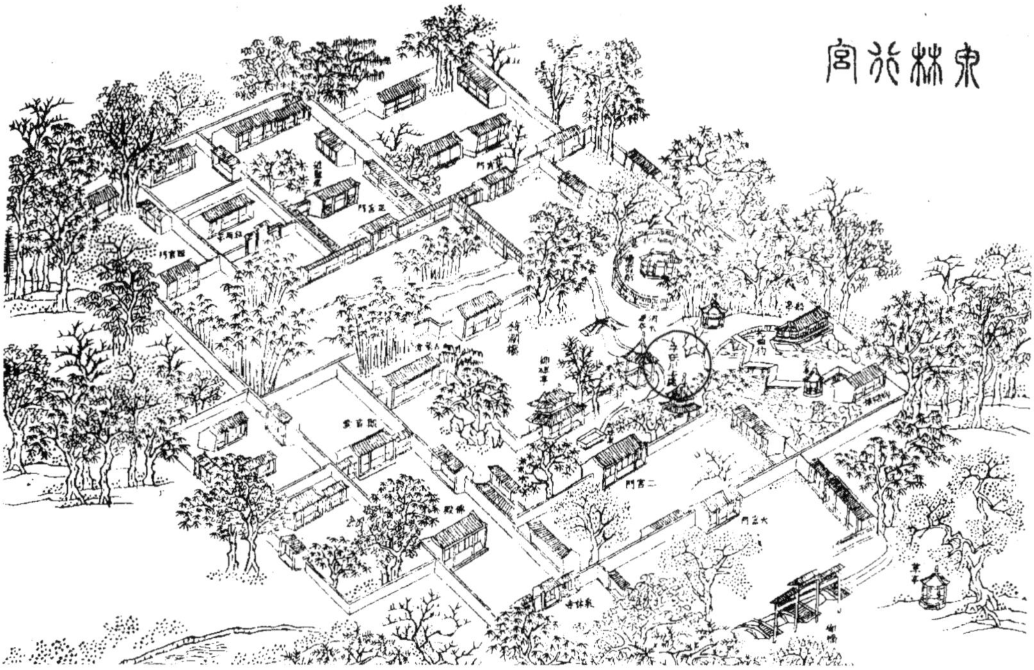

图 8-13 《南巡盛典》之泉林行宫，中有“子在川上处”（引自《中国古代建筑大图典》）

《御制诗二集·仲春镜清斋得句》

雨后晨清霁景开，山庄相共赏灵台。智仁乐在山兮水，赓咏才看邹与枚。岩下仙泉鸣舜乐，庭间温树识尧培。旧时侍从今元老，鸠杖中朝未扈来。

《御制诗二集·延熏山馆召大学士傅恒、史贻直及内翰侍御诸臣赐膳赋诗辄成首倡》

竹柏妙神心，山水乐仁智。……澄泓协静观，天半沧浪意。

《御制诗二集·池上居》

（2）褉赏主题：曾点气象与兰亭情结

源于上古祓禊习俗，因孔子师徒的“曾点气象”而彰显，至晋代兰亭集会而登峰造极的“禊赏”始终是中国士人园林的一大主题。对士文化仰慕已久的乾隆，自然也在内心深处留下了无法解开的兰亭情结。这一主题屡屡出现在他的园林创作和景赏吟咏中。

太液新蒲拂画船，两行水树罨朝烟。浥枝润叶知时雨，列坐流觞上巳天。鸟奏繁音争管急，鱼喁锦浪蹙纹圆。

《御制诗二集·雨中太液池泛舟》

上巳从来合宴游，似兹凯宴得曾不。……绨几兰亭观定武，恍同逸少会山阴。

《御制诗三集·凯宴毕乘舟至悦心殿》

芳辰上巳临修禊，拟访兰亭愧玩鹅。

《御制诗二集·三月朔日》

即渐风光临上巳，便当觞咏赏兰亭。

《御制诗二集·三月朔日车驾至杭州驻跸之作》

智仁并乐兼山水，高下齐观忘险夷。即渐风光临上巳，浴沂点也岂游嬉。

《御制诗二集·题远碧斋》

白烟带嫩柳，紫茸发新蒲。缋藻潜游鳞，梯浪起飞凫。妙趣上下察，神诠动植俱。三叹吾与点，言志何伤乎？

《御制诗二集·暮春漪澜堂》

气清天朗莫之春，正是兰亭修禊辰。

《御制诗三集·含韵斋玉兰花四首》之三

北京西苑北海快雪堂前殿名浴兰堂，四周围廊墙壁上刻有兰亭故事的石刻，不禁让人在如烟的风流往事中浮想联翩。而现存最典型的褉赏主题实例，为故宫宁寿宫花园中的褉赏亭，对此王其亨先生的《宁寿宫花园的点睛之笔：褉赏亭索隐》有极为精彩、详尽的分析。[①]

（3）鱼跃鸢飞的境界

康熙皇帝在《避暑山庄记》中写道："无刻桷丹楹之费，喜泉林抱素之怀。静观万物，俯察庶类。文禽戏绿水而不避，麀鹿映夕阳而成群。鸢飞鱼跃，从天性之高下；远色紫氛，开韶景之低昂。"乾隆《避暑山庄后序》碑中也提到鸢飞鱼跃的主题：

若夫崇山峻岭，水态林姿，鹤鹿之游，鸢鱼之乐，加以岩斋溪阁，芳草古木。物有天然之趣，人忘尘世之怀，较之汉、唐离宫别苑有过之无不及也。[②]

"平地起蓬瀛，城市而林壑"的北海，是清代皇家园林中的代表作。其中大部分均建于乾隆年间。而"鸢飞鱼跃"则是乾隆吟咏北海的诗篇中，出现频率最高的主题，可见其对这一主题情有独钟。

北海悦心殿为观冰戏的场所，《国朝宫史·西苑下》描写其"天光云影，鱼跃鸢飞，万景毕呈，实据西苑全胜"。

澄怀寄云水，生意畅鱼禽。北会余金殿，南薰验舜琴。

《御制诗二集·仲夏承光殿》

聊因构朴屋，讵欲拟华林。俯仰得天趣，冲融散远襟。生机含水石，静度逮鱼禽。信矣堪明志，于焉亦会心。六朝非所企，渭上倘容寻。

《御制诗二集·赋得濠濮间》

流为太液波，潜飞任鱼鸢。

《御制诗二集·沁泉廊》

① 王其亨：《王其亨中国建筑史论选集》，192~214页，沈阳，辽宁美术出版社，2014。

② 杨天在：《避暑山庄碑文释译》，92~93页，北京，紫禁城出版社，1985。

有情鱼跃鸢飞共，无定游丝灯影同。瑶岛阴含五云表，液池秋满一窗中。

《御制诗三集·漪澜堂小憩》

月廊通曲奥，云牖纳虚旷。得概既不一，会趣亦殊状。清音凭暗泉，静寄对奇嶂。位置信远俗，俯仰堪生畅。

《御制诗二集·奥旷室》

奥旷有联云：

山参常静云参动，跃有潜鱼飞有鸢。

北海“濠濮间”临水轩有联云：

眄林木清幽，会心不远；
对禽鱼翔泳，乐意相关。

对联融合了儒道孔庄对自然审美境界的认识，又把儒家的“鸢飞鱼跃”、庄子的“鱼乐”和简文帝“觉鸟兽禽鱼，自来亲人”的审美情感体验合而为一。“不远”和“相关”，既点出了人与禽鱼的审美相关性，也消除了心与物的情感距离与隔阂，使审美意境达到了更高的层次。

乾隆曾在圆明园的许多园中园景题中也述及相关的内容。如《坦坦荡荡》序曰：

凿池为鱼乐国。池周舍下，锦鳞数千头，喁唼拨剌于荇风藻雨间，回环泳游，悠然自得。诗云：众维鱼矣，我知鱼乐，我蒿目乎斯民。

诗云：

凿池观鱼乐，坦坦复荡荡。泳游同一适，奚必江湖想。却笑蒙庄痴，尔我辨是非。有问如何答，鱼乐鱼自知。

谈笑之间一副恬然自适、坦坦荡荡的君子襟怀。

又如以修身养性为主题的《澡身浴德》曰：

苓香含石髓，秋水长天色。不竭亦不盈，是惟君子德。我来俯空明，镜已默相识。鱼跃与鸢飞，如如安乐国。

他甚至更以《鱼跃鸢飞》为题设一景，序曰：

榱桷翼翼，户牖四达，曲水周遭，俨如萦带。两岸村舍鳞次，晨烟暮霭，蓊郁平林。眼前物色，活泼泼地。

其诗云：

心无尘常惺，境惬常为美。川泳与云飞，物物含至理。

其寓意可谓步理学大师之后尘，诗中蕴含的对自然万物的感悟和上下与天地万物同流的心灵体验，早已超越了园林的景色和鱼鸟之乐本身，实乃园林的最高境界。（图 8-14 ~图 8-16）

图8-14 《圆明园图咏》之《坦坦荡荡》

图 8-15 《圆明园图咏》之《澡身浴德》

图 8-16 《圆明园图咏》之《鱼跃鸢飞》

（4）前者周程后者朱，同归何碍却殊途

宋代大儒周敦颐以其《爱莲说》，深深影响了乾隆的园林创作，有其《题张若澄莲池书院图因叠前韵》诗为证：

昔读濂溪书，每爱爱莲趣。是地名莲池，孰不生景慕。忆我丙寅秋，曾一至其处。今岁西巡归，保阳驻行辂。乘闲复来游，散沥怡神滤。遥帷搴纵览，棐几凭搜句。置之若澄图，曲折高下布。浮屠亦传斯，极乐可证悟。儒墨岂同道，吾兹故不赋。

他还特意在圆明园中设置“曲院风荷”“濂溪乐处”等景点以观荷花，并作图咏题诗。（图 8-17）如《濂溪乐处》序曰：

苑中菡萏甚多，此处特盛。小殿数楹，流水周环于其下。每月凉暑夕，风爽秋初，净绿纷红，动香不已。想西湖十里，野水苍茫，无此端严清丽也。左右前后皆君子，洵可永日。

其诗云：

水轩俯澄泓，天光涵数顷。烂漫六月春，摇曳玻璃影。香风湖面来，炎夏方秋冷。时披濂溪书，乐处惟自省。君子斯我师，何须求玉井。

其他理学命题也经常成为乾隆赏景、命诗的中心意境：

游龙掀舵镜中天，太液春光剧可怜。绿柳红桥原恰当，落花流水自便娟。图书左右怡情久，翡翠兰苕浴浪鲜。活泼泼真无尽藏，化机岂待悟鱼鸢。

《御制诗二集·暮春瀛台泛舟》

前者周程后者朱，同归何碍却殊途。深知天地理数蕴，不作语言文字儒。试想安贫乐道趣，常依月到风来湖。

《御制诗二集·题安乐窝》

读书近溯周、程旨，恰喜明窗暖日暾。

《御制诗二集·驻跸百泉作》之一

书屋临流坐卧便，一泓恰对月窗圆。源头句咏朱夫子，池上居同白乐天。画本别教摹大匠，诗筒频递走中涓。可知事在人为耳，天半云标自有渊。

《御制诗二集·池上居》

（清）《两湖志》之《曲院风荷》

《圆明园图咏》之《濂溪乐处》

《御制避暑山庄诗》之《香远益清》

《御制避暑山庄诗》之《曲水荷香》

图 8–17　前者周程后者朱，同归何碍却殊途：清代皇家园林中的理学影响

4. 士文化影响下的园居生活方式

与道家判若泾渭，清代的园居生活方式体现出儒家理学的影响无孔不入。受过系统的士文化的熏陶并对士文化有着极广泛兴趣的清代帝王，虽然不可能完全与士人为伍，但其内心世界的好恶也不断和汉族士人的情趣融为一体，透露着对士人生活情调的追求。因此，琴、棋、书、画、酒、品茗、博古（图 8–18）等士人生活情趣和艺术，也随之走进了帝王的园居生活。而他们在士人艺术方面具有的广博知识和极高修养，即使当时名噪一时的士人学者也常为之叹服。

无论对于士人或对于清帝，园居不仅是一种生活方式，更重要的是开拓了一条审美之路，由此促进了他们与自然的融合。人和自然的关系通过咏诗作画、服食养生等园居行为，进一步走向审美。在这个“游于艺”的审美理想境界里，园林主人的宁静致远、优雅从容的心态与风度，一切行为的审美格调趋于飘逸和雅化。这类多功

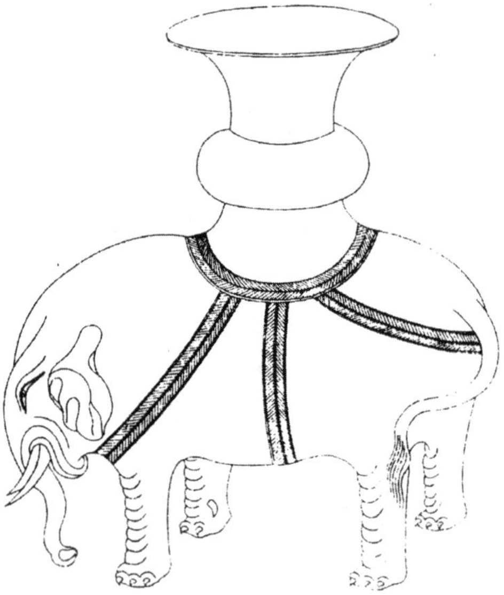

图 8-18 《西清古鉴》中收录的周代青铜器（引自《清殿版画汇刊》）

能、多层面的士文化系列，对清帝深有影响。在清帝日常的园居生活中，几乎所有的活动场所及其起居所至，均有精美的士人艺术品类，许多殿堂楼阁也因此而得名。

（1）但得琴中趣，何劳弦上音[①]

士人对绘画美学有一独特的观点，即认为欣赏作为空间视觉艺术的绘画的同时，应振之以音，辅之以乐。于是形成了一个把视觉和听觉、空间和时间结合起来使之相互渗透的审美传统。士人园也相应地继承了绘画的这一审美传统。在士人园的音乐性综合元素中，古琴必不可少。孔子儒家对"乐"极为重视，孔子还为后人留下了许多有关音乐的故事，至今传为美谈。后来经过嵇康、阮籍、左思、陶渊明、王维、白居易、朱长文、沈括等人的继承和发展，到明清之际，琴已经同其他士人艺术一起，成为士人园林所必备之物。古琴或供陈设，或供演奏，或展开以奏琴、听琴为主题的园居生活，琴成为士人园居生活的重要组成部分。

清代皇家园林在士人雅乐的感召下，建置了大量以琴为主题的景点。西苑北海镜清斋中的韵琴斋，位于抱素书屋东廊下，二楹，西向，南接厦临于外，额曰"碧鲜"，

①（明）项元汴《蕉窗九录·论琴》，典出《晋书·陶潜传》："性不解音，而畜素琴一张，弦徽不具，每朋酒之会，则抚而和之，曰：'但识琴中趣，何劳弦上声！'"

廊下为过水处。韵琴斋内对联道出了乐声与园林空间的相互交感："赏心乐事无伦比，妙色真声兼占之"；"爽澄兰沼波吹细，风渡松林籁泛轻"。乾隆更是体悟到了园林山水与声乐的关系：

阶下引溪水，雨后声益壮。不鼓而自鸣，猿鹤双清畅[①]。泠泠溶溶间，宜听复宜望。石即钟期同，泉可伯牙况。亦弗言知音，此意实高旷。

《御制诗三集·韵琴斋》

西苑南海瀛台补桐书屋原有老桐树枯亡，乾隆因"惜其材"而命人制成四琴，并分别赐名题诗，置于补桐书屋室内，而"阶下淙淙鸣曲注，朱弦不奏亦琴心"（《御制诗二集·补桐书屋率题》）。补桐书屋内梅、松、竹、琴、书、茶俱全，乾隆因而"每来端是称予心"（《御制诗二集·补桐书屋》）。

圆明园"万方安和"直接以山水表达琴音：有"山峙水常流，清音乐志投"的"山水清音"；还有"崇高标岭岫，流动带沦涟。那数期牙奏，心存解愠弦"的"高山流水"（《钦定日下旧闻考》）。圆明园四十景之一的"夹镜鸣琴"取李白"两水夹明镜"的诗意，乾隆御制词曰：

……琴心莫说当年。移情远，不在弦，付与成连。

《钦定日下旧闻考》

另外，以琴音为题的还有长春园茜园八景之一的韵天琴，静明园十六景之一的峡雪琴音，圆明园的委怀琴书、接秀山房琴趣轩、琴清斋以及避暑山庄的玉琴轩、玉琴精舍等。

园林以山石、建筑为主的静态景观艺术系统，与以动态为主的士大夫艺术系统相综合，珠联璧合，相互辉映，时空交感，异质同构，整个园林文化艺术景观在意境、风格、结构、形式等方面展现出一种契合的美。

（2）文因景成，景随文传

文学与建筑的质的区分，用《易·系辞上》的话说，是"形而上者谓之道，形而下者谓之器"。建筑是物质性最强的艺术，文学是精神性最强的艺术。而士人园的一个显著美学特征，是着重借助文学来充分发挥其形而上的审美功能，使园林更能渗透审美主体的精神因素。

士人园的文学性建构，主要表现为景题、楹联、匾额、石刻及对园林景物的吟咏等。如前所述，清代皇家园林中的御笔题额、楹联、诗匾、石刻、贴落等随处可见。从景题与园林景观的关系来看，二者确是相互映照、相互生发的。如中南海春明楼，朱楹黄瓦卷棚顶，楼前植含娇闹春的海棠和笑舞春风的柳树，楼旁一片水面，浮光耀金，到处洋溢着明媚旖旎的春光。"春明"二字使人想到范仲淹《岳阳楼记》："至若春和景明，波澜不惊，上下天光，一碧万顷"，"登斯楼也，则有心旷神怡，宠辱偕忘，把酒临风，其喜气洋洋者矣"。

① 原诗注：近世琴谱中有猿鹤双清之曲。

园林是主人以自己的生活情趣、文化修养，去体味、感受、享用的艺术空间。清帝十分注意以主观美感意识去揭示、标点园林环境艺术。由于皇家园林服务对象的局限，文人墨客咏赞作品流传甚少。但清帝政务之暇，也会沉于山水亭台，寄情于翰墨。如乾隆在位六十年间，前后出版的御制诗共五集 434 卷，合计收诗 41800 首①，加上即位之前收在《乐善堂全集》中的诗卷 14~30，以及三年太上皇时期《御制诗余集》20 卷，总数高达约 43000 首②。这意味着乾隆一生所作的诗量已接近《全唐诗》中所收的三百年间 2200 多位诗人全部诗作的总和。御制文的数量也不容小觑，总计 1000 余篇（包括《乐善堂全集》中所收篇目）。

这些诗文如乾隆自己所说，是“几务之暇，无他可娱，往往作为诗古文赋”（《御制文初集·初集诗小序》）。实际上，在乾隆留下的数以万记的御制诗文中，大部分篇幅正是在园林中创作的，许多直接以园林为审美观照对象，围绕园居生活而创作。另外还有臣僚们撰写的诸如《扈从赐游记》《春融堂集》一类对御园进行记述的笔记和记事诗，加之内廷供奉画家的山水画、记事画，构成皇家园林文化的重要部分。乾隆“莅朝将祀之典以及时巡所至，山川名胜，风土淳漓，罔不形诸咏歌，纪其梗概”（《御制文初集·初集诗小序》）。“若三日不吟，辄恍恍如有所失”（《御制诗初集》跋）。意在表明他具有与士人一样的“敲诗月下”“吟咏春风”的潇洒。

（3）城居可似湖居好，诗味颇随茶味长

早在唐朝，就有陆羽《茶经》。作为士大夫长期茶文化活动的结晶，还形成了“茶道”，其主要内容为煮茶、品茶之道及思想内涵。到了唐代，茶宴已经正式化。清帝正是由于受到士大夫茶文化的熏陶，故有品茗、茶宴等活动。

清帝日常的啜茗活动，多在皇家园林中清幽的环境中，因触景生情、寻饮茶之乐而为。在品茗活动中，清帝将天然之水与茶质联系起来。乾隆曾命人用银斗量各处泉水，以泉水之轻重区分水质之优劣，在很多泉水中评出三泉，并赐北京玉泉为“天下第一泉”。每每品茗活动中，清帝都借助园林景致，依托茶道，自斟自饮，时而吟诗朗朗，时而挥笔作赋，寓品茶于士大夫文学艺术雅兴之中。清帝很多吟咏园林的诗句，就是创作于品茗之中。另外，清代皇家士人园中还有专门焙茶之处，如西苑北海镜清斋焙茶坞。

除日常饮用外，品茗更多地出现在清帝与士大夫文臣交往的礼仪性活动中。如清帝临御经筵、临幸翰林院以及视学等诸仪式用茶。清代宫廷茶宴，始于乾隆朝，

① 戴逸：《乾隆帝及其时代》，415 页，北京，中国人民大学出版社，1992。

② 周相录：《从〈乐善堂全集〉与〈御制诗集〉看乾隆对唐诗的接受》，载《河南师范大学学报（哲学社会科学版）》，2013（6），139~142 页。

每至新年正月初二至初十之间择吉日在重华宫举行[①]。茶宴的地点大多在乾清宫或重华宫，有时在同乐园。平时则选在环境幽雅的庭园书房，如宫内乾隆花园中的三友轩[②]（图 8-19）、西苑北海的镜清斋等处，是品茶赋诗、联络文臣的主要形式之一。自乾隆八年首次召文臣于重华宫茶宴联句，至乾隆六十年累计达四十四次。另外，在西苑紫光阁、圆明园也举行过多次茶宴。

松、竹、梅透雕窗口

松、竹、梅嵌玉圆光罩

图 8-19　北京故宫宁寿宫花园三友轩的内部装修（引自《紫禁城内檐装修图典》）

透过清帝在皇家园林中的品茗举动与内容，不难看出，清帝的品茗活动以传统的士大夫茶文化为基础，通过啜茗，在闲情逸志中达到自我的修身养性。清帝亲自主持的品茗活动，一方面体现了清帝对士大夫文化的接纳及对文臣学士的重视，另一方面，通过品茗这项活动，不但把园居提升至一个富有艺术性及哲理的境界，而且为历史悠久的士大夫茶文化增添了重要的一页。

三、济世景象：清代皇家园林与社会经济

与道家的“无为”截然相反，以康熙、乾隆为代表的清帝，赋予园林以极大的经国济世功能，园林的大规模修建成为促进国计民生、经济发展的重要手段。

法国著名史学家费尔南·布罗代尔在其所著的《15 至 18 世纪的物质文明、经济和资本主义》一书中，记载了西方学者保尔·贝洛什曾从统计学角度对 18 世纪世界主要国家的人均国民收入做过一个对比，其中选取的中国数字以乾隆朝结束后几年的 1800 年为代表。该书作者表示“唯独中国 1800 年的纪录 228 美元令人

① 王玲：《清代宫廷茶事》，载《紫禁城》，1993（10），3～4页。
②“三友”本含聚友雅会之意。

惊讶”[①]。这一结果表明，1800年的欧洲尽管在世界各地所向无敌，但所达到的财富水平远未像今天那样把世界其他国家甩在自己的后面。以乾隆十五年（1750年）为例，当时人口数约为1.65亿，户部库存实银约为3300万两[②]。若以1800年的统计数字进行换算，当时中国人均收入约合200美元。而进入乾隆二十七年（1762年）至四十年（1775年）的经济高速增长期，户部库存实银几乎呈直线上升，在乾隆三十七年（1772年）前后达到逾8000万两的最高峰，折合人均收入约为300美元，比保尔统计的1800年的数值高出许多。

因国库存储甚丰，故而乾隆把城市建设当作散财分资的途径之一。他在许多诗文中阐述了这一主张：

方今帑藏充盈，户部核计已至七千三百余万。每念天地生财，只有此数。自当宏敷渥泽，俾之流通，而国用原有常经，无庸更言樽节。

《御制诗三集·降旨普免天下正供，诗以志事》

力役之征，古所不废，惟本朝则无其事。凡河工、城郭、郊庙、宫殿，偶有修饰工作，借动正帑、雇夫匠。至于园亭，并不用正帑，率以内府余帑给价。

《御制诗四集·石城》

皆弗用正帑，惟以关税盈余及内帑节省者，物给价，工给值，丝毫不以累民，而贫者转受其利。

《御制诗余集·物鱼亭得句》

兴修工作等事……以工代赈，俾小民均资利益。[③]

与以往各朝代征役兴作不同，清代手工业中的雇佣制普遍推行，工匠计日给酬，物料也由官府采购。因此营建城市，构筑宫殿、园林，使工匠受雇得益的同时，在客观上起到推动社会经济的积极作用。更何况乾隆在位期间，在治水、救荒方面花费的钱财要超过土木兴作十几倍。

作为中国几千年封建社会的经济基础，农业历来受到传统文化思想乃至从统治者到庶民百姓的高度重视。包括乾隆在内的清代皇帝，在重农劝耕方面更是不遗余力。乾隆曾说：

帝王之政，莫要于爱民，而爱民之道，莫要于重农桑，此千古不易之常经也。

《御制诗三集·题宋人蚕织图》

他还认为人人致力于农业，经济宽裕，道德风尚自然趋于淳朴，社会秩序必然安定。只有重视农业，才能国祚绵长、享年久远：

盖自后稷、公刘，世以重农为务，惟土物爱，知稼穑艰。至于文武成康，犹是道也。

《御制文初集·春藕斋记》

《中国古农书考》载，康熙帝曾亲

---

① （法）费尔南·布罗代尔：《15至18世纪的物质文明、经济和资本主义》，第3卷 世界的时间，618页。转引自赵春兰：《周裨瀛海诚旷哉，昆仑方壶缩地来：乾隆造园思想研究》，18~21页，天津，天津大学，1998。

② 因古代财政制度的差异，不甚清楚保尔选取哪些收入组成国民生产总值加以计算。这里仅以当时较为统一的户部库存实银做保守估算，而未将各种课税并入。故当时实际国民生产总值应大于此数。

③《东华全录》，转引自戴逸：《乾隆帝及其时代》，470页，北京，中国人民大学出版社，1992。

撰《几暇格物编》，记载了多种经济作物和农产品；奉康熙帝之命，焦秉贞临摹宋代楼俦的《耕织图》，绘成耕图和织图各二十三幅，所绘人物、农具均为清代风俗和江南农具，反映了当时的农耕状况，而且把西洋远近画法扩展到整个画面。这种自上而下的倡导，无形中促进了整个社会对农业的重视和农业技术的进步。（图8–20）

重农意识在清代皇家园林中多有体现。康熙帝曾在中南海丰泽园内开辟农田，试行耕植。雍正帝举行耕藉之礼。乾隆更在皇家宫苑中设置多处农耕景点，如西苑有蚕坛，清漪园有耕织图、蚕神庙，圆明园有“映水兰香”“多稼如云”“北远山村”以及多稼轩、熙春园等，在雍容华贵的皇家园林中形成别具一格的田园风光。

在重农思想支配下，乾隆非常注意且时常为之担忧的就是各地的晴雨旱涝、收成丰歉。因此在频繁举行各种祭祀祈雨保丰收的同时，兴修水利工程。值得一提的是，北京园林的建设在治理水系、农田灌溉等方面做出了巨大贡献，极大地促进了周围农业的发展和整个北京的城市规划建设。典型实例是清漪园的建设。

在改建昆明湖之前，乾隆派人调查西郊的水系、水源，把西山丰富的山泉水源集中导引入昆明湖，在湖东筑坝拦水，并将昆明湖深广均扩大两倍，成为面积浩瀚的天然蓄水库，供应几个御园的蓄用和长河、护城河、太液池的用水，还在交通和农田灌溉方面发挥了作用。修建园林的同时，还从昆明湖疏浚了南北两条泄水河。这两条泄水河供应着沿途居民、园林、稻田的用水，而且犹如一根银线，将许多风景点、村庄和市区、宫廷区连缀起来。

园林在清流、济漕、保障北京城市供排水的生命线方面发挥的积极作用，使北京城最终形成了“平地起蓬瀛，城市而林壑”的城市意象。

我国在明末清初已经产生了资本主义的萌芽，在江南历代经济、文化都极为发达的富庶地区，更是商贾云集。乾隆六下江南，在对江南的园林风景艳羡不已的同时，那种繁荣兴旺的城市景象也不知不觉地印在他的内心深处，于是在大量模仿江南园林的同时，也造就了清代皇家园林的一个特殊景观——商业街，俗称买卖街（表8–7）。这一景观在皇家园林中的频繁出现，或许反映了乾隆等清代皇帝潜意识中的重商思想。

清代姚元之《竹叶亭杂记》描写的圆明园中的同乐园，为后人展现了买卖街中街肆鳞次栉比的热闹景象：

高庙时（乾隆时），每新岁，园中设有买卖街，凡古玩、估衣以及茶馆饭肆，一切动用诸物悉备，外间所有者无不有之，虽至携小筐卖瓜子者亦备焉。开店者俱以内监为之。其古玩等器，由崇文门监督先期于外城各肆中采择交入，言明价值具于册。卖去者给值，存者归物。各大臣至园，许竞相购买之，各执事官退出后，日将晡，内宫亦至其肆市物焉。其执事等官俱得集于酒馆饭肆哺啜，与在外等。馆肆中走堂者，俱挑取外城各肆中之声音响亮，口齿伶俐者充之。每侯驾过店门，则走堂者呼茶，店小二报账，掌柜者核算，众音杂沓，纷纷并起，以为新年游观之乐，至燕九日

图 8-20 《钦定授衣广训》中的棉花图：灌溉、织布（引自《清殿版画汇刊》）

始辍，盖以九重欲周知民间风景之意也。造办处笔贴式徐君善庆每岁入值，言之最详，晚间仍备嘎嘎灯焉。嘉庆四年，此例停止。

乾隆皇帝的宫廷画家耶稣会士王致诚，则以一个外国人的眼光描绘了 18 世纪中叶清代皇家园林商业街的盛况：

有一条路从皇帝的寝宫直通这块地方的中央的一个小城。……城里有街巷、广场、庙宇、室内市场、露天市场、商店、法庭、宫殿、码头。

总之，京城里有的这里都有微缩的翻版。……

这座小城是康熙朝开始建造的，到了乾隆朝，每年有好几次让太监们扮成各种各样的人，做生意，手工艺等各种职业都有，街头巷尾热热闹闹熙熙攘攘，甚至还有大城市中常有的诈骗。到了指定的日子，每个太监都穿上指定角色的服装，有的扮商人，有的扮工匠，有的扮士兵，有的扮官员，有的推着一辆手推车，有的挎着一个篮子，每个人都职责分明。码头上船帆林立，店门大开，商品琳琅满目。这里是丝绸街，那里是棉布街，这里是瓷器街，那里是漆器街，一切都有分工。这家是家具店，那家是衣铺首饰店，另一家是为学者和好奇的人开的书店。小城里还有茶馆和酒肆，大大小小的旅馆。小贩们向您叫卖水果，各种清凉饮料。杂货店老板拉着您的袖子缠着您买他的东西。在小城里可以任意所为。皇帝微服便装跟在他的随从

表 8–7 清代皇家御苑中的商业街①

御苑	所在区位	功能
畅春园		买卖街
避暑山庄	芳居园	
圆明园	舍卫城、同乐园	买卖街
长春园	敦化轩	长街
静宜园	内垣	买卖街
清漪园	前山西所	买卖街
	后山后湖	买卖街

① 何捷：《随山依水揉辐齐，石秀松苍别一区：清代御苑园中园设计分析》，天津，天津大学，1996。

后面几乎不被人察觉。集市上像真的一样嘈杂，每个人都夸耀自己的东西。[①]

四、比邻天涯：中西园林文化的交融

1. 礼仪之争的实质

与主动吸收汉文化一样，清朝原本采取相当宽容的态度吸收西方外来文化。由于耶稣会采取了灵活的适应中国国情的传教方式，清初皇帝多对其传播采取了默许的态度，并对天主教及西方科学、文化和艺术产生了一定的兴趣。1692 年康熙下达了被西方誉为“宽容敕令”的旨意，允许天主教在中国自由传播,同时开放口岸。连西方学者都认为“传教士们在十七世纪最终获得有限的容忍，这件事本身就证明中国比当时天主教的欧洲在宗教问题上更为自由；当时的西班牙、意大利或欧洲任何其他地区都不会允许非基督教的传教会的”[②]。像汤若望那样的传教士能够在中国立足并做出业绩，与清初帝王对各种宗教的宽容和对西方科技文化的认同密不可分。

但是随着其他教会步耶稣会后尘进入中国，关于中国礼仪问题的争论突出起来。“礼仪之争”是由在华的耶稣会士和多明我会士掀起的关于中国教徒尊孔祭祖习俗的争论，罗马教皇三番五次派人宣布禁令。最终以教皇下令禁止这些礼仪、康熙下旨驱逐不尊重中国习俗的传教士而告终。

在清朝皇帝中，康熙是最开放、最有西学兴趣的。但是皇帝个人的学问、思想和信仰上的癖好，必须服从王朝的总体利益和形象。康熙开始并不想排教，其后来在礼仪之争中的立场，是坚持国家主权和维护民族尊严，同时维护自己的统治地位：“朕因轸念远人，俯垂矜恤，以示中华帝王不分内外，使尔等各献其长，出入禁庭，曲赐优容致意。尔等所行之教，与中国毫无损益，即尔等去留，亦无关涉。”[③]

即使在禁教以后，中国也没有发生像邻国日本那样大规模屠杀教徒的事件，甚至没有因此处死一名传教士。相反几个皇帝仍然对传教士采取了优容政策：康熙禁教后仍准许“守利玛窦规矩”者领票传教[④]；雍正遣送传教士去澳门，“给限半年，委官照看，毋使地方扰累，沿途劳苦”(《清代通史》)。本着物为我用、人尽其才的原则，在大举驱逐入居内地的传教士后，清廷仍允许他们留居澳门，部分居留在广州，以便随时可以宣召入京效力。乾隆时

① 见乾隆皇帝的宫廷画家耶稣会士王致诚教士给达索先生的信,引自朱静:《洋教士看中国朝廷》,194~195 页，上海，上海人民出版社，1995。

②（英）赫德逊《欧洲与中国》，272 页。参见戴建新：《连延楼阁仿西洋，信是熙朝声教彰：清代皇家园林中的西洋建筑》，天津，天津大学，1997。

③《康熙与罗马使节关系文书》，34 页，新北，文海出版社，1974，故宫博物院影印本。

④ 耶稣会士、一部分方济各会士和奥斯丁会士愿守中国法度，接受领票传教；巴黎外方传教会会士、多明我会士和少数方济各会士拒绝领票，被驱逐。

期允许欧洲人在北京生活、工作，某些人从事天文或艺术工作，在外省不允许公开传教，但也不横加干涉。颇具讽刺意味的是，在耶稣会被罗马教廷解散后，北京却仍保留着一个耶稣会中心，这本身就说明了清廷对宗教的宽容。

由“礼仪之争”导致的天主教与中国文化的关系恶化，是中国教会衰落的主要原因；在某种意义上也阻碍了中西文化的正常交流。可以说若不是被“礼仪之争”打断，18 世纪的中西文化交流完全可以展开得更为充分、更为深入。然而随之而来的是，西方传教士“对中国文化的崇敬之情，却被一种征服热情代替了[①]。“礼仪之争”实际上是中西方文化思想观念的一次冲撞，本质上是西方基督教文化扩张的体现。为了维护中华民族的文化传统和民族尊严，在不得已的情况下，本已向西方文明敞开的大门终于又关上了。在这场冲撞中，清代诸帝和罗马教廷的不同态度和表现充分说明，所谓“闭关锁国”的根本原因并不在中国。

但无论如何，“礼仪之争”无法阻止中西文化的交流。随着传教士将西方的科技、文化、宗教传入中国的同时，也将中国文化介绍给西方，成就了多少世纪以来欧洲人想目睹中国真面目的愿望。

2. 东渐西传：中西园林文化的交流

中国文化西传的内容包括语言学、经籍、地理、中国史、中华医学、民俗和物产等，孔子儒学也逐渐得到不少西方哲学家的推崇。尤其值得提出的是中国园林文化的西传和对欧洲的影响。

许多传教士的书信中都谈到了对中国建筑和园林的看法[②]。在他们看来，“中国的建筑，给人一种画意的感觉。中国人在建筑方面的创作是以作为景物的一部分而提出的，是对中国自然美景的补充。……中国建筑上不求对称的自由风格，只应用于园囿中的游乐场所，并不施之于其他堂皇的有代表性建筑物方面。因之，这种和其他中国建筑的特色，也随园囿而传入，并习用于欧洲”[③]。因此在 18 世纪的欧洲洛可可时代出现了许多采用中国营造法式，仿造中国亭台楼榭及庙塔的中欧混合式建筑，并影响了室内装潢风格的改变。

早年曾游历中国的英国皇家建筑师张伯斯（Chambers），著成《论东方的园艺》一书，将中国的园林介绍到欧洲，并为肯德公爵设计建造了欧洲最早的中国式花园——丘园（Kew Garden）。按照中国的式样，园中建立了湖山假石、岩洞广场，特别是时行的佛塔，并种植了奇花异草。

---

① 李天纲：《中国礼仪之争》，91 页，上海，上海古籍出版社，1998。

②（德）利奇温《十八世纪中国与欧洲文化的接触》第 101 页：“李明于 1696 年便已著文论述中国的园囿，他的文章曾广为流传。”另外参见朱静编译的《洋教士看中国朝廷》，190~201 页，乾隆皇帝的宫廷画家耶稣会士王致诚教士 1743 年 11 月 1 日写给达索先生的信。

③（德）利奇温：《十八世纪中国与欧洲文化的接触》，49~50 页，朱杰勤，译，北京，商务印书馆，1962。

很快这种园林风格便成为欧洲新式花园的蓝本，在法国被称为中英式花园，不久就在许多地方被争相仿造[①]。（图 8-21）

与中国园林在欧洲掀起的中国风几乎同步，西洋园林要素也被引入中国皇家园林。

清代皇家园林中，对西洋文化的吸收主要表现在前者对西洋园林因素的主动引入。而最能集中体现这一特点的莫过于乾隆十二年（1747 年）至四十八年（1783 年）间，圆明园附园长春园北部“西洋楼”的兴建。[②]

从西洋楼营建之初的史料可以清楚地看到，乾隆对西洋宫廷园林的兴趣发端于对其中运用机械原理的喷泉（当时称为大水法）的好奇。因此，建成的西洋楼一组景区中唯一保持纯正西洋风格的也就是各式的喷泉。主观上看，这是乾隆帝皇极意识和“万物皆备于我”的显现，是以艺术征服宇内、协和万邦的一种表达；同时，继承了自六朝以来就出现在皇家园林中的水利机械传统，首次大规模引入西方类似造景元素，在中国造园史上，算得上是一次新的突破。

通过“连延楼阁仿西洋，信是熙朝声教彰”和“一室澄观备远瀛，圣念包罗九有宏”两句御制诗文可以看到，作为“西洋楼”景区营建的发起人和使用者，乾隆的圣王理想和皇极意识，决定了他对所见到的美好、独特的事物，总会产生自然而

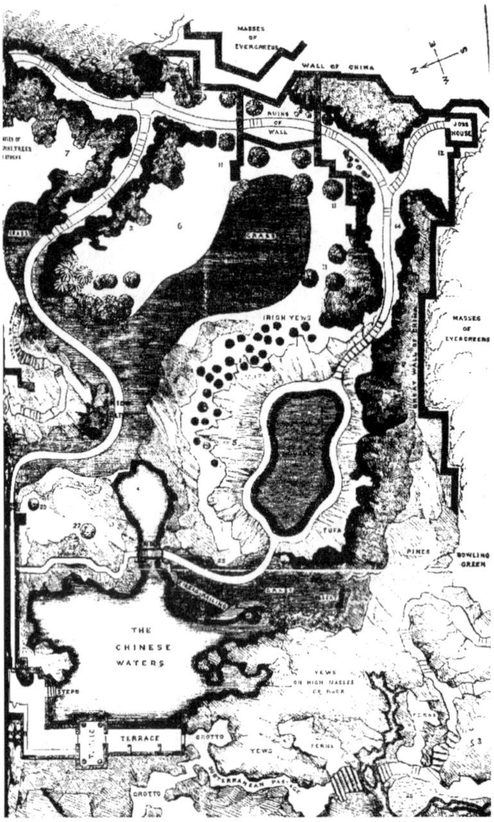

图 8-21　19 世纪欧洲的中国风园林（引自 Geoffrey and Susan Jellicoe:*The Landscape of Man:Shaping the Environment from Prehistory to the Present Day*）

①（德）利奇温：《十八世纪中国与欧洲文化的接触》，102~103 页，朱杰勤，译，北京，商务印书馆，1962。
② 戴建新：《连延楼阁仿西洋，信是熙朝声教彰：清代皇家园林中的西洋建筑》，天津，天津大学，1997。

然的向往和占有欲望，加上“协和万邦”艺术观念的推动，于是才有了这组别具一格的园林景观的诞生。因此在决定兴建之后，从最初的“亲自择基”到设计思想的确立，从室内装饰到陈列的工艺品设计，乾隆一直关注着这项持续24年的工程。

尽管“西洋楼”隶属于长春园几何构图的一部分，但在视觉上前者与母园之间却被一堵由树木、围墙构成的屏障隔开，就连少数从中式园林中可以望见的几座建筑屋顶也都被汉化了。就是在这座“T”字形的园子中，也没有一处可以让人眺望全景的地方，东西向的主轴线上串联着一个个200到1500平方米不等的景区，就像一幅逐渐展开的中国画卷，不断给游赏者带来一个接一个的意外、惊喜和震撼。应该说这一“隔”一“曲”以及造成的步移、景异、情换的效果与中国园林的手法和追求是一致的。这里值得一提的是主轴线西端北面的“万花阵”①。这一由南部45米见方的正方形和北部矩形共同组成的迷宫②，在忠实于教义的前提下被改造为一个游戏场所，以代替去远方的圣地朝圣。

实际上，乾隆感兴趣的并非那些高大雄伟的宫殿建筑，而是欧洲宫廷园林中的水法，修建西洋楼主要将之作为陈列西洋贡品的场所。在乾隆为给自己的帝王之居添一分异国情调而造“西洋楼”的同时，还为中国皇家园林引入了更多的造园素材和手段——机械原理作用下的喷泉（大水法）、具有强烈透视和幻觉效果的片墙（线法墙）、壁画（线法画）群等。在这里，由教会艺术家们果断的美学意愿所创造出的“七拼八凑”的形式，被友善地以中国方式结合成为一种“非理性艺术”。与他们在中国的传教一样，走的是一条与中国文化相融合的道路。

若要全面而系统地总结清代皇家园林的艺术特色与成就，仅以本章寥寥数万字的篇幅是无论如何也无法做到的。好在由天津大学王其亨教授主持的国家自然科学基金项目“清代皇家园林的综合研究”已经完成了不少成果，分别从不同的角度对清代皇家园林进行了较深层次的探讨研究。在这些研究成果的基础上，本书只能挂一漏万地围绕本书的主题，着力于儒家美学思想对园林审美与创造的影响，将原本鲜为人知的思想文化背景及其与儒学和理学的渊源关系揭示出来，旨在强调作为中国古典园林发展最后高峰的清代皇家园林，并不是无本之木、无源之水。事实上，系统、完善而深刻的儒家美学思想，构成了包括清代皇家园林在内的中国古典园林永葆艺术魅力的生命基因；也正是以儒家思想为基础，兼容道、释的中国传统美学思想体系，为园林提供了赖以生存、成长的深厚土壤与源头活水。

① 戴建新：《连延楼阁仿西洋，信是熙朝声教彰：清代皇家园林中的西洋建筑》，天津，天津大学，1997。

② 它曾被当作“耶路撒冷之路”，供虔诚的教徒们跋涉，有时甚至在此跪行。参见戴建新：《连延楼阁仿西洋，信是熙朝声教彰：清代皇家园林中的西洋建筑》，天津，天津大学，1997。

参考文献

[1] 爱新觉罗·弘历．清高宗御制诗文全集 [M]. 北京：中国人民大学出版社，1993.
[2] 安文铸，关珠，张文．莱布尼茨和中国 [M]. 福州 : 福建人民出版社，1993.
[3] 白居易．白居易集 [M]. 顾学颉，校点．北京：中华书局，1979.
[4] 白尚恕．《九章算术》注释 [M]. 北京：科学出版社，1983.
[5] 北京大学中文系，深圳大学比较文化研究所，联邦德国华裔学志社．东西方文化评论（第三辑）[M]. 北京：北京大学出版社，1991.
[6]《避暑山庄七十二景》编委会．避暑山庄七十二景 [M]. 北京：地质出版社，1993.
[7] 蔡仲德．中国音乐美学史资料注译 [M]. 北京：人民音乐出版社，1990.
[8] 蔡仲德．中国音乐美学史 [M]. 北京：人民音乐出版社，1995.
[9] 曹林娣．凝固的诗——苏州园林 [M]. 北京：中华书局，1996.
[10] 曹明纲．人境壶天 [M]. 上海：上海古籍出版社，1994.
[11] 陈从周，蒋启霆．园综 [M]. 赵厚均，注释．上海：同济大学出版社，2004.
[12] 陈鼓应．庄子今注今译 [M]. 北京：中华书局，1983.
[13] 陈来．宋明理学 [M]. 沈阳：辽宁教育出版社，1991.
[14] 陈来．古代宗教与伦理：儒家思想的根源 [M]. 北京：生活·读书·新知三联书店，1996.
[15] 陈明．儒学的历史文化功能——士族：特殊形态的知识分子研究 [M]. 上海：学林出版社，1997.
[16] 陈升．孔子传 [M]. 石家庄：河北人民出版社，1997.
[17] 陈同滨，吴东，越乡．中国古代建筑大图典 [M]. 北京：今日中国出版社，1996.
[18] 陈子展．诗经直解 [M]. 上海：复旦大学出版社，1983.
[19] 程俊英．诗经译注 [M]. 上海：上海古籍出版社，1985.
[20] 程树德．论语集释 [M]. 北京：中华书局，1990.
[21] 崔大华．庄学研究 [M]. 北京：人民出版社，1992.
[22] 村松伸．书斋的宇宙——中国都市的隐遁术 [M]. 东京：INAX 出版社，1992.
[23] 代钦．儒家思想与中国传统数学 [M]. 北京：商务印书馆，2003.
[24] 戴建新．连延楼阁仿西洋，信是熙朝声教彰：清代皇家园林中的西洋建筑 [D]. 天津：天津大学，1997.
[25] 戴逸．乾隆帝及其时代 [M]. 北京：中国人民大学出版社，1992.
[26] 丁祯彦，臧宏．中国哲学史教程 [M]. 上海：华东师范大学出版社，1989.
[27] 董洪利．古籍的阐释 [M]. 沈阳：辽宁教育出版社，1993.
[28] 董仲舒．春秋繁露 [M]. 上海：上海古籍出版社，1989.
[29] 杜石然，范楚玉，陈美东，等．中国科学技术史稿（下册）[M]. 北京：科学出版社，1982.
[30] 杜石然．中国古代科学家传记 [M]. 北京：科学出版社，1992.
[31] 杜维明．儒家思想新论——创造性转换的自我 [M]. 南京：江苏人民出版社，1996.
[32] 杜预，等．春秋三传 [M]. 上海：上海古籍出版社，1987.

[33] 鄂尔泰，张廷玉，等．国朝宫史 [M]. 北京：北京古籍出版社，1987.
[34] 范祥雍．洛阳伽蓝记校注 [M]. 上海：上海古籍出版社，1978.
[35] 冯时．星汉流年——中国天文考古录 [M]. 成都：四川教育出版社，1996.
[36] 冯友兰．中国哲学史新编 [M]. 北京：人民出版社，1986.
[37] 冯友兰．中国哲学简史 [M]. 2 版．北京：北京大学出版社，1996.
[38] 冯友兰．中国哲学史（上）[M]. 重庆：重庆出版社，2009.
[39] 弗朗索瓦·于连．迂回与进入 [M]. 杜小真，译．北京：生活·读书·新知三联书店，1998.
[40] 冈大路．中国宫苑园林史考 [M]. 常瀛生，译．北京：农业出版社，1988.
[41] 高敏．魏晋南北朝社会经济史探讨 [M]. 北京：人民出版社，1987.
[42] 高明．中国古文字学通论 [M]. 北京：北京大学出版社，1996.
[43] 高明．大戴礼记今注今译 [M]. 2 版．台北：台湾商务印书馆，1977.
[44] 葛洪．抱朴子 [M]. 上海：上海古籍出版社，1990.
[45] 故宫博物院古建管理部．紫禁城宫殿建筑装饰：内檐装修图典 [M]. 北京：紫禁城出版社，1995.
[46] 顾炎武．历代宅京记 [M]. 北京：中华书局，1984.
[47] 官嵬．松桧阴森绿映筵，可知凤阙有壶天：清代皇家内廷园林研究 [D]. 天津：天津大学，1996.
[48] 郭俊纶．清代园林图录 [M]. 上海：上海人民美术出版社，1993.
[49] 韩林德．境生象外 [M]. 北京：生活·读书·新知三联书店，1995.
[50] 郭沫若．十批判书 [M]. 北京：东方出版社，1996.
[51] 郭维森，包景诚．陶渊明集全译 [M]. 贵阳：贵州人民出版社，1992.
[52] H.G.Creel．孔子与中国之道——现代欧美人士看孔子 [M]. 高专诚，译．太原：山西人民出版社，1992.
[53] 郝大维，安乐哲．孔子哲学思微 [M]. 蒋弋为，李志林，译．南京：江苏人民出版社，1996.
[54] 何捷．随山依水揉辐齐，石秀松苍别一区：清代御苑园中园设计分析 [D]. 天津：天津大学，1996.
[55] 黑格尔．美学（第一卷）[M]. 朱光潜，译．北京：商务印书馆，1979.
[56] 黑格尔．哲学史讲演录（第一卷）[M]. 北京：商务印书馆，1959.
[57] 黑格尔．美学（第三卷 下）[M]. 朱光潜，译．北京：商务印书馆，2009.
[58] 胡明，潘宝明．扬州文化概观 [M]. 南京：南京出版社，1993.
[59] 胡晓明．万川之月——中国山水诗的心灵境界 [M]. 北京：生活·读书·新知三联书店，1992.
[60] 黄宝瑜．中国建筑史 [M]. 台北：台湾编译馆，1973.
[61] 黄波．平地起蓬瀛，城市而林壑：清代皇家园林与都市规划 [D]. 天津：天津大学，1994.
[62] 黄河涛．禅与中国艺术精神的嬗变 [M]. 北京：商务印书馆国际有限公司，1994.
[63] 黄寿祺，张善文．周易研究论文集 [M]. 北京：北京师范大学出版社，1990.

[64] 惠吉星．荀子与中国文化 [M]. 贵阳：贵州人民出版社，1996.
[65] 霍松林，霍建波．论《孟子》、《庄子》中的孔子形象 [J]. 兰州大学学报（社会科学版），2004（4），10–15.
[66] 姜广辉．理学与中国文化 [M]. 上海：上海人民出版社，1994.
[67] 江晓原，钮卫星．天人之际：中国星占文化 [M]. 上海：上海古籍出版社，1994.
[68] 蒋星煜．中国隐士与中国文化 [M]. 上海：上海人民出版社，2009.
[69] 焦循．孟子正义 [M]. 北京：中华书局，1987.
[70] 金春峰．汉代思想史 [M]. 北京：中国社会科学出版社，1987.
[71] 金学智．中国园林美学 [M]. 南京：江苏文艺出版社，1990.
[72] 金毅．葛洪论“道源儒流”与“尊道贵儒”——《抱朴子》为什么分《内篇》、《外篇》? [J]. 北京第二外国语学院学报，1998（1）：116–121.
[73] 孔繁．魏晋玄谈 [M]. 沈阳：辽宁教育出版社，1991.
[74] 蓝华增．意境论 [M]. 昆明：云南人民出版社，1996.
[75] 老子，列御寇．老子・列子 [M]. 王弼，张湛，注．上海：上海古籍出版社，1989.
[76] 乐黛云，勒・比松．独角兽与龙——在寻找中西文化普遍性中的误读 [M]. 北京：北京大学出版社，1995.
[77] 冷成金．隐士与解脱 [M]. 北京：作家出版社，1997.
[78] 黎靖德．朱子语类 [M]. 北京：中华书局，1986.
[79] 李存山．中国气论探源与发微 [M]. 北京：中国社会科学出版社，1990.
[80] 李迪．中国数学史简编 [M]. 沈阳：辽宁人民出版社，1984.
[81] 李明泉．尽善尽美——儒学艺术精神 [M]. 成都：四川人民出版社，1995.
[82] 李倩枚．何分西土东天，倩他装点名园——清代皇家园林中宗教建筑的类型与意义 [D]. 天津：天津大学，1994.
[83] 李天纲．中国礼仪之争 [M]. 上海：上海古籍出版社，1998.
[84] 李文初，等．中国山水文化 [M]. 广州：广东人民出版社，1996.
[85] 李霞．傅伟勋对中国传统哲学逻辑发展的诠释学建构 [J]. 安徽大学学报（哲学社会科学版），1995（6）：36–39.
[86] 李渔．闲情偶寄 [M]. 北京：作家出版社，1995.
[87] 李约瑟．李约瑟文集：李约瑟博士有关中国科学技术史的论文和演讲集（一九四四——一九八四）[M]. 沈阳：辽宁科学技术出版社，1986.
[88] 李约瑟．中国科学技术史（第二卷）[M]. 北京：科学出版社，1990.
[89] 李允鉌．华夏意匠 [M].2 版．天津：天津大学出版社，2015.
[90] 李泽厚．美的历程 [M]. 北京：文物出版社，1989.
[91] 李泽厚．李泽厚十年集 [M]. 合肥：安徽文艺出版社，1994.
[92] 李泽厚．中国古代思想史论 [M]. 合肥：安徽文艺出版社，1994.
[93] 李泽厚．论语今读 [M]. 合肥：安徽文艺出版社，1998.
[94] 李泽厚．世纪新梦 [M]. 合肥：安徽文艺出版社，1998.
[95] 李泽厚．美学三书 [M]. 合肥：安徽文艺出版社，1999.

[96] 李泽厚，刘纲纪．中国美学史 [M]. 北京：中国社会科学出版社，1984.
[97] 李泽厚，刘纲纪．中国美学史：魏晋南北朝编 [M]. 合肥：安徽文艺出版社，1999.
[98] 郦道元．水经注 [M]. 长沙：岳麓书社，1995.
[99] 利奇温．十八世纪中国与欧洲文化的接触 [M]. 朱杰勤，译．北京：商务印书馆，1962.
[100] 连劭名．卬其三卣铭文新证 [J]. 故宫博物院院刊，1998（4）：9-12.
[101] 梁济海．中国古代绘画图录 [M]. 北京：人民美术出版社，1991.
[102] 梁宗巨．数学历史典故 [M]. 沈阳：辽宁教育出版社，1992.
[103] 林瑞翰．魏晋南北朝史 [M]. 台北：五南图书出版公司，1990.
[104] 林毓生．中国传统的创造性转化 [M]. 北京：生活・读书・新知三联书店，1988.
[105] 刘宝楠．论语正义 [M]. 北京：中华书局，1990.
[106] 刘长林．中国系统思维——文化基因透视 [M]. 北京：中国社会科学出版社，1990.
[107] 刘徽．九章算术 [M]. 上海：上海古籍出版社，1990.
[108] 刘茂林，叶桂生．郭沫若新论 [M]. 北京：社会科学文献出版社，1992.
[109] 刘琦．名士与解脱 [M]. 北京：作家出版社，1997.
[110] 刘劭．人物志 [M]. 上海：上海古籍出版社，1990.
[111] 刘绍瑾．庄子与中国美学 [M]. 广州：广东高等教育出版社，1989.
[112] 刘天华．画境文心——中国古典园林之美 [M]. 北京: 生活・读书・新知三联书店，1994.
[113] 刘托，孟白．清殿版画汇刊 [M]. 北京：学苑出版社，1998.
[114] 余嘉锡．世说新语笺疏 [M]. 上海：上海古籍出版社，1993.
[115] 刘向．新序 说苑 [M]. 上海：上海古籍出版社，1990.
[116] 刘兴林．司马迁儒道互补说 [J]. 华中师范大学学报（哲学社会科学版），1994（1），65-71.
[117] 刘义庆．世说新语 [M]. 长沙：岳麓书社，1989.
[118] 刘雨．金文中的饗祭 [J]. 故宫博物院院刊，1998（4）：78-82.
[119] 刘泽华．士人与社会（秦汉魏晋南北朝卷）[M]. 天津：天津人民出版社，1992.
[120] 刘泽华．中国古代政治思想史 [M]. 天津：南开大学出版社，1992.
[121] 刘振东．中国儒学史：魏晋南北朝卷 [M]. 广州：广东教育出版社，1998.
[122] 刘致平．中国建筑类型及结构 [M]. 北京：中国建筑工业出版社，1987.
[123] 鲁迅．而已集 [M]. 北京：人民文学出版社，1980.
[124] 陆侃如，牟世金．文心雕龙译注 [M]. 济南：齐鲁书社，1995.
[125] 罗宗强．魏晋南北朝文学思想史 [M]. 北京：中华书局，1996.
[126] 马中．中国哲人的大思路——辩证的人本主义 [M]. 西安：陕西人民出版社，1993.

[127] 马忠林，王鸿钧，孙宏安，等．数学教育史简编 [M]. 南宁：广西教育出版社，1991.
[128] 明文书局编辑部．中国历史文选 [M]. 台北：明文书局，1984.
[129] 牟宗三．中国哲学十九讲 [M]. 上海：上海古籍出版社，1997.
[130] 南怀瑾．禅宗与道家 [M]. 上海：复旦大学出版社，1991.
[131] 瑙曼，等．作品、文学史与读者 [M]. 北京：文化艺术出版社，1997.
[132] 宁稼雨．魏晋风度——中古士人生活行为的文化意蕴 [M]. 北京：东方出版社，1992.
[133] 帕瑞克·纽金斯．世界建筑艺术史 [M]. 顾孟潮，张百平，译．合肥：安徽科学技术出版社，1990.
[134] 潘灏源．愿为君子儒，不作逍遥游 [D]. 天津：天津大学，1998.
[135] 裴传永．论语外编——孔子佚语汇释 [M]. 济南：济南出版社，1995.
[136] 裴晋南，李漱卿．汉魏六朝文译释 [M]. 哈尔滨：黑龙江人民出版社，1983.
[137] 彭连熙．孔子圣迹图 [M]. 天津：天津杨柳青画社，1997.
[138] 彭亚非．先秦审美观念研究 [M]. 北京：语文出版社，1996.
[139] 彭一刚．中国古典园林分析 [M]. 北京：中国建筑工业出版社，1986.
[140] 齐敬之．外八庙碑文注释 [M]. 北京：紫禁城出版社，1985.
[141] 钱宝琮．钱宝琮科学史论文选集 [M]. 北京：科学出版社，1983.
[142] 钱穆．孔子与论语 [M]. 台北：联经出版事业公司，1975.
[143] 钱逊．先秦儒学 [M]. 沈阳：辽宁教育出版社，1991.
[144] 任道斌，李世愉，商传，等．简明中国古代文化史词典 [M]. 北京：书目文献出版社，1990.
[145] 任晓红．禅与中国园林 [M]. 北京：商务印书馆国际有限公司，1994.
[146] 山田庆儿．古代东亚哲学与科技文化 [M]. 沈阳：辽宁教育出版社，1996.
[147] 沈福煦．中国园林徜徉录 [M]. 上海：同济大学出版社，1992.
[148] 沈子丞．历代论画名著汇编 [M]. 北京：文物出版社，1982.
[149] 盛梅．画意诗情景无尽，春风秋月趣常殊：清代皇家园林景的构成与审美 [D]. 天津：天津大学出版社，1997.
[150] 史箴．囿游，苑中苑和园中园的滥觞 [J]. 建筑学报，1995（3）：54-55.
[151] 舒迎澜．古代花卉 [M]. 北京：农业出版社，1993.
[152] 舒芜，陈迩冬，周绍良，等．中国近代文论选 [M]. 北京：人民文学出版社，1959.
[153] 司马迁．史记 [M]. 郑州：中州古籍出版社，1994.
[154] 苏州大学图书馆．中国历代名人图鉴 [M]. 上海：上海书画出版社，1987.
[155] 苏志宏．秦汉礼乐教化论 [M]. 成都：四川人民出版社，1991.
[156] 孙机．汉代物质文化资料图说 [M]. 北京：文物出版社，1991.
[157] 孙家鼐．钦定书经图说 [M]. 天津：天津古籍出版社，1997.
[158] 孙慧阳．试论司马迁班固的儒道思想 [J]. 湖南社会科学，2009（3）：23-25.
[159] 孙静．陶渊明的心灵世界与艺术天地 [M]. 郑州：大象出版社，1997.

[160] 孙希旦．礼记集解 [M]. 北京：中华书局，1989.
[161] 孙诒让．周礼正义 [M]. 北京：中华书局，1987.
[162] 孙以楷，甄长松．庄子通论 [M]. 北京：东方出版社，1995.
[163] 谭家健．中国文化史概要 [M]. 台北：明文书局，1989.
[164] 汤一介．汤用彤选集 [M]. 天津：天津人民出版社，1995.
[165] 汤用彤．理学、佛学、玄学 [M]. 北京：北京大学出版社，1991.
[166] 陶东风．从超迈到随俗——庄子与中国美学 [M]. 北京：首都师范大学出版社，1995.
[167] 陶渊明．陶渊明集 [M]. 北京：中华书局，1979.
[168] 天野元之助．中国古农书考 [M]. 彭世奖，林广信，译．北京：农业出版社，1992.
[169] 童庆炳．中国古代心理诗学与美学 [M]. 北京：中华书局，1992.
[170] 涂又光．冯友兰选集 [M]. 天津：天津人民出版社，1994.
[171] 万绳楠．魏晋南北朝时代的思想主流是什么 [J]. 史学月刊，1957（8）：8-13.
[172] 王贵民．商周制度考信 [M]. 台北：明文书局，1989.
[173] 王国维．水经注校 [M]. 上海：上海人民出版社，1984.
[174] 王立信．时代的鼓手：闻一多文集 [M]. 海口：海南国际新闻出版中心，1997.
[175] 王聘珍．大戴礼记解诂 [M]. 北京：中华书局，1983.
[176] 王其亨．风水理论研究 [M]. 天津：天津大学出版社，1992.
[177] 王其亨．王其亨中国建筑史论选集 [M]. 沈阳：辽宁美术出版社，2014.
[178] 王其亨，何捷．西汉上林苑的苑中苑 [J]. 建筑师，1996（72）：17-37.
[179] 王瑞明．宋儒风采 [M]. 长沙：岳麓书社，1997.
[180] 王肃．孔子家语 [M]. 上海：上海古籍出版社，1990.
[181] 王先谦．荀子集解 [M]. 北京：中华书局，1988.
[182] 王向峰．中国美学论稿 [M]. 北京：中国社会科学出版社，1996.
[183] 王新春．自然视野下的人生观照——道家的社会哲学 [M]. 济南：泰山出版社，1998.
[184] 王伊同．五朝门第 [M]. 香港：中文大学出版社，1978.
[185] 王戈．移植中的创造：清代皇家园林创作中的类型学与现象学 [D]. 天津：天津大学，1993.
[186] 王毅．园林与中国文化 [M]. 上海：上海人民出版社，1990.
[187] 韦政通．儒家与现代中国 [M]. 台北：东大图书有限公司，1984.
[188] 魏嘉瓒．苏州历代园林录 [M]. 北京：燕山出版社，1992.
[189] 魏士衡．《园冶》研究——兼探中国园林美学本质 [M]. 北京：中国建筑工业出版社，1997.
[190] 文青云．岩穴之士：中国早期隐逸传统 [M]. 徐克谦，译．济南：山东画报出版社，2009.
[191] 邬国义，胡果文，李晓路．国语译注 [M]. 上海：上海古籍出版社，1994.
[192] 吴葱，史箴，何捷．诗以丰标　图摹体态——清代皇家园林图咏研究 [J]. 建筑师，

1998（85）：56~67.
[193] 吴功正 . 六朝园林 [M]. 南京：南京出版社，1992.
[194] 吴莉萍 . 中国古典园林的滥觞——先秦园林探析 [D]. 天津：天津大学，2003.
[195] 吴山 . 中国历代装饰纹样 [M]. 北京：人民美术出版社，1992.
[196] 吴文俊 .《九章算术》与刘徽 [M]. 北京：北京师范大学出版社，1982.
[197] 吴晓敏 . 效彼须弥山，作此曼拿罗：清代皇家宫苑中藏传佛教建筑的原型截取与再创作 [D]. 天津：天津大学，1997.
[198] 伍蠡甫 . 山水与美学 [M]. 上海：上海文艺出版社，1985.
[199] 西蒙德 . 景园建筑学 [M]. 王济昌，译 . 3 版 . 台北：台隆书店，1982.
[200] 夏晓虹 . 梁启超文选 [M]. 北京：中国广播电视出版社，1992.
[201] 萧兵，叶舒宪 . 老子的文化解读——性与神话学之研究 [M]. 武汉：湖北人民出版社，1994.
[202] 萧兵 . 中庸的文化省察——一个字的思想史 [M]. 武汉：湖北人民出版社，1997.
[203] 萧华荣 . 华丽家族——两晋南朝陈郡谢氏传奇 [M]. 北京：生活・读书・新知三联书店，1994.
[204] 萧华荣 . 簪缨世家——两晋南朝琅邪王氏传奇 [M]. 北京：生活・读书・新知三联书店，1995.
[205] 萧公权 . 中国政治思想史 [M]. 沈阳：辽宁教育出版社，1998.
[206] 萧统 . 文选 [M]. 上海：上海古籍出版社，1986.
[207] 萧一山 . 清代通史 [M]. 上海：华东师范大学出版社，2006.
[208] 邢锡芳 . 竹秀石奇参道妙，水流云在示真常：清代皇家园林中的寺庙园林环境 [D]. 天津：天津大学，1997.
[209] 徐邦达 . 中国绘画史图录 [M]. 上海：上海人民美术出版社，1984.
[210] 徐达 . 诗品全译 [M]. 贵阳：贵州人民出版社，1990.
[211] 徐复观 . 中国艺术精神 [M]. 沈阳：春风文艺出版社，1987.
[212] 徐洪兴 . 思想的转型——理学发生过程研究 [M]. 上海：上海人民出版社，1996.
[213] 徐建融 . 心境与表现：中国绘画文化学散论 [M]. 上海：上海人民出版社，1993.
[214] 许建平 . 山情逸魂 [M]. 北京：东方出版社，1999.
[215] 许进雄 . 中国古代社会——文字与人类学的透视 [M]. 台北：台湾商务印书馆，1988.
[216] 雅士培 . 哲学四圣 [M]. 傅佩荣，译 . 香港：国泰出版社，1988.
[217] 严可均 . 全上古三代秦汉三国六朝文 [M]. 北京：中华书局，1958.
[218] 杨伯峻 . 论语译注 [M]. 2 版 . 北京：中华书局，1980.
[219] 杨伯峻 . 春秋左传注 [M]. 2 版 . 北京：中华书局，1990.
[220] 杨华 . 先秦礼乐文化 [M]. 武汉：湖北教育出版社，1997.
[221] 杨新 . 故宫博物院藏明清绘画 [M]. 北京：紫禁城出版社，1994.

[222] 杨天在．避暑山庄碑文释译 [M]. 北京：紫禁城出版社，1985.
[223] 姚大中．南方的奋起 [M]. 台北：三民书局，1982.
[224] H.R. 姚斯，R.C. 霍拉勃．接受美学与接受理论 [M]. 周宁，金元浦，译．沈阳：辽宁人民出版社，1987.
[225] 叶朗．中国美学史大纲 [M]. 上海：上海人民出版社，1985.
[226] 叶舒宪．诗经的文化阐释——中国诗歌的发生研究 [M]. 武汉：湖北人民出版社，1994.
[227] 叶舒宪．庄子的文化解析——前古典与后现代的视界融合 [M]. 武汉：湖北人民出版社，1997.
[228] 叶维廉．中国诗学 [M]. 北京：生活·读书·新知三联书店，1992.
[229] 于安澜．画品丛书 [M]. 上海：上海人民美术出版社，1982.
[230] 余敦康．内圣外王的贯通——北宋易学的现代阐释 [M]. 上海：学林出版社，1997.
[231] 余英时．士与中国文化 [M]. 上海：上海人民出版社，1987.
[232] 余英时．中国思想传统的现代诠释 [M]. 台北：联经出版事业公司，1987.
[233] 余英时．中国知识阶层史论·古代篇 [M]. 台北：联经出版事业公司，1980.
[234] 臧维熙．中国山水的艺术精神 [M]. 上海：学林出版社，1994.
[235] 詹福瑞．走向世俗——南朝诗歌思潮 [M]. 天津：百花文艺出版社，1995.
[236] 詹姆斯·乔治·弗雷泽．金枝 [M]. 徐育新，汪培基，张泽石，译．北京：大众文艺出版社，1998.
[237] 张岱年．中国哲学大纲 [M]. 北京：中国社会科学出版社，1982.
[238] 张岱年．中华的智慧——中国古代哲学思想精粹 [M]. 上海：上海人民出版社，1989.
[239] 张岱年．孔子大辞典 [M]. 上海：上海辞书出版社，1993.
[240] 张敦颐．六朝事迹编类 [M]. 上海：上海古籍出版社，1995.
[241] 张耿光．庄子全译 [M]. 贵阳：贵州人民出版社，1991.
[242] 张光福．中国美术史 [M]. 台北：华正书局有限公司，1986.
[243] 张皓．中国美学范畴与传统文化 [M]. 武汉：湖北教育出版社，1996.
[244] 张家骥．中国造园论 [M]. 太原：山西人民出版社，1991.
[245] 张家骥．园冶全释 [M]. 太原：山西人民出版社，1993.
[246] 张节末．狂与逸 [M]. 北京：东方出版社，1995.
[247] 张立伟．归去来兮：隐逸的文化透视 [M]. 北京：生活·读书·新知三联书店，1995.
[248] 张奇伟．亚圣精蕴——孟子哲学真谛 [M]. 北京：人民出版社，1997.
[249] 张岂之．中国思想史 [M]. 西安：西北大学出版社，1989.
[250] 张仲谋．兼济与独善——古代士大夫处世心理剖析 [M]. 北京：东方出版社，1998.
[251] 赵春兰．周裨瀛海诚旷哉，昆仑方壶缩地来 [M]. 天津：天津大学，1998.
[252] 赵吉惠，郭厚安，赵馥洁，等．中国儒学史 [M]. 郑州：中州古籍出版社，

1991.
[253] 赵沛霖 . 兴的起源——历史积淀与诗歌艺术 [M]. 北京：中国社会科学出版社，1987.
[254] 赵爽 . 周髀算经 [M]. 刘徽，注 . 上海：上海古籍出版社，1990.
[255] 赵怡元 . 古代画论辑解 [M]. 西安： 陕西人民美术出版社，1984.
[256] 郑为 . 中国彩陶艺术 [M]. 上海：上海人民出版社，1985.
[257] 中国孔子基金会 . 孔子诞辰 2540 周年纪念与学术讨论会论文集 [M]. 上海：三联书店，1992.
[258] 中国美术全集编辑委员会 . 中国美术全集：建筑艺术编 3 园林建筑 [M]. 北京：中国建筑工业出版社，1991.
[259] 中国美术全集编辑委员会 . 中国美术全集：绘画编 19 石刻线画 [M]. 北京：中国建筑工业出版社，1991.
[260] 中国农业遗产研究室 . 中国农学史（初稿）上册 [M]. 北京：科学出版社，1959.
[261] 中国圆明园学会 . 圆明园 [M]. 北京：中国建筑工业出版社，2007.
[262] 周积明 . 文化视野下的《四库全书总目》[M]. 南宁：广西人民出版社，1991.
[263] 周维权 . 中国古典园林史 [M]. 北京：清华大学出版社，1990.
[264] 周维权 . 中国古典园林史 [M]. 2 版 . 北京：清华大学出版社，1999.
[265] 周卫明 . 中国历代绘画图谱——山水 [M]. 上海：上海人民美术出版社，1996.
[266] 周一良 . 魏晋南北朝史札记 [M]. 北京：中华书局，1985.
[267] 朱伯崑 . 易学哲学史 [M]. 北京：北京大学出版社，1986.
[268] 朱静 . 洋教士看中国朝廷 [M]. 上海：上海人民出版社，1995.
[269] 朱良志 . 中国艺术的生命精神 [M]. 合肥：安徽教育出版社，1995.
[270] 朱立元 . 接受美学 [M]. 上海：上海人民出版社，1989.
[271] 朱熹 . 孟子集注 [M]. 上海：上海古籍出版社，1987.
[272] 朱熹 . 诗经集传 [M]. 上海：上海古籍出版社，1987.
[273] 朱熹 . 四书章句集注 [M]. 济南：齐鲁书社，1992.
[274] 朱熹 . 周易本义 [M]. 上海：上海古籍出版社，1987.
[275] 祝敏彻，赵浚，刘成德，等 . 诗经译注 [M]. 兰州：甘肃人民出版社，1984.
[276] 祝瑞开 . 两汉思想史 [M]. 上海：上海古籍出版社，1989.
[277] 佚名 . 避暑山庄图咏 [M]. 石家庄：河北美术出版社，1984.
[278] 佚名 . 二十五史 [M]. 上海：上海古籍出版社，1986.
[279] 佚名 . 周礼 · 仪礼 · 礼记 [M]. 陈戍国，点校 . 长沙：岳麓书社，1989.
[280] 余健 . 堪舆考源 [D]. 南京：东南大学，2014.
[281] 宗白华 . 艺境 [M]. 北京：北京大学出版社，1987.
[282] JELLICOE G A, JELLICOE S. The landscape of man: shaping the environment from prehistory to the present day [M]. 3rd ed. London： Thames and Hudson Ltd.，1995.
[283] COPPLESTONE T：World architecture：an illustrated history[M]. London：Paul Hamlyn，1968.